国家出版基金项目
NATIONAL PUBLICATION FOUNDATION

上海三联人文经典书库

115

神话历史
现代史学的生成

［以色列］约瑟夫·马里 著

赵 琪 译

MYTHISTORY
THE MAKING OF A MODERN HISTORIOGRAPHY

上海三联书店

"十三五"国家重点图书出版规划项目

国家出版基金资助项目

献给玛雅（Maya）、丹妮娜（Daniella）和汤姆（Tom）

站在这里的人，被剥夺了神话，永远饥肠辘辘，被过去时代的一切所包围，正在刨挖着自己的根，即便他必须在最遥远的往昔中去挖掘。我们不曾满足的近代文明的巨大历史需求，无数其他文明的累积，竭泽而渔的求知欲——所有这些说明什么，难道不是神话的丧失，不是神话家园的丧失，不是神话的母性子宫的丧失吗？

弗里德里希·尼采《悲剧的诞生》

总　序

陈　恒

　　自百余年前中国学术开始现代转型以来，我国人文社会科学研究历经几代学者不懈努力已取得了可观成就。学术翻译在其中功不可没，严复的开创之功自不必多说，民国时期译介的西方学术著作更大大促进了汉语学术的发展，有助于我国学人开眼看世界，知外域除坚船利器外尚有学问典章可资引进。20 世纪 80 年代以来，中国学术界又开始了一轮至今势头不衰的引介国外学术著作之浪潮，这对中国知识界学术思想的积累和发展乃至对中国社会进步所起到的推动作用，可谓有目共睹。新一轮西学东渐的同时，中国学者在某些领域也进行了开创性研究，出版了不少重要的论著，发表了不少有价值的论文。借此如株苗之嫁接，已生成糅合东西学术精义的果实。我们有充分的理由企盼着，既有着自身深厚的民族传统为根基、呈现出鲜明的本土问题意识，又吸纳了国际学术界多方面成果的学术研究，将会日益滋长繁荣起来。

　　值得注意的是，20 世纪 80 年代以降，西方学术界自身的转型也越来越改变了其传统的学术形态和研究方法，学术史、科学史、考古史、宗教史、性别史、哲学史、艺术史、人类学、语言学、社会学、民俗学等学科的研究日益繁荣。研究方法、手段、内容日新月异，这些领域的变化在很大程度上改变了整个人文社会科学的面貌，也极大地影响了近年来中国学术界的学术取向。不同学科的学者出于深化各自专业研究的需要，对其他学科知识的渴求也越来越迫切，以求能开阔视野，迸发出学术灵感、思想火花。近年来，我们与国外学术界的交往日渐增强，合格的学术翻译队伍也日益扩大，同时我们也深信,学术垃圾的泛滥只是当今学术生产面相之一隅,高质量、原创作的学术著作也在当今的学术中坚和默坐书斋的读书种子中不断产生。然囿于种种原因,人文社会科学各学科的发展并不平衡,学术出版方面也有畸轻畸重的情形(比如国内还鲜有把国人在海外获得博士学位的优秀论文系统地引介到学术界)。

有鉴于此,我们计划组织出版"上海三联人文经典书库",将从译介西学成果、推出原创精品、整理已有典籍三方面展开。译介西学成果拟从西方近现代经典(自文艺复兴以来,但以二战前后的西学著作为主)、西方古代经典(文艺复兴前的西方原典)两方面着手;原创精品取"汉语思想系列"为范畴,不断向学术界推出汉语世界精品力作;整理已有典籍则以民国时期的翻译著作为主。现阶段我们拟从历史、考古、宗教、哲学、艺术等领域着手,在上述三个方面对学术宝库进行挖掘,从而为人文社会科学的发展作出一些贡献,以求为21世纪中国的学术大厦添一砖一瓦。

前　　言

　　虽然我相当晚才接触到"神话历史"（mythistory）这一概念，但是对它的意义却知晓已久。因为生活在耶路撒冷，与那些遗址做伴，和它们相关的故事早已渗透进所有宗教、民族和文明的庄严历史之中，我很早便留意到一个事实，即无论我们已经变得多么现代，我们的生活与历史仍然在很大程度上由一些非常古老的神话所决定。否则的话，围绕旧城摩利亚山的圣经故事和历史小说怎么能继续激发出那么激烈的情感和行动？为什么那么多的有识之士会对这些显然是虚造的故事甘之如饴？又为什么一些并不相信这些或任何其他将古代祖先和领土神圣化的故事的人，仍然生活在这片圣地上，并且愿意为之牺牲？神话与历史的关系究竟是怎样的？

　　这些最初的问题促使我探究历史中神话的本质与持续性。这一研究很快被证明是深不可测的，至少对一位文化史家而言是这样，与文化史的大师布克哈特一样，我并不具备"哲学的头脑"。在目前的研究中，我将继续探讨长期以来萦绕我的最初的有关存在的问题，只是以间接的、反思的方式，并使用更具可操作性的方法。因为这些年来，我将自己的思考重新定位并限定在史学中神话的本质与持续性上。认识到即便是，甚至尤其是不相信神话历史的历史学家们都必定将与之为伴，我开始探讨是否以及在何种程度上，传统的、职业的历史学家们意识到推动了所有（包括他们自身的）历史行动与创造的神话冲动。作出聚焦于这个问题的决定是受以下印象的刺激，即历史学家们通常用以解释历史中神话的起源和功能的常用术语是不充分的。在史学史的漫长岁月里，对神话与历史的基本范畴的定义总是彼此对立的，好像神话是全然的虚构和纯粹的编造,是一种对仅仅是似乎发生之事的虚假描述,而历史则是一种对实际发生之事的严肃而可靠的解释,只要它的经验素材和论证是真实的;认为神话是对历史现实完全原始的、虚构的再现,从修昔底德到兰克的批判历史学家及其现代的追随者们,通常都未能解释这些历史理解与创作的古代模式得以形成的心理学和历史学条件,未能解释它们所指向的更高层次的形而上学真相,也未能解释它们仍然存在于所有宗教、民族和文明的集体想象和文化传统中的原因,甚至是像卡尔·马克思和马克·布洛赫这样伟大的学者,虽然认识到某些古典、神学神话在法国政治史中的支配地位,但仍分别将神话拒斥为"自我欺骗"(self-deception)和"集体错谬"(collective error),因此都未能理解这些神话在法国民族传统和制度创造中的真正意义。当代历史学家们也倾向于拒绝种族和社会神话在上个世纪令人震惊的扩散,认为它们是现代化进程中的一种失常或是对现代化进程的一种反动,再或者用马克思主义者和其他批判理论家们流行的术语来表述的话,是"传统的发明"(invention of tradition)的另一例证。

与这种批判神话的明显"现代"的史学相对,我提出另一种可供选择的史学,它如实地体认神话:进入历史并成为历史的一种故事。这种史学或者说神话历史的关键性任务是重新将这些故事视为不可或缺、最为珍贵,是有关个体和共同体认同的历史。比如,那些有关共同祖先和领土的神话,它们确定并捍卫了民族的共同体,或者更为根本性的——有关出生与死亡、生育与纯洁、诅咒和救赎之类的原始神话,它们构成了人类的道德和文化禁忌。正如本书的副标题所示,神话历史于现代史学的生成而言不可或缺,因为与所有的现代艺术和人文科学一样,它有赖于对神话的体认。

正如上文所述,在实际动笔前,构成本书的论题便已在我心中酝酿许久。在那些年里,我很幸运地可以和两位令人难忘的师长讨论拙著最初的构想和计划,他们是已故的以赛亚·伯林(Isaiah Berlin)和阿莫斯·冯肯斯坦(Amos Funkenstein),他们充满智慧的话语陪伴了我的写作。我还想感谢我以前的老师们:左韦·雅维茨(Zvi Yavetz)、索尔·弗里德兰德(Saul Friedländer)、迈克尔·康菲诺(Michael Confino)和恩斯特·舒林(Ernst Schulin),一直以来我都从他们身上学到许多。我要特别感谢我的挚友和同事乔纳森·普莱斯(Jonathan Price),在从特拉维夫市到耶路撒冷的定期旅行中我们相谈甚欢。

无论是在个人还是专业上对我影响最大的是莱昂内尔·戈斯曼(Lionel Gossman)。他对现代史学的研究是身心愉悦和思想刺激的源泉——这不仅因为它们本身令人叹为观止,还因为它们充满着强烈的人文主义信念。尽管我们对现代史学的理解颇为不同,但他对本书更早本子的评价是最为宽宏的。马克·里拉(Mark Lilla)以其一贯的批判敏锐性阅读了整部书稿。他深刻的观察令我获益良多,并使我将本书的关键性部分重新组织成一部具有"交响性"(symphonic)的作品。杰佛瑞·巴拉什(Jeffrey Barash)阅读了本书的第一章并就神话历史的伦理和政治影响提出了一些重要的哲学问题,这便要求我重新探讨和调整神话历史的基础。同样还要感谢芝加哥大学出版社的匿名读者,他的评论促成了本书副标题的一个细微却意义重大的修改。

我还想对本书的编辑,芝加哥大学出版社的约翰·特里内思基(John Tryneski)表达我最深挚的谢意,感谢编辑过程中他的坚定判断和鼓励,我还要感谢他的助手安妮·福特(Anne Ford)在整个出版过程中一丝不苟的用心。我幸运地享受到洛伊斯·R.克拉姆(Lois R. Crum)的专业技能,我十分感谢她的编辑技巧。

本书的部分内容以不同的形式出现在下列文章中:"Real Narratives:Myth, History, and Mythistory", in *Storia della storiografia* 30(1996):3-18;"Ernst Kantorowicz:History as Mythenschau", in *History of Political Thought* 18(1997):579-603;"The Reconciliation of Myth:Benjamin's Homage to Bachofen", *Journal of the History of Ideas* 60(1999):165-187。我要感谢出版方允许我重印文中的段落。

除特别注明外,所有引用的非英语文献都来自我自己的翻译。

最后,我想要感谢我的妻子安雅(Anya),她给了我时间和精力以完成此书。我将此书献给我的孩子们:玛雅(Maya)、丹妮娜(Daniella)和汤姆(Tom),有一天他们可能会懂得这本书讲的都是什么。

目　录

1 　　第一章　术语的起点：神话，历史和神话历史

51 　　第二章　维科之路：从李维到米什莱

124 　　第三章　雅各布·布克哈特：神话历史学家

183 　　第四章　阿比·瓦尔堡：作为古代神话学的历史

254 　　第五章　恩斯特·康托洛维茨：作为新神话学的历史

313 　　第六章　瓦尔特·本雅明：作为现代神话学的历史

384 　　第七章　观念真实的历史：一则来自乔伊斯的教训

397 　　索引

第一章 术语的起点：神话，历史和神话历史

自希罗多德(Herodotus)宣称其《历史》(*History*)的目的是要保留对"希腊人和蛮族人伟大而光荣的事迹"[1]的记忆起，围绕史学中使用和滥用神话的争论，就从未真正平息过。"对我来说，我的职责是报道所有听到的事情；但并非必须同样地相信它们——这一观点可以被认为适用于我的整部《历史》。"[2]希罗多德在这段论述中暗示了历史学家的任务并非是要消除而是要阐明历史神话。希罗多德清醒地意识到，他从巴比伦人和埃及人那得来的关于诸神和英雄们的那些天马行空的故事，可能使其《历史》更具神话性而非历史性，但是他相信他的读者们会知道这些故事讲的都是什么，并予以相应的对待。那些和希罗多德一样认识到它们是这些民族的历史神话的人，不会去问它们是真实的还是虚假的，而是关心它们的意义是什么。"那些认为埃及人讲的故事是可信的人，大可以将它们当作历史来接受。就我而言，我要求自己在整部作品中忠实地记录众多民族的传说。……是否这是真实的，我并不清楚。我只是把传说的东西记录下来。"[3]希罗多德似乎已经认识到，即使这些记忆和传说并非各民族的信史，但它们必须被保留在民族的历史中，以为进一步探寻民族的起源与命运之用。正如阿纳尔多·莫米利亚诺(Arnaldo Momigliano)已经指出的，我们必须牢记在心的是"当希罗多德将记录传说作为自己的首要职责时，他事实上在做的已不仅仅是简单地避免事实湮没无闻，他在将历史研究引导向对未知和忘却的探索"[4]。

不幸的是，希罗多德神话学的史学(mythological historiography)存在一个问题，即它无法对自己的史料加以批判。修昔底德

(Thucydides)看到了这一点,并批评他的前辈道,由于"人们互相接受关于前事的传闻,同时忽视对传闻的验证",他们正在远离历史真相,并使自己暴露在各种各样的歪曲与操纵之中。[5] 对修昔底德及其理性主义同仁们而言,"神话的"(mythic)一词意指任何不能被检验或探究的故事,或是因为它发生的时代太过遥远,或是因为它包含了太多的幻想。[6] 然而他知道,荷马神话的魔力如同塞壬的魔力一般,令人无从抵抗。因此,与《奥德赛》(Odyssey)中主人公对同伴船员们所做的颇为相似,修昔底德选择将自己的"读者们"限定在更严格的标准之内,以确保他们不会屈从于神话的诱惑。因此,当希罗多德从大段讲述有关战争起因的荷马神话开始他的《历史》(将战争起因归结为诸神和英雄们婚姻上的争端),只是逐渐地、假设性地从纯粹人事的角度提出自己的理论时,修昔底德则有意使用独特的文字方法来挑战整个口传传统,"关于战争的情况……我所描述的要么是我亲眼所见,要么是经我非常仔细而专门的调查后从别人那得来……很可能我的叙述的这种极为严格的史学性质将会使听众的耳朵感到失望",因为它是为那些"想要清楚地了解已经发生的事情以及依照人性将来可能也会发生的类似事情[7]的人而写。与他的同乡,禁止在共和国中吟诵荷马神话的柏拉图(Plato)一样,修昔底德试图通过一种新的读写策略以克服神话的有害力量。[8]

但是,后来的希腊历史学家们,比如波利比乌斯(Polybius)、迪奥多鲁斯(Diodorus)、波桑尼阿斯(Pausanias),都意识到古代神话传说继续在民族的诗歌创作、修辞演说和政治制度中繁荣滋长,因此需要被重新塑造进民族的历史之中。[9] 因此,致力于一部排除任何干扰的"真实历史"以效仿修昔底德,更多地依靠所见而非所闻的波利比乌斯,却引用起荷马介绍奥德修斯的话来描述理想的历史学家,"缪斯啊,跟我谈谈那个机敏的男人,他漫游到遥远的地方……他见识过很多的城镇和他们的思想,在陆地和海洋上,内心饱受煎熬……他经历了人类的战争与剧烈的波涛"[10]。对他所叙述的神话中的主人公奥德修斯这样一位既有行动力又能说会道之人的召唤,相比修昔底德这样善于分析和批判的仲裁者而言,更接近希罗多德这样的冒险家和故事家。

这一出现在西方史学鼻祖间的最初争论，在此后不胜枚举的争论中被反复重申：塔西佗（Tacitus）对李维（Livy），纽伯格的威廉（William）对蒙默思的杰弗里（Geoffrey），瓦拉（Valla）对拉克坦修斯（Lactantius），圭恰迪尼（Guicciardini）对弗拉维亚·比翁多（Flavio Biondo），孟德斯鸠（Montesquieu）对马基雅维利（Machiavelli），吉本（Gibbon）对波舒哀（Bossuet）和蒂耶蒙（Tillemont），兰克（Ranke）对司各特（Scott），蒙森（Mommsen）对尼布尔（Niebuhr）和巴霍芬（Bachofen），维拉莫威兹－默伦多夫（Wilamowitz-Moellendorff）对布克哈特（Burckhardt），马迪厄（Mathiez）对米什莱（Michelet），布拉克曼（Brackmann）对康托洛维茨（Kantorowicz），编年史家（*annalistes*）对所有的叙事家。并且它继续存在于，至少隐晦地存在于有关神话在史学中或对史学的重要性的现代争论中。整体而言，职业历史学家们追随修昔底德而非希罗多德。朗吉努斯（Longinus）不经意间将希罗多德形容为"最荷马式"的历史学家，普鲁塔克（Plutarch）对希罗多德可靠性的恶意攻击，呼应了胡安·路易斯·维维斯（Juan Luis Vives），后者指控希罗多德为谎言之父而非历史学之父，而在现代古典学家们的原始资料研究（*Quellenforschung*）中仍能发现上述批评。希罗多德似乎曾在一段短暂的历史时期风靡一时，比如在 16 世纪的大发现时代，欧洲的历史学家们重提希罗多德在人类学上的好奇心以及在描述异域文明上的精湛技艺。[11] 但是所谓的科学历史学在 19 世纪初建立，它以严格的论证方法和史料评判为基础，标志着修昔底德的胜利。值得注意的是，这一学派的创始人利奥波德·兰克的博士论文选题正是修昔底德。

然而在过去的二三十年里，对双方历史学家的评价出现了一种显著的变化。从人类学、心理学、叙事学等新兴社会科学中产生的"新文化史（new cultural history）"，将历史学家们的注意力从科学的问题转移到解释学的问题上来。比如，当历史学家们在讲述一个故事时，他们实际上在做的是什么？他们又是怎样参与到集体记忆和身份的创造中？近来对希罗多德的研究便深受这些理论的影响，并且还通过表明希罗多德的著作与现代对"异质性"（heterology）、"社会记忆"（social memory）、"现实的叙事建构"

(narrative construction of reality)的讨论如何相关而有力支持了这些理论。诚如约翰·古尔德(John Gould)所论,"修昔底德的叙事,在其语言的所有韵律与组织中,都在申明和表现权威。从同样的标准来看,希罗多德的叙事便是另外一回事:它保留了口头传说的韵律与形式。这种韵律与形式在民间传说与童话中为我们所熟悉,但同时又在文本中加入了作者自己对叙事的来源与真实性的评论,这是民间叙事所没有的"。[12] 然而重要的是,希罗多德因其《历史》中对历史神话的运用而变得"现代"。希罗多德所暗示的在我们今天已经成为历史专业的一个主要观点:为弄清楚埃及人和其他所有"蛮族人"究竟是谁,历史学家必须知道他们认为自己是谁,他们从哪里来,又要到哪里去。而要知道这些,最好的或许也是唯一的方法便是严肃地对待他们的历史神话。

因为历史神话现在通常被视为"基础性叙事"(foundational narratives),作为故事,声称可以用发生在过去的一些重要事件来解释当下。这类故事在许多方面是历史的,虽然很少涉及一个真实的过去。相反,它们更多地涉及一个虚拟的过去,涉及一个事实,即历史上的共同体,比如宗教和国家,存在于共同体成员们对它们的信仰之上——更具体地说,存在于共同体告诉其成员们的故事之中。正如温迪·多尼格·奥弗莱厄蒂(Wendy Doniger O'Flahert)所指出的,"神话是一种故事,它为某一群体的人所共享,视为神圣,他们从神话中找到自己最重要的意义;神话被认为是在过去形成的有关过去某一事件的故事,或者更为罕见的是,神话被认为是关乎未来某一事件的故事,该事件因为被记住而在当下继续有意义"。[13] 这些故事常常与发生在米尔恰·伊利亚德(Mircea Eliad)所谓"那个时代"(illud tempus)的事件相关,这是历史时期之前的原始神话时期,故而它们通常永远超出历史的证明或否定之外。但是,正如伊利亚德所指出的,这些故事通常与"某种创造"相关,在其中"某种新的、有力的、意义重大的东西被显示出来",它仍然非常实在,即使并不是那么地真实。神话故事并非严格的历史,但是它们服务于"揭示世界、人类与生命有一个超自然的起源和来历,并且这种来历是意义重大、珍贵且具典范性的",故而它们给予历史以意义。[14] 无论一个神话多么富有传奇色彩,都不意味着是虚构或纯粹的编造，因为它通常包含或关涉共同体历史中的某些关键问题，比如那些与共同祖先或共同体领土相关的神话。这些问题需要并激发了历史神话，因为它们不仅与关乎共同体终极起源与命运的超自然神秘事件相关，而且主要的，与共同体成员们共同相信并遵守的那些实际的真理相关，尽管（或者说恰恰因为）它们是神话的，而非逻辑或历史的推论。爱兰德·马尔金（Irad Malkin）已经表明，这就是荷马《奥德赛》在古风时期地中海文明中的主要作用：在特洛伊作战的英雄们的回归（nostoi）神话，常常被希腊殖民者和殖民地的土著居民用来概念化、合法化其种族的承袭与身份。按照马尔金的说法，"整个地中海的民族史都可以被解释为源自特洛伊战争的大爆发以及随之而来的回归的扩散"[15]。回归神话被证明在所有地中海国家都极具影响力，因为它们被一致崇拜，不仅因其诗学上的精湛，而且首要的是凭借其历史上的权威性：在数个世纪中它们被视为"国际"事务中交流与协商的标尺。它们很可能无法流传下来，如果不是至少包含了一些要不然便将湮没无闻的真相的话。

这种将历史神话视为"基础性"的非正式定义，即作为故事，在代代相传中它们仍保留着最初的叙事力量与本质意义，现在已为古典学家和社会人类学家们普遍接受。[16] 人类学家珀西·科恩（Percy Cohen）已经指出，并非偶然的是我们的文明或其他文明中最重要的神话都与起源及"一系列事情被固定下来的某一时间段"相关。神话的规则是"为事情确定时间点，即使精确的时间无从确定，例如，为合法化创造一套更为行之有效的策略，而非造出一套毫无时间概念的抽象观念"[17]。神话叙事的非个人风格，恰如其分地被克洛德·列维－斯特劳斯（Claude Lévi-Strauss）概括为"匿名的、集体的和客观的"[18]，并通过使其内容免于任何逻辑的或历史的反驳而有助于上述目的的实现。"最初的形式（假如这一观点意味着任何事物）难以捉摸，并且永远如此。无论我们走得多远，一个神话只有被听到和重复后才能为人所知"[19]。按照克利福德·格尔茨（Clifford Geertz）的说法，神话可以充当"情感的象征模式"，意思是说它们为我们准备了基本的先例、规则与传统，用"文化的"反应来对抗我们"本能的"反应。"为了组织思想，我们必须知道我们是如何感知事物的;为了知道如何感知事物,我们需要情感的公共形象,而这只有仪式、神话与艺术才能够提供。"[20]

人类学家维克多·特纳(Victor Turner)从一个更历史的角度已经正确地指出,作为一种据称在有条件的关键(也就是说历史的)情况下,对社会生活施加影响的故事,神话是有关传统的戏剧性而非教条式故事。恰恰是在生活和历史的普遍传统意义变得不确定的时期,比如战争或革命时期,它们变得十分紧要,其社会作用便是通过某种对社会原始动力的戏剧性激发以维持社会的结构传统。"当历史生活本身未能用过去行之有效的术语创造文化意义时,叙事的、文化的戏剧便可能担负起诗歌(*poesis*)的任务,即重新创造文化意义。"[21] 或者,可以用马林诺斯基(Malinowski)著名的说法来改述这一观点,历史神话作为"社会宪章"(social charters)的功能——对共同体最为根本的法律与制度的始末原委的叙述保证了它们的权威性,并在有效性上经受住了任何理性的或历史的攻击。[22] 通过在历史共同体的宗教、民族传统中的纪念活动,这些故事确立了自己的道德规范和生活的社会模式。[23] 当共同体的成员们在其社会行为中一起分享并实践这些传统意义时,其历史真实便只在构建其传统的叙事中才具有意义。历史神话因此可以被简单地重新定义为那些不仅被讲述而且实际上还活生生的故事。

厄内斯特·勒南(Ernest Renan)也认识到了这一点。很早之前他便认为,作为世代相传的历史叙事,神话不仅被用来塑造一种民族认同,并且被融入认同本身;所以举例来说,要理解法国的含义,历史学家需要将一些可能"错误"的(例如圣女贞德)大众故事接受为"正确"的,也就是说,只要有感染力,便是有效的。[24] 现代社会理论家和民族主义的历史学家们在整体上已经接受了这一假设。[25] 诚如安东尼·史密斯(Anthony Smith)已经观察到的,虽然"公民的(civic)"因素

及其特有的包括经济、政治情况在内的综合体,在现代世界对维系一个民族来说是极为需要的,但是种族的形象与认同愈益受到重视,虽然它阻碍了合理性与祛魅的潮流。许多人不

是从管理一个国家的日常、实际事务中，而是从他们种族的符号、价值、神话、记忆中寻求灵感与指引，寻求一种博爱与英雄气概，这将使他们得以成功地处理自己的事务。[26]

在此前提下，史密斯试图就古往今来的历史学家们对上述过程的各自贡献重新加以评价。虽然他恰当地认识到 19 世纪以来的历史学家们常常通过塑造一种与过去之间的整体性与连续性来寻求对民族认同的肯定，并由此服务于民族的意识形态，然而史密斯指出，历史学家应该是而且永远是那些能够对上述社会运转的本来情况作出最佳辨别、解释与批判的人。[27]史密斯正确地总结道，无论历史学家们是肯定还是否定民族神话，他们必须研究神话，也就是说，他们必须认识到神话在民族认同结构中的地位。

然而，似乎很多历史学家仍然倾向于拒绝神话，将其视为错误的历史以及民族认同方面不可靠的素材。这一点在皮埃尔·诺拉（Pierre Nora）及其合著者的《记忆之场》（*Realms of Memory*）中表现得很明显，他们似乎承认现代法国的"民族认同"主要是由公认的记忆与神话所构成，但又认为历史的批判任务便是要揭露也就是反对神话记忆的谬误，这些谬误充斥于法国历史的大众传统与场景之中。[28]诺拉与其他持类似观点的历史学家们至少试图依靠神话素材——虽然根本上是反对的，去撰写民族史，然而更为激进的旧马克思主义历史学家们和新的后殖民主义学派仍然倾向于将民族的神话抨击为执政当局意识形态上的捏造或"发明"。对这些历史学家而言，历史神话只是以共同体的整体性和连续性为幌子，来掩盖真实的社会政治的紧张与冲突及历史的断裂。例如，看一下埃里克·霍布斯鲍姆（Eric Hobsbawm）对现代政治文化中"传统的发明"（the invention of tradition）的解释："清楚的是，众多政治机构、意识形态的运动与组织——并不只是民族主义的，是如此缺乏先例，以至于甚至是历史连续性都要被发明出来，譬如通过半虚构的（博阿迪西亚、韦辛格托里克斯、切鲁西人阿米纽斯），或是伪造的（奥西恩、捷克的中世纪手稿）来创造一个超出有效历史连续性的往昔。"[29]

6

　　霍布斯鲍姆对现代民族"传统的发明"所作的社会学和心理学诠释具有独创性,并且很可能在事实层面上是正确的。一种始于切鲁西人阿米纽斯且未曾中断的雅利安传统的熏陶,很可以被视为德国民族主义者们的一种"发明"。但是我们说的"发明"又意味着什么呢?德国的民族主义者并没有发明出阿米纽斯的历史神话,也并未发明自古以来围绕阿米纽斯逐渐发展起来的日耳曼传统。与文艺复兴时期的前辈们一样,他们仅仅是复活并极度放大了塔西佗令人难忘的叙述。[30] 雅利安神话并非一种新的日耳曼认同的发明,更多的是对旧有的唤起。这种认同事实上并非强加于现代德国人之上,而是通过对神话的全新诠释与创造渗入德国人心中。正如本尼迪克特・安德森(Benedict Anderson)所论,民族是"想象的共同体"(imagined communities),它们不仅仅发明而且实际上存在于有关历史统一性与连续性的神话之中。[31] 他指出"如果民族国家普遍被认为是'新的'和'历史的',则在政治上表现为民族国家的民族,将总是浮现在一个无从追忆的过去并且……延伸至无限的未来之中",因此民族主义必须与"各种被有意识信奉的政治意识形态"相分离,与更大的"先于它而存在的文化体系相结合,这种文化体系既孕育了民族主义又成为它形成的背景"。这种体系便是我说的历史神话:这种叙事表达并解释了对共同起源与命运的信仰,并凭一己之力使新的"想象的共同体"成为现实。[32] 安德森试图揭示出看似"新的"政治—历史传统中更为古老的心理学动机与神话关联,即早于并促成其现代"发明"的信仰,这便可能剥夺了"发明"这一概念流行的批判的或者说相当机械的内涵。它提醒我们任何"传统的发明"都是一种对历史记忆的复活,正是历史记忆在历史进程中构成并维系了民族。

　　因此,研究德国史的现代历史学家们必须严肃地对待阿米纽斯的历史神话,因为它让德国历史变得有意义,特别是因为德国人自己总是严肃地看待它。远在现代民族主义者们之前,德国人便将他们的传说(*Sagen*)珍视为可靠的经验和历史的启示(*Weisungen*),恰恰因为它们是神话——全然客观、出自民族的(*das Volk*)集体创作——而非国家的官方历史。在德国人的历史中,他们不断地、有意识地、明确地将自己定义为神话创作者。这种自我认同的源头是塔西佗的《日耳曼尼亚志》(*Germania*)，这部古典著作定义并创立了这一形象。塔西佗注意到日耳曼人将其对祖先的、领土的宣示建立在"他们古老的歌谣"(*carminibus antiquis*)之上，这是"他们记忆或记录自己历史的唯一途径"(*quod unum apud illos memoriae et annalium genus est*)。对塔西佗及所有现代德国历史学家们来说，有这么一种思路，即为弄懂日耳曼人究竟是谁，需要从"他们古老的歌谣"入手。这些不仅是大众而且也是他们的历史学家们所实际拥有的"真实叙事(real narratives)"，因此他们的任务便是阐释而非摒弃这些叙事，通过展现它们对历史现实进行延伸或构建。

这种"对神话的体认(recognition of myth)"确立了神话历史(*mythistory*)的任务。虽然该术语本身是个新词，但它带有源自旧有史学传统的若干含义与功能，这种传统可以追溯到希罗多德、李维及现代早期史学中他们的追随者们，其中最知名的是马基雅维利和维科。在现代史学上，第一次（也是唯一一次）复兴神话历史观念与传统的尝试，是唐纳德·R. 凯利(Donald R. Kelley)的重要论文《兰克时代的神话历史》(*Mythistory in the Age of Ranke*)。[33] 凯利将神话历史视为现代史学上的一场修正主义运动，在意识形态和方法论上，他均与占主流地位的兰克学派立场不同。凯利运用了这一术语，并将自己的研究限定在 18 世纪晚期至 19 世纪早期的浪漫主义史学内。按照凯利的说法，在启蒙运动的历史学家们那里，神话历史是一个虽带有贬义却已司空见惯的术语。在其《不列颠辞典》(*Dictionarium Brittanicum*, 1730)中，内森·贝利(Nathan Bailey)将神话历史定义为"一种混合了虚假的传说与故事的历史"。然而，对启蒙运动过度理性主义的浪漫主义反动，使得诸如赫尔德(Herder)、施莱尔马赫(Schleiermacher)、克罗伊策(Creuzer)、萨维尼(Savigny)、格林姆(Grimm)、巴霍芬，尤其是米什莱这些历史学家们，重新将这些"虚假的传说与故事"视为史料，并最终视为历史事实。他们并未将自己的著作定义为神话历史，但是他们却实践了它。凯利认为，他们"通过一种新的人类机能的组合以重新创造遥远古代生活与思想的尝试"，现代历史学家们通常不会意识到这些机能，更

8

不用说使用了——它们包括想象力、虚构力和记忆力,是文化史发展过程中的一个决定性阶段。由于浪漫主义历史学家们认识到历史由神话构成,他们便有理由认为历史必须用这些神话的术语来解释,并且甚至最终用它们来书写。正如凯利在其他地方所补充的,神话历史提醒我们"历史研究,与它喜欢去描绘的人类状态一样,无法将非理性与潜意识完全排除在外;作为人类记忆的一种形式,它无法完全逃脱自身的原始遗产"[34]。准确地说(*in nuce*),这正是神话历史的内容所在。

神话历史的浪漫主义风尚并未持续很久。现如今,它主要是通过对乔治·艾略特(George Eliot)的小说《米德尔马契》(*Middlemarch*,1872)中卡索本先生的讽刺而为人所知。艾略特将卡索本先生描写为一名典型的浪漫主义历史学家,他沉溺于"世界上所有神话的片段都是最初被揭示的某种传统的堕落"这一信条之中,在对"解开所有神话的钥匙"的徒劳追求中荒废了自己的一生,也几乎毁了他年轻的妻子多萝西娅的生活。在他死后,头脑清醒的多萝西娅认识到整个计划是可悲、非科学的,遂将其废止,她将神话仅仅视为"破碎的木乃伊,某种传统的碎片,而该传统本身便是一件出自破败废墟的马赛克"[35]。

在乔治·艾略特拒绝神话历史五十年后,与她同姓的作家 T. S. 艾略特(T. S. Eliot)看出了追求"神话"的本质是什么:现代性的一种标志。对神话的浪漫主义回归无疑是现代的,因为它意味着对现代性这一概念的醒悟。它标志着对异化或者说(用艾略特的话)"感性脱节"(dissociation of sensibility)反动过程的一个新阶段,后者出现于 17 世纪的科学革命,并在 19 世纪的前数十年愈益加剧,此时革命时代的冲击与破裂似乎已经破坏了所谓持续的、有用的"传统"这一观念。正如理查德·特迪曼(Richard Terdiman)所论,在那个时代"人们在其文化与往昔的联系中感到心神不宁,在与自身传统的联系中感到焦虑不安",因此被迫去应付他所谓的一种"记忆危机,即感觉他们的过去不知为何逃脱了记忆,回忆不再与意识结合在一起"[36]。浪漫主义者试图通过激进地稳住现代性中更深层的历史性以克服上述对现代性的危险认识。他们对修复破裂的记忆传统的热情努力,通过各式各样的人为纪念仪式,譬如通过叙事来塑造民族，在特迪曼看来标志着一种有关回忆的新的、自我意识的，因而具备现代性的尝试。因为浪漫主义者试图去揭示过去与当下之间可供选择的、更具想象力的连续模式，去展现像波德莱尔所做的感官联想或"应和"（correspondance）的网络，这使得城市的体验能够与遥远往昔的体验相兼容，与浪漫主义者一样持有上述观点的人无疑是现代主义的。本雅明（Benjamin）将卡夫卡（Kafka）描写为迷失在传统的"意义"（Bedeutung）中的作家，并认为这是他能够如此敏锐地意识到传统在其生命与历史中"主导性"（Geltung）的原因所在。通常来说，这一点适用于所有伟大的现代主义者。因为只有那些承认传统的必然性与不可或缺性，或者换句话说，那些不相信现代性的可能性的人，才是真正现代的。T. S. 艾略特正是这样在其诗歌和理论中定义现代主义的。

按照艾略特的说法，诗歌的创作就像历史本身的创作一样，本质上是传统的。意思是说，它存在于那些古代形象的传递之中，这些形象构成并维系了语言、符号、制度所组成的网状结构，也就是我们所谓的文明。早在艾略特对温德汉姆·刘易斯（Wyndham Lewis）的小说《塔尔》（Tarr, 1916）作评论时，他便将现代艺术家定义为"比他的同时代人更'原始'（primitive）也更文明；他的体悟比文明更深刻，并且他只用文明的现象去表述文明"[37]。这也是艾略特的经典论文《传统与个人才能》（Tradition and Individual Talent, 1919）的主旨所在，在文中他用神话—历史的而非激进的措辞去定义现代诗歌的任务，认为现代诗人必须具备一种历史感，这种历史感"包括一种感知，不仅是对过去的过去性，也是对过去的现在性"，而且它"迫使一个人不仅仅依靠自身的时代性，而且还依靠对从荷马开始的整个欧洲文学的感受去写作，在此过程中，作者自己国家的整个文学也同时存在并且构成一种同时性的秩序"[38]。艾略特在其作品《荒原》（The Waste Land）中完成了这一任务。

因为"现代主义"是那些无法给出普遍定义"本质上存有争议的术语"之一，我想明确的是我完全认可艾略特的观点。随着本书的研究日益清楚的是，我所理解的"现代"史学基于"对神话的体认"。这可能并不是许多现代主义者在其无数运动"宣言"中所阐

10

述的明确含义。庞德（Pound）的呼喊——"使之新"——可能仍是现代主义最普遍的观点。[39] 但是，正如保罗·德·曼（Paul de Man）在其有关尼采和现代主义谱系的著名论文中所阐述的，如果"成为现代"被定义为"渴望将更早的所有东西通通抹去，并希望由此最终达到所谓纯粹当下的某一时点，达到标志着某种新开始的原点"的话，那么尼采对人类所有行为与制度中深层历史性或"神话性"（mythicity）的认识便将使其解开这一困境的尝试成为不可能。"不可能以生活的名义去丢掉历史，也不可能以现代性的名义去忘记过去，因为两者被一条给予它们共同命运的时间链条所连接"。[40] 与所有真正的现代主义者一样，尼采只是因为未能成为而成为了一名现代主义者，或者按照我的说法，他做到了"对神话的体认"。

按照上述狡黠的现代观，我相应地重新定义了"神话历史"。我的主要观点是，这种古典—浪漫主义的史学传统引发了现代史学中的某种变动，在此，现代史学这个术语是在其最初和最完整的意义上来使用的。因为"现代"这个词的支持者们，从波德莱尔（他首次给予了这个术语以现在的含义）到尼采（他因此率先定义了一种新的史学）再到所有他们的追随者们，都在其艺术和理论著作中声称"现代"有赖于将神话视为人类生活与历史的原始"秩序"。艾略特对乔伊斯《尤里西斯》（*Ulysses*）的下列描述，一直以来都是有关现代主义的公认定义：

> 在运用神话，操控当代与古代之间的一种连续并列时，乔伊斯先生追求一种他人必将奉为圭臬的方法。他们不会是模仿者，就像科学家运用爱因斯坦的发现以追求自己独立的、更进一步的研究。它仅仅是一种方法，对当代历史，即一幅充斥无用与混乱的广袤图景，施以控制、安排，给予一种形态与意义。它是一种方法……在占星术上是吉利的。心理学（虽不过如此，而且无论我们对它的反应是戏谑的还是严肃的）、人种学及《金枝》（*The Golden Bough*）已经共同使即便是几年前尚且不可能的成为了可能。我们现在可以使用神话的方法去代替叙事的方法。我极为确信它是使现代世界在艺术上成为可

能的阶梯。[41]

当艾略特写下这些话时，他已经在自己伟大的诗作《荒原》中完美地实现了这种"神话的方法"。在两部作品对古代神话的"连续并列"处理上所表现出的明显模仿——在《尤里西斯》中将利奥波德·布卢姆（Leopold Bloom）视为现代的奥德修斯，在《荒原》中将伦敦桥上发生的混乱场景视为现代的布匿战争——经常被用来表示上述"神话的方法"和现代主义主要存在于对这些神话的讽刺性发掘与亵渎之中，好像它们被唤醒的整个意义就是将现代本身从这些和所有其他受人尊敬的传统并且最终从历史本身中解放出去。[42] 这是对斯蒂芬·迪达勒斯（Stephen Dedalus）的著名呼喊——历史是其试图唤醒的梦魇——的通常解释。然而，正如许多有判断力的评论者所见，《尤里西斯》和《荒原》对神话的讽刺性影射，传递的并不一定是一种讽刺性的神话观念。相反，它们证实了一种对神话影响力与关联性敏锐而具批判性、历史性的理解，即使是在一个无法达到它们古典"英雄的"秩序与标准的时代。因为即使是对诸如利奥波德·布卢姆、斯特森这类普通人最具讽刺性的描写——描写为可怜的现代"英雄"，而且无论他们与神话人物原型间的关系看起来是多么偶然或肤浅，但是他们的人生所经历和遇到的问题是与那些神话英雄们相似的，事实上是所有人都必须面对的：死亡、自由、性以及其他永远无从解决的谜题。[43] 托马斯·曼在他自己的"神话小说"《约瑟夫和他的兄弟们》（*Joseph and His Brothers*）中写道："因为它现在是，总是，无论我们怎么说它过去是。这说的便是神话，它只是神秘的外衣。"[44] "神话的方法"揭示的是一种对自我在更强大的生活压力下重演与整合的感觉，对古代与我们自身文化间连续性的感觉，对所有人类经验整体性的感觉。艾略特《诗歌的使用与批评的运用》（*The Use of Poetry and the Use of Criticism*）一文中的一段话表明了他对上述方法的理解。"对我们所有人来说，为什么在我们一辈子听到的、看到的、感觉到的东西中，某些而非另一些饱含感情的图像会重复出现？"随后他挑选出五种图像，其中一些不断在其诗作中出现，并总结道："这类记忆具有符号学的价值，但是我们无法说出价值在哪，因为它们代表的感觉层次我们目前还无从窥探。"[45] 对这些图像在历史中的连续性与同时性的认识否定了对历史中进步与发展的自由主义观念。尤其是对神话的体认使"神话的方法"比"叙事的方法"更适合去表述和解释现代历史。艾略特因此补充道,《尤里西斯》中对神话的使用"具有一种科学发现般的重要性",很明显,不仅是对文学而言,而且对整个人文学科来说,其从事者们也必须发现隐藏在"当代历史,即一幅充斥无用与混乱的广袤图景"背后的那些永恒神话图像与叙事,它们给未明的人类现实指明了某种方向。[46]

正如我在上文所注意到的,在我看来,历史学家与艺术家、人文科学家同行们不同,并未认识到"神话的方法"的全部潜力,因此未能创造出一种"现代文学""现代艺术"意义上真实而明确的"现代"史学。此外,对"神话的方法"的漠视不仅影响了历史学家,而且还影响了史学家,后者本来已主张在现代艺术与科学的指导下创造"现代史学"。因此,海登·怀特(Hayden White)在其经典论文《历史的负担》(*The Burden of History*, 1965)中认为,如果历史学家希望自己的著作能与当代读者产生共鸣的话,那么史学的一种现代主义转向既是可能的也是不可或缺的。追随爱因斯坦、弗洛伊德、韦伯这些科学家们或者乔伊斯(Joyce)、卡夫卡这类艺术家们的道路,现代历史学家同样必须去克服盛行于19世纪"现实主义"艺术与科学中的实证主义探索与再现模式,并且"愿意与现代科学和现代艺术为理解社会进程与意识运作所提供的分析与再现技巧达成妥协"[47]。但是怀特对艺术与科学中"现代"的理解过于正式了;它仅涉及现代主义者们用来激发其对现实看法的"技巧",它似乎认为对诸如并列、退化、减少、失真等再现模式的使用透露出对现实的一种更深的讽刺性的甚至是虚无主义的观点,这种现实剥离了所有客观的秩序、法律与真理,因此如怀特所说,可以容纳所有各式各样新颖而主观的诠释与艺术创作。与艾略特一样,怀特将现代主义等同于对传统"叙事方法"的抛弃,这种方法在19世纪从自然史到小说再到兰克史学的科学与艺术中占据主导。

值得注意的是,唯一在那种意义上被怀特视为"现代"的历史学家是雅各布·布克哈特,他的《意大利文艺复兴时期的文化》

13

(*Civilization of the Renaissance in Italy*)被怀特视为一种"印象派的史学"（impressionistic historiography），与同时代如波德莱尔（Baudelaire）或塞尚（Cézanne）等艺术家所追求的相类似。虽然我大体同意这一判断，即在这一特定的艺术感上（而且也只有在这点上）布克哈特是一名现代主义者，但是关于布克哈特我想补充的是——我将在第三章中具体解释——布克哈特之所以是现代的，恰恰因为他追求"神话的方法"。他从一开始便将历史视为"神秘与诗"（mystery and poetry）的观点使他与那些在历史中看到"一种知识来源、一种科学"[48]的人相区别，并且进一步将其史学变为一种对诗歌方法与神话的深思，诗人和艺术家们以及所有其他人文主义者们总是据此来认识人类生活与历史中的"神秘"。由此承认人类环境中的神话结构后，布克哈特抨击了那些"将过去与我们自身完全发展的时代相对立，并视前者为后者准备阶段的人"，还总结道："我们应该研究在我们身上产生回响并且可以为我们所知的那些重复发生的、连续的、典型的东西"[49]——这些话很明显将他与神话历史的传统联系在了一起。虽然凯利并未将布克哈特算在神话史家之列，但他正确地认识到布克哈特"对某些种类的神话历史和富于想象力的解释抱有同情。"[50]自早期神学研究起，布克哈特便留心于这一传统，此后在柏林大学兰克历史研讨班（*Historisches Seminar*）研究历史时，那里的一些老师，比如谢林（Schelling）、萨维尼和格林姆——都在宣扬神话历史的内容。

因此，与在古代史学中的境遇一样，在现代史学中，神话历史在史学中的困境可以由双方鼻祖利奥波德·冯·兰克与雅各布·布克哈特之间明显的对立得以呈现。兰克认为历史是（或者至少需要是）一种科学（*Wissenscheft*）体系，一种建立在事实依据与法则之上的科学，而布克哈特则认为历史主要是一种教育（*Bildung*）的过程。正如该词所示，教育（*Bildung*）语出图像（*das Bild*）：在德国传统中，它通常被认为是一种经由古典文化传统教导的教育，实际上即通过对某一具体典型模式（*Vorbild*）的模仿（*Nachbildung*），该模式出自传统文化关于各类人物与事件的知识。换言之，教育有赖于图像的传递，有赖于神话的图像，它们存在于所有民族与文明的文化传统之中。在其名著《意大利文艺复兴时期的文化》中,布克哈特不仅阐述了现代历史中的这一过程,还相应地使用了文艺复兴时期的神话图像与传说来撰写自己的著作,为的是阐明他对文艺复兴文化的历史再现（*Darstellung*）。

14

使"对神话的体认"在现代史学中变得不可或缺的学者是布克哈特在巴塞尔大学的同事,著名的弗里德里希·尼采,直至神志清楚的最后一刻他都尊崇布克哈特为自己"伟大的导师"。在《悲剧的诞生》中,尼采宣称:

> 如若没有神话,一切文化便会丧失其自身健康的自然创造力量:只有一种由神话所界定的视野,才能完成并统一整个文化运动……神话的形象必须成为无处不在又无从察觉的守护神,在其照看下年轻的灵魂渐趋成熟,它的指引帮助成人们解释自己的生活与奋斗,甚至国家都知道没有比神话的基础更有力的不成文法了,它可以保证国家与宗教的联系,保证国家从神话的观念中生长起来。[51]

在其对欧洲艺术与文学中"现代"的起源与丰富含义所作的富有影响力的研究中,马尔科姆·布拉德伯里（Malcolm Bradbury）和詹姆斯·麦克法兰（James McFarland）指出神话这一概念获得"现代主义的"内涵大约是在 19 世纪末,那时欧洲社会的新旧秩序与理论,特别是文明的概念,皆陷入崩塌,思想家与艺术家们开始寻找一种新的"秩序"。它不应如旧有的机械论或其他自然主义理论那样仅仅是"客观"的,因为它们现在已经被生物学和物理学上的新发现所推翻,而是更为"主观"的一种秩序,是"创造的"而非"赐予的",是一种对非理性的理性调和。

> 在流动性不断增长的形势下,"神话"（如索雷尔将要论述的）将自己作为一种极为有效的策略加以推荐,它可以对日常事件的混乱施加一种象征性的,甚至是诗意的秩序……神话源自非理性并且遵从一种逻辑,该逻辑相比科学研究的正式程

序，更接近潜意识中主观的、联想式的刺激，它对事与愿违的社会现象提供了一种崭新的视角。[52]

德国社会学家费迪南德·滕尼斯（Ferdinand Tönnies）对现代社会有着类似的定义：在其1887年的著名研究中，他将建立于有机生命之上的前现代共同体（*Gemeinschaft*）与已经丧失但试图寻回统一性与连续性神话的现代社会（*Gesellschaft*）相并列。[53]

15

这也是詹姆斯·弗雷泽（James Frazer）爵士《金枝》一书心照不宣的主旨，该书初版于1890年，对现代文学产生了最具决定性的影响。[54]虽然弗雷泽自己并不是一名现代主义者（作为一名神话学家，他更像卡索邦先生），但是通过艺术地重现古代神话中诸神的死亡与重生、杀死并吞食神圣动物或人牲以获得它们所象征的神力、图腾与替罪羊、净化与丰收仪式，他成功地俘获了一代学者与普通读者。他的结论，即所有"这些与春季、收获相关的习俗都建立在同一种古代思想模式之上并且构成了同一种原始异教的组成部分，在远早于历史黎明的时期它们无疑已被我们的祖先所实践，并且直至今日，许多后世子孙们仍对其践履不辍"[55]，在碰上曾经失去但又试图重新找回对最伟大复兴故事的信仰的那代人时，这些习俗被证明是极为有效的。正如莱昂内尔·特里林（Lionel Trilling）所注意到的，"虽然弗雷泽的目的是科学的，但是他造成的效果是确认了体验世界的那些旧有模式的有效性，现代人从浪漫主义者开始便试图复兴它们以逃避实证主义和常识"[56]。然而，弗雷泽在"《金枝》的隐秘文字"中揭示的原始活力与热情，却激发了现代主义者用它们来反对弗雷泽自己对理性与文明的信仰："现代文学最典型的特征莫过于它对原始的、非伦理力量的发现与推崇。"[57]

在现代主义的早期名作，比如马勒（Mahler）的三部《魔角》（*Wunderhorn*）交响曲（1887—1900）、康拉德（Conrad）的《黑暗之心》（*Heart of Darkness*, 1899）、毕加索（Picasso）的《阿维农的少女》（*Les demoiselles d'Avignon*, 1907）、尼金斯基（Nijinsky）的《春之祭》（*Le sacre du printemps*, 1913），以及现代人文科学领域一些

重要的著作,包括韦伯、涂尔干(Durkheim)、弗洛伊德的著作中,这些力量都表现得十分明显,它们共同揭示了现代性中至关重要的原始冲动。当康拉德《黑暗之心》中的叙述者马洛将自己顺着刚果河到内陆站寻找象牙猎人库尔茨的旅程评论为"就好像穿越回世界的起点"[58]时,他重现了整个现代主义运动。库尔茨已经"入乡随俗",并且他获得"知识"只是为了发现藏在黑暗之心背后的——"恐怖!恐怖!"——他的悲剧命运似乎肯定了乔治·斯坦纳(George Steiner)的观察,即康拉德1900年左右的几部小说比同时期的其他文学或哲学著作更好地揭示出"朝向分崩离析的冲动以及欧洲稳固之墙中的裂缝"[59]。但是,康拉德的小说也可以展现他与其现代主义同行们为何以及如何试图通过回归神话来克服虚无主义的困境。因为马洛在作出追随善良的欧洲人库尔茨,这位"具有同情心、科学与进步的使者"时,其动机是想找到库尔茨未能完成其文化任务的原因。因此马洛将自己的任务确定为"了解他(库尔茨)的归属是什么,有多少黑暗力量宣称他属于它们"[60]。他在原始现实与心态中找到强大冲动的尝试,这些冲动总是使所有善良的欧洲人实现文明的那些高贵理想——具有同情心、科学与进步——的愿望落空,令人联想起同时期其他现代主义者们也在寻找的东西。[61]

诚如 H. 斯图尔特·休斯(H. Stuart Hughes)、弗里茨·斯特恩(Fritz Stern)以及泽埃夫·斯登黑尔(Zeev Sternhell)这些思想史家们已然指出的,艺术家与科学家们将神话作为一种有用的范畴来解释现代社会的荣衰,这透露出一种朝向文化悲观主义的更为普遍的趋势,它影响了许多身处世纪之交的知识分子。[62]无数揭示了人类生活与历史中进化与遗传方面的生物学、心理学和历史学理论,赋予了神话这一概念以科学上的可信性。来自左翼与右翼的自由民主主义的激进反对者们,用新的神话科学去削弱资产阶级关于渐进式改良以及从古代传统与制度中解放出来的肤浅的意识形态。

这种"对神话的体认"的辩证形式,在卡尔·肖斯克(Carl Schorsk)对世纪末(*fin-de-siècle*)维也纳不同寻常的现代主义运动的权威研究中表现得最为淋漓尽致。[63]肖斯克认为在施内兹勒

16

（Schnitzler）和霍夫曼斯塔尔（Hofmannstahl）的作品、克里姆特（Klimt）和柯克施卡（Kokoschka）的作品、马勒和勋伯格（Schoenberg）的作品、穆西尔（Musil）与克劳斯（Kraus）的作品、马赫（Mach）与弗洛伊德的作品中，有一种共同的政治信念，即奥地利的自由主义与大多数欧洲国家的一样，未能认识到人类生活与历史中的非理性力量。他们看到像舍内勒（Schönerer）、鲁伊格（Lueger）这类政治反动派大获成功，是因为他们"都以自己的方式运用贵族式的派头、姿态或作以鼓动大批的追随者，这些追随者仍然渴望一种将权威建立在某种更久远、更深层的东西之上而非建立在理性论证与经验证据之上的领导权"[64]。正如霍夫曼斯塔尔所总结的，"政治是巫术。谁懂得如何从深层召唤力量，他们就会追随他"。[65] 肖斯克进一步表明，当这些现代主义者们调转过头，退出公共政治舞台进入自己的精神层面时，他们尤其可能揭示之前在现代主义新的艺术与科学话语中体验到的神话力量。弗洛伊德对仍然决定着现代性的古代事件所作的超心理学思考，譬如唤起"原始部落祖先"的那些事件，用他自己的话来说，是"科学的神话"，它们最初被设计为对精神力量——动力、能量——的隐喻性或假设性反射，与自然现象中的物质实体一样，都激发了人类的行为。[66] 但是，由于这些"科学的神话"是建立在对记录于《圣经》和古典资料中的实际研究案例的人类学与历史学重建之上，并且也以此为表现形式——譬如弗洛伊德对摩西和罗慕洛斯的诠释——因此它们还有助于揭示神话的历史性，有助于揭示现代性中神话的连续性与实际情况，也有助于表明即使上述神话案例可能仍是假设性的，但它们已经具备历史性了。

17

无论如何，弗洛伊德对阿尔伯特·爱因斯坦的终极提问——"是否每一种科学到最后都会成为某种神话学？"[67]——证明对一种更深层的、迥异的秩序的追求，这种秩序更具诗性而非政治性，超出共同世界的共相与法则之外，不仅影响了艺术家与社会理论家，还影响了自然科学家。吉莉安·比尔（Gillian Beer）指出，19世纪晚期的科学家与艺术家们秉持相同的现代主义观点，即对现实古典的、机械论的再现已不足以解释造就现实的动力。[68] 一旦他们意识到经典几何学、机械论术语不足以解释崭新的自然科学所揭示的难以预测的现实时,他们便重提神话,恰恰因为神话很明显是一种秩序的诗性创造,所以可以被用来"拯救表相"(save the appearances)[69],以一种既赋予又揭示所有科学常规的人为的方式。迈克尔·贝尔(Michael Bell)写道:"19世纪对'原始'神话的人类学研究最终创造了一种文化反光镜,欧洲人藉此认识到自己的世界观具有一种终极的相似状态。随着科学试图理解神话,它越来越发现自己成为了神话。"[70]

因此,我将现代主义定义为以"对神话的体认"为基础的一种文化运动,并且我也以同样的措辞来定义现代史学。回顾克洛德·列维-斯特劳斯的经典话语——他的目标"并非是去表明人们是如何思考神话的,而是神话如何以一种潜移默化的方式作用于人们的头脑(*les mythes se pensentdans les hommes*)"[71]。——我认为现代历史学家们应该(而且应该使我们)更意识到存在于所有历史事件和叙述(包括他们自己)之中的思想与行为的神话模式。或者,用该讨论最初的措辞来表述这一观点,他们必须将修昔底德及其追随者们的实证主义理论及著作修正为希罗多德及追随他的神话历史学家们更具解释性的理论与著作(在所有方面,不仅仅是名义上)。

18

当然,很早之前弗朗西斯·康福德(Francis Cornford)在其名著《修昔底德——历史与神话之间》(*Thucydides Mythistoricus*)中就已经这么做了,这部著作实际上在现代史学中重新发明了"神话历史"这一术语。[72]康福德属于被称为剑桥仪式学派(威廉·罗伯特森·史密斯、简·艾伦·哈里森、吉尔伯特·默里以及 A. B. 库克)的古典学者团体,他们与詹姆斯·弗雷泽有密切的关联。他们乐于使用弗雷泽有关农业丰收的理论去探讨希腊悲剧的起源,并且更普遍的是,他们继续他的如下假设,即神话产生于神秘的仪式,并且在最初的原始仪式消亡很久后,它们仍能继续赋予宗教、艺术、文学以及各种象征形式以活力。在其对修昔底德以及希腊史学的诠释中,康福德试图揭示隐藏在修昔底德《伯罗奔尼撒战争史》中的各种神话。修昔底德当然不会知道也不会承认自己是一名"神话历史学家"。康福德对他的描述是批判性的,并且怀着有意的讽刺,针对的是修昔底德自己的宣言——并且含蓄地针对现代史学中所有修昔底德的追随者们——已经将所有神话的谬误排除出历史学职业之外。通过表明修昔底德并未如自己所宣称的那样反神话，并且他也不应如此，康福德不露声色地非难了修昔底德的宣言。按照康福德的说法，希腊历史学家所秉持的出现在希波克拉底医学的科学行话中有关人性的若干真理，事实上来自于希罗多德历史著作和埃斯库罗斯（Aeschylus）悲剧中的神话素材；这些真理在修昔底德对历史事件的叙述中被表现出来并变得富有意义。因为修昔底德持一种不可知论的历史观：他不相信在历史中存在任何超自然或者仅仅是自然的力量；相反，他视历史为——以明显戏剧性的术语——一种对人性的测试，一种人们在现实中以及在与现实的对抗中不断宣示自我的努力，这种现实人们既不能全然理解又不能真正改变[73]，并且因为修昔底德寻求用真正的术语（也就是他们自己的术语）去解释人们的行为，他避开了神学的以及后来其他的理论解释模式，相反聚焦于人物的言行，以及他们的完美表达（即其历史著作中"演说"的扩散）和深层想法——康福德认为，这种倾向导致修昔底德为自己的历史著作注入了有关言行的神话模式，这些模式曾在历史上盛行一时。康福德正确地将这种历史作品称作"搬用"而非发明，因为修昔底德并未真正对事件作出很多自己的叙述，而是使用了一种在其文化中众所周知的叙述模式，更进一步说，他笔下的历史人物不仅肯定知道并且还在具体事件中表现了这种叙述模式。[74]

康福德为现代史学重获神话历史的尝试失败了。该术语本身，及其所指向的史学传统都变得无关宏旨。一些历史学家注意到20世纪早期现代艺术与科学中对神话的体认，并探讨了神话在历史事实中的具体体现，但即便是他们也继续用实证主义史学普遍带有轻蔑的措辞来看待神话，将其形象与传说视为对社会现实中更为基础性条件的短暂表现而加以拒绝，而只有那些基础性条件才是他们认为值得认真考虑的。这一点在马克·布洛赫（Marc Bloch）身上表现得最为明显，他是现代科学史学的开创者，其著作《国王神迹》（*Les roisthamaturges*，1924）被普遍认为是历史神话学领域最重要的著作之一。[75] 布洛赫在书中探讨了"御触"的起源与演变，所谓"御触"是指相信国王拥有奇迹般的力量可以通过触碰淋巴结核（一种位于颈腺的结节状炎症）来治病。这种仪式在法国、英国的王宫中已存续八百余年这一事实，对布洛赫而言表明它主要是一种政治制造，中世纪的国王们将它构想出来为的是神化自己的权力以与教会的权威相抗衡。"国王神迹首先是作为对某种超级政治力量概念的表达而出现的。从这一观点来看，要解释它就需要将它与一整套思想和信仰体系联系起来，而它则是其中最具代表性的表达之一。"[76] 被认为"在欧洲政治史一词最广泛而真实的意义上对该领域所做之贡献"，该研究展示了对弥赛亚救世主的古代基督教信仰与更晚近的大众对合法统治者的尊崇是如何融入有关创造奇迹的国王们的民间故事中的。与其他现代主义者们一样，布洛赫深受"詹姆斯·弗雷泽爵士杰出著作"的启发，"一直以来，这些著作教会我们如何去观察事物性质方面的某些古代概念与人类最早的政治制度之间的联系，这种联系曾长期不为人所知"。然而，布洛赫拒绝了弗雷泽比较人类学的方法，而是采用了一种更为严格的历史学方法，该方法不仅可以确定某一具体仪式的"深层原因"，而且还能确定使该仪式在特定时间、地点得以出现的"具体情况"。[77] 因此，凭借对国王权威经由巫术信仰与仪式而形成所做的原创研究，《国王神迹》绘制了一幅关于某一特定仪式的相当传统的政治史——它是如何被中世纪国王及其臣子们编造出来的；它在何时、何地被运用？为什么它最终在启蒙运动时期消亡，此时大众的集体思想以及一直支撑着它的国王的野心在理性主义者们的攻击下崩溃。

建立在新的史料及解释模式之上，布洛赫的著作以前是并且现在仍是新方法论下最具创新性的著作之一，此方法论已经等同于现代史学，即年鉴学派（*Annales* school），它是后来被称为心态史（the history of *mentalités*）的早期形态。[78] 但是，正如上述方法论的共同创立者布洛赫的同事吕西安·费弗尔（Lucien Febvre）所观察到的，布洛赫的研究未能证明他已经真正解开了这个仪式的奥秘，这主要是因为，费弗尔暗示道，作为一名无神论者和理性主义的历史学家，布洛赫在看待这些仪式的严肃性上，未能做到他所应做到的那样，意思是说在严肃性上未能向实际参与仪式的大众们看齐。[79] 在上述案例中，主要的问题并不是国王们如何使用这一神话，而是为什么这么多的人受到它的影响。布洛赫对那一仪式的最终判断——"除了看作是集体谬误的结果外，很难将对国王神迹的信仰视为任何其他的东西。"[80]——透露出他自由主义的假设，即在仪式（国王的神性）背后的神话是原始的、非理性的和谬误的，这种假设对于弗雷泽、涂尔干、列维－布罗尔（Lévy-Bruhl）等同时代的社会科学家而言并不陌生。[81] 虽然方式不尽相同，但王权神话依然有效这一事实表明现代史学要名副其实，就必须克服流行于 20 世纪前数十年，也就是布洛赫从事研究时期人文科学中的实证主义谬误，即相信我们可以依靠历史社会学、人类学或心理学的客观术语和"科学法则"完全解释像神话那样的主观人类创造。[82] 神话学，从该词严格的意义来看，经由自身的"神话逻辑"以运作并富有意义。诸如"御触"这样的历史神话，其意义从本质上来说是神话学的而非历史学的：它需要将更深层的"对神话的体认"作为人类生活与历史中的一种永恒要素。在这些假设的基础上，布洛赫以其时代新的历史科学来解释历史神话学的尝试失败了，因为它更多的是历史学的而非神话学的，或者用我的话来说，它不是真正神话历史的。

　　当路德维希·维特根斯坦（Ludwig Wittgenstein）指出弗雷泽在《金枝》中的历史学方法误导其将古代仪式看作是我们充分发展的人类心智的原始或前逻辑阶段时，他看到了神话学研究中的历史学谬误。在维特根斯坦看来，我们从观察这些仪式中得来的"深层而不祥的印象"是一种感觉，这种感觉并非产生于有关它们"历史"的外部知识，而是产生于"我们内在自我的一种体验"。[83] 我们在对神话和仪式的研究中发现，人类从其本质与历史来看，是一种"仪式动物"（Ceremonious animal）：人类总是设计出不同的但是在意义上同等重要的正式意义系统以对抗令人难以忍受的变动不居的现实（16）。在他后期的著作中，维特根斯坦试图表明我们所有的思想和行为是如何产生的，并且它们必须被作为信仰、习俗、传统、制度、契约以及我们在社会生活中普遍实践的类似习惯性行为而被理解。这些构成了我们"传统网络"的行为，在维特根斯坦看来，在人为表现的意义上是"神话学的"，它们将我们的"世界图景"（world-picture）构建为一种图解说明（graphic illustration）或"易懂的表现形式"（*übersichtliche Darstellungs form*）。通过对神话学的这一正式定义，他想表明的是构成我们世界图景的人类表达是诗性模式，它很像尼采的"永恒的寓言"（timeless allegories），不仅使我们得以将某种模式运用到想要表达的内容之中，而且还可以以一种使我们更加意识到我们的表达方式以及被表达的对象或事件状态的方式发明新的模式。由此懂得了在我们的语言中，我们既混合又区分我们对世界的描述和我们编造的故事，这些故事是用来解释世上之物是如何出现在我们眼前、我们对它们的感觉又是什么。维特根斯坦总结道："整个神话学被沉淀在我们的语言之中。"（10）

按照维特根斯坦的说法，一个神话首先不应该被认为是对世界的解释，而是人们如何看待世界的一种表达，即用他们的恐惧、愿望等对世界的一种再现。他承认，"困难在于认识（*einzusehen*）到我们信仰的无根据性"——比如以下事实，"非常聪明且受过良好教育的人相信《圣经》中的创世记故事，而另一些人则将它们看作是已被证实了的错误，并且前者也非常清楚后者的依据是什么"[84]。使这些世界图景（而且，在维特根斯坦看来，也包括任何其他基础性的世界图景）避免沦为"迷信"的正是它们的"神话"形式，即作为有明确定义的叙事，它们是"易懂的表现形式"：它们使信奉者得以在其中或通过它们看到自身生活形式本质的、形象的维度。维特根斯坦对基督教形成的评价可以被看作是他解释理论的一个范例，而神话历史则是对该理论的实践。

> 基督教并非建立在历史真实之上；然而，它向我们提供了一种（历史的）叙事，它说：现在去相信吧！但是，不要以适合历史叙述的方式去相信这种叙事，而是在任何情况下，相信你能做的仅仅是作为生命结果的事情……历史地讲，《福音书》中的历史叙事被证明是虚假的，但是信仰并不因此失掉点什么：不，因为历史的证明（历史的证明游戏）与信仰无关。人们虔诚地（钟爱地）抓住这种启示（《福音书》）。那种确信，便是对接受即真实的概括而非其他的东西。[85]

这类信仰超越理性、想象超越思想、叙事超越论证与解释、神话超越理论的主张，近些年来在人文和社会科学所谓的解释理论中变得非常流行：例如，伦理学中的"修正主义"，社会哲学中的"社群主义"以及哲学和历史学科中的"历史现实主义"。[86] 它们的共同之处是主张"现实的叙事建构"，主张如下事实，即对历史上人类行为的解释必须总是包括——并且很可能甚至便以如下方式——从行为主体的角度去恢复、解释这些行为的主观意义的尝试，即使而且特别是当这些意义是无从追忆的、很大程度上是非个人的时候。[87] 与柏拉图一样，相信人们通过母亲和奶妈口中的故事承袭了自己基本的心理、社会能力，现代史学中"叙事转向"的支持者们认为，人们主要依靠有关过去行为、事件的故事来组织他们对人类事件的经验与记忆。对历史事实的叙事模式的这种意识，激发了他们的行动以及随后所有的历史事件和进程。正如大卫·卡尔（David Carr）所释，"历史叙事以其他的方式，而且某种程度上以不同的态度，成为历史存在本身的一种延伸。讲述一个共同体的故事……简单地说就是在某种反思的而且通常更具追忆性的层面继续讲故事的过程，在此过程中共同体建构起自己及其行为"。[88]

为解释历史事件，便有必要抓住事件参与者们的终极叙事，即他们的神话。我要补充的是，这种现代主义的对神话的体认，还可以使当代历史学家们克服流行的后现代主义对神话以及所有其他"宏大叙事"的否定，即认为它们和所有缺乏历史事实基础的美学呈现一样，都是虚构的，都易于成为纪律至上和极权主义。因为，作为神话历史学家，他们很乐意承认基督教的历史理论及其从创世到救赎的宏大叙事是一种神话，确实是先验历史中"最伟大的故事"——但是并非如后现代主义者所说的那样（引用尼采的话），它们被如此设计出来是为了向无知大众隐瞒意外困境背后的糟糕真相，而是来源于数个世纪以来不断增长的大众对历史事实的印象与解释。认为历史神话是客观的、集体的创造的观点否定了利奥塔（Lyotard）对社会中两种叙事话语形式的鲜明区分——共同体及个人告诉他们自己的关于当地生活与历史的"故事"和文明、民族或革命的普遍"历史"，后者将这些以及其他所有的分歧都纳入（即

23

黑格尔的 *aufheben*）一种法则或原理之下——通过表明两种叙事创造如何取材于同样的戏剧性素材。[89]

第一次，虽然也是最后一次，在新的解释学的指导原则下，在现代史学中复兴神话历史这一概念与传统的严肃尝试，是威廉·麦克尼尔（William McNeill）于 1985 年向美国历史协会所作的主席报告《神话历史，或真相、神话、历史和历史学家们》（*Mythistory，or Truth，Myth，History，and Historians*）。[90] 报告的标题表明了它的主旨，即历史学家们的首要问题并非"什么是真相"（What is Truth），因为（用麦克尼尔的话来讲）这种"不变的、永恒的真相总是像天国一般，是一种末世的希望"，而是关于过去，人们知道什么，又信奉什么，他们认为于整个社会的存在而言不可或缺从而必须予以保留的又是什么，也就是所谓他们的"真相"。（8）历史学家的任务并不是要将这些真相归纳为某种更为基础而普遍的真理，它由一些粗糙的自然主义范畴所构成：物理原因、生物冲动、经济需求或社会功能，而是要采用更具解释性的方法，它可以使历史学家将这些真相作为象征手法加以解释，人们正是依靠这些象征手法对"自然世界与彼此"作出反应。换句话说，历史学家必须认识到的是，一旦"在非常有弹性的范围内观点和理想变得可以自我证明"，包括历史学家在内的所有人便会沉浸在一种具备"不同寻常的行为能动性"的新现实之中，在其中外部现实与人们反应之间的联系被解开，因此"通过将我们漂浮于不确定性的海洋上，将我们从本能中解放出去"——有关自然、社会现实的神话和类似的象征性再现（2）。麦克尼尔总结道，既然"神话历史是我们实际所有之物"，那么"成为一名寻求真相的神话作家便是一种崇高而严肃的召唤，因为人们对过去的所知所信，连接着期待，影响着决定他们生活、命运与神圣荣誉的决心"（10）。

24

在最近的三十年里，越来越多的历史学家似乎想到了这种新史学，虽然是以自己的语言和方式。在其探讨现代史学的著名论文《叙事的复兴》（*The Revival of Narrative*）中，劳伦斯·斯通（Lawrence Stone）已经在所谓的新史家身上为曾占据主导地位的社会经济学和其他实证主义方法论的终结找到了专业上和意识形态上的理由，新史家们不相信马克思主义者及其他盛行于 20 世纪

50 年代和 60 年代早期"有关人类行为的先验统计模式"，并重新发现了可供选择的韦伯式方法论，即"建立在观察、体验、判断和直觉基础上的理解"。[91] 斯通由此展示了这些"新史家们"通常如何论述下层阶级及其思想、行为的习惯模式；如何使用诸如法庭记录、民间传说、肖像研究这些非正式的史料；如何依赖那些以象征的而非自然主义的术语解释人类行为的心理学、人类学和文学理论；如何用描述性而非分析性的表述模式去写作；如何以独特的片段式叙事而非整体的全面理论去解释整个社会与文化；简言之，如何清楚地表述各种叙事方式，普通人正是凭借这些叙事方式形成对现实富有意义的体验。[92]

　　在诸多例子中我只举两个。在其著作《档案中的虚构：16 世纪法国的赦罪故事及故事的讲述者》（*Fiction in the Archives*：*Pardon Tales and Their Tellers in Sixteenth-century France*）中，娜塔莉·泽蒙·戴维斯（Natalie Zemon Davis）严肃对待赦罪信中的"虚构"方面；她首先也是最主要的是将它们视为文学文本，然后才是社会档案。当把这些信件作为独特的文学术语，即主要作为故事而加以接受并呈现时，它们便打开了新的历史视角，揭示出"16 世纪的人们是如何讲故事的……他们认为一个好的故事是什么样的，他们如何解释动机，以及他们如何通过叙事理解意外之事，并赋予直接经验以连贯性"[93]。以同样的思路，卡洛·金兹伯格（Carlo Ginzburg）的《狂喜：破译巫师的安息日》（*Ecstasies*：*Deciphering the Witches'Sabbath*）试图从上述新的解释和叙事视角去研究欧洲十六七世纪的巫师狂热。[94] 金兹伯格认为传统历史学家们（主要是诺曼·科恩和休·特雷弗·罗珀）认为这件事本质上是"意识形态的"，故未能看到其更深层的主观含义和更广泛的普遍影响。这些历史学家将整个事件解释为仅仅是政治与神学权力的一种捏造以压制他们的社会敌人（农民、犹太人和其他少数群体）；在金兹伯格看来，其结果便是他们都忽视了巫师本身的信仰与实践，由此也未能认识到巫师的忏悔，虽然是被迫的和扭曲的，却揭开了一些真实的有关人类现实的历史感受与体验。相应地，金兹伯格并不仅仅满足于发现"巫师们赋予她们在狂欢中复活的神话的意义"：他力图在巫师们对夜间飞行、动物变形及类似幻想

25

的叙述中破译出某种在今日仍富有意义的"有生命的体验",它们是活着的神话。[95] 他一丝不苟地"跟随"(follow)神话,跳出对它们的传统总结与解释(希腊化的神话作家、中世纪的忏悔者、19 世纪的民俗学者、20 世纪的结构主义者的总结与解释),到达它们引导其创作者们去的地方,到达"人类对千禧年象征性表达的深不可测的体验",它"仍然是我们文化隐藏的中心之一,仍然是我们存在于这个世界的方式之一"——到达"生者进入逝者世界的旅程"的神话。他认为,这种神话不是"众多叙事中的一种,而是所有可能的叙事的摇篮"——尤其是历史叙事的摇篮:"获得有关过去的知识的尝试也是一种进入逝者世界的旅程。"[96] 因此,既然金兹伯格不仅提供了对某个特定神话的历史解释,而且还为"历史"本身提供了一种神话解释,用他自己的话来说,后者也是神话的另一种表现,金兹伯格的著作有助于提醒历史学家他们必须永远研究神话。汉斯·布鲁门贝格(Hans Blumenberg)便曾指出,"只有研究神话,即使这项工作最后是要削弱它——才能让神话的作用显现出来"。[97]

　　然而,值得深思的是,到目前为止,没有一位"新史家",即便是那些展现了神话历史诸多特征的"新史家",曾在其著作中使用该术语,更谈不上运用了。麦克尼尔关于神话历史很可能无法在职业圈流行的预测似乎是正确的。[98] 为什么神话历史在这些或其他历史学家那失了宠呢? 可能是,虽然许多历史学家可能会承认,任何历史在某个方面总是不可避免地具有神话性,但是他们不会走得那么远以至接受一个更极端的主张——后现代主义者通常会提出——没有所谓的"历史真相"(historical truth)可以从层层的神话虚构中被找到并被发掘出来。这样一种只涉及人们借以解释其社会现实的认知、美学模式的史学,忽略了现实的具体结构——譬如地理的、气候的和人口的条件以及技术与政治的变化。一种只关注历史事件的集体经验和深层印象而非事件本身的历史研究,没有也不可能回答在那些事件中究竟发生了什么这个主要的历史问题。

　　然而这正是从布克哈特起的神话历史学家们与兰克的著名宣言——实际发生的是什么? ——之间存在的问题。假设人类现实充斥着基础性神话，以至于无法通过科学的、历史的研究将其归纳为可能更加基本性的解释，这将鞭策现代历史学家们去思考对历史事实叙事的和其他象征性的解释，在其中，人们及其实际所处的环境和事件都被认为是真实的。在此前提下，现代史学必须不单单处理实际发生的事（用通常的术语来讲，即历史），以及人们仅仅想象发生了的事（神话），而且处理在两者共同影响下的历史意义的创造与再创造过程（神话历史）。这一综合性理论方法的有效性，可以在一个具体历史事件的应用上得到最好的证明，该事件一直以来都被认为更具神话性而非历史性，即 1789 年 7 月 14 日的攻陷巴士底狱。历史学家处理该事件的三种主要叙事模式是神话的、历史的和神话历史的。

儒勒·米什莱（Jules Michelet）的《法国革命史》（*History of the French Revolution*，1847）便是神话选择的一个典型例子。[99] 他的整部作品是神话学的，并且是有意为之，因为他将革命视为一种新的、更高层次的启示——法国对基督教弥赛亚救赎启示的实现——而他自己在其中的角色则是福音传道者，且与最初的福音传道者们一样，他也来晚了，此时信徒们似乎已经丧失了实现启示的希望；但是与他们一样的是，凭借圣餐的奇迹，他成功地复活并挽救了启示，他的叙事成为与逝者间一种新的、更高层次的仪式联系和精神认同。米什莱以一种仪式的方式叙述了大革命中的传奇事件，穷尽了一场基督教弥撒中布道者所能用到的修辞手段，当他努力鼓动追随者们参与到活动中来，不仅是回忆耶稣的受难而且还要重演它时。正如在其更早的研究圣女贞德的著作中，他用福音传道者们的神话习语将贞德描写为一位弥赛亚的使者，她的外貌与人类举止，和耶稣的一样，是一种对我们乏味的人类事务的奇迹般的神圣干预，是神圣历史对世俗历史的一种突然侵入。同样，在其《法国革命史》中，他选择将有纪念意义的历史事件描述为神的显现，是人类从创世到复活的漫长过程中另一个更为重大的启示时刻。在那个故事中，攻陷巴士底狱承担了意义的释放，"巴士底狱为整个世界所知、所厌恶。在每一种语言中，巴士底狱和暴政是同义词。每一个国家，听闻它被摧毁的消息，便认为自己已重获自由"。下列描述很具圣经色彩："攻打巴士底狱绝非理性之举。而

27

是一种信仰之举。没有人提议，但所有人都相信并付诸行动。"沿着街巷、码头、大道，人群间互相呼喊着："到巴士底狱去！巴士底狱！"[100] 当蒂里奥和他的伙伴们攻克要塞（"怪兽"）时，他们俨然是击败了巨龙的圣乔治。

阿尔伯特·索布尔（Albert Soboul）的《法国革命：1789 - 1799》(*The French Revolution* 1789 - 1799, 1975)是一部长达 613 页的大作，攻陷巴士底狱在其中只占了不足半页的篇幅。[101] 长期担任索邦大学享有盛誉的法国革命史首席教授一职的索布尔，承认该事件已成为一种"人民起义的象征"(symbol of popular insurrection)，即乔治·索雷尔所说的"政治神话"(political myth)。但是现代历史学家却认为该事件是相当无足轻重的插曲，因为它对革命而言并无任何真正的政治和军事意义。"巴士底狱的守卫只有 30 名瑞士卫兵和受其支配的不足 80 名羸弱士兵；但是凭借百英尺高的城墙以及超过八十英尺宽的壕沟，它抵挡住了人们对其发起的进攻。"[102] 索布尔没有超出这种对巴士底狱的事实性建筑描述：他并未对巴黎人民，事实上也是"整个世界"想象的并且认为就是怪兽的巴士底狱加以关注，更谈不上致敬了。他的实证主义史学无视这种以及所有其他与事件有关的神话形象、意义和影响。

西蒙·沙玛（Simon Schama）的《公民们》(*Citizens*, 1989)一书的副标题是《一部法国革命编年史》(*A Chronicle of the French Revolution*)。[103] 正如沙玛所指出的，此书的目标是一部在自然的（编年的）、个人的指导原则下对事件的朴实叙事，"允许逐年逐月出现的不同议题和兴趣来构建故事的流程"(xv)。议题和兴趣主要是那些"公民们"自己的：当他们前进（以及受挫）时，他们感受和思考的是什么，他们在自己的编年史中记录的又是什么。使沙玛的著作成为神话历史的是他的具体观察，这与马克思所想的大相径庭，即当法国革命者"穿着罗马人的服饰，说着罗马人的习语执行他们的任务时"，他们不只是在扮演，而且实实在在地实践着自己真正的信仰。"加图、西塞罗、尤尼乌斯·布鲁图斯站在米拉博（Mirabeau）、维尼奥、罗伯斯庇尔（Robespierre）的肩膀之上"，前者在后者所思所行的每一件事上都成为榜样(xvi)。与马克思主义者

28

及其批判理论家同行们相反，沙玛、索雷尔和其他现代史学中的修正主义者认为，任何革命都需要并创造了这种神话的重现，它们并非是可怜的"自我欺骗"的产物（马克思是这么认为的），而是戏剧性的自我实现的功绩。因此，沙玛在处理巴士底狱的陷落时，既没有将神话的内容扩而充之（像米什莱那样），也没有将其归结于现实（像索布尔那样），而是认为围绕这一纪念物的"神话与现实"——特别是被"活埋"（buried alive）的那些——在其实际的建造与毁灭中具有同等的重要性（369—425）。他叙述了诸如兰盖、拉图德、德塞得等囚犯的传奇故事，这些故事创造了神话，还叙述了同时代及现代专家们的乏味报道，这些报道描述了实际的情况；接着他不仅描写了 1789 年 7 月 14 日在巴士底狱实际发生之事，还谈到了在纪念性节日以及其他历史意识的神话形式中事件的后续发展。沙玛并不只是沉浸于神话之中，也没有（在这件事上）严格地囿于历史，而是实践了所谓的神话历史。

对神话历史，事实上也是对任何形式的现代史学的"关键性检验"是，它能否为当代历史中真正"现代"的内容提供一种新的解释，即西方文明在 20 世纪的极权主义革命和战争中的毁灭。对这些重大事件的全面解释如若可能（如果是的话），只有通过某种"总体史"（total history），但是我们可能仍然要问，以其系统的"对神话的体认"，神话历史在对这段历史中最具代表性的单一事件（二战期间纳粹对犹太人的大屠杀）的阐释上是否有效，是否可以对抗传统史学中所有的常见范畴。历史学家索尔·弗里德兰德（Saul Friedländer）在"对神话的体认"上所取得的成就，可以表明这一观念在现代史学对纳粹主义和"最终解决"（Final Solution）的研究上如何变得至关重要。

在 1960 年代尝试用实际政治史的传统范畴[104] 以及在 1970 年代前期用精神分析史学更具争议的范畴去分析纳粹德国的反犹太政策后，索尔·弗里德兰德又推翻了它们，随后他认识到纳粹意识形态的深层动机及其进一步的波荡（直至今日）源于日耳曼的神话学。[105] 在其自传体沉思录《当记忆来临》（When Memory Comes，1979）中，他首次提出了这一想法，在书中他承认"神话在我们社会中的重要性"，而在随后的《反思纳粹主义：论刻奇与死亡》

(*Reflections of Nazism*：*An Essay on Kitsch and Death*，1984)一文
中对此更是直言不讳。[106] 在论文中,弗里德兰德分析了出现于
1970 年代对希特勒和纳粹德国的某些通俗再现中的意象,其中电
影有维斯孔蒂(Visconti)的《该诅咒的人》(*Damned*),西贝尔伯格
(Syberberg)的《希特勒:一部德国的电影》(*Hitler：a Film from
Germany*) 以 及 法 斯 宾 德 (Fassbinder) 的《 莉 莉 玛 莲 》(*Lily
Marleen*);小说有图尼耶(Tournier)的《食人魔》(*Ogre*),斯坦纳
(Steiner)的《圣克里斯托堡之旅》(*Portage to San Cristoba*l),以表
明这些对纳粹主义的艺术反思既是对纳粹主义的反思,同时在对
这种意识形态的历史诠释中也是特别有用的。因为这些新作在不
经意间,因而也是有力地重新唤醒了希特勒在纳粹德国制造的神
话幻影,尤其是"完全毁灭的世界末日幻想",其他的现代意识形态
(比如马克思主义)也从古代神学中继承这一点。所以,艺术作品
可以帮助我们在强大的救赎神话中感受到魔力的深层来源,它俘
获了纳粹大众,而且正如有关纳粹主义的新电影和新小说所表现
的,在现代社会中仍然颇具诱惑力。

把这一具体的神话视为历史发展的主要催化剂和现代社会的
困境所在,使弗里德兰德能够在其重要著作《纳粹德国和犹太人》
(*Nazi Germany and the Jews*)中,将纳粹"最终解决"的意识形态
起源追溯到理查德·瓦格纳(Richard Wagner)和拜罗伊特圈
(Bayreuth Circle),他们受到"对种族退化的恐惧及对救赎之信仰"
的困扰,遂重新将犹太人视为必须被消灭的永恒敌人,并由此创造
了一种新的神话学,弗里德兰德将它称之为"救赎的反犹主义"
(redemptive anti-Semitism)。[107]弗里德兰德正确地观察到,后来纳
粹意识形态之所以获得公信力和普遍欢迎,是因为它以世界末日
的神话这一形式出现,正如在希特勒的《我的奋斗》(*Mein Kampf*)
和阿尔弗雷德·罗森博格(Alfred Rosenberg)的《二十世纪的神话》
(*Der Mythus des zwanzigstenj ahrhunderts*)中那样。希特勒和罗
森伯格穷尽各种新的生物学和地理政治学理论来重述同一个古老
的神话故事,即对永恒的犹太人的圣战。正如艾略特所见,弗里德
兰德的研究所具有的不同寻常的启发性力量说明,系统的对神话
的体认具备"一种科学发现的重要性",不仅是对文学,而且是对所

有人文科学，特别是对现代史学而言，其实践者也必须揭露出隐藏在"充斥着徒劳与混乱的广袤全景，即当代历史"背后的神话。

已经在其专业中经历数次"转向"的历史学家们需要做的是——语言的、叙事的、解释的——现在作出"神话的转向"（mythic turn），正如现代人文科学中数次转向的创始人詹巴蒂斯塔·维科很早之前便讲到的：

> 因此第一门要学的科学是神话学或是对神话传说的解释。因为正如我们将会看到的那样，所有民族的历史都是从神话传说开始的，这是他们最早的历史。凭借这种方法，科学的起源和民族的起源都能被找到，因为它们……起源于公共需求或人们的公共事业之中，后来随着那些聪慧的个人对其加以深思而变得愈发完善。[108]

30

维科的《新科学》（*New Sicence*）对神话历史，对我在本书副标题中所说的"一种现代史学的生成"（the making of a modern historiography）作出了最具原创性并且仍然是最具影响力的贡献，这里的术语"making"应该用维科赋予它的特定希腊内涵理解为"作诗"（*poeiein*），或者理解为历史学界和历史学家们的"诗性创造"（poetic creation）。[109] 他试图破译历史中的神话，试图揭露他所谓的"诗性逻辑"（poetic logic），人类据之以创造并书写自己的历史，这些对现代史学而言是极为重要的，就像大卫·弗里德里希·斯特劳斯（David Friedrich Strauss）的《耶稣传》（*Life of Jesus*）之于神学，弗里德里希·尼采的《悲剧的诞生》之于古典语言学，马克斯·韦伯的《新教伦理与资本主义精神》之于社会学，西格蒙德·弗洛伊德的《图腾与禁忌》（*Totem and Taboo*）之于心理学，维特根斯坦的《哲学研究》（*Philosophical Investigations*）之于哲学，克洛德·列维-斯特劳斯的《神话学》（*Mythologiques*）之于人类学，诺思洛普·弗莱（Northrop Frye）的《批评的解剖》（*Anatomy of Criticism*）之于文学理论。所有这些著作都对蕴藏在各自知识领域主要原理之中的神话加以体认，并因此使其专业真正具有现代性。

"维科之路就是不断的绕圈，回到术语的起点"，詹姆斯·乔伊斯(James Joyce)的这些话暗示了维科的基本历史概念,即历史是一个不断循环的过程(*corsi e ricorsi*),这种运动既非进步亦非退步,但本质上具有同一个中心,从神话起源出发又总是回到起点,是否这就是维科的"惊雷"(Great Thunder,乔伊斯和艾略特都曾唤起这个词),或是仍保留在传统中的民族或文明古老历史上的任何其他场合。[110] 在维科看来,这是所有民族都必须跨过的道路,它们的历史学家们也必须这么做,而且我还要再补充一点,研究那些历史学家们的历史学家也应该这么做。在此序章中,我主要关注的是"术语的起点"这个概念性问题;在下面的章节里,我将回到"维科之路"本身。下面是旅程的简要指南。

第二章"维科之路",是一段漫长的旅程,从神话历史在古罗马的起源直至现代。这一过程与"维科之路"的基本模式相一致:首先是 *corso*,"从神话到历史",然后是 *recorso*,"从历史到神话"。前两节重点探讨李维及其最著名的评论者马基雅维利,他们都试图从不确定的神话中复原真实的历史。第三、四节调转方向,论述维科及其最早的重新发现者和仰慕者米什莱,如何试图从不确定的历史中复原一种更深层、更真实的神话。

31

正如上文所述,我将布克哈特的《意大利文艺复兴时期的文化》视为神话历史史和现代史学史上的一个关键时刻。在论述布克哈特的第三章,我解释了为何他值得被认为是首位——而且仍然是最伟大的——神话历史学家,现代史学的真正创造者。在那本书中,与米什莱神话学的历史相反,他成功地建立了一种历史的神话学研究。他对神话的"感知"(*Anschauungen*)的敏锐关注,文艺复兴的创造者们正是藉此以解释他们的历史,仍然对文艺复兴时期的史学至关重要,事实上对现代史学亦是如此,其程度如此之深,以至于现代历史学家们已经意识到所有社会用来解释其历史中某一故事的语言学、诗学手段,意识到他们如何用这类叙事结构将历史转型描述为文艺复兴的转型。

在关注德国史学中布克哈特遗产的历史学家们中,有阿比·瓦尔堡(Aby Warburg)和恩斯特·康托洛维茨(Ernst Kantorowicz),以及以自己批判的、辩证的方式的瓦尔特·本雅明(Walter Benjamin)。第四、五、六章便专论他们的著作。在德国以及其他地方还有一些历史学家也受到，甚至更深地受到布克哈特新史学的影响。最著名的是荷兰历史学家约翰·赫伊津哈（Johan Huizinga）的作品《中世纪的秋天》（*The Autumn of the Middle Ages*，1919），通过将史学作为一种对形象的召唤的出色认识与实践，它成为神话历史可以是什么的最佳范例。[111] 然而，我之所以决定重点探讨上述三位德国学者，是因为现代史学对神话的体认对约 1890 至 1940 年间的德国特别意义重大，在这命运攸关的数十年里，他们在德国生活和工作。虽然，他们彼此在意识形态、方法论上对神话的评价大相径庭，但是他们都在同一个德国传统中——即使是反对——工作，该传统长期以来视神话为历史认同的重要来源。正如恩斯特·卡西尔（Ernst Cassirer）所说（引自谢林），"在神话与历史的关系中，神话被证明是首要的，历史是次要的、引申的因素。并非一个民族的历史决定其神话，相反是其神话决定历史——或者可以说，一个民族的神话并不决定（*determine*）命运而是命运本身，其命运从最初便已经被注定了"。[112]

这种信念影响了 19 世纪及 20 世纪早期的整个德国知识传统，并在我选出的三位神话历史大师的生平及著作中表现得十分明显。他们都是犹太人，并且都曾与自己的宗教和文化传统相龃龉这一事实，很可以解释他们对古典神话传统及其明显的基督教和德国表现形式的独特兴趣。[113] 更为普遍的是，这些以及其他德国犹太人在 20 世纪的前数十年（并自此以后）对各类有关神话的哲学流派、文化运动和政治意识形态的投身，透露出他们与德国文化史中那些更晦暗的内容之间的密切联系。正如彼得·盖伊（Peter Gay）所指出的，下列假设是错误的，即所有或即使是大多数德国犹太人拥护与威廉德国时期的新神话倾向相对立的自由主义的政治力量："德国犹太人的思想与行为和德国人并无两样……犹太文化革命者比历史学家认为的少得多，而文化保守主义者则多得多。"[114] 基督教和德国神话学对犹太人的吸纳可由下列事实得到最好的说明，现代德国最具神话性的文化运动格奥尔格圈（*George-Kreis*）便深受犹太成员的主导。[115] 正如斯特凡·格奥尔格（Stefan George）自己所指出的，犹太人特别倾心于他将德国视为一个神话的而非政治的德国的观念，因为这样一来的话，对所有德国人来说

32

它便是开放的、平等的,无关乎种族的、公民的分类。德国犹太学者为现代文化史对神话的体认所作出的杰出贡献充分体现在下列学者的著作中:哲学家赫尔曼·科恩(Hermann Cohen)、恩斯特·卡西尔、恩斯特·布洛赫(Ernst Bloch),社会理论家麦克斯·霍克海默(Max Horkheimer)、埃里希·弗罗姆(Erich Fromm)、赫伯特·马尔库塞(Herbert Marcuse),以及弗朗茨·卡夫卡(Franz Kafka)、埃尔莎·拉斯克-许勒(Else Lasker-Schüler)、赫尔曼·布洛赫(Hermann Broch)和阿诺尔德·勋伯格(Arnold Schoenberg)这类作家和艺术家,并且,正因为这种对神话的体认于所有宗教、文化传统而言都至关重要,遂促使德国最知名的犹太教学者们——特别是马丁·布伯(Martin Buber)、弗朗兹·罗森茨维格(Franz Rosenzweig)和革顺·肖勒姆(Gershom Scholem)——去重新发现犹太人关于卡巴拉的神话与哈西德运动,并由此相应地重新定义"犹太教的本质"(essence of Judaism)。

虽然瓦尔堡、康托洛维茨和本雅明并不关注这些(或任何其他)关于自身犹太历史的研究,但是他们都怀有一种非常德国犹太人的感觉:神话曾经是,或者毋宁说已经再次成为社会现实结构中的一个主要因素。[116] 正如乔治·莫斯(George Mosse)所观察到的,对社会生活和历史中"现代"神话的关注,是瓦尔堡、弗洛伊德、卡西尔等学者所特有,他将他们概括为"超越犹太教的德国犹太人"。莫斯认为,由于这些德国犹太人是世俗的,并且主要是世界主义的知识分子,他们不仅疏离于自己宗教的传统,而且更重要的是疏离于他们德国神话学家同行们的种族(*völkisch*)联盟。因此,他们能从更具批判性的视角来审视神话这一概念以及神话的各种表现形式。"他们与时代的非理性力量间的对抗注定将重振整个研究领域,并扩大传统学科的边界,建立起一种新的文化史。这种学术研究重新发现了神话在决定人类行为与社会中的重要性。……神话不再被局限于是原始人类的思维,而是被当作一种当下的关注,一个需要被击退和驱除的敌人。"[117]

虽然莫斯就德国犹太学者对神话特别着迷的诠释是精妙的,但是他的结论——他们普遍地将神话视为"一个需要被击退和驱除的敌人"——却是错误的。事实上,在莫斯举出的三个主要例子中,只有哲学家恩斯特·卡西尔用如此负面的措辞来看待神话。但即便是在卡西尔身上，这也是他非常后期的结论。在他1920年代的主要哲学著作中，卡西尔用相当客观、颇为积极的措辞来谈论神话的各种概念、理论和表现形式。只是在离开纳粹德国后，卡西尔才开始用更加实际的、主要是政治的考虑来修正自己原先对神话太过理论性的评价。大多数其他的德国犹太神话学者，特别明显的是我在本研究中涉及的三位历史学者，本质上并未"疏离"德国的神话学，而是被其深深吸引，投身其中，即便如本雅明那样对其持批判态度。诚如斯特凡·阿施海姆（Steven Aschheim）所指出的，成熟于"一战"时期的德国犹太知识分子，与他们的德国同行和其他欧洲知识分子一样，敏锐地认识到神话在其新的有关救赎的种族的、天启的意识形态中的不可或缺性——无论是无政府主义、共产主义还是锡安主义——他们从更加古老的德国—犹太文化（*Bildung*）传统中锻造出上述意识形态并用来反对它。[118]

对瓦尔堡、康托洛维茨、本雅明的聚焦让我能够详细阐述使新的对神话的体认，或者说神话历史进入并塑造现代史学的辩证运动和主要结构。瓦尔堡对艺术史中图画形象的巫术起源的研究，他的"图像学"（iconology），告诉了我们他的"作为古代神话学的历史"观念。康托洛维茨对中世纪政治史中帝国意识形态的神学起源的研究，使他得以揭示所有现代民族和国家及其历史学家们基本的神话创作动机，由此（在尼采之后）重启"作为神话学的历史"。对新旧神话学在现代诗歌和史学理论中的传布加以深思后，瓦尔特·本雅明评论道："而且尤其是现代（*la modernité*），总是在引用史前史（*Urgeschichte*）。"[119] 他想暗示的是，我们所谓的现代恰恰是一种幻觉，即把古老的东西及其最终被接受看作是新的，这正是我在整章中所说的对神话的体认。

在第七章，我回到詹姆斯·乔伊斯的《尤里西斯》，正如上文所述，这部伟大的小说，可以作为我向现代史学推荐的"神话的方法"的注脚。集中探讨小说的第二章（"内斯特"部分），我建议把它作为探索神话历史学家的道德思考的故事来阅读。因为人们可能是这么描述年轻的主人公斯蒂芬·迪德勒斯的，都柏林附近达尔基一所私立男校的历史老师。在一节历史课上，以及在随后一整天

34

对都柏林的游荡与惊叹中,迪德勒斯想到了对掌握了自己人生和历史的神话加以批判性的体认。

参考文献

1. Herodotus，*History of Herodotus*，trans. G. Rawlinson (London：John Murray，1880)，1. 1.

2. Ibid. ，7. 152.

3. Ibid. ，2. 123，4. 195.

4. Arnaldo Momigliano，*The Classical Foundations of Modern Historiography* (Berkeley：University of California Press，1990)，37. 另可参见摩西·芬利(Moses Finley)的重要评论，"Myth，Memory，and History"，in his *Use and Abuse of History* (London：Hogarth Press，1986)，11 - 33。

5. Thucydides，*History of the Peloponnesian War*，trans. B. Jowett (Oxford：Oxford University Press，1881)，1. 22.

6. "神话的"一词的诸含义,参见 A. Wardman，"Myth in Greek Historiography"，*Historia* 9(1960)：403 - 413。另可参见 John Marincola，*Authority and Tradition in Ancient Historiography* (Cambridge：Cambridge University Press，1997)，117 - 127。

7. Thucydides，*History of the Peloponnesian War*，1. 22.

8. 参见 Marcel Detienne，*The Creation of Mythology*，trans. M. Cook (Chicago：University of Chicago Press，1986)，42 - 62。

9. Paul Veyne，*Did the Greek Believe in Their Myths*? trans. P. Wissing (Chicago：University of Chicago Press，1988)，45.

10. Polybius，*The Histories*，trans. F. Hultsch (Bloomington：Indiana University Press，1962)，9. 1，12. 27，引用 Homer，*Odyssey*，1. 1 - 4，8. 183。

11. Arnaldo Momigliano，"The Place of Herodotusin the History of Historiography"，in his *Studies in Historiography* (London：Weidenfeld and Nicolson，1966)，127 - 142.

12. John Gould, *Herodotus* (London: Weidenfeld and Nicolson, 1989),111.

13. Wendy Doniger O'Flaherty, *Other Peoples' Myths: The Cave of Echoes* (New York: Macmillan, 1988),27.

14. Mircea Eliade, *Myth and Reality*, trans. W. R Trask (New York: Harper and Row, 1963),19.

15. Irad Malkin, *The Returns of Odysseus: Colonization and Ethnicity* (Berkeley: University of California Press, 1998),3.

16. G. S. Kirk, "On Defining Myths", in *Sacred Narrative: Readings in the Theory of Myth*, ed. A. Dundes (Berkeley: University of California Press, 1984),58.

17. Percy Cohen, "Theories of Myth", *Man*, n. s., 4 (1969): 350.虽然我的研究并不涉及或遵从某一特定的神话理论，但仍很受益于科恩的观点。在有关神话的大量著作中，科恩的这篇短论文极为出色：不仅在于他对主要的神话理论做了非常好的分析总结，并且他还成功地将它们糅合成一种极具独创性的综合理论。考虑到每一种主要的理论至少都可以解释神话的某些方面或功能，科恩总结道：神话是这样一种故事，也只有这种故事，可以同时将许多功能和意义联系起来。

18. Claude Lévi-Strauss, *The Raw and the Cooked*, trans. J. Weightman and D. Weightman (New York: Harper and Row, 1970),18.

19. Claude Lévi-Strauss, *The Jealous Potter* trans. B. Chorier (Chicago: University of Chicago Press, 1988),189.

20. Clifford Geertz, "The Growth of Culture and the Growth of Mind", in his *Interpretation of Cultures* (New York: Basic Books, 1973),82.

21. Victor Turner, "Social Dramas and Stories about Them", in *On Narrative*, ed. W. J. T. Mitchell (Chicago: University of Chicago Press, 1981),164.特纳对该理论的主要阐述参见 *Dramas, Fields, and Metaphors: Symbolic Action in Human Society* (Ithaca, N. Y. : Cornell University Press, 1974)。

22. Bronislaw Malinowski, "Myth in Primitive Psychology", in his *Magic, Science and Religion and Other Essays* (Boston: Beacon Press, 1948).

23. J. R. Gillis, ed., *Commemorations: The Politics of National Identity* (Princeton, NJ.: Princeton University Press, 1994).

24. Ernest Renan, "What Is a Nation?" (1882), in *Modern Political Doctrines*, ed. M. Zimmern (Oxford: Oxford University Press, 1939), 190–203.

25. 勒南的观点激发了许多历史案例的研究,参见 *Nation and Narration*, ed. Homi K. Bhabha (London: Routledge, 1990)。还可以参见 John Armstrong, *Nations before Nationalism* (Chapel Hill: University of North Carolina Press, 1982);以及 Anthony D. Smith, "National Identity and Myths of Ethnic Descent", *Research in Social Movements, Conflict, and Change* 7(1984): 95–130。

26. Anthony D. Smith, "The Myth of the 'Modern Nation' and the Myths of Nations", *Ethnic and Racial Studies* 11(1988): 12. 对这一观点的哲学解释,参见 David Miller, *On Nationality* (Oxford: Oxford University Press, 1993), 35–42。

27. Anthony D. Smith, "Nationalism and the Historian", in *Ethnicity and Nationalism*, ed. A. D. Smith (Leiden: E. J. Brill, 1992), 58–80, esp. 70–72.

28. Pierre Nora, introduction to *Realms of Memory: Rethinking the French Past*, trans. A. Goldhammer (New York: Columbia University Press, 1996), xv-xxi.

29. Eric Hobsbawm, "Inventing Traditions", in *The Invention of Tradition*, ed. E. Hobsbawm and T. Ranger (Cambridge: Cambridge University Press, 1983), 7.

30. 有关阿米纽斯神话的复兴,参见 Frank L. Borchardt, *German Antiquityin Renaissance Myth* (Baltimore: Johns Hopkins University Press, 1971)。关于随后直至安塞尔姆·基弗 (Anselm Kiefer)对这一神话的修饰情况,参见 Simon Schama,

Landscape and Memory （New York：Vintage Books，1996），75 - 134。

31. Benedict Anderson，*Imagined Communities：Reflections on the Origin and Spread of Nationalism* （London：Verso，1983）.

32. Ibid.，19.

33. Donald R. Kelley，"Mythistory in the Age of Ranke"，in *Leopold von Ranke and the Shape of the Historical Discipline*，ed. G. G. Iggers and J. M. Powell （Syracuse，N. Y. ：Syracuse University Press，1990），3 - 20.

34. Donald R. Kelley，*Versions of History from Antiquity to the Enlightenment* （New Haven，Conn. ：Yale University Press，1991），3. 参见凯利的史学史著作《多面的历史：从希罗多德到赫尔德的历史》中《神话历史》一章，*Faces of History：Historical Inquiry from Herodotus to Herder* （New Haven，Conn. ：Yale University Press，1998），1 - 18。

35. George Eliot，*Middlemarch* （New York：Modem Library，1977），14，331.

36. Richard Terdiman，*Present Past：Modernity and Memory Crisis* （Ithaca，N. Y. ：Cornell University Press，1993），3 - 4.

37. T. S. Eliot，"Tarr"，*Egoist* 5 （1918），quoted by James Longenbach，*Modernist Poetics of History：Pound，Eliot，and the Sense of the Past* （Princeton，N. J. ：Princeton University Press，1987），230.

38. T. S. Eliot，"Tradition and the Individual Talent"，in *Selected Prose of T. S. Eliot*，ed. F. Kermode （London：Faber and Faber，1975），38.

39. 关于这些习惯用法的标准解释，参见 Astradur Eysteinssohn，*The Concept of Modernism* （Ithaca，N. Y. ：Cornell University Press，1990），8。

40. Paul de Man，"Literary History and Literary Modernity"，in his *Blindness and Insight* （Minneapolis：University of Minnesota Press，1983），142 - 165，quotations on 148，150.

41. T. S. Eliot, "Ulysses, Order, and Myth" (1923), in *Selected Prose of T. S. Eliot*, 177 – 178.

42. Peter Nicholls, *Modernisms* (Berkeley: University of California Press, 1995), 251 – 278.

43. 这是克林斯·布鲁克斯(Cleanth Brooks)对艾略特诗歌所作的古典新批评主义解释中的主要论点,参见"The Waste Land: Critique of the Myth" (1937), reprinted in his *Modern Poetry and the Tradition* (New York: Oxford University Press, 1965), 136 – 172。

44. Thomas Mann, *Joseph and His Brothers*, trans. H. T. Lowe-Porter (New York: Knopf, 1978), 1: 13.

45. T. S. Eliot, *The Use of Poetry and the Use of Criticism* (London: Faber and Faber, 1934), 148.

46. T. S. Eliot, "Ulysses, Order, and Myth", 178. 对艾略特"神话的方法"的最佳讨论是 Michael H. Levenson, *The Genealogy of Modernism* (Cambridge: Cambridge University Press, 1984), 193 – 212。有关这个题目的学术文献十分丰富,整体性评价,参见 John J. White, *Myth in the Modern Novel* (Princeton, NJ.: Princeton University Press, 1972); Eric Gould, *Mythical Intentions in Modern Literature* (Princeton, NJ.: Princeton University Press, 1981); Ricardo J. Quinones, *Mapping Literary Modernity* (Princeton, N. J.: Princeton University Press, 1985); and Michael Bell, *Literature, Modernism, and Myth* (Cambridge: Cambridge University Press, 1997)。

47. Hayden White, "The Burden of History", in his *Tropics of Discourse: Essays in Cultural Criticism* (Baltimore: Johns Hopkins University Press, 1978), 41.

48. Burckhardt to Karl Fresenius, 9 June 1842, in *The Letters of Jacob Burckhardt*, ed. and trans. A. Dru (London: Routledge and Kegan Paul, 1955), 74.

49. Jacob Burckhardt, *Reflections on History*, trans. M. D.

Hottinger (Indianapolis: Liberty Fund，1979)，34.

50. Kelley，"Mythistory in the Age of Ranke"，20.

51. Friedrich Nietzsche，*The Birth of Tragedy*，trans. W. Kaufinann (New York: Vintage Books，1967)，135.

52. M. Bradbury and J. McFarland, eds. ，*Modernism: A Guide to European Literature，1890 - 1930* (London: Penguin Books，1976)，82 - 83.

53. Ferdinand Tönnies，*Gemeinschaft und Gesellschaft*：Grundbegriffe der reinen Soziologie (Leipzig: Fues，1887).

54. James Frazer，*The Golden Bough*，1st ed. ，2 vols. (London: Macmillan，1890). 研究弗雷泽的权威著作是 Robert Ackerman，*J. G. Frazer: His Life and Work* (Cambridge: Cambridge University Press，1987)。关于弗雷泽对现代主义的影响，参见 John B. Vickery，*The Literary Impact of the Golden Bough* (Princeton，N. J. : Princeton University Press，1973)。

55. Frazer，*The Golden Bough*，1: 347 - 348.

56. Lionel Trilling，"On the Teaching of Modern Literature"，in his *Beyond Culture* (New York: Penguin Books，1965)，30.

57. Ibid. ，32.

58. Joseph Conrad，*Heart of Darkness* (Harmondsworth: Penguin Books，1973)，43.

59. George Steiner，*Tolstoy or Dostoevsky* (New York: Knopf，1959)，40.

60. Conrad，*Heart of Darkness*，70.

61. W. Rubin，ed.，'*Primitivism*' *in Twentieth-Century Art: Affinity of the Tribal and the Modern* (New York: Museum of Modern Art，1984).

62. H. Stuart Hughes，*Consciousness and Society: The Reorientation of European Social Thought，1890 -1930* (New York: Vintage Books，1958)；Fritz Stern，*The Politics of Cultural Despair: A Study in the Rise of Germanic Ideology* (Berkeley:

University of California Press，1961）；Zeev Sternhell，*Neither Right nor Left：Fascist Ideology in France*，trans. D. Maisel（Berkeley：University of California Press，1986）.

63. Carl E. Schorske，*Fin-de-siècle Vienna：Politics and Culture*（New York：Vintage Books，1981）.

64. Ibid. ，145. 另参见 William J. McGrath，*Dionysian Art and Populist Politics*（New Haven，Conn. ：Yale University Press，1974），17 - 39。

65. 转引自 Schorske，*Fin-de-siècleVienna*，134。

66. Sigmund Freud，"Group Psychology and the Analysis of the Ego"，in *The Standard Edition of the Complete Psychological Works of Sigmund Freud*，ed. and trans. J. Strachey（London：Hogarth Press，1964），18：135. 正如菲利普·里夫（Philip Rieff）所指出的，弗洛伊德可能是从弗雷泽那借用了这个神话概念，参见 *Freud：The Mind of the Moralist*（New York：Viking，1961），224。还可以参见赫尔伯特·马尔库塞（Herbert Marcuse）对这一概念的敏锐诠释，*Eros and Civilization：A Philosophical Inquiry into Freud*（London：Sphere，1987），60。

67. Sigmund Freud，"Why War？" in *Complete Psychological Works*，22：211.

68. Gillian Beer，"Wave Theory and the Rise of Literary Modernism"，in *Realism and Representation：Essays on the Problem of Realism in Relation to Science，Literature，and Culture*，ed. G. Levine（Madison：University of Wisconsin Press，1993），193 - 213.

69. Owen Barfield，*Saving the Appearances：A Study in Idolatry*（London：Faber and Faber，1965）.

70. Bell，*Literature，Modernism，and Myth*，12.

71. Lévi-Strauss，*The Raw and the Cooked*，14.

72. Francis M. Cornford，*Thucydides Mythistoricus*（London：E. Arnold，1907）.

73. Ibid., 72 - 76.

74. Ibid., 136 - 152.

75. Marc Bloch, *The Royal Touch*：*Sacred Monarchy and Scrofula in England and France*，trans. J. E. Anderson（London：Routledge and Kegan Paul，1973）。关于布洛赫的生平与著作，参见卡洛琳·芬克（Caroline Fink）的全面研究，*Marc Bloch*：*A Life in History*（Cambridge：Cambridge University Press，1989）以及 Ulrich Raulff，*Bin Historikerim 20. Jahrhundert*：*MarcBloch*（Frankfurt am Main：Fischer，1995）。另可参见 R. R. 戴维斯（R. R. Davies）有说服力的评价，"Marc Bloch"，*History* 52(1967)：265 - 282。对布洛赫著作及其对现代史学贡献的全面再评价，参见雅克·勒高夫（Jacques Le Goff）为新版《国王神迹》（*Les roisthamaturges*）所作的序言（Paris：Gallimard，1983）。

76. Bloch，*The Royal Touch*，28.

77. Ibid.，29.

78. 关于该著作对心态史研究所做贡献的积极赞赏，参见 Peter Burke，*The French Historical Revolution*：*The Annales School*，*1929 - 1989*（Palo Alto，Calif：Stanford University Press，1990），17 - 19。

79. 关于费弗尔的最初反应，参见 Le Goff，*preface*，xxix。

80. Bloch，*The Royal Touch*，243.

81. Le Goff，Preface，xxix-xxxii。

82. 同样的还原方法在布洛赫研究第一次世界大战时期士兵们中间幻觉传播的著名论文中也表现得很明显，"Réflexions d'un historiensurlesfaussesnouvelles de la guerre"（1921），reprinted in his *Mélanges historiques*（Paris：S. E. V. P. E. N.，1963），1：41 - 57。布洛赫考察了使这些幻觉对士兵们乃至历史学家而言成为"真实"的心理学和社会学条件。但是他没有考察它们在基督教神学中更深层的精神起源与意义。对这些方面出色的再研究，参见 Eric J. Leed，*No Man's Land*：*Combat & Identity in World War I*（Cambridge：Cambridge University

Press，1979）．115－162；以及 Jay Winter，*Sites of Memory*，*Sites of Mourning*：*The Great War in European Cultural History*（Cambridge：Cambridge University Press，1995）。

83. Ludwig Wittgenstein，*Remarks on Frazer's Golden Bough*，ed. R. Rhees，trans. A. C. Miles（Retford：Brynmill Press，1979），7．

84. Ludwig Wittgenstein，*On Certainty*，ed. G. E. M. Anscombe and G. H. von Wright，trans. D. Paul and G. E. M. Anscombe（Oxford：Blackwell，1969）．pars. 166，336．另可参见 *Lectures and Conversations on Aesthetics*，*Psychology*，*and Religious Belief*，ed. C. Barrett（Berkeley：University of California Press，1966）．53－72。

85. Ludwig Wittgenstein，*Culture and Value*，ed. G. H. von Wright，trans. P. Winch（Oxford：Blackwell，1980），pars. 83，32.

86. 参见保罗·拉比诺（Paul Rabinow）和威廉·沙利文（William M. Sulliva）的出色介绍，"The Interpretive Turn"，in *Interpretive Social Science*，ed. P. Rabinow and W. M. Sullivan（Berkeley：University of California Press，1979），1－30。另参见查理·泰勒（Charles Taylor）的经典论文，"Interpretation and the Sciences of Man"，reprinted in his *Philosophy and the Human Sciences*（Cambridge：Cambridge University Press，1985）．15－57。在上述理论中对这次转向的涉及，参见 Stanley G. Clarke and Evan Simpson，eds. ，*Anti-Theory in Ethics and Moral Conservatism*（Albany：State University of New York Press，1989）；Stephen Mulhall and Adam Swift，*Liberals and Communitarians*（Oxford：Blackwell，1992）；Paul Feyerabend，"Realism and the Historicity of Science"，*Journal of Philosophy* 87（1989）：393－406。

87. Jerome Brunner，"The Narrative Construction of Reality"，*Critical Inquiry* 18（1991）：5. 相关的整体讨论，参见 Wallace

Martin, *Recent Theories of Narrative* (Ithaca, N. Y. : Cornell University Press, 1987)。对史学中叙事转向的最佳讨论是 Hayden White, "The Question of Narrative in Contemporary Historical Theory", in his *Content of the Form : Narrative Discourse and Historical Representation* (Baltimore: Johns Hopkins University Press, 1987), 26 - 57。

88. David Carr, *Time, Narrative, and History* (Bloomington: Indiana University Press, 1986), 177.

89. Jean-Franfois Lyotard, *The Postmodern Condition : A Report on Knowledge*, trans. G. Bennington and B. Massumi (Minneapolis: University of Minnesota Press, 1984), 18 - 41.

90. William McNeill, "Mythistory, or Truth, Myth, History, and Historians", reprintedin his *Mythistory and Other Essays* (Chicago: University of Chicago Press, 1986), 1 - 10.

91. Lawrence Stone, "The Revival of Narrative: Reflections on a New Old History", *Past and Present* 85(1979): 19. 对这一趋势的精彩概述与批判性阐释，参见下列论文，*The New Cultural History*, ed. L. Hunt (Berkeley: University of California Press, 1989); and in *New Perspectives on Historical Writing*, ed. P. Burke (Cambridge: Polity Press, 1991)。

92. 在"新文化史"的经典著作中，展现了这些特征的有 Emmanuel Le Roy Ladurie, *Montaillou : Cathars and Catholics in a French Vilage, 1294 - 1324*, trans. B. Bray (Harmondsworth: Penguin Books, 1980); Robert Darnton, *The Great Cat Massacre and Other Episodes in French Cultural History* (New York: Vintage Books, 1984); Carlo Ginzburg, *The Cheese and the Worms : The Cosmos of a Sixteenth-Century Miller*, trans. A. Tedeschi and J. Tedeschi (Baltimore: Johns Hopkins University Press, 1981); Natalie Zemon Davis, *The Return of Martin Guerre* (Cambridge, Mass. : Harvard University Press, 1983); Jonathan Spence, *The Question of Hu* (New York: Knopf, 1988)。

93. Natalie Zemon Davis, *Fiction in the Archives: Pardon Tales and Their Tellers in Sixteenth Century France* (Palo Alto, Calif. : Stanford University Press, 1987), 4.

94. Carlo Ginzburg, *Ecstasies: Deciphering the Witches' Sabbath*, trans. R. Rosenthal (New York: Pantheon Books, 1991).

95. Ibid. , 23.

96. Ibid. , 24 - 25.

97. Hans Blumenberg, *Work on Myth*, trans. R. M. Wallace (Cambridge, Mass. : MIT Press, 1985), 118.

98. McNeill, "Mythistory", 8.

99. Jules Michelet, *History of the French Revolution*, trans. C. Cocks (Chicago: University of Chicago Press, 1967). 有关米什莱对历史的神话学解释,参见 Lionel Gossman, "Michelet and the French Revolution", in *The French Revolution and the Creationof Modern Political Culture*, ed. Keith Michael Baker (Oxford: Pergamon Press, 1990), 3: 639 - 663。

100. Michelet, *History of the French Revolution*, 164.

101. Albert Soboul, *The French Revolution, 1789 - 1799*, trans. A. Forrest and C. Jones. (New York: Random House, 1975).

102. Ibid. , 13,139.

103. Simon Schama, *Citizens: A Chronicle of the French Revolution* (New York: Knopf, 1989).

104. Saul Friedländer, *Prelude to Downfall: Hitler and the United States, 1939 - 1941*, trans. A. Werth (London: Chatto and Windus, 1967); Saul Friedländer, *Pius XII and the Third Reich: A Documentation*, trans. C. Fullham (London: Chatto and Windus, 1966).

105. Saul Friedländer, *L'antisemitisme Nazi: Histoire d'unepsychose collective* (Paris: Seuil, 1971); Saul Friedländer, *History and Psychoanalysis: An Inquiry into the Possibilities and Limits of Psychohistory*, trans. S. Suleiman (New York: Holmes and Meier, 1978).

106. Saul Friedländer, *When Memory Comes*, trans. H. R. Lane (New York: Farrar, Straus, Giroux, 1979), 143; Saul Friedländer, *Reflections of Nazism: An Essay on Kitsch and Death*, trans. T. Weyer (New York: Harper and Row, 1984), xiv-xvii, 81 – 85.

107. Saul Friedländer, *Nazi Germany and the Jews*, vol. 1, *The years of Persecution*, *1933 – 1939* (New York: Harper Collins, 1997), 73 – 112.

108. Giambattista Vico, *The New Sicence*, trans. T. Bergin and M. H. Fisch (Ithaca, N. Y.: Cornell University Press, 1968), par. 51.

109. Ibid., par. 376.

110. James Joyce, *Finnegans Wake* (London: Viking Press, 1939), 452.

111. Johan Huizinga, *The Autumn of the Middle Ages*, trans. R. J. Payton and U. Mammitzsch (Chicago: University of Chicago Press, 1996). 对赫伊津哈历史使命的最佳讨论参见 Karl J. Weintraub, *Visions of Culture* (Chicago: University of Chicago Press, 1966), 208 – 246。

112. Ernst Cassirer, *The Philosophy of Symbolic Forms*, vol. 2, *Mythical Thought*, trans. R. Manheim (New Haven, Conn.: Yale University Press 1955), 5.

113. 关于犹太知识分子在德国神话中的共生式沉浸，参见 Sidney M. Bolkosky, *The Distorted Image: German Jewish Perceptions of Germans and Germany*, *1918 – 1935* (New York: Elsevier, 1975)。

114. Peter Gay, "Encounter with Modernism: German Jews in Wilhelminian Culture", in his *Freud*, *Jews*, *and Other Germans* (Oxford: Oxford University Press, 1978), 95, 101.

115. Ernest Kahn, "Jews in the Stefan George Circle", *Leo Baeck Year Book* 8 (1963): 171 – 183.

116. 西奥多·齐奥科斯基(Theodore Ziolkowski)用下列数据来衡

量德国人这种独特的"对神话的渴望"：在 1907 至 1920 年间，共有 10 本著作的标题带有"神话"这一术语。在 1920 年代，这个数字大概是 20。在 20 世纪 30 年代，超过 60！参见他的论文"Der Hungernachdem Mythos: Zurseelischen Gastronomie der Deuts-chen in den Zwanziger Jahren", in *Die sogenannten Zwanziger Jahre*, ed. R. Grimm and J. Hermand (Bad Homburg: H. Gehlen, 1970), 169 - 201。

117. George Mosse, *German Jews beyond Judaism* (Bloomington: Indiana University Press, 1985), 47.

118. Steven A. Aschheim, "German Jews beyond Bildung and Liberalism: The Radical Jewish Revival in the Weimar Republic," in *The German: Jewish Dialogue Reconsidered*, ed. K. L. Berghahn (New York: Peter Lang, 1996), 125 - 140. 另可参见 Michael Löwy, *Redemption and Utopia: Jewish Libertarian Thought in Central Europe: A Study in Elective Affinity*, trans. H. Hope (London: Athlone, 1992)。

119. Walter Benjamin, "Paris, the Capital of the Nineteenth Century", in *The Arcades Project*, by Walter Benjamin, trans. H. Eiland and K. McLaughlin (Cambridge, Mass.: Harvard University Press, 1999), 10.

第二章 维科之路：从李维到米什莱

　　城市被建造以前或者说被建造时的传说，更多地为诗歌传说所装扮，而非建立在确实可信的历史证据之上，对此我的建议是不置可否。古代的一个特权是将神的事情与人的事情混在一起，并由此为城市的起源增添体面。如果有任何人应当被允许神化他们的起源，为他们提供一个神圣的来源的话，罗马人的军事荣耀是如此伟大，以至于当他们声称其祖先及其建城者的祖先就是马尔斯时，大地上的诸国家很有理由臣服于此，同时也欣然臣服于罗马的统治。但是对这类传说，无论它们该被如何看待与评价，就我而言，我不会赋予它们任何重大的意义。下列这些问题是我希望每一位读者密切关注的——过去的生活和道德是怎样的？通过谁，经由哪些政策，在和平与战争中，帝国被建立并扩张；然后让他看到，随着纪律的逐渐松懈，道德如何先是失去原有的样子，然后愈益堕落，最后开始急转直下，把我们带到现如今，此时我们已无法承受我们的恶行及对恶行的纠治。[1]

李维在其《罗马史》前言中的著名声明，总是能引发历史学家们对国家的神话起源和命运的进一步探讨与争论。它仍然回荡在围绕历史中神话的使用与滥用的现代讨论中。[2] 因为虽然现代历史学家们很早以前便已经将有关罗马神话历史性的旧有的实证主义争议转变为一种新的解释学理解，但是他们依然，李维也明显如此，对"这些传说"（such traditions）的重要性内心充满矛盾：它们是否仅仅是诗性的传说（*poeticae fabulae*）？它们是否真的毫无任何"可信的历史事实"（*incorrupta rerum gestarum -monumenta*）？或者可能像李维自己所相信的那样，在旧的文化传统与新的罗马国家的道德状况之间，存在或至少应该存在一种历史联系。前言中的因果关系表明，他认为对《罗马史》的细心读者而言，真正重要的问题——罗马社会道德的逐渐瓦解——从修辞学和历史学的角度看，都是从较早的事例演化而来："过去的生活和道德是什么样的？通过谁，经由哪些政策，在和平与战争中，帝国被建立并扩张。"其毕生之作的题目，建城以来（*Ab urbe condita*），证实了他的新斯多葛信念，尤其是他的一种信仰，即罗马的整个历史由命运（*fatum*）所决定："命运，经由它的法则，人类事务的不变秩序被安排妥当。"3然而，在《罗马史》中，通过表明发生在城市早期的某些事件如何成为城市公民的模范，并因之对城市随后的历史"生死攸关"（fateful），李维能够将有关命运的神话观点转变为一种历史的概念。李维知道并向他的读者解释道，在罗马人的生活和历史中，这类模范，特别是那些与建城的关键阶段有关的模范，都不可避免的是历史神话，是传说（*fabulae*）而非纪念碑（*monumenta*），因此用他自己的话来说，对历史重建而言是不可信的（*corrupta*）。然而，他又接着叙述这些神话，这一事实表明他发现在某些方面它们是"可信的"（trustworthy）——如果不是在古代"生活和道德是什么样"的历史重建上，那么至少是在对它的历史解释上。比如，看一下李维是如何描述罗慕路斯之死的：

> 完成这些不朽的事迹后，当国王在卡普拉沼泽附近主持集会以便检阅军队时，突然间一场暴风雨袭来，伴随着雷声轰鸣，浓厚的乌云包裹住他，使他的身影消失于集会的视线之中。而且从那以后，罗慕路斯便在大地上消失了。当恐慌的时刻为阳光的平静所取代，罗马士兵们终于从惊恐中恢复过来。但是当他们看着空无一人的王座，虽然他们乐于相信站在罗慕路斯身旁的元老声称他被狂风卷上高空，但仍然悲伤和沉默了

好一段时间,好似湮没于孤儿般的恐惧之中。接着,从少数人开始,所有人都一起欢呼罗慕路斯为神,为神之子,为罗马城的王和父,而且还有祈祷者恳求他的祝福,他将永远乐于仁慈地保护他的子民。我相信,即使在那时也有些人私下声称国王是被元老们手撕成碎片的,因为这个谣言也传到了国外,只是以非常隐晦的措辞。出于人们对英雄的崇拜和痛苦的程度,另一个版本广为流传。[4]

37

　　李维明显对罗慕路斯消失的官方故事有所怀疑。但是,与现代历史学家可能会试图拒绝这个故事不同,李维选择复述它。而且,当我们进一步阅读他的记载,我们意识到李维并不真的关心对事件的历史重建,同样也不关心对故事的历史重建。罗慕路斯在当时当地究竟遭遇到什么,是被暴风卷走还是死于元老们之手,李维将这个问题放在一边搁置起来,将焦点放在此后发生在他身上的事:被神化"为神,为神之子,为罗马城的王和父"。李维正确地认识到,这一罗马传说的大众"半官方"版本之所以胜过被元老们刺杀的"谣言",并不是因为它更可信,而是因为它更容易被相信:"出于人们对英雄的崇拜和痛苦的程度。"围绕事件的这些经验的、记忆的印象,对李维而言,比事件的真实情况更为重要,因为它们开启了一种流传至他所在时代的神化传统。他似乎无伤大雅的评论,即罗慕路斯被刺的谣言"即使在那时"便流行,是在心照不宣地暗示更近的尤利乌斯·凯撒事件,在该事件中,以相似的方式,一位"被元老们手撕成碎片"的统治者变成了神。[5] 李维继续叙述这个故事如何因普罗库卢斯·尤利乌斯(Proculus Julius)的"精明计谋"(consili)而"获得新的信誉",他在公民大会前作证,说罗慕路斯从天堂而来,像神一般重现,给罗马人捎来口信——"让他们珍视战争的艺术,让他们知晓并教育自己的孩子没有任何人的力量可以抵挡罗马人的臂膀"——被证明对当时、对罗马历史中一种全新的发展动向都至关重要。李维总结道:"人们对那个男人的故事所给予的信任,以及平民们和军队失去罗慕路斯的悲痛,如何因确信他的不朽而得到平复,是美妙的。"[6]
　　上述评论暗示李维充分意识到现在所谓的"传统的创造"(the

invention of tradition），在这个例子中，罗慕路斯的神化最初是对大众的一种政治操纵，是统治当局通过关乎统一和连续的象征性仪式来掩盖自己行为（刺杀国王）的一种捏造。但是李维同样并且更加敏锐地意识到传统的历史性，意识到如下事实，即类似与罗慕路斯的神化有关的传统信仰与故事很早以来便融入并塑造了罗马历史。[7]李维著作的开场白清楚地表明，虽然他知道关于建城的史料是错误的，但是在竭尽全力成功地利用它们来培育对世上最伟大之人的"丰功伟绩的记忆"（*rerum gestarum memoriae*）中，李维找到了乐趣。正如 G. P. 沃尔什（G. P. Walsh）已经表明的那样，对李维和他的读者们来说，前言都至关重要，因为它不仅揭示了李维在其著作中试图要做的是什么：向后代证明"国家昌盛的实现，离不开对诸多品质的拥有，特别是对国家的领导者而言，它们促进了内外政策执行中健全的道德与智慧"。前言还展现了李维如何通过对事例小心翼翼的、有技巧的而非真实的呈现来真正做到这一点，在这些事例中，古代罗马人获得了诸如尊严（*dignitas*）和庄重（*gravitas*），"对神的虔敬（*pietas*）和对人的忠诚（*fides*）"，宽厚（*clementia*）和纪律（*disciplina*），纯洁（*pudicitia*，女人）和美德（*virtus*，男人）等品质。[8]

因为李维试图通过这种叙事来重建历史的根基，他确实称得起西塞罗给他的头衔"历史学之父"（*historiae conditor*），在该词字面的意义上。他假设并试图证明，即便事件本身（*res gestae*）缺乏历史的证明，这些事件所谓的结果——对它们的记忆——却是历史事实。而且作为一名罗马的历史学家，他将记述这类事实视为自己的任务。因此，当他解释自己重述罗马祭司们记录下的诸神与英雄们无从考信的故事的原因时，李维写道："我充分意识到，由于现今对宗教的冷漠激发了一种普遍的认识，即诸神什么都预言不了，故没有奇迹被公开报道或记录于历史著作之中。但是当我在撰写昔日岁月时，我的思维不知为何变得老套起来（*antiquus*），一种宗教敬畏阻止我将那些知名的和有远见的人颁布的应由国家来处理的事情视为不值得书之于史。"[9]面对这种困境，他的解决之道是保留历史神话，并且如上述那样去剖析它们。追随西塞罗，他用斯多葛的而非怀疑论的范畴来审视神话，寻求以一种非常理性的诠释来抵消任何超自然的叙事。[10] 因此，在罗慕路斯和雷穆斯的著名传说一开始，他叙述了他们的母亲，一位维斯塔贞女，如何被强暴，然后"生下双胞胎儿子后，称马尔斯为其令人生疑的子嗣之父，无论是真的相信，还是因为如果一位神成为她所犯错误的始作俑者的话，便显得没那么罪不可赦"[11]。接下来的母狼与双胞胎情节，受到了怀疑论的同样对待，李维评论说，这种"非凡的故事"之所以兴起，是因为实际哺育男孩们的女子劳伦提娅（Larentia）因"水性杨花"而有了"母狼"（*lupa*）这个绰号，后来这词便成了对像她那样的女子普遍的、粗俗的称呼。[12]

39

正如上述观察所示，也正如现代评论家们对其著作所指出的，李维在对历史神话的处理上，比史家们通常认为的要老练得多。后一类学者中便有 R. G. 科林伍德（R. G. Collingwood），他认为李维"没有试图去发掘传统是如何发展而来，又是通过哪些扭曲的各类媒介来到他身边；因为，他未能重新诠释一个传统，也就是说解释出一些其他的含义，而非它明确说了的。他要么接受它，要么放弃它，整个来说，李维的倾向是接受他手边的传统，并真诚地复述它"[13]。当代研究李维的学者们，比如卢斯（Luce）、迈尔斯（Miles）、菲尔德（Feldherr）便反对上述评价，并试图为李维与传统间明显的亲密互动找到深层的原因。他们坚持认为李维对"罗马传统"的关注超过对"罗马历史"的关注，因为李维相信这种传统在岁月中塑造了罗马人的认同感，是罗马人真正的历史。在卢斯看来，李维主要对"罗马人的民族性格"（*Roman national character*）感兴趣，"对他而言，人民是最值得考虑的：不是简单地他们做了什么，而是他们以怎样的思维框架来行事……李维喜欢关注展现罗马人美德及其对立面的故事"[14]。他认为，李维的"民族主义"信仰于他的历史编纂而言并无坏处，即便确实影响到史料来源的选择与诠释。然而，现代李维学界的泰斗 G. P. 沃尔什仍试图表明，李维在前言中对文化和道德原则的宣言，如何最终引他走向"历史的扭曲"（Distortion of History），李维的现代读者们倾向于将这类明显的谬误视为不可避免的，并且是其史学——或者说任何史学——"创作"（composition）的重要先决条件。在这些解释学的前提下，李维在前言中有关罗马人有理由"声称其祖先及其建城者的祖先就是马尔斯"的主张便具有了某种有效性。迈尔斯陈述道：

> 它表达出一些有关罗马人选择如何看待和表现自我的事情；而且这类事情从某种意义说，在今天也是真实的、可验证的，即罗马在战争方面的绝对优势……神圣祖先的主张在此被认为合乎情理，不是因为字面上的真实，而是因为它恰当地象征了罗马人在军事上的成就，无论罗马人起源的真实性如何，他们有能力迫使其他人相信这一主张。[15]

因此，李维随后的劝谕，"大地上的诸国家很有理由臣服于此（神话），同时也欣然地臣服于罗马的统治"，可能也没有看起来的那么鲁莽：它泄露了李维的假设，这类神话带来了并且仍在维系"罗马的统治"（Rome's dominion）[16]。正如菲尔德所论，在李维对传统的叙述中，他有意识地担起"罗马皇帝的角色"（the role of imperator）。因为李维试图通过历史的手段来增强国家的权威，他的著作补充了罗马统治者们凭借政治手段想要做到的。"从一个历史学家的观点看，有关神圣渊源的传说可能是纯粹的虚构，但即便是虚构的神祇，在其有助于城市逐渐增加的权威（auctoritas）这层意义上，也可以成为创始人（auctores）。"[17] 出于这一原因，李维在写作时努力在其叙事史中保留这些神话，恰恰因为它是一种叙事史，即一种历史，认识并记录行事和虚构借以建立传统的辩证过程。迈尔斯论证道，李维因这么做而有功于"对历史及其特有功能的一种重新定义。这种历史仍然是有用的，不是因为它代表了对可与当下事件类比的过去事件的准确重建，而是因为它保存并诠释了集体记忆，罗马人的认同感和性格便建立在此之上"[18]。

可惜的是，在李维为其《罗马史》而对罗马神话做的所有富有洞察力的移用中，他并未详述历史神话更为普遍的哲学意义和政治影响。李维著作的评论家们经常注意到李维主要是一位爱国的历史学家，他不仅写作"罗马史"，并且相信它是一项神定的、受天意引导的使命。因此，他太沉浸于神话之中，以至无法用批判的哲学或历史术语去分析它们。他对罗马传统的挚爱，使他无法对其结构与叙事做更彻底的反思。然而，他对诸如母狼与双胞胎以及罗慕路斯的神化这类受人尊崇的故事的批判性评论表明,在对历史神话的处理上,李维是一位爱国的,但并非教条的历史学家。他确实是一位传统主义者,并自己也全然意识到这一事实,且为此感到骄傲,也因此使他自己及其史学暴露在对历史中神话的使用与滥用的进一步、更具批判性的反思之中。李维在前言中坦诚"对这类传说,无论它们该被如何看待与评价,就我而言,我不会给予它们任何多大的重要性",这并非代表着犹豫不决和史学上的困惑。相反,这表明,作为一名有其自身局限性的历史学家,他承认神话与历史之间传统的困境。这种困境对李维来说尤其难以应付,因为他生活在一个历史神话在罗马社会变得极为强势和有权威性的时代。正如保罗·赞克(Paul Zanker)已经表明的,在那段时期,奥古斯都政权通过制造庆祝其英雄成就的大量流行形象和场景,以有意识地寻求建立罗马的帝国认同。[19] 菲尔德表明,与帝国当局致力于自身意图的公开、戏剧性表达很类似,李维寻求通过对历史事件和行为的一种戏剧性描述来感染他的读者们。李维对卢克瑞提亚命运的动人描述充满了夸张的动作和语言,将他的读者们变成了一出古典悲剧的观众,并因此像亚里士多德教导的那样,使他们可能认同于主演们的爱国之情与爱国之举[20]。当他们遇到超出常识接受范围的历史故事时,尤其会有这种读者的反应,比如维爱的攻陷,李维发现很难接受但仍然予以保留,并承认"对于非常遥远的事情,如果事情是可能的,我便满足了……将被视为真实而予以接受",即使它们并非如此,因为这就是它们实际上如何被吸收进罗马人的历史中的——作为罗马人在军事上精湛技艺的展现。在维爱附近洞穴里难以置信但又"可能"的事件中,历史学家的任务与戏剧家的相类似——促使读者们或听众们停止怀疑,以增进他们对超出通常逻辑、历史界限的人类事务的理解。李维由此重申了自己的基本前提,"这类故事更适宜于为奇迹而欢呼的舞台,而非被相信,当它既不被相信又不被拒绝时,它才有价值"[21]。

　　总结如下:李维可能并不相信古代的罗马神话,但他仍然信奉它们,知道它们推动了古罗马人的伦理、政治信仰,因此它们既是传说(*fabulae*)又是纪念碑(*monumenta*),是神话的同样也是历史的,或者如我称呼它们的,神话历史的。这种思路在现代史学中的主要支持者是这样的一些历史学家,在他们看来不能忽略李维曾经提出,但随后又过于轻易带过的问题:"这类传说……该被如何看待与评价。"与李维一样,这些现代历史学家设想罗马人确实将马尔斯视为他们国家的创建者,但与李维不一样的是,他们决心赋予这个以及其他神话以"重要的意义"。他们中的第一位也是最重要的一位,是李维进入现代最著名的中介人尼可罗·马基雅维利(Niccolò Machiavelli)。

42

II

1504 年 10 月,尼可罗·马基雅维利完成了一首 550 行的诗,即所谓的《头十年》(*First Decennale*),在诗中他描述了意大利过去十年里的骚乱事件。法国 1494 年的入侵,开启了一段充满激烈内战和政治纷乱的年代,蹂躏了城邦并几乎使其沦为外国雇佣军和其他"蛮族人"的奴隶。作为一名佛罗伦萨共和国政府的秘书和大使,马基雅维利见证了无能的王公们、国王们与教皇们给他的国家和城市带来的灾难,他将自己的关注点从领袖们转移到意大利的普罗大众。他想起了彼得拉克(Petrarach)的话"古代的英勇并未在意大利人心中死去",并且在其诗作的最后几行向他的同胞佛罗伦萨的市民们呼吁,恳求他们不要绝望并支持他建立一支共和国军队(*militia*)的计划:"如果你们愿意重启马尔斯神庙,路途平坦且不漫长。"[22]

当马基雅维利写下这些诗句时,他必定铭记于心的是,依照一个众所周知的佛罗伦萨传说,城内施洗者圣约翰的教堂便矗立在曾经为纪念马尔斯而建立的神庙的废墟之上。他的"重启马尔斯神庙"的请求,因此可以被解释为一种重申异教神话以对抗基督教神学的呼吁。他真心相信,为了复活现代人心中古代的英勇(*l'antico valor*),有必要将其变为古代人,与李维让自己成为古人(*antiquus*)一样,马基雅维利也将这么做:

当夜晚来临,我回到家,投入我的研究之中,在门口,我脱下满是尘泥的日装，换上庄重的元老院长袍，穿戴得体后我来到古人的宫殿，受到他们热情的接待，我饕餮这份独属于我的食粮，我为此而生；在那里，我并不羞于与他们交谈以及探寻他们行为的动机；而他们出于人性之善回应我，在连续不断的四个小时里，我感受不到任何一种忧虑；我忘记了所有的烦恼，我不害怕贫穷与死亡。我将自己全部献给他们。[23]

当马基雅维利在1513年12月10日给自己的友人佛罗伦萨驻罗马大使弗朗西斯科·维特里（Francesco Vettori）的信中写下这些著名的隽语时，他即将开始写作那本记录了他通过与古人对话得来的最宝贵经验的著作，《论李维的前十卷》（*Discourses on the First Ten Books of Livy*）。[24] 刚完成"一部短作 *de Principatibus*"，即现在的《君主论》（*The Prince*），在书中他表达了自己关于及对"新君主"（new princes，比如在佛罗伦萨和梵蒂冈的美第奇家族）的经验之谈，现在他寻求为其佛罗伦萨公民同胞们获得一种不同的经验，更哲学的、历史的而非政治的经验，此时他们必定对其共和政府和理想毫无信仰可言。当马基雅维利在1517年左右杀青作品时，他将它献给自己的朋友扎诺比·布昂德尔蒙蒂（Zanobi Buondelmonti）和科西莫·鲁切拉伊（Cosimo Rucellai），他经常和他们在佛罗伦萨知识分子的学术聚会碰面，聚会地是鲁切拉伊家族名为奥尔蒂·奥里克拉里（Orti Oricellari）的花园，正是在那，马基雅维利第一次将《论李维》（*Discourses*）示人并加以讨论。[25]

在那部作品中，马基雅维利的主要目的是向他的共和国同志们展示罗马社会如何通过对一些道德品质的整合来取得自身的政治力量，这些道德品质通常用美德（*virtus*）（英语的 virtue，意大利语的 virtù）这个术语来表述，这对于所有共和国的公民来说都不可或缺。马基雅维利的主要论点是，这些在古代建立起来的美德，可以主要通过一种"对历史的正确理解"（proper appreciation of history）而重新在现代获得。然而，他的意思并不是一种新的历史方法论而是一种旧有的历史意识形态：他从罗马历史学家，尤其是李维那里学会了如何将一种古代历史学转变为一种现代神话学。在《论李维》中，他利用李维有关罗马的神话历史来创造他自己有关"罗马"的历史神话，后者在其表述中成为标准的——并非完美的——共和国。就此而论，它便值得深思与仿效。马基雅维利在其著作第一卷的前言中便将自己的意图和盘托出，在文中他带着批判性的眼光看到，虽然"古代"(antiquity)通常为现代人所尊崇，"历史对那些极富道德的行为所做的更多是仰慕而非仿效，这些行为的实践者有古代的王国和共和国，它们的国王、将军、公民和立法者以及其他在服务国家中鞠躬尽瘁之人"[26]。反对这种不作为，马基雅维利赞扬历史在罗马社会中的作用，在罗马，统治阶级尤其是元老们懂得如何从他们的历史中总结出正确的"实际经验"(practical lessons)。他尤其印象深刻的是，他们通过将即使是最可怕的事件变得合理化、值得纪念而使其"极富道德"(highly virtuous)的能力。我们可以再次回忆起罗慕路斯消失的事例，元老们及其忠实的历史学家有能力将它转变为一个充满对罗马人民而言重要"经验"(lessons)的神话。与这种精明的历史策略相比，现代的生产者和消费者对历史漫不经心的对待易于仅仅造成破坏："建立在选择不当的事例之上的错误观点，由我们这个堕落的时代所引入，阻止人们思考是否该放弃习惯的方法。"[27]马基雅维利试图通过对李维《罗马史》中一些选择恰当的事例的重新呈现以扭转上述困境。马基雅维利相信，他对这些史料的解释，可以从中揭示出新的实际的而非事实层面的历史意义，所以那些阅读其著作的人可以看到符合道德的观点与行为。[28]

在这么做时，马基雅维利并未滥用历史，正如尼采后来介绍的那样，他运用历史是"为了人生"(for life)。早在《君主论》中，马基雅维利便主张历史是一种实际的，更确切地说"医学的"(medical)艺术，通过检查人类事务"实际发生"(really happen)的情况，而非对它们做"理论与猜测"(theories and speculations)，历史可以治愈其参与者(尤其是统治者们)各式各样神学上的、哲学上的和其他形而上学方面的蠢事。"因为许多人只是在想象共和国和公国，它们从未为人所见或者说其存在不为人所知。然而，人们是怎样生活的，与人们应该怎样生活是如此迥异，以至于一位统治者，如若不做通常被认为该做的事，而坚持做应当做的事，便将削弱自己的权力而非加强它。"[29] 在《论李维》中，马基雅维利将他的注意力从卓越统治者的政治转移到全体人民的政治上来，并且在那里他推翻了自己主要的哲学—政治教义：在《君主论》中他主张一个个人统治者只有抛弃美德才能生存，而在《论李维》中他主张一个共同体只有拥有美德才能够生存，他现在用更全面而经典的措辞将美德重新定义为群体的（communal）而非个人的（personal）品行。菲力克斯·吉尔伯特（Felix Gilbert）已经注意到，马基雅维利新的"美德"概念"包含一种意见，即在每一个组织完善的社会，一种精神的因素渗透于它所有的成员和制度之中，并将它们绑在一个动态单元内，这种动态单元远不止其稳定部分的总和"[30]。当马基雅维利开始探究这些品行是如何形成，又是如何在共同体的整个生活方式（mododel vivere）中维持时，他发现它们存在于推动了共同体历史制度的纪念故事和仪式之中，他开始反思历史熏陶所具有的更广泛的意义和影响。他看到历史的"经验"通常更加感性而非理性，更加神话而非实际。[31] 马基雅维利总结道，国家真正的政治权威（auctoritas）与实际的权力（potestas）不同，只存在于政府神话的、历史的"模式和秩序"之中。虽然他在《论李维》开篇中宣称的目标是提供"新的模式和秩序"[32]，但随后他又表示这些新的模式和秩序应该是，或者至少看起来是非常古老的。

> 谁想要或打算改变一个国家的政府形式，并希望它是可以接受的并且能够让每一个人满意，必定需要至少保留其古代习俗的影子，这样的话新的制度对其人民而言看起来便像是没有改变过什么，虽然实际上新的制度可能与旧的之间大相径庭。这一点他必须要做到，因为人们普遍容易受事物表面情况而非实际情况的影响，而且也常常被表象而非事实所打动。[33]

45

正如这段文章所揭示的，在《君主论》和《论李维》对美德的不同理解之间，存在一种隐性的关联和连续性：在两本书中马基雅维利都主张，美德应当由大众的卓越领导人向大众加以证明，他们应当懂得如何通过历史的和神话的联系为其政治行为或制度施加魔力。

更普遍而言,马基雅维利诱导说,既然政治世界是由"表象"(appearances)、"错误的印象"(false impressions)、"谣言"(rumors)及其他流行的欺骗所统治,这个世界的统治者们便是那些懂得如何操控这些人类谬误的人,譬如君主"必定是一个优秀的装腔作势之徒和伪君子"从而能够"看起来"(to seem)——但是从来不会真的——对其臣民仁慈,可为臣民所信赖。[34] 在马基雅维利对这一建议的著名解说中,他将所有的统治者比作为"狐狸"和"狮子";汉纳·皮特金(Hanna Pitkin)已经表明,马基雅维利通常倾向于将那些知道人类现实的真理(la verità)但又不讲出来的人等同于狐狸、狐狸一般的人,他们宁愿寻求在真理得以运转的各类有关"真理"或神话的论述中去揭示它。[35] 与政治家们一样,历史学家们必须关注这类神话,不是因为某个神话是某种比官方历史更好的(比如更真实)历史(这是维科与李维相反的主张),而是因为它更忠实地记录了构成社会-政治现实的大众信仰、记忆以及所有其他的错觉。这种对古代史学的修辞和政治功能的关注影响了马基雅维利自己的历史著作,特别明显的是他的《佛罗伦萨史》(*Florentine Histories*),在书中他有意识地排演了佛罗伦萨的神话,对于共和国的记忆传统(*la memoria*)而言,它们被证明是不可或缺的。这一传统在公民们的思想中是如此根深蒂固以至于"即使他们的父辈们没有想起来,公共建筑、长官官邸、自由组织的标志会想起它。无疑,公民们将会怀着极度的渴望认识到这些事情的意义"[36]。

这解释了马基雅维利对李维超出所有其他罗马历史学家的偏爱:他并未将李维视为最优秀的历史学家——他明显支持波利比乌斯,从气质上而言,波利比乌斯与塔西佗更接近——但是他相信李维是一位"好的历史学家"(good historian),并不断称李维为"我们的历史学家"(our historian),这一措辞透露出他对李维《罗马史》的喜爱。在马基雅维利看来,李维写作《罗马史》是为了证明罗马历史对所有其他历史的优越性与典范性这一事实,不仅没有式微,反而是建立起了它对所有其他历史的优越性与典范性。总之,正如利奥·施特劳斯(Leo Strauss)所指出的那样,即使在马基雅维利批评李维时,他真正关心的并不是李维这个人,而仅仅是他的那些变得非常有影响力的故事。因此,他更喜欢评论李维而非引用他。[37] 但是最重要的是,马基雅维利拥护李维,因为李维是所有罗马历史学家中最拥护共和政体的人。[38] 马基雅维利对李维著作的喜爱可以追溯到他的童年,因为我们知道他父亲拥有该著作的一个善本,年轻的尼可罗可以自己在书架上找到。事实上,正如马基雅维利的现代传记作家所认为,他很可能通过在那个本子的边角写下脚注而开始了自己对李维的评注。[39] 这些传记的、书目解题的细节增强了我们在阅读马基雅维利《论李维》时获得的印象,即他喜欢李维的作品,恰恰是因为作者在对罗马历史传统的处理上相当幼稚,甚至肤浅。从马基雅维利的观点来看,李维明显的缺点——他的轻信、天真以及尤其是对权威的忠诚——正是这些特性,使其能够记录并传播古代富有道德的传统。而且,正如马基雅维利在其前言中所说,他决定评论"提图斯·李维所有那些连续性没有被岁月的敌意所打断的篇卷",即评论前"十年"(*decades*),因为只有一段很长的历史,比如李维所成功写出的,才能够展现最初的罗马美德在一系列政治变革中强大的稳定性。[40] 李维的罗马史,虽然有专业上的不足,但是在忠实地、因而也是真实的再现这种古典罗马文化(*romanità*)上,被证明比所有其他历史著作更为优越。李维是国家的一位"好的历史学家",因为他并没有试图去推翻本国基础性传说或神话的历史真实性,而是去认可它们的政治现状。

尤为重要的是,李维是一名有行动力的历史学家。作为一名叙事史家,其最突出的成就是对集体事件与运动的描述,特别是表现了罗马大众被强烈的悲痛、愉悦、激动或恐怖情绪所控制的那些。[41] 马基雅维利恰当地看出,李维写下这些对行动的描述是为了激发行动。在这些实用主义的前提下,马基雅维利称赞加图(Cato)而反对他的同道中人、也拥护共和政体的西塞罗(Cicero),因为作为一名政治修辞学家,加图知道语言没有行动重要,而且还可能败坏行动——例如,在加图看来,像深思"外国哲学"(foreign philosophy)对罗马人的"美德"实践所做的那样。[42] 在《论李维》第二卷的前言中,马基雅维利批评了依赖旧有理论、历史及记忆的现

47

代倾向并且自问道,在自己的论述中,是否自己也成了这种人类错误的猎物。

> 事实上,如果过去盛行的美德与今日流行的恶习并不像太阳那般清楚明白,我就应当在我的陈述中更加有所保留,以免我陷入我所批评的那些人所犯的错误之中。但是因为事实便摆在那里,可供任何人查看,我应勇于直陈我对那些岁月及我们自己时代的想法,这样的话,阅读我所写的东西的年轻人们,便能将自己的思维从某一种中转变出来,并做好模仿另一种的准备,当命运提供这样的机遇让他们这么做时。[43]

上述思想中孕育出了他的一个决定,即仅仅关注并评论李维的故事而非他的理论,关注并评论这位罗马历史学家所描述的而非他所规定的。按照丽莎·雅丹(Lisa Jardine)和安东尼·格拉夫敦(Anthony Grafton)的说法,16 世纪李维的读者们确实按照马基雅维利所教导的,将李维视为一名有行动力并重视行动的历史学家。[44]

虽然马基雅维利在"有道德的"历史学家方面竭尽所能模仿李维,但他知道作为一名现代的历史学家,他的任务要比古代的历史学家困难得多。因为李维生活在一个充满历史传统的世界,在那里祖先的习俗(mos maiorum)为现代人树立了标准与模式;马基雅维利生活的时代缺乏这种历史悠久的权威。最重要的是,罗马社会注意到这一传统被元老院聪明而睿智的老人们神圣化了,后者在历史中充当它的官方保护人和解释者。当马基雅维利反思佛罗伦萨共和国事务的糟糕状况时,他经常哀叹佛罗伦萨缺少这类与他自己一样懂得如何保存它的神话、历史传统的元老。马基雅维利在其评论中详述并肯定了元老院在罗马人民与上层阶级混乱的阶级争斗中取得的成就,并作出了整部《论李维》中最具争议的论断"平民与罗马元老院的纷争使共和国既自由又强大"。他责备那些历史学家,因为他们"更多地关注于上述骚乱所导致的嘈杂与喧嚣,而非它们促成的比方说好的效果",所以他们看不到这些冲突带来的"所有有利于自由的立法"。[45]

48

正如马基雅维利会认为的那样，罗马当局懂得如何将这些会出现在"每一个共和国"（in every republic）的平民骚乱转变为"美德的显著案例"（striking examples of virtue），通过一种"很少导致流放，并且更少导致流血"的谨慎的报复手段，他们随后将这些案例用于大众的教育以及"有利于公共自由的法律及制度"的熏陶上。他们还知道"每一个城市应该提供平民的雄心得以发泄的方式与手段，特别是一个计划在重要的事业中利用其平民的城市"，比如军事动员和殖民。这类城市的官员们应该允许大众的抗议运动顺其自然，并确信他们的深层动机与雄心"很少会有害于自由"。大众所需要的只是一位有权威的人，一位元老，可以向他们解释这就是他们真正想要的。马基雅维利与西塞罗在下述结论上是一致的，虽然"大众可能是无知的，但是当一位值得信赖的人将真理放在他们眼前时，他们能够抓住并轻松地获得它"（1.4.4—5）。追忆起帕库维乌斯（Pacuvius）如何处置攻击本地元老们的市民们这个美妙的故事，马基雅维利总结道，即使元老院的某些成员总是易于犯错，但制度本身是正确的，正如罗马公民们自己在这个以及许多其他场合已经认识到的那样。

在整部《论李维》中，马基雅维利不断地提到如下事实，即罗马共和国成功地确保了自己的政治稳定性，不是靠法律的强力执行，而是靠神秘的、神话的，或者我们所谓心理的再现这些法律得以形成的历史时刻。[46] 从一开始，马基雅维利便陈述说，令罗马如此伟大的是它的共和国历史而非任何理论（1.2.1）。以下是汉斯·巴隆（Hans Baron）对这一信条的总结："对一个健康的人群来说，政治的美德必须不断在所有的团体与阶级中更新。即使是罗马在政治、军事上的伟大，也不是一种理想的、完美的宪法的产物，而是建立在一种秩序之上，通过自由的竞争，甚至是罗马各阶级、各精英间的内部冲突，它令公民精神不断再生。"[47] 在巴隆之后，现代的学者们已经将马基雅维利视为政治自由的捍卫者；他们很少论及他的具体观察：罗马人实际上是如何实践"公民精神的不断再生"的，为什么罗马人需要它，以及通过怎样的手段促使它。在他们将马基雅维利与自由主义的意识形态"公民人文主义"（civic humanism）相联系的努力中，他们没有对其"马基雅维利主义"（Machiavellism）

给予应有的关注,所谓"马基雅维利主义"即如下事实,他支持的自由与其他共和国的美德一样,都是由强有力的政治传统与制度为公民们提前预定了的,是由灌输与宣传的操控手段而非教育所创造。

49

虽然马基雅维利十分钦慕罗马当局在教育大众方面所取得的修辞上与政治上的成就,但是他也承认,他们是在罗马宗教的帮助下延续其政策的。"是宗教推动了元老院和罗马领袖们所筹划的任何事业"。[48] 马基雅维利并不信奉任何特定的宗教,但是他信奉作为一种工具的宗教,当宗教"有助于控制军队,有助于鼓舞平民,有助于培养好人,有助于让坏人自惭形秽"(1.11.3)时,他最确信这一点。在题为《罗马人的宗教》(The religion of the Romans)的著名论文中,他表明罗马人的宗教在政治事务中比基督教更为有用,因为它的"精神"(la quale religione)主要是历史的而非形而上学的,受神话的而非神秘的显灵的鼓舞,因此可以被用于紧急情况之下(比如罗慕路斯消失之后出现的状况),或者更普遍的,用于特殊的场合之中,比如战前寻求支持,通常来说,在这类场合,祭司们召唤合适的神祇以激励军队的信心(1.12.2,1.14,3.33.2)。在马基雅维利看来,罗马人特别容易受所有这些信仰与仪式的影响,因为他们"比起违背法律更害怕违背誓言,比起人的力量,他们更尊敬神的力量"(1.11.2)。在异教的令人敬畏的仪式和献祭的指引下,这些基本的人类情感被刺激成强烈的、伦理的、政治的承诺,因为公民们将其法律及历史传统视为神圣之物。马基雅维利的结论是,"那些想要永离腐败的君主或共和国,首要之事便是令其宗教仪式不被腐蚀,并且应使它们总是受到崇拜;因为一个国家衰落的标志,没有比忽视对神的崇拜更确定得了"(1.12.1)。

马基雅维利认为,像轻信、忠诚这类人类的基本品质有益于共和国政府,其领导者们应当懂得如何培养和利用弥漫着的"对上帝的恐惧"(fear of God)来对抗"对君主的恐惧"(fear of a prince),而且应当知道如何利用它来增强自己的权威。谈到古代努马(Numa)的例子,"假装与仙女进行一场私下的谈话,他将自己给人们的建议说成是仙女说的",还谈到最近萨沃纳罗拉修士(Friar Savonarola)的例子,他也声称自己与上帝交谈过,马基雅维利褒扬他们对神意的艺术性发掘(1.11.3,11)。在这一点上,马基雅维利高度赞扬了李维,李维似乎已经懂得预言对罗马社会的重要性,即便李维及其现代的评注者们必定认为这些预言"相当地荒谬",而且,马基雅维利强调,这种巩固爱国主义历史神话中大众宗教信仰的能力,是共和国"智者们"(wise men)的一项道德任务(1.12.2)。他由此看到,即便李维对发生在维爱朱诺神庙中的奇迹事件的描述是"愚蠢的"(女神雕像似乎向尊敬地询问它是否愿意去罗马的罗马士兵们点了下头),他对此加以叙述则是正确的,因为这是一个典型的事例,可以证明这类神话如何授权于执行任务的罗马军队,特别是被卡米路斯(Camillus)及所有其他元老们巧妙地放大时更是如此(1.12.3)。在别处,马基雅维利引用了"李维让阿庇乌斯·克劳狄(Appius Claudius)说出的话,'现在他们被允许嘲笑宗教仪式了;如果鸟儿们不吃食,如果它们从笼子里出来得太慢,又或者其中有一只在咯咯地叫,这些都有什么要紧? 它们都是小事,但是正是因为不看轻小事,我们的祖先才缔造了这么伟大的共和国'"[49]。在马基雅维利看来,正是这些话语和著作使罗马"有那么显明的美德、宗教与循规蹈矩"[50]。他重申了罗马历史的经验:

> 因此,共和国或王国的统治者们,对维持其地位的宗教的基本原则,应当善加维护,如果这一点能做到,他们便很容易保持国家的虔敬,以及随之而来的美善与团结。他们还应当培育并鼓励可能有助于这一目标的一切,即使它们被认为颇为荒谬。他们越是这么做,便会愈发地慎重,对自然法也会懂得更多。[51]

所有这些考虑的背后是对"大众"(the masses)的一种彻底的重新评估。与他的罗马英雄们和佛罗伦萨同僚们一样,马基雅维利将大众(la moltitudine)本身视为完全"无用"(useless),通常他使用亚里士多德的措辞,据此人民只是一种从其领导者那获得自身"形式"(form)的物质(matter)。但是,与此同时,他也留心于李维对罗马大众的敏锐描述:"作为一个群体,他们是一群凶猛之人,但是作为个体,每一个都很胆小且唯唯诺诺。"[52] 在他对这段文字的思考中,马基雅维利展示了他所有的讽刺技巧,在他彬彬有礼的同意上述判断的伪装之下,他有技巧地颠倒了它的意图和主张。马基雅维利承认,确实"在批评统治者的决定上,大众通常是肆无忌惮的"或者"大众为自身利益所说的话无需给予太多的关注",但他又从中揭示道,大众明显非理性的观点与行为,是受到一些深层而真实的共和国信念的激励,而对于这些信念,大众的意识是模糊的。虽然马基雅维利没有将这些原始的信念定义为神话,但是我认为,在我们的说法里,它们就是神话。

马基雅维利对李维的反驳,在随后对"大众"政治能力的论述中表现得很明显。在文中,马基雅维利公开表示,作为政治代理人,他们比通常认为的要谨慎得多。马基雅维利重新审视了很可以反对李维及"所有其他历史学家"(all other historians)的历史事件,并表明这些知识分子在大众反应中看到的任性、残忍,事实上是"极富道德"的。他对曼利乌斯·卡皮托利努斯(Manlius Capitolinus)事件中罗马大众表现出的明显虚伪所作的解释很有启发性。按照李维的说法,当这位高卢战争中的人民英雄因反对元老院及国家法律而导致骚乱,被保民官们传唤到罗马人民跟前时,他的平民追随者们背叛了他,并最终对他宣判死刑,直到他被处以极刑之后,他们才意识到他们想要他回来。[53] 马基雅维利不把这种情绪反应看作是"非理性"(irrational)的。他争论道,罗马人民恰恰是在曼利乌斯·卡皮托利努斯死了之后,而且也正因为他死了,才希望他回来,"因为他们想要的是他的美德,也正因为这一点,对他的回忆(memory)唤起了每一个人的同情"。马基雅维利补充道:"如果曼利乌斯应了这请求活了过来,罗马人民对他的裁决仍将如初,先是逮捕,然后很快宣判他死刑。"[54] 激励大众的不是一些精神上的空想,而是对历史上高尚行为的真实记忆,在公元前 390 年高卢战争中,曼利乌斯·卡皮托利努斯的英雄事迹是,他被一群鹅唤醒后,召集起足够的人拯救了卡皮托尔山。这类行为只有被净化掉所有不重要的或者偶然的东西后,概言之,一旦历史的变为神话的之后,才能成为罗马意识形态的根本所在。

对马基雅维利而言,神话是政治记忆的魔法。因为他将所有政治传统与制度视为主要是记忆性的，也就是说视为一种人类的构建，这种构建需要对原始历史记忆加以创造、保存与再生，他将这些记忆在神话学上的发荣滋长看作是任何历史构建与教育都不可或缺的。这类神话以及其他记忆的传统在官方仪式、机构、制度中的扩散，增强了大众的共和国信念。曼利乌斯·卡皮托利努斯事件中大众的（以及贵族的）反应证明了这种诗歌的、政治的、教育的有效性。这一点可以从以下事实得到判断：

> 在那座城市没有一个人有意于保护一位公民，他曾拥有各种美德，在公共及私底下做了许多值得赞扬的好事。因为对他们所有人来说，对祖国的爱（patria）超过了任何其他考虑，而且他们认为现在他招致的危险在重要性上远超过他之前的功劳；结果就是他们选择让他死去，这样他们就可能保住自由。[55]

在其书信与著作中，马基雅维利不断指出，"对祖国的爱"（lo amore della patria）是至高无上的共和国美德。追随古典的传统，即将"好公民"（good citizen）定义为追求公共的而非个人的私利后，马基雅维利总结道，这样的一个人必定像热恋中的人一样感受和行事——带着同情、奉献与自我克制。马基雅维利区分了自然的"对祖国的爱"与在罗马流行的文化模式，前者是感情上的，是所有人共有的，只要他们对当地的人、习俗与环境有好感的话；后者是更根本性的：它受到神话、历史与政治教导的熏陶。在他围绕"对祖国的爱"的罗马案例的论述中，马基雅维利强调了君主制下臣民的心态与共和国公民的心态两者间的不同，"前者与后者一样，都与地点、记忆以及一种文化相关联，但是前者缺乏平等、团结和责任精神，这些只会出现在平等的公民身上，他们分享共和国的自由与自治政府的痛苦与喜悦"[56]。

他进一步观察到，这种强烈的共和国意识形态的起源以及对王政的普遍反感，存在于对罗马历史中创伤经历的某些原始记忆。"如果我们考察一下罗马平民，将会发现在四百年里，他们是国王这个称号的宿敌，是国家共同利益的热爱者。"[57] 马基雅维利在《君主论》中总结道："一座习惯于自由生活方式的城市，任何人若成为

52

它的主人，且没有摧毁它的话，可以料想自己将被它毁掉，因为当它发动叛乱，它将总是能够诉求于自由的精神与古代的制度，这些从来都不曾被忘却，无论是岁月的流逝还是新的统治者给了任何的好处。"共和国的历史神话赋予其信徒们"更充沛的精力、更多的仇恨以及对复仇更强烈的渴望；他们不会忘记，事实上也不能忘记自己失去的自由"[58]。

马基雅维利就王政在哲学上、历史上的被否定着墨数百页之多，他肯定也意识到罗马传统已经通过一些有关塔克文家族（Tarquins）恐怖行径的难忘故事，完成了这一任务。卢克瑞提亚的悲剧故事在整个罗马历史中产生共鸣，并引发了对专制统治者的恐惧，即使是对于尤利乌斯·凯撒这样的人民领袖。整体而言，马基雅维利赞赏了罗马史学对这种叙事教化的贡献。他声称任何人读了罗马历史及其所关注的古代事件记录，将会更喜欢"在自己的祖国像西庇阿而非凯撒一样为人处世"。对于那些向凯撒歌功颂德的罗马历史学家们，马基雅维利予以否定，认为他们要么是遭到腐蚀要么是被凯撒的权势所震慑；他相信如果这些历史学家是自由的话，他们将表露自己的共和国情感，正如事实上他们仍然通过赞扬马尔库斯·尤尼乌斯·布鲁图（Marcus Junius Brutus）而成功做到了这一点。[59]

因此，假设共和国建立在对划时代事件深层而长久的记忆（memoria）之上，比如城市的建立，国家的解放或是战事的胜利，它们向各个时代的人展现了美德的起源和政体的传统，马基雅维利试图将这种对历史的记忆与对其神话的崇敬调和起来。他论证道，不可能有其他的结果，因为"有关古代的所有事实都已无从把握，原因在于有助于削弱其可信度的经常被默默地忽略，而可以使其看来荣耀的，则每一个细节都被铺陈一番"[60]。正如上文所述，这种对古代史学的神话结构的批判性评价，也运用于，并且主要地运用于李维的《罗马史》，但是马基雅维利相信现代读者们与他自己一样，都认识到这位罗马历史学家将其《罗马史》塑造成这种神话风格的更深层的政治原因的话，便可以克服这种"致命的"困境，并由此获得一种"对历史的真实理解"（vera cognizione delle storie）。无论如何，古代编年史家的记忆与故事，不管它们实际上是多么地"难以置信”，可能都足够证实史前时期的基本情况，比如，证实驱除塔克文家族后在罗马发生了什么。[61] 像李维一样有能力的历史学家们懂得如何使用这类材料，现代的读者们也应当知晓如何使用它们。马基雅维利对古典时代或圣经时期一些著名领袖的倾慕，比如摩西（Moses）和忒修斯（Theseus），罗慕路斯和居鲁士（Cyrus），表明他并不关心他们究竟是谁或者他们实际上做了什么，只要他们——或者确切地说他们的历史学家们——为后世树立了正确的榜样。他在《君主论》中说道：

54

> 作为精神操练，一位统治者应当阅读历史著作，尤其是它们对杰出人物事迹的发微：找出他们为何发动战争，探索他们成功与失败的原因，以避免失败，获得胜利。而且首先是去模仿某个杰出人物，而这个杰出人物自己一开始也模仿某个配得上赞誉与荣耀的前辈，总是将他的言行树立为自己的榜样，就像所说的，亚历山大大帝模仿阿基里斯，凯撒模仿亚历山大，西庇阿模仿居鲁士。[62]

马基雅维利将色诺芬（Xenophon）视为一名伟大的历史学家，因为他的《居鲁士的教育》（*Education of Cyrus*）塑造了他所崇拜的西庇阿（Scipio）的教育，更因为这种"教育"主要就是历史学家自己的创造。[63]

他对这类史学的着迷很可以解释一个奇怪的现象，休·特雷弗-罗珀（Hugh Trevor-Roper）注意到了这种现象，以赛亚·伯林（Isaiah Berlin）则加以引述，即"这类超级现实主义者们心中的英雄，都全然或部分是神话的"[64]。马基雅维利必然理所当然地认为，既然没有历史可以脱离神话，那么最优秀的历史学家便是那些认识到并善加利用这一事实的人，正如他运用李维的罗马神话历史来创造佛罗伦萨的历史神话。于他而言不幸的是，现代的历史学家们仍然未能接受这种困境，因此倾向于以"神话的（mythical）"为由，否定马基雅维利的历史著作。马克·胡利昂（Mark Hulliung）最为深刻地总结道：

历史学家们当然可以毁掉马基雅维利,说他对罗马的解读是不准确的,但是这样的话他们也毁掉了李维的罗马,它也同样是不准确的;更糟糕的是,如果历史学家们攻击马基雅维利的历史证据,便将会毁掉神话本身,它是那些形象和符号的贮藏室,没了它们,便没有代代相传的"伟大传统"。马基雅维利确实可以被下面这种史学所毁掉,它无法领会一种知识传统究竟多么深地建立在历史神话之上,它留给我们的是"只有历史趣味"(of historical interest only)的著作。[65]

依照历史学界的现代标准来判断,马基雅维利是一位"有偏见(biased)"的历史学家。[66]他在《论李维》中对李维的态度便很典型:他并不真的关心历史真实性问题以及李维史料的客观性,而只是关心它们在修辞与政治目的上的适用性。在他后来的著作中,主要是《佛罗伦萨史》(*Florentine Histories*),马基雅维利不仅使用并且制造了历史神话;与李维如出一辙,他自由地创造"演说"(speeches)。但是,应该明确的是,促使马基雅维利沉浸于各类历史操纵的,并非某种愤世嫉俗的或不道德的对权力的渴望。他对历史的探讨来源于自己的一种坚信,坚信对任何政治关系都至关重要的伦理概念被深深的、不可分割地融入神话叙事之中,因为它们自身不能建立在任何其他修辞的、政治的或历史的论证之上。再次思考下马基雅维利对"祖国的爱"(love of country)这个概念或者说我们所谓的爱国主义的看法。正如上文所述,马基雅维利敏锐地意识到这种德性(*virtù*)不仅拒绝符合常理的或者说历史的论证,而且还更深层地拒绝了某种人类的、甚至是前人类的习性:自我保护的本能义务、血亲关系、与家族和氏族的从属关系,以及其他类似的关系。罗马传统通过对特定历史神话的神圣化和反复叙述而解决了这个问题,这些神话故事只是明确而清楚地讲述并表明一些有德性的罗马人是如何真正地实践最终的爱国行为的——比如,杀死了自己兄弟雷穆斯的罗慕路斯、杀死了自己妹妹的贺雷修斯(Horatius),或是处死自己儿子们的布鲁图(Brutus)。

在马基雅维利对这些事件的论述中,他认可官方的罗马版本以及李维的呈现,李维在很大程度上容忍了它们。马基雅维利的评论者们常常主张,他对这些残忍行为的辩护,证明马基雅维利在《论李维》和《君主论》中同样是不道德的,证明他对这些以及其他政治事件中明显的"精湛技艺"(virtuosity)的支持,并不是一种真正心胸宽广而只是一种粗鲁利用的标志。但是,这种解释忽略了马基雅维利论述这些事件的实际意图,在他看来,这也是它们的罗马制造者们(历史上的以及史学上的)的意图,即打造行动的而非道德的先例。他指责古典人文主义与现代道德主义对这些事件的评断缺乏对其真实历史含义的解释,于他而言,它们实际上不是伦理的而是神话的。因此,在最早的手足相残这个问题上,他与西塞罗及其人文主义追随者们意见相左,后者认为它是"一个坏的先例,像罗慕路斯这样的国家创建者,先是杀害了自己的兄弟,随后又默许了萨宾人提图斯·塔提乌斯(Titus Tatius)的死亡,后者是他选定的王国共治者。他们会追问这些行为是否正当,渴望权力的有野心的公民们会追随他们君王的榜样,使用暴力来对待那些反对其权威的人"[67]。在马基雅维利对人文主义立场的重塑中,与罗慕路斯行为相关的问题变得非常的实际——它是一个"坏的先例"吗？它是"正当"的吗(并非"仅仅"它本身)？——他以同样诡辩的方式回答了它们。假设罗慕路斯的行为是为了确保"创建者"的"唯一权威"(sole authority),对于这一点,他(和马基雅维利)认为对早期阶段的政体而言是至关重要的,马基雅维利反驳道：

> 没有一个理性的人会责备统治者采取有助于王国的组织或共和国构建的任何行为,无论它们是多么地出格。一条有效的箴言是,应受谴责的行为可由其效果而得以正名,当效果是好的时候,比如罗慕路斯的事例,它总是可以使行为变得正当。因为,该受谴责的是使用暴力破坏事情而非修复事情的人(1.9.2)。

以此为前提,他总结道："罗慕路斯与雷穆斯、提图斯·塔提乌斯之死有关的行为是可以被原谅的,并非该受谴责。"(1.9.6)正如这一有代表性的讨论所揭示的,在此事件中,马基雅维利主要的考

56

虑是它是否变得"该受谴责",仿佛是要确认在古代历史,同样也在现代历史学中,这类事件,无论是被实践还是被叙述,应该被认为是大众政治教化中的修辞和政治操练。

在论述布鲁图的儿子们被自己父亲杀死时,马基雅维利强化了这一立场。事件中的行为在罗马的历史、佛罗伦萨的政治以及马基雅维利的论述中都已经变得众所周知。"建立暴政却又不杀死布鲁图的人,以及建立民主政体却不杀死'布鲁图儿子们'的人,都长久不了(3.31—2)。"再次,与罗慕路斯手足相残事件一样,马基雅维利关心的并不是行为本身,而是其持续性的影响,特别是对罗马大众的影响,对他们而言,这一事件蕴含着某些心照不宣的信息,而这些信息则避开了人文主义者和知识阶级的视线,因为它们是神话的而非逻辑的。在马基雅维利看来,罗慕路斯和布鲁图的残忍行为,是罗马爱国主义美德最难忘、最可靠的体现,因为它们都非常恰如其分地展现了对国家(*Patria*)的忠诚如何凌驾于对父亲(*Pater*)或者父亲的忠诚之上。在对李维《罗马史》中那些最棘手事例的论述中,布鲁斯·詹姆斯·史密斯(Bruce James Smith)已经发现,马基雅维利改变了"爱国主义"(patriotism)的通常含义,该词基本的字面上、传统上的含义,暗示着一种卑躬屈膝的"对祖先的敬畏",而给予它一种新的、明显是共和国的含义:"对祖先遗产的热爱",即他们的美德。[68]同样,马基雅维利对早期罗马历史中一些重要事件的沉默,最著名的是罗慕路斯被元老们公然刺杀,表明他不认为这类行为是道德的。[69]但是即使在这些地方,我们可以补充道,马基雅维利会认同元老们后续的行为,他们懂得如何将这种丑陋的历史行为转变为事关"神化"(the apotheosis)的惊人的神话虚构。

罗马传统在这一以及类似事件中取得的显著成就是,它不仅懂得如何隐藏,也懂得如何保存事件的恐怖真相。李维保持了这一传统。马基雅维利注意到并详尽阐述了李维著作中的这些主张。在马基雅维利就罗马大众对"国王这个名字"的永恒敌意所作论述中,他兼具心理学与历史学的结论"当大众开始对某一事物怀有恐惧时,同样的思维会持续数个世纪",泄露了他的深层信仰,即在我们所有的政治传统和制度之下的是一些原始存在的恐惧——对横死、对遗忘、对放逐、对奴役——通过使它们在神话和仪式中被感知(*felt*)而非全然被知晓(*known*),这些政治传统与制度令其始终拥有活力但又受到限制。按照利奥·施特劳斯(Leo Strauss)的说法,"《论李维》确实说了一些令读到它们的人毛骨悚然的事情,更不用说直面它们的人了,公开了那些不为人所知的恐怖之事;《论李维》探讨的是终极原因所蕴含的内在恐怖或者说最初的恐怖"[70]。

对这些敏锐的观察加以考虑后,我们现在可以重新评价马基雅维利将自己整部著作集中于李维《罗马史》前数"十年"的决定。因为在《罗马史》最前面的各章节,李维用神话的措辞叙述了建城以来最恐怖的行径,既隐藏又保留了它们真正的历史实情。在这么做时,李维既没有揭露也没有掩盖有关国家起源的糟糕的实际情况;他仅仅是暗示它,用一种能够让读者们感受到其深层含义的方式,或者用马基雅维利的话来说,去描述它的"实际经验"(practical lessons)。正因此,这些典型事件可以——而且必须——被现代人在自己的生活中不断唤起与经历。马基雅维利相信,为了克服道德和文化上的停滞,人类必须正视有关其起源的一些难以接受的真相,承认他们自身的堕落;而且他知道,这一点无法通过有目的的历史记忆来达成,只能通过对原始经验的可怕的神话唤醒才能够实现。他想《论李维》教会人们这种关乎其"经验"的经验。

马基雅维利的意图,在《论李维》第三卷的著名建议中被揭露无遗。他建议所有的社会政治团体,比如宗教或国家,应该通过重新激活其基础性经验以实践一种"经常革新"(frequent renovation)的政策。从以下假设出发,即这类团体是易于腐败的有机体,马基雅维利建议复活其原始的、影响深远的传统:"更新它们的方式……就是让它们回到自己的原点。因为在最初,宗教机构、共和国、王国无论如何自身都包含着善,其早期的名声与进步都归功于它。但是,在岁月的流逝中,这种善被腐化了,那么这类团体便不可必避免地死去,除非发生了一些什么事使它恢复健康。"[71] 马基雅维利建议了实现这一过程的两种可能的方式:要么是偶然的,通过"某种外部事件"(some external event),比如战事的失利,可能将这些"团体"夷为平地,要么通过他们"自身内在的理智"(own

58

75

intrinsic good sense），即有目的、有系统地通过各类仪式和文化庆典活动，在现代参与者心中复活对有德性的创建者们的原始记忆与神话。虽然两种补救措施在罗马历史中都被认为是有效的，但马基雅维利认为"内在"的处理要更为谨慎而有效。从罗马历史中，他挑选了七件使用这一激烈政策的令人难忘的事例，其中五件涉及公开的处决。他说道："这类事件，因其不同寻常的严酷与臭名昭著，每次只要发生其中一件时，便能使人们重归正常"（3.1.5）。

罗马人相应地执行自己的宗教政策："他们的仪式不缺乏华丽与壮观，但是与此相伴的，是充斥着血腥与残忍的献祭活动……这类场面因其恐怖，使人与它混为一体。"（2.2.6）考虑到宗教制度（sette），马基雅维利允许手段可以不那么激进，但同样须是戏剧性与神话性的。这些便是圣弗朗西斯（Saint Francis）和圣多明我（Saint Dominic）的事功和言语，他们"因其贫约及对基督生活的践行复活了人们心中早已死去的宗教"。但是即使在这个事例中，马基雅维利暗示道，两位改革者的成就很大程度上归功于他们作为"忏悔者和传教者"的修辞技巧，而那些不听从他们布道的人"尽其所能作恶多端，因为他们并不惧怕自己看不到也不相信的惩罚"（3.1.8）。马基雅维利对"文化原始主义"（cultural primitivism）的争论并非那么具有原创性；它们重演了对李维及其同仁的争论。令马基雅维利的革新概念独一无二的是对这一过程中戏剧性方面或者我们今天所谓创伤方面的强调，即他对一种"认可冲击"（shock of recognition）的推扬，病人由此接受自己的危笃状态（critical condition）。约翰·波科克（John Pocock）将这种对所有人类制度脆弱性的敏锐认识称为共和国共同体历史上的"马基雅维利时刻"（Machiavellian Moment），在这一时刻，共同体的成员们意识到共同体根基的危险状况并投身于对它的保护。[72] 将"回到起点"（returning toward the beginnings）视为重获共同体历史神话的一种尝试，马基雅维利似乎进至"对神话的体认"（recognition of myth），按照我的定义，这标志着历史的"现代"概念。

但是，尽管对历史神话学的起源和功能有那么多敏锐的观察，马基雅维利仍然奇怪地对它感到陌生。他研究了神话的社会、政治运行，但并不是这些运行实际发生的情况，如复古的印象如何演变为艺术的表达，为什么某些形象获得了传说故事，等等。简而言之，马基雅维利仅对神话中的政治感兴趣，而非神话中的诗学。他全然忽略有关神话的著名古典理论与诠释——柏拉图的"心理学"，亚里士多德的"生理学"，卢克莱修的"人类学"，波桑尼阿斯的"考古学"，瓦罗的"语言学"以及其他可以令他将自己的神话研究拓展出狭隘的政治现实边界的著作。结果便是，他从古代神话中获得的"实际经验"相当地简单化，并且常常是诡辩的，比如，他试图将宗教的建立者（摩西和努马）及其规定主要视为政治的而非神学的。他不相信他们真的相信自己所说的和所做的。在马基雅维利对罗马宗教的论述中，他并未涉及罗马人的宗教性，好似罗马宗教的仪式与制度，可以脱离其实践者而加以研究。以赛亚·伯林正确地指出，马基雅维利的"社会学和心理学想象"是"过度原始的"（excessively primitive）。[73] 我的总结是，我认为这一谬误妨碍了他对李维《罗马史》历史的、政治的诠释，事实上对任何历史而言都是如此。因为，我再重复一遍我的话，为了了解罗马人真正是谁，历史学家必须知道他们认为自己真正是谁，他们认为他们从哪里来又要到哪里去。获取这一知识的最佳或许也是唯一途径是严肃地对待他们的历史神话。

马基雅维利并没有这么做。在对罗马神话的论述中，他探讨的是这些虚构之事在社会和历史构建中的终极意义是什么，而非对于编造它们的那些人而言实际上意味着什么。因此，比如马克·胡利昂便指出"马基雅维利并不懂得，对李维而言，福耳图那女神（*fortuna*）意味着命运，而非机遇或偶然"[74]。这是一种严重的误读，如果我们回忆一下，对李维而言这位神话中的女神代表了一个神圣的机构（命运，factum），"人类事务的不变秩序因其法则而被制定"；[75] 马基雅维利将她形容为机遇和偶然的女主人，她任性而无常地干涉人类的事务："这位无常、善变的女神……随心所欲地处置时间；她毫无怜悯，毫无法则或理由地将我们举起来又摔下去。"[76] 马基雅维利对李维神话话语的忽视，透露了他对李维神话世界的完全陌生。除此之外，还证明了马基雅维利生活和著作中一个更深层、更基础性的问题，即他缺乏真正的历史感，他的同时

60

代人已经将历史感定义为,对过去与当下两者间精神差异的意识。马基雅维利在相反的假设下开展研究。在他写给弗朗西斯科·维特里的著名书信中,马基雅维利将古代的著名作家们称为自己的友人和宾客。在《论李维》中,他在理性的基础上论证了这一情感依恋。他将自己的著作指向那些认为模仿古人是不可能的人,"仿佛天空、太阳、各种元素和人类自身的运动、秩序与力量上变得和以往不同似的"[77]。相反,马基雅维利说道:"如果拿现在与最遥远的过去相比,很容易看到的是在所有城市与所有人群中都有着与过去同样的渴望与热情。"[78]

现代历史学从认识这一解释学的谬误开始,诚如各知识领域的学者们所认识到的那样,古典时代的生活准则及方式与现代的相比更为原始,也因此不那么健全。历史编纂学家们将这一发现追溯至不同的源头:15 世纪意大利的人文主义者,16 世纪法国的法学家,17 世纪英国的政治理论家,18 世纪德国的语言学家。然而,从我们的观点来看,将现代历史学与神话历史相等同,对历史神话学最早,或至少最重要的发现者是詹巴蒂斯塔·维科(Giambattista Vico)。正如我现在所认为,维科对神话激进的重新定义,即将其定义为一种对人类生活和历史的"真实叙述"(true narration, *vera narratio*)标志着现代神话、历史、神话历史研究的真正转折点。

Ⅲ

1686 年,18 岁的詹巴蒂斯塔·维科离开故乡那不勒斯,来到唐·多梅尼克·罗卡位于瓦托拉的庄园,担任他儿子们的私人家庭教师。在其《自传》(*Autobiography*)中,维科将自己在罗卡奇伦托城堡的九年回忆为是一段充满喜悦的岁月。那段时期,维科不仅"学业上突飞猛进",而且还完成了自己最早的形而上学和诗学作品。[79] 1695 年,回到那不勒斯的维科发现自己在瓦托拉取得的广博"知识与识见"使自己成了"家乡的陌生人",因为在他离开期间,那不勒斯的知识界已经完全沉迷于"笛卡尔的物理学"(physics of Descartes)之中。新的笛卡尔哲学使旧的亚里士多德哲学成为一个"笑柄",并且将文艺复兴时期的柏拉图主义者,比如马尔西利

61

奥·费奇诺（Marsilio Ficino）、皮科·德拉·米兰多拉（Pico della Mirandola）或亚历山德罗·皮科洛米尼（Alessandro Piccolomini），扔到"修道院里闭上嘴"。至于柏拉图本人，"一段偶尔的文字被用于诗歌，或是被用于炫耀博闻强识，仅此而已"[80]。回顾自己学术生涯上这些早期的不幸，维科写道："他最为感谢的是那些困境，在困境中，凭着自己良好天赋的指引，他遵循了自己研究的主要道路，并未受到党派偏见的困扰。"当"城市里对文字的审美像裙子的款式一样，每两三年变换一次"时，维科始终忠实于人文主义文学（*litterae humaniore*）的古典传统，"出于这些原因，维科在自己的家乡不仅活得像个陌生人，而且也默默无闻"[81]。

　　现代学者们一直以来都怀疑对孤独天才的这种夸张描述及描述中有关真实性的热门古典行话——一个孤苦伶仃的"绝望者"（disperato）对抗一群"雷纳托"（Renato）[82]——是不准确的，是一种"神话"。[83] 他们指出，维科进入了那不勒斯最知名的知识圈子并且是各类学会的成员，这必定使他熟知主要的近代发现以及欧洲文人共和国（European Republic of Letters）的理论。[84] 按照马克斯·哈罗德·费什（Max Harold Fisch）的说法，维科夸大了自己在瓦托拉时期与新哲学的疏离，并且进而掩盖了自己直到约 40 岁之前都是一个笛卡尔信徒的事实，由此造成一个错误的印象，即在其早年已经有了后期著作中的立场。[85] 然而，考虑到克罗齐的论断，即维科的《自传》应该被解读为"将《新科学》运用到作者的生平之中"[86]，我们可以用维科在《新科学》中解读神话的方式去解读维科自己生活的"神话"：作为一种关乎实际情况的"诗性历史"（poetic history），因为它传达了一种深层的印象，这种印象来自与现实之间最初也是最重要的冲突，实际上便成为对人类生活和历史的"真实叙述"。

　　1699 年，维科成功地为自己确保了一个中立的位置，成为那不勒斯大学的一位修辞学教授。然而，这份贯穿他整个职业生涯并将他限制在古典人文主义传统中的教职，似乎只是增加了他与当时占主导地位的思想潮流的疏离感。维科早期的教育学和哲学作品，主要的短文《论我们时代的研究方法》（*On the Study Methods of Our Time*，1708）和《论古人最古老的智慧》（*On the Most Ancient*

62

Wisdom of the Ancients，1710），证实了他与笛卡尔哲学间敏锐的辩证接触。早在这些作品中，他已经感觉到新的笛卡尔方法论支配下对历史以及其他可敬的人文主义艺术的贬低，对社会生活的结构有坏的影响。"由于接受基于上述笛卡尔研究的训练，我们的年轻人不能参与到共同体的生活之中，也没有足够的智慧与谨慎来做人"，而这些维科认为存在于有关"传统"的课程与论述之中。[87] 维科有关人类新科学（*scienza nuova*）的一种最初观念，包括承认神话是人类所有制度与传统的起源，萌生于这些捍卫古典人文主义文学，以对抗笛卡尔攻击其有效性的早期努力之中。因为在《方法论》（*Discourse on Method*）中，笛卡尔声称：

> 正如已经发生的那样，神话故事代表了许多绝不可能之事。即使是最可信的历史，如果神话没有改变或夸大事情的含义，以使其似乎更值得精读，或至少忽略掉几乎所有更通常、更不动人心弦的背景情况，就此程度而言，它们对历史的叙述也是具有误导性的。从这些来源获得榜样来指导自身行为的人，都极有可能被诱至浪漫的夸张之中，制定超出自身能力的计划。[88]

上述断言为维科定下了自己"新科学"的任务。在创造一种人类新科学的过程中，维科最大的成就，用他自己的术语来说，是对"诗性文字"（poetic characters）的破译，古代的神话制造者们正是用它来组织他们的——我们的——人类制度："作为打开这种新科学的万能钥匙，这个发现耗费了几乎我们整个文学生命的不懈研究，因为我们有着文明的特质，我们（现代人）根本无从想象这些初民们的诗性特质，只有殚精竭虑才能加以理解。"[89] 在《自传》中，维科相应地描述了1725年《新科学》第一版的出版情况：

> 在这部作品中，他（维科）终于完全发现了在之前的著作中只是依稀隐约认识到的原则……他发现这门新科学是通过一种新的批判方法，即从异教民族创立者们所缔造的本民族民间故事里筛选出有关其创立者们的真相。而那些著作常常受到

63

批判的作家们，则出现在这些创立者们的数千年之后。凭着这种新批判方法的启发，几乎所有原则的起源，都将被发现与之前想象的截然不同。无论是科学还是艺术，这些原则都是必需的，如果我们要用清晰的观念和妥帖的语言来讨论民族自然法的话。[90]

在《新科学》中，维科用深刻的不言自明的方式总结这门"新科学"的方法论："理论必须从它们所探讨的事物的起点出发"[91]。以这些方法论前提为基础，维科试图在某些基础性"制度"中发现人类历史的起源，或者用他在《新科学》初版标题中使用的术语，建立一种"关于人类原则的新科学"[92]。在这个最初标题以及最后一版的标题（关于各民族本性的一种新科学的原则，由此见出部落自然法的另一种体系的诸原则）中，最关键的术语都提及那时及所有时代最伟大的著作：艾萨克·牛顿爵士的《自然哲学的数学原理》（*Mathematical Principles of Natural Philosophy*），自 1687 年出版以来，它以《原理》（*Principia*）之名而广为人知。

牛顿的革新处是对原理（*Principia*）的独特定义。牛顿写道，"这些原理"不是一些如形而上学的实体一样不能被观察和检验的"神秘特质"（occult qualities），而是那些物理的性质和力量——比如身体的凝聚力、惯性和重力——它们构成并掌握了世界上所有自然物体的运动，因此有理由被称作"自然的普遍法则"（general Laws of Nature）[93]。很少有人真正地阅读，更少有人懂得牛顿的著作，但是他的经验主义方法和世界观被所有人接受为是有效的——在自然科学和人文科学领域。[94] 为认识任何有关人类之事——一个词语，一个想法，一种习俗，整个社会或文明——有必要发现其"诸原理"（principles），正如 *pre-incipium*（在出生之前的事物）这个术语所示，它们是那些创造它的原始要素。维科对这种新的科学方法论保持着警觉。[95] 早在 1720 年的《论普遍法则》（*On Universal Law*）这一初步研究中，维科便观察道："历史目前还没有自己的原理。"[96] 在《新科学》中，他希望建立这些原理。从以下假设出发，"制度的性质不是别的，而是它们在特定时间以特定形式出现"，维科进而试图在"民族起源难以稽考的晦涩以及民族习俗

的千变万化中"发现"人类的原则",即那些人类原始的能力,这
与牛顿的"自然原理"极为相像,它们构成并掌握了人类的社会

64　生活和历史。[97]

　　维科受牛顿的影响是明显的。他甚至将自己的著作寄给牛顿,
只是当时牛顿已是耄耋之年,可能从未读到。[98] 然而,即便维科以
牛顿的科学方法论来塑造自己的著作,但他最终却反转了它的前
提:他意识到他的人类新科学与自然科学相比,不仅更为"确定"
(certain)——因为它建立在与其对象间一种更为亲密的关系之
上——也更为"真实"(true),因为它处理的是一种更好的知识:有
关创造了知识研究对象的人的知识。[99] 这似乎是《新科学》中的新信
息,它在维科的早期著作中已经形成,最明显的是成为维科标签的那句
话:真理和事实相互转化(*verum et factum convertuntursunt*)。[100] 维科用
这一经典的、理论的公式,其字面意思是"真理和事实并无二致",来
说明我们能真正懂得的,只有我们创造的东西或者是由其他人
("努力创造")的东西。但是,虽然在其早期作品中,维科认为这类
经由公约的"真实知识"只有在数学中才可能,在数学中我们涉及
的是定义、公理和假设——我们创造的所有人造物——在《新科学》
中,他调换了作为事实的真理(*verum as factum*)这一概念,从纯粹
的公约(比如几何图形)到"更加现实"(more real)的文化和社会公
约(神话、法律、国家,诸如此类),并非是到生平的最后著作,维科
便已意识到,我们所有的"民政制度"(*civil institutions*)都和几何形
状一样是人工的、约定俗成的。相应地,我们对人类世界的认识来
自于同样的一种本质上是建设性的活动:我们知道这个世界,是因
为并且只是因为下列情况,我们仍然在创造或分享构成这个世界
的理想虚构,即它的神话。维科用一些隽永的话来赞美这一影响
深远的启示:

　　　　但是漆黑的长夜包裹着最早的古物,虽然离我们如此遥
　　远,却无可置疑地闪耀着真理的一种永恒的、永不褪色的光
　　辉,即民政社会的世界确实是由人类所创造,因此其原则可
　　以在我们自己的人类思维的变化中被找到。任何人如若对
　　这一点加以思索,便不能不感到惊讶的是,哲学家们过去将

所有的精力都投入到对自然世界的研究之中，既然它是上帝所创造，便只有上帝才知道；此外，哲学家们却忽视对各民族世界或民政世界的研究，既然人类创造了它，人类便能认识它。[101]

这段话常常被人文科学的理论家们转引与探讨，他们正确地将其视为促成自身方法论形成的最重要贡献之一。[102] 但是他们之中很少有人，如果确有的话，认识到维科脑中真正的调查方法与"历史神话"（historical mythology）有关。换句话说，维科相信对"传说性起源"（fabulous beginning）的古老叙述，在其中古人们保存了"对法律和制度的记忆，它们使人们团结在自己的社会中"，是最早的，因而也是最佳的"人类原则"（principles of humanity）的来源。[103] 而且，维科声称，这些神圣的叙述也是我们得以研究"与我们相当遥远"的其他人群和社会的途径，因为我们可以利用它们"从我们自己更人性、更文明的本性，下降到那些相当原始和野蛮的本性，对此我们完全无法想象，只有付出极大的努力才能理解它们"[104]。以赛亚·伯林详细阐释了这一观点，"在维科看来，神话是观察、理解、应对这个世界的系统方式，可能只有对它们的创造者和使用者以及早期时代的人而言，才是完全可以理解的"；但与此同时，它们也是对"现代评论家们而言，在神话创造者的身体、精神习惯以及社会生活方式的知识方面最丰富的来源"[105]。这一点确实是维科作为"现代人文科学奠基人"（founder of modern human sciences）最重要的成就：维科能够在实践和历史中展示，"最早时代"（earliest antiquity）的人类如何实际上创造了"他们"的世界，通过某些仍然流行于"我们"现代世界的"改变"（modification）。因为维科相当明确地指出，他已经发现了有关"世俗世界"（*mondo civile*）的"真理"——人类是如何创造它的，以及因此人类为何可以知道它——在一些古朴的"人类创造"（*coseumane*）中，它们构成并仍然维系着这个"世俗世界"，由此成为"它的原则"；这些仍然可由我们加以验证的创造，"可以在我们自己人类思维的改变中被找到"。为了完成这一困难的解释任务，正如伯林喜欢的对维科的诠释，我们必须真正"进入"我们所研究的历史人物的"思维"，但不是凭借对任何神秘壮举的直觉"共鸣"（empathy）或对"那些相当原始和野蛮"之人的猜测性认同，对于他们，事实上"我们完全无法想象"，而是凭借对那些"只有付出极大的努力才能理解"的精神表达的系统研究，正如现代心理学家和神话学家在解释梦境和神话时所做的那样。

作为一名研究"最早时期"的语言学家，维科尤其有权利——并且有义务——观察其诗性传统仍然激励着启蒙时代的各种方式，"我们的诗性逻辑帮助我们理解到的诗性话语在进入历史时期之前持续了很长一段时间，就像湍急的大河持续流入大海，因其流动力而生的水都保持着甜味"[106]。他的主要任务是要表明，用语言上的隐喻来说，古朴的神话时代的"改变"不断"流入"（flow into）我们所有的"人类制度"之中。维科完成了这一任务，特别是在《新科学》的第二卷《论诗性智慧》（*Della sapienza poetica*）中，它约占全书一半的篇幅，主要讨论的便是我们所有"人类制度"的神话起源。

现代的古典神话学学者们如今倾向于拒绝维科提出的大多数词源学和历史学解释，认为它们仅仅是猜测而已。他们甚至用上了维科否定弗朗西斯·培根（Francis Bacon）神话学解释的措辞：他说这些解释"精巧、博学有余而真实不足"[107]。无论怎样，维科在取得所有这些解释中的"不懈努力"，表明他确实在现代历史学中第一次实现了对神话的完整认识。恩斯特·卡西尔（Ernst Cassirer）因此正确地赞扬维科是"神话的真正发现者"[108]。通过这句话，他是想说维科是最早将神话视为一种新的知识的理论家，这种新的知识，从字面意思而言，即是一种新的科学（*scienza nuova*），充满了它自己认知的、美学的、语言学的构造。虽然这一观察无疑是正确的，但是它掩盖了如下事实，即对维科而言，对神话的研究主要是历史的而非哲学的，是强烈的人类学而非仅仅是语言学。詹弗兰科·坎泰利（Gianfranco Cantelli）已经观察到：

> 大多数维科诠释者们的普遍倾向是仅仅从一种美学和语言学的观点来看待有关（神话）的问题，这便忽略了可能是至关重要的事实，对维科而言，对诗歌起源的研究滥觞于一种主

要是历史的研究，以及他的意图更多的不是去构建诗性语言诞生的方式，而是去考察神话的功能，去澄清宗教的起源，去判断它在人类民政发展中的角色。[109]

假设古代神话中蕴藏了一些最深层的动机，这些动机促使人们去构建并继续维系那些已被证明于"人类种族的延续"而言至关重要的"人类制度"，维科试图在神话的形象和故事中破解"人类原则"的深层理据。"我们的神话与我们所思考的各种制度相符合，这种符合不是靠强力或歪曲，而是直接的、简单的、水到渠成的。这些神话将会被看成是最初各民族的世俗历史，他们在任何地方都是诗人。"[110] 这些诗人们不可能知道后来神话作者们赋予其神话的庄严含义。"在他们的神话中，各民族以一种粗糙的方式，用人类感官方面的语言，描述了各类科学世界的起源，此后学者们的专门研究才通过推理和总结替我们弄清楚。"[111] 以此为基础，他总结道：

> 因此，应学习的第一科学是神话学或是对神话的解释，因为，正如我们将要看到的，所有异教徒的历史都从神话开始，这是他们国家最早的历史。依靠这种方法，各类科学与诸民族的起源均可被找到，因为它们……都起源于公共需求或人民利益，并且随着敏锐的人们对其加以思索，此后将愈发完善。[112]

"神话学或是对神话的解释"是维科《新科学》中的"第一科学"，而且他恰当地将其转变为一种新的科学，通过将古典神话构筑在古风文明生活的实际准则与形式之上，按照他的叙述，这是完全原始的和想象的。他宣称，"为了完成本科学所采纳的诸原则的确立"，我们"必须从其题材开始处开始"，即从异教古代的神话开始，"我们因此必须和语言学家们一起，从丢卡利翁（Deucalion）和皮拉（Pyrrha）的石头，从安菲翁（Ampion）的岩石，从卡德摩斯（Cadmus）的犁沟里生长出来的那些人，或者从维吉尔（Vergil）的硬橡木中去找到它。我们还要和语言学家们一起从伊壁鸠鲁

(Epicurus)的青蛙,从霍布斯(Hobbes)的蝉,从格劳秀斯(Grotius)的傻子们,从那些没有上帝照顾或帮助而投生到这个世界的人们那里去找到它"[113]。

维科小心地将自己的《新科学》限定在大洪水后的诸部落(genti),这佐证了他深层的天主教信仰,即《圣经》中希伯来人的"神圣历史"(historia sacra)先于并优越于异教的神话。[114] 然而,他可能也选择聚焦于异教徒的世俗历史(historia profana),因为这使他得到证实自己深层人文主义信仰的事例,"民政社会的世界无疑是由人类创造的,其诸原则因此可以在我们自己的人类思维的改变中被找到"。主要是通过异教徒的历史,维科得以证明人类如何真正创造了自己的历史,经由他们自身天然的创作神话的能力:想象力(fantasia)、记忆(memoria),以及创新(ingenium)。[115] 譬如,注意他对占卜的默许恢复,这是一种在希伯来人和基督教徒中被禁止,却在异教徒中被广泛而聪明运用的"科学"(science)。在维科看来,古代神学诗人们已经知道"占卜,就是去了解对人类隐藏起来的——未来——或是隐藏在人类之中的——他们的意识",作为预言和神谕的解读者,他们使用自身力量的方式,与《圣经》中先知们实践奇迹时运用力量的方式大体相同。[116] 维吉尔的表述"万事万物都充满着朱庇特(Iovisomnia plena)",在维科看来,是异教徒们对现实的本质印象,"因为全世界的异教民族们都将天空视为朱庇特的容颜,从他降下的预兆中接受他们的法律,他们把这些预兆看作是他的神圣告诫或命令。这证明了所有民族都生来相信神的旨意"[117]。现代学者们如果想要了解古代异教人民的真实情况,以及实际上他们如何生活与信仰,就必须重新掌握他们感性的"诗性神学"(poetic theology),而现代学者们之所以能够这么做,维科暗示道,是因为它透露了同一种对"神之旨意"(divine provicence)的信仰,这种信仰激发了他们自己的"基督教神学。"[118] "宗教"(religion)一词本身保留了它最初的神话联系,因为 religando 的意思是"捆绑,联系到提图斯(Tityus)和普罗米修斯(Prometheus)被绑在山岩上的锁链,他们的心脏和肠胃被老鹰吞噬;也就是说被有关朱庇特预言的可怕宗教所吞噬。由此,出现了在所有民族中都有的永恒特征,以畏惧某种神性为手段,在儿童心中培育虔诚"[119]。

对"所有民族"(*tutte le nazioni*)中同样的宗教动机和制度的发现,表明尽管维科如此坚持异教徒和基督教徒两种历史间的区别,他的《新科学》对两者都有所涉及,或者换种说法,与其天主教信仰相左,维科认为,所有民族,无论是基督教的抑或是异教的,都是通过同一种创作神话的能力以创造他们的历史,这种能力我们仍然可以"在我们自身的人类思维"中找到。维科由此总结道:

> 所有研究古代异教智慧的哲学家和语言学家们,都应当从这些初民们,这些愚笨的、无情的、可怕的野兽开始。……而且他们应当从形而上学开始,形而上学不是在外部世界而是在思索者本人思维的改变中去寻找它的证据。因为既然这个民族世界确实是由人类所创造,它的各种原则也应当在这些人类思维的改变中被找到。[120]

显然,维科相当清楚他的现实主义的,甚至是自然主义的神话概念所带有的激进含义与影响。回忆起塔西佗的著名段落,其中谈到日耳曼人借以保存"他们历史起源"的"古代歌谣",以及近来一些其他的观察,即对美洲印第安人以及波斯人、中国人类似实践的观察,维科总结道:"如果各民族都是由法律来奠定的,如果在所有这些民族中,法律都是以诗的形式来制定,如果这些民族最初的制度也都保留在诗中,那么便需要得出如下结论,凡是最初的民族都是些诗人",也就是说,人类"诗的"创造主要是"政治的",他们的神话只涉及物质现实而不涉及任何形而上学的情况。[121] 古代各类神话是"公共需求或人民利益"的实际表达这一论断,剥夺了它们所有形而上学的、寓言的以及其他过于理论性的含义,这些含义的获得历经数世纪之久,其间"敏锐的人们对其加以思考"。维科对"四位主要作家"中的两位尤其持批判态度[122],即柏拉图和培根,他们分别是神话解释中寓言传统的第一位和最后一位大师。[123]

柏拉图在《理想国》(*The Republic*)第十卷中对荷马传统及其追随者们的著名攻击——包括为孩子们背诵荷马神话的母亲们和保姆们——使下列事实变得晦暗不明,即柏拉图本人并不完全对神

69

话创作怀有敌意。虽然他教导道,"整体而言,神话是错误的",但他也承认"在其中也有真实",是一种关涉某些终极问题的真实,如生命与死亡、民族的起源与终结、命运与性格以及类似的形而上学困境。[124] 因此,柏拉图进一步将神话理解为"金色谎言"(golden lies),这也是他的首创,作为故事,它们过去是并且仍然可以被编造以使某些伦理的、政治的"真实"变得易于理解、令人愉快,而这些"真实"是不能由逻辑的或历史的证据来加以证明的。[125] 维科认同柏拉图对希腊神话所作的一些政治的、历史的解释[126],但是他坚决拒绝柏拉图的哲学解释,并认为神话的创作者们,即神学诗人们,不可能有任何的推理。虽然如此,维科仍认为这些古朴的神话创作者们必定已经感觉到并表述了某些神圣的真理,这使他们能够超越自身的物质困境。在某些"场合"(occasions)——维科充分意识到马勒伯朗士(Malebranche)的理论——异教诸民族享受着一种特定的"启示"(revelation),譬如,他们将原始森林中的雷声想象成朱庇特禁止他们像"野兽"(wild beasts)般行事的命令。

> 因此,诗性智慧,这种异教世界最早的智慧,必定从形而上学开始,但不是现在有知识的人的那种理性的、抽象的形而上学,而是一种感觉的、想象的形而上学,正如这些初民们必定的那样,他们没有推理的能力,但都有强大的感知力和生动的想象力。这种形而上学是他们的诗,是一种起源于……对各种原因无知的能力,因为无知是惊奇之母,使一切事物对一无所知的人而言都是美妙的。[127]

70

至于培根,维科对其著作《古人的智慧》(*Wisdom of the Ancients*)印象深刻,并尝试在自己的著作《意大利人最古老的智慧》(*The Most Ancient Wisdom of the Italians*)中加以模仿。[128] 可叹的是,正如上文所述,他最终发现培根的著作"精巧、博学有余而真实不足"。维科正确地看到培根已经失败了,因为培根认为自己在古代神话中重新发现了科学革命时期的现代神话学以及许多科学革命的新发现。这确实是培根的立场。培根声称:"在古代诗人们这些数量颇丰的故事之下,从一开始便铺砌了一种神秘与寓言……在某些故事中,在故事的框架与结构中,以及在得体的名字中……我找到了与所指事物间的一种契合和联系,它们是如此妥帖无缝、显而易见,以至人们不禁相信,这种意义是一开始便被计划和安排好了的,并且故意被显现出来。"[129]维科拒绝这种推理,认为它是"学者们的自负,他们认为自己所知道的与世界一样古老"[130]。维科相信自己对"诗的(原始)起源的发现,消除了古人智慧无与伦比的看法,从柏拉图到培根的《古人的智慧》,都在热情地探索这种智慧。因为古人的智慧就是创建人类种群的立法者们的世俗智慧,而不是伟大而罕见的哲学家们的深奥智慧"(第384节)。

在维科看来,培根赋予了古人太多并且是类型错误的"智慧"(wisdom)。他失败,是因为他与所有寓言作家们一样,试图拯救古典神话的"漂亮"(beautiful)形式,通过对其"丑陋"(ugly)规范作理性主义的(因此是时代错位的)解释。维科坚持神话中美学和伦理学的最初统一,因为正是这些品质使其在文明的进程中得以实现自己的道德功能:对欲望的升华。对维科,以及对整个18世纪而言,这种道德检验仍然是评价神话(以及任何其他艺术作品)最普遍的标准:

> 异教诸民族的祖先们,是发展中的人类的儿童,他们按照自己的想法创造事物。但是这种创造与神的创造大相径庭。神,用其最纯粹的智慧去认识事物,并且通过认识而创造它们;但是他们,在其粗鲁的无知中,凭着一种全然肉体方面的想象力而做到这一点,而且正因为这种想象力是完全肉体方面的,他们做这件事时,怀着惊人的崇高之情。这种崇高是如此伟大,以至于使通过想象来创造的人们也感到非常不安,他们因此被称为"诗人",在希腊语中就是"创造者"的意思。伟大的诗都有三重劳动:(1)发明与大众的理解力相匹配的崇高故事;(2)引发过度的惊恐,为了最终要提出的观点;(3)教导大众们行善,就像诗人们教导自己那样(第376节)。

这就是神话创作者们在英雄时代所获得的伟大成就,维科称他

71

们为"神学诗人"(theological poets)。因此,奥菲斯(Orpheus)"出现时,对希腊语如此熟练,以至于用希腊语创作出令人赞叹的诗篇,通过让蛮族人的耳朵聆听诗篇,他驯服了他们。虽然被组织进各个氏族,但他们的目光仍然离不开对充满珍宝的城市的烧杀抢掠"(第79节)。然而,维科坚持认为,这些奥菲斯的神话比起后来荷马的神话,要严肃得多,也更为真诚。因为如果我们逐字逐句地阅读荷马的神话,就像柏拉图和历代的基督教道德家们所做的那样,我们在其中看到许多糟糕的故事,比如"通奸的朱庇特,与赫拉克勒斯的善行成为死敌的朱诺,纯洁的狄安娜在夜晚勾引恩底弥翁",还有"一位马尔斯神,好像众神们在大地上通奸还不够,他还要跑到海上去和维纳斯通奸"。维科讽刺地补充道,"许多天上的男神和女神压根不举办婚礼。只有朱庇特和朱诺结过婚,而且还没有子嗣。不仅没有子嗣,还充满了残暴的争吵。朱庇特确实将其贞洁而嫉妒的妻子吊在空中,并且自己从头上生出了密涅瓦。最后还有萨杜恩,如果他生下孩子,便把他们吃掉"(第80节)。

那么,奥菲斯究竟用什么"令人赞叹的诗篇"来教育野蛮的希腊人呢?显而易见的是,它们不可能是我们现在所知道的那些好色的神话,因为"这类例子,作为强大的天神的案例(虽然这类故事可能包含柏拉图以及我们时代里培根在其《古人的智慧》中所希冀的所有的深奥智慧)",如果从其表面的价值来看,就会腐化最文明的民族,并且会激发他们成为奥菲斯的野兽,作出同样的野兽行径。但在将人类从野兽状态转变为人类状态上,它们却是如此地恰当而有效(第80节)。对此,维科给出的回答很简单:一定不能看神话的表面价值。他们的"严肃的诗"必须被历史化,必须被理解为与最初社会的远古领袖及其属民们粗犷的精神状态相符合。柏拉图和培根都未能做到这一点。比如,维科注意到,柏拉图书中的苏格拉底不应为提图斯和普罗米修斯神话中的血腥场面感到恐惧,譬如将两位英雄描写为"被绑在高山岩石之上,他们的心脏为老鹰所吞噬",如果他懂得如何解读它们的历史、政治教训的话:它们教会人们如何尊重神的权威以及随之而来的人类的权威。"他们被恐惧吓得动弹不得,拉丁人用英雄般的诗句表述为'恐惧将人捆住'(terrore defixi),艺术家们则将他们描述为手脚都被这种链

72

条绑住，悬于高山之上。这些链条组成的大锁链被朗吉努斯赞誉为整个荷马神话故事中最崇高的。"（第 387 节）凭借这种"令人赞叹的崇高"，"通过神话故事及其最初的意义，奥菲斯首次建立并随后巩固了希腊人的人性"（第 81 节）。维科相信，他"有关神话的新科学"，可以恢复这些神话作为真实叙述（*vera narratio*）所具有的最初含义，他所谓的真实叙述就是我们现在所说的"表述行为的故事"（performative story）——不是仅仅讲述最早的"人类制度"如何被创立的故事，而是实际上创立了"人类制度"并使其完整无缺的故事，它们凭借纯粹的诗性力量，经由自此之后被形而上学的诡辩所掩盖的物质意象（第 400 节）。

> 但是这些神话中的危险礁石可以通过本科学的诸原则来避免，这些原则将表明这类神话故事一开始是真实而严肃的，配得上各民族的创建者。只是后来（当漫长的岁月使它们的意义变得晦暗，习俗也由简朴变得放纵，而且还因为人类想安慰自己的良心，借着诸神的权威来犯罪）才有了流传到我们今天的淫秽的含义。[131]

虽然他的同时代人、启蒙运动的哲人们以及其他的自由思想家们，将神话的"人性化"（humanization）视为文明和人类进步的一种标志，但是维科将其斥为某些人类素质的退化——主要是创作神话和英雄事迹的能力。[132] 对荷马神话的保存，即使是在充满伟大哲学家和剧作家的年代，都是希腊民族最重要的教育成就，与现代法国人的成就不相上下，他们也成功地"在 12 世纪的野蛮境况下……保存了法国所谓骑士们（paladins）的所有英雄故事，这些故事后来成为许多传奇和诗歌的素材"，由此确保"法语始终是一门最文雅的语言"[133]。维科由此总结道，柏拉图和培根都未能发现神话的真相，因为他们通过或者在神话的形象语言之后而非在形象语言本身中去寻找神话的真相。[134] 相反，对维科而言，所有神话都是用这种语言并且与这种语言相关的创造。用他自己的话来说，这是他最伟大的发现，是其科学的"万能钥匙"（the master-key）：

73

91

> 我们发现各种语言和文字的起源,都有一个原则:异教民族的初民们,因一种已被证明了的本性必然,都是用诗性文字来讲话的诗人。这一发现便是本新科学的万能钥匙,它耗费了几乎我们整个文学生涯的不懈研究,因为我们开化的本性,使我们现代人根本无法想象,而且要费大力气才能理解这些初民们的诗性。我们所说的诗性文字是某些想象的类型(大部分是他们想象的生物、神祇和英雄的形象),他们将所有物种或所有属于每个类的特例都转化成上述想象的类型……这些神祇和英雄的文字是纯粹的传说或神话,而它们的寓意不是类比的而是单一的,不是哲学性的而是历史性的,也就是那些时代希腊人的寓言故事。[135]

这一"关键性"段落受到极大的关注。著名的文学史家埃里希·奥尔巴赫(Erich Auerbach)在其经典论文《维科与美学的历史主义》(*Vico and Aesthetic Historicism*)中注意到,维科的"诗性"观念是反浪漫主义的,事实上也是反美学的,因为维科用实用的、人类学的范畴来构思诗歌:它首先是一首歌,是一种仪式性的咒语,用来将"神奇的形式主义"(magic formalism)这个词加于世界之上。[136] 现代学者们也对维科的使命感及其对古典修辞传统的投入给予关注,该传统总是强调语言运用的道德和文化功能。[137] 维科有关"诗性文字"的最初设想,他对使这些文字富有"想象力共性"(imaginative universals)的认知的、语言学的潜力的诠释,以及更普遍而言,他对我们所有"人类制度"的比喻结构的划时代认识,被普遍赞誉为对现代文化科学而言具有创新性和重要性。[138] 然而,正如在真理与事实相互转换的原理下,与维科给予读者们的方法论指导相反,他对"诗性文字"的发现通常更多的是"哲学的沉思"(philosophical contemplation)而非"语言学的观察"(philological observation)。在他对两门学科的根本性区分中(哲学沉思理性,从而达到对真理的认识;语言学观察人类选择的东西,由此达到对确定性的认识。)[139],维科将对"人类语言和行为"的普遍研究分配给语言学[140],而将特定的有关"异教初民"及其"诗性文字"的研究,安排给"历史神话学"。维科用新科学真正想表达的事实上是语言学——一门古老的艺术,传统上承担对古典著作中词语的正式训释,但是维科将其转变一种理解过去的人类或异域文化的新科学,通过其象征形象与神话。[141]

74

　　维科,那不勒斯大学雄辩术皇家教授,在其著作中,运用丰富的修辞学知识指出,我们用来规范和定义不同类型演说的语言学范畴——对隐喻、借喻、提喻以及反讽这类修辞的掌握——通常是对精神发展的描述,在这一过程中,所有人类和民族都必须回到他们开始成为人类的时刻(nasciemento)。[142]"人类的思维本能地倾向于凭借各类感官从外界事物中观察自身,只有依靠艰巨的努力它才能够通过反思来理解自己",从这一观察出发,维科划定了"所有语种的语源学的普遍原则:所有的字词都是从物体及物体的性质转变过来表达思维和精神方面的各种制度"[143]。因为那种"隐喻构成了所有民族语言的大部分"(第444节),新的语言学"告诉我们字词所指称的各类制度的历史,从它们最初的和本来的含义出发,接着按照观念的顺序探寻其隐喻的自然发展过程"(第354节),可以使我们追溯社会历史中人类思想和制度的进化,"先是丛林,然后是小屋,然后是村庄,进而是城市,最后是学校"(第238—240节)。

　　这些对隐藏在所有人类语言之下的普遍社会条件的观察,使维科察觉到在各类语言中的指称方式是可以互相比较的,因为它们都与同样的人类困境相关,这种困境产生了同样的基本情感反应以及审慎的或者用维科的话来说"符合常识"(common-sensible)的经验:"人类的选择,从其本性而言是最不确定的,要靠人们在人类需求与效用方面的常识才能被确定,人类的需求与效用是部落自然法的两个根源"(第141—142节)。以此为前提,神话是对同一种有关社会生活和历史"不假思索之判断"的不同然而又同等重要的语言表达,它由此构成并可以与维科所谓的"精神词典"(mental dictionary)相比较、相分析:

　　　　在人类各种制度的本质之中,必定有一种通行于所有民族的精神语言,这种语言以一致的方式抓住了在人类社会生活中行得通的事物的本质,并且按照这些事物在各方面所表现出的许多不同的形态,将它们的本质表达出来。一些凡俗智慧中的谚语或格言为此提供了证明,它们的含义在实质上是相同的,但是在古往今来的各民族中却有着各式各样的表达方式(第161节)。

75

维科对语言的深层历史性的"发现",与现代文化理论家们最终宣称的他们自己的发现并无轩轾。用维特根斯坦的话来说,"整个神话都贮藏在我们的语言之中"。[144]维科注意到了这一点,比如"在许多基督教民族的语言中,以天来指称上帝的用法"便是一个例子,并且恰当地将其与异教的古史及所有这些民族的心态联系起来。[145]从一个更根本性的层面而言,这一发现暗示,只有当维科做了一种语言的转向之后,他才能建立他的《新科学》:他看到我们生活的世界是一个建立在语言基础之上的制度的世界,因此人类科学的任务最为相似并且也必须模仿的便是对文本的解释。他正确地看到,语言创造了一个明显的人类领域,一种包含规则、标准与概念的精致框架,没有它就不可能建立更不用说去理解世俗世界的真实情况了。"总结一下,一个人实际上只是思想、身体和语言,而语言仿佛在思想与身体之间"(第1045节)。

对这种神话历史研究而言,最根本也是最重要的是,维科用他语言学的发现和理论去探索特定的历史文本与案例,譬如罗马法,在他独特的解释下,便成了一种"严肃的诗篇"(severe poetry,第1037节)。以"荷马的诗歌是古希腊人风俗的民政历史"为假设(第156节),维科为自己的著作获得了一个新的概念,即"对真实荷马的发现",这一点虽然在他活着的时候几乎不为人所知,甚至直至今日仍不失激进。他大胆地宣称,荷马时代在希腊历史中属于一个英雄但又完全原始的时期;它的英雄们,像是阿基里斯,只是"诗性人物",反映出希腊人野蛮的道德和社会规范;最后,荷马本人并不是一个真实的人物,更不用说是《伊利亚特》和《奥德赛》的唯一作者了。相反,"希腊人自己就是荷马……我们的荷马确实活在希腊人的口头上与记忆里,从特洛伊战争到努马时期,整整460年之久"(第875—876节)。

所有这些发现或者(我们所谓的)"语言的转向"最终使维科在

罗马神话的基础上，构思出对罗马历史的一种全新解释与重建。 76
远早于巴托尔德·格奥尔格·尼布尔（Barthold Georg Niebuhr），维
科便抓住了"民俗传说"（vulgar traditions），并将其作为罗马历史及
有关罗马历史的最真实的证据，特别是因为他认为这些大众的主
要是平民的传说与李维及李维之流的官方贵族版本相比，更少受
民族主义的、学术自负的偏见影响。"民俗传说必然具有公众信仰
的基础，它们因此而产生，并且被整个民族在长时间内保存。本科
学的另一项大工作便是重新找到这些真相的依据——随着岁月的
迁移以及语言和习俗的改变，流传到我们时的真相已经被包裹在
谬误之中"（第 149—150 节）。为了克服这种谬误，维科发明了一
种"新的批判艺术"，它是"在隐晦而传说的历史中发现真相的火
炬"[146]。他坚定地相信，诸神与英雄们的大量传说，包含着有关罗
马社会真实起源与转型的最有价值的信息。"传说在一开始都是
真实而严肃的叙述，因此神话（*mythos*）、传说的定义就是真实的叙
述（*vera narratio*）。但是因为它们起初大部分就很粗糙，后来便逐
渐失去了它们个体的意义，接着被篡改，并由此变得不可能，晦暗
不明，令人反感，以至最终不可相信。"[147] 对这些故事最初意义的
重建以及对它们"诗性真实"（poetic truth）的破解是为了揭开有关
其创造者们的"历史真实"（historic truth），他们最初是如何想象，
又是如何塑造他们的世界的。因为"诗性真实是形而上学的真
实，而不和这种诗性真实相一致的物理真实便应当被看作是错误
的。由此产生出诗学理论中一个重要的思考：真正的战争领袖，
举例来说，托尔夸托·塔索（Torquato Tasso）想象出的戈弗雷
（Godfrey），而所有不是始终和戈弗雷相一致的领袖便不是真正的
战争领袖"[148]。

受这种对"诗性人物"历史性的"重要发现"的激励，维科以罗
马神话资料为基础，将《新科学》的整个第二章用于对罗马历史的
重建。他的主要观点是，罗马的历史比李维试图让我们相信的更
加原始、更加好斗。因为李维及其追随者们——尤其是马基雅维
利——有意忽略了早期罗马人粗犷的身体与生理条件，他们与所有
其他的原始人（*primiuomini*）一样，"有强大的感官和丰富的想象
力"，如此则不可能拥有其仰慕者们所赋予他们的所有道德品质。

维科对李维著作的讽刺性评论必须被解读为对马基雅维利《论李维》的一种直接反对。让我们回忆一下，维科心中的罗马历史学家，不是李维而是塔西佗，塔西佗是"他的四位作家"中唯一的历史学家，也是他们之中最具政治性的人物。[149] 与李维及其现代共和追随者们美化罗马社会的"道德"政策与成就不同，维科将罗马社会视为更好勇斗狠的或"英雄的"，在他赋予该词的特定含义中，也就是更野蛮而非骑士风范。[150] 李维将罗马与皮洛士（Pyrrhus）的战争岁月描写为一个伟大而有德性的时代（"没有哪个时代孕育了更多的美德［*nulla aetas virtutum feracior*］"），而维科则谴责它为一个贵族们以其"令人难以忍受的傲慢，无尽的贪婪以及毫无怜悯的残忍"压迫平民的时代。[151] 他控诉道：

> 他们（贵族）之中有谁为贫穷受苦的罗马平民做过点什么？毫无疑问的是，他们因战争而加重了平民的负担，令平民日益深陷高利贷的深渊，为着将平民埋入贵族私牢的更深处……正因为最初各民族的贵族自视为英雄，并认为自己在本性上比平民高出一筹，故他们能够对本民族的贫苦大众施以虐政。罗马历史确实会使任何有头脑的读者感到困惑，如果他们想找到任何有关罗马美德的证据，而看到的确是如此多的傲慢，想找到温和的证据，看到的却是贪婪，想找正义或仁慈的证据，看到的却是四处横行的不平等和残酷。（第668节）

李维对这一事实一直讳莫如深，即便他已经知道，这主要是出于他对贵族共和传统的忠诚，也因为他对该传统的神话创作的素材与结构并非真正精通。因此，当李维接受罗马神话有关十二铜表法的希腊起源与哲学意义时，维科揭示并强调它的罗马起源与诗的意义：他称这最古老的法律为一首"严肃的诗"，因为它由初民们创作并吟唱，他们都是"用诗性语言说话的诗人"（第154、284、319、566节）。或者，还可以举出另外一个例子，李维否定早期罗马人的传统故事，他们声称自己是"大地的儿子"，而维科却在这些故事中发现了一种"诗性真实"，它与早期人类通过葬礼与耕作将自己与其土地联系在一起的方式有关。[152] 这类故事比李维有关国家的"祖先们"创建君主制、元老院以及庇护所的故事更为可信，维科将这些故事视为时代错误的虚构而加以拒绝。反对后来罗马历史学家的人造神话，维科肯定罗马人民的真正神话，首先便是他们在"自然神谱"（natural theogony）方面的叙述。他假定对罗马诸神的划分，即分为头等部落（gentesmaiores）的神与次等部落（gentesminores）的神，反映了罗马社会从贵族制向民主制的政治演进。[153] 十二位奥林波斯主神，是"头等"的集体代表，他们证实了罗马（以及任何其他）文明发展过程中的主要阶段。朱庇特和朱诺标志着宗教与家庭生活的形成，而狄安娜与阿克泰翁、阿波罗与达芙妮以及赫拉克勒斯的苦功分别标志着泉源、家庭和田地的神圣化（第 533—536 节，第 541—543 节）。维科将罗马的创建纳入这一神话秩序之中。他忽略创建方面的常见神话，用激进的方式重新解释其他神话，以表明这座城市是作为流浪者们的庇护所而出现的。马尔斯是贵族地主们的一种"诗性性格"（poetic character），他们是保卫自己的田地对抗平民入侵者的英雄（eroi）。最终，这些外来者作为奴隶和农奴（famuli）被允许进入，他们以马尔斯为自己的保护者。（第 562 节）维科随后将阶级间的长期争斗描写为神话战争，两个阶级通过并凭借神话以互相争斗。一些他最具原创性的解释与"双重寓言或性格"（double fables or characters）的事例相关，在这类事例中，平民神话创作者通过对明显是贵族神祇的挪用以挑战贵族对罗马神话的垄断（第 579—581 节）。下面就是他如何在密涅瓦的神话中叙述政治史的。"据说伏尔甘用一把斧子劈开了朱庇特的脑袋，密涅瓦便从脑袋里跳了出来。他们想用这个故事来说明农奴大众使用奴役工具（这是属于平民派伏尔甘这个诗性类别之下的）打破了（意指削弱或减轻）朱庇特的统治……因为朱庇特的统治在氏族状态下是君主制的，在城邦状态下他们将其改为贵族制"（第 589 节）。平民通过创造自己的对应神话得以构成一种阶级意识。维科转引了菲德拉斯（Phaedrus）《寓言集》（Liber Fabularum）3.34—3.38 中的这些著名句子，它们最为深刻地总结了他的理论：

> 请静听一会儿,现在我来揭露
>
> 讲说寓言故事的艺术是如何产生的。
>
> 悲苦的奴隶们,被拘禁起来服苦役,
>
> 不敢向严酷的主人们透露心声,
>
> 但是借着寓言的伪装来遮盖,
>
> 努力表达自己的思想与情感,
>
> 还避开了他们主人们的盛怒,
>
> 伊索就是这么做的;我开拓了他的道路。(第425节)

在维科看来,历史上所有的重要事件——平民以兵役为交换,对有限制的土地所有权权利的取得(柏艾特里亚法,*lex poetelia*),对完全土地所有权权利的获得(在十二铜表法中提出),以及对合法婚姻与继承权权利的承认(婚姻法)——在罗马神话中比在罗马历史中得到更好的记录,因为后者只保存了一方(贵族)的说辞。维科甚至声称,从古典神话的四个基本"英雄人物"(heroic characters)中获得了罗马社会整个的政治史:奥菲斯或阿波罗的里拉琴,美杜莎的头颅,罗马的束棒,以及赫拉克勒斯与安泰俄斯的决斗。(第614—618节)维科从神话的阶级斗争中认识历史事件,阿波罗(表示贵族)的神话,阿波罗参与到与萨提尔马西亚斯(Marsyas)(平民)的竞赛中;阿塔兰特(Atalanta)(一位贵族神祇)的神话,她丢掉金苹果(土地)以避开追求者们(平民);以及许多其他神祇的神话。[154] 帕加索斯(Pegasus)在帕尔纳索斯山飞翔的形象可以被用来代表骑术的发明,但是维科的解释是,帕加索斯的双翼暗指可为占卜提供寓意的飞鸟。因此帕加索斯必定被视为骑马贵族的一种象征,贵族掌握了占卜之权,有了它,便有了主导古代社会所有重要决定的权力(auctoritas)。[155] 神使墨丘利(Mercury)的神话,在其服饰与举止中,概括了有关贵族与平民两个阶级间协商与法律协议的整个故事。

> 正是墨丘利用自己的神杖(一个真正象征占卜的词)将法律带给暴动的农奴,正如维吉尔所说,也是用这根神杖,他将灵魂从冥府带出来……这根神杖被描绘为有一条或两条蛇缠

79

98

绕其上（这些是蛇皮，一个指英雄们授予农奴的凭占领时效的［bonitary］所有权，另一个是指英雄们留给自己的武装骑士的［quiritary］所有权）。神杖的顶端有两个翅膀（指统治者的土地征用权），而且墨丘利戴的帽子也是带翅膀的（指统治者高贵而自由的主权体制，因为帽子还是自由的一种象形文字）。此外，墨丘利的脚跟上也有翅膀（指土地所有权属于执政的元老院）。在其他方面，墨丘利是裸体的（因为他带给农奴的所有权被剥夺了所有民政的庄严，并且完全建立在英雄们的荣誉之上）。[156]

维科在古代神话中以及通过古代神话所观察到的是一种新的有关社会生活和历史的唯物主义理论而非决定论。维科承认物质需求先于精神追求，但是他并没有将后者的这些想象力创造降低为生产条件，像他后来更庸俗的马克思主义崇拜者们过于轻率地那么做。[157] 他认识到这些神话本质上是出现在历史发展早期阶段的现实的扭曲形态。然而，作为这类"形态"，它们已足够真实；也就是说，它们并不是对现实的有意扭曲，并非像旧的和新的神话论者，譬如马基雅维利、霍布斯、费尔巴哈在将神话解释为政治制造时过于简单地暗示的那样，即神话总是被统治当局所编造和维护以控制、操纵无知的大众。相反，正如像麦克斯·霍克海默这样更敏锐的维科诠释者所见，维科虽然认为神话是幼稚的，但也将它看作是有关以及对实际自然和社会状况的强烈"反映"（reflections），比如古代社会的阶级结构。[158] 换句话说，罗马神话并非仅仅是各个神祇和英雄的任意组合，并非由罗马人一路上随机发明和保存。维科论证道，罗马神话是一些永恒的神祇和许多神秘的神灵的小心翼翼的的组合，即便是无意识的，是一个精心制作的网络，各类人物与事件以一种有意义的模式被组合在一起并相互对抗。在这个神话社会里，诸神与英雄们的相互关系反映并解释了历史上社会的阶级关系。对维科而言，神话不仅是对现实的一种描述，而且也正如该词原意所指，是一种对现实的解释。如此，它便为社会研究打开了"方法论的"（methodological）而非仅仅"意识形态的"（ideological）视角。

80

我相信这些真知灼见已经很清楚地表明维科为什么被认为是
"神话的真正发现者"。但是,正如我在本章的开篇所论,维科的神
话研究,其首要目标是要在其中找到"人类原则"。神话学,这门
《新科学》中的"第一科学"如何帮助维科建立它的原则呢?这些原
则又是什么?如果我们回忆一下,维科试图"通过对有关人类需求
与社会生活效用的人类思想的严肃分析"来发现它们,比如内在于
那些被证明对"人类种族的维系"至关重要的"人类制度"之中。[159]
下面是他的结论:

> 既然这个民族世界由人类所创造,让我们来看一看在哪些
> 制度上全人类都一致赞同,并且总是毫无异议。因为这些制度
> 将会给我们提供一些普遍而永恒的原则(每门科学都必须要有
> 这类原则),依据这些原则,所有民族才得以创立并保持自身。
> 我们观察到所有的民族,无论是野蛮的还是文明的,虽因时
> 间、空间上彼此隔得很远而各自分别创立,但却都保持着下列
> 三种人类习俗:所有人都有某种宗教,都缔结隆重的婚姻,都
> 埋葬死者。在任何民族中,无论是多野蛮而粗野,在其任何人
> 类活动中没有哪一种比宗教、婚姻、丧葬更具精致的仪式与神
> 圣的庄严。因为根据公理"彼此互不相识的各民族所孕育的一
> 致的观念,必定有一个共同的真理基础",必定是这一共同的
> 真理基础命令所有民族从这三个制度开始去创立人类,这样世
> 界便不会再次回到一种野兽的野蛮状态……这些必定是人类
> 理性的边界。让任何会侵犯这些边界的人意识到这一点,以免
> 它侵犯全人类。[160]

现在,维科的具体"原则"的有效性可以——而且已经——在经
验层面上被质疑过了。维科自己便转引了安诺德(Arnauld)、伯尔
(Bayle)和斯宾诺莎(Spinoza)的反驳,而现代的读者们当然可以提
供甚至是更好的经验上的反驳。[161]但是这些主张都忽略了维科论
证中的关键点。因为在他的"人类原则"概念中,真正新颖而重要
的是解释学的而非经验的主张,即他认为,如果任何跨文化的理解
是可能的,就必须假设并寻求某种绝对的准则,或者用现代的话来

讲,道德的"有限观念"(limiting notions),它决定了各类生活形式可以被实践并被认为符合人性的范围。[162] 维科解释道,他选择这三种"民政制度"(civil institutions)是因为它们是或者说已经成为所有民族的"自然习俗"(natural customs)。[163] 某些习俗成为自然的时刻,标志着人类的开始,同样也是所有人类科学的起点,因为某些受规则制约的惯例的出现,它们很明显受道德的约束,表明以那种方式行事的人类不再遵循他们的自然本能,而是使自己服从他们自己的规则,也由此可以为我们所观察。然而,只有当我们可以将他们受规则制约或"有原则"(principled)的行为与我们自身的经验相结合时这才是可行的,无论这是多么的困难。比如,为了理解一种异国的宗教信仰或仪式,我们必须具备一定的宗教经验或知识。下面便是维科的主张:既然人类生活的世界是一个充满人类自身所创造的文化意义的世界,为了理解这个世界,我们必须抓住对他们而言以及对我们自身的意义分别是什么。正确获得这一意义的最好方式,事实上也是唯一的方式,便是密切留意这些仪式的神话方面,这至少可以从我们的自身生活出发来加以理解。或者,再次引用维特根斯坦的话,神话之所以对我们有如此强大的意义,是因为它们与我们内心一些"深层而邪恶"的东西相关联。[164]

　　这一点变得很清楚,当我们注意到维科为宗教、婚姻、葬礼具有"人类原则"这一独特地位所提供的决定性证据时,在所有已知的社会里,与任何其他"人类行为"相比,上述仪式在操作上"更具精致的仪式与神圣的庄严"——这一区分人类与非人类,文化与自然的证据,在人类生活与历史中没有并且也不可能有充分的依据,也不可能得到理性判定的保证;并没有任何令人信服的理由去履行这些仪式,除了人类生活与历史已经教给我们的那些理由,即少了它们,没有任何人类社会能够得以存在。[165] 它们必须总是由神话的形象与传说来加以守卫,在"精致的仪式与神圣的庄严"中被不断唤起。比如,维科指出,古代社会里许多神话中的神祇有助于将关乎爱欲(Eroi)的道德加于爱神厄洛斯(Eros),许多涉及婚姻的庄严之事,包括那些要求"妇女头戴面纱以示那种羞耻感,正是这种羞耻感产生了世上最早的婚姻"或是"在娶妻上某种力量的宣示,令人想起巨人们将最初的妻子们拖进岩洞时的暴力",都被各个民族保存,不自觉地在我们心中唤起观察它们的深层原因。在一个更老练的层面上,它们再一次确认"制度的性质只是它们在特定的时间,以特定的形式出现"(第502—518节)。

维科深刻总结了他的观点:"经过漫长的世纪,在经由那些粗俗的传说为我们保存下来的所有事物中,真实从谎言中被筛选出来,这些传说既然被所有民族保存了如此漫长的岁月,便必然具备一种大众的真实基础。古代重要的零星片段,此前对科学毫无用处,因为它们染上污垢、变得破碎,七零八落,但如果加以清洗、拼凑和复原的话,它们便能大为照亮科学。"(第356—357节)那种真实是什么? 可能是柏拉图说的那种,他曾说:"神话是虚构的,但在它里面也有真实。"有关真实的真实是,最终我们所有的道德和社会理论都是(或者应该至少被表现为是)神话的:它们来自并表达特定历史共同体和文明的"大众的真实基础"。就"大众的真实基础"而言,英文翻译并不能传达意大利原文 *publicimotivi del vero* 的准确含义,它更清楚地表达了什么是维科认为的现实社会结构中的主要力量:大众对现实的印象与解释,作为集体历史经历的根本性经验,不断被各类"粗俗的传说"记载、重新评价、重新确认与传播,对于这些传说,我们抱持信奉并活在其中。

因此我们的科学要描述的是一种理想的永恒历史在时间中的跨越,经由每一个民族在其中出生、发展、成熟、衰落和灭亡的历史。事实上,我们敢说,深思本科学的人,便是在向自己述说这一理想的永恒历史,只要他自己使自己确信,凭借"它过去、现在、将来都存在"这一证据。因为上文已经定下第一条不容置疑的原则,这个民族世界确实是由人类所创造,因此其形态必然可以在我们自己的人类思维的种种变化中被找到。如果是创造历史的人来叙述历史,便没有比这更确实可信的历史了(第349节)。

维科据此将神话重新定义为有关人类生活与历史的"真实叙述"(*vera narratio*),因为他看到在我们(或是任何其他)文明中,神话的虚构解释了"现实世界"（real world），通过构建或"预想现实世界"的所有人类行为与制度：与自然事件不同，它们所表现出的类似法令一样的重复规律性，并不能为我们所知，因为它们对我们的生活方式而言是完全陌生的，而历史中的人类事件之所以表现出能为我们所知的道德行为方式，是因为我们可以从中看到神话故事一贯的叙述模式及其人物与情节原型。所以，神话完全值得被称为《新科学》的"第一科学"（first science），因为最终它并不仅仅是"对传说的解释"（interpretation of fable）。它实际上是对历史的解释。

Ⅳ

对维科《新科学》的第一次真正接受正好出现在它首次出版的一百年后：1824 年，年轻的法国历史学家米什莱发现了维科的著作，并立即着手将它翻译为法文。后来，米什莱一直将这一发现视为自己学术发展中最具决定性的时刻。1869 年，在其不朽之作《法国史》（L'histoire de France）的新前言中，米什莱回顾了该书的缘起，并承认，"我的老师只有维科。他的生命力原则，他的人类创造自身的原则，造就了我的书和我的教学"。[166] 在他的笔记本中，他仍能记起对一些难忘之词的最初印象，"1824 年。维科。努力，地狱的阴影，壮丽，《金枝》"——这些词充满了神话的暗示。自此之后，米什莱补充道："他被一种来自维科的狂热攫住，是一种对维科伟大的历史原则的难以置信的沉醉。"[167] 米什莱在维科那找到并运用于自己著作的"伟大的历史原则"便是上文最后几行转引的观点，"这个民族世界确实是由人类所创造，因此其形态必然可以在我们自己的人类思维的种种变化中被找到。如果是创造历史的人来叙述历史，便没有比这更确实可信的历史了"。米什莱懂得并确实将这一见解运用于自己的著作之中。[168]

早在 1825 年的一场演讲中，米什莱便引用了维科对真实的实用主义定义，真实是"一种不加反思的判断，为一整个阶级，一整个群体，一整个民族，乃至整个人类所共有"，并据以论证对那些想要寻求真实的人而言，维科有关"常识"（common sense）或神话的概念要比笛卡尔的理性更为有效，因为社会生活和历史中的真实是

84

"共有思想"(la pensée commune)的产物。[169] 因此,在他自己的史学著作中,米什莱决意依靠最常见、最共有的表述,那些事实上创造历史的人也是用这种方式叙述他们的行事与成就。在早年对罗马历史的深思中,米什莱用维科的理论争辩道,旧时岁月的不确定性可以由包含在神话与大众诗歌中的"基本事实"(essential truth)来加以澄清。

> 野蛮民族的神话与诗歌呈现了这个时代的传统;它们通常是一个民族真实的民族史,正如它的天才人物所创造的那样。它是否与事实相一致是无关紧要的。威廉·泰尔的故事数世纪以来激发着瑞士的热情……故事本身可能并非真实,但是它又完全是真实的,意思是说,完美地契合为历史所用的国民性格。[170]

米什莱乐于承认,他是在维科的《新科学》中找到了上述观点。[171] 在米什莱著名的表述中,维科著作的最大成就是对下列原则的主张,"人类是它自己的创造",以及更核心地,这一创造本质上是神话的。与维科一样,米什莱认为历史的真正创造者并非个人英雄而是社会群体,他总结道,古代的伟大英雄们并不是真实的历史人物,而是大众——人民(le peuple)——集体经验完美的神话体现。然而,作为一名献身于现代性与理性的自由主义历史学家,米什莱认为这些原始的神话现在必须如此加以看待,在他看来,这正是维科已经做了的。

> 神话里的英雄们——推开山峦的赫拉克勒斯,雷厉风行的立法者来库古和罗慕路斯,以一生的时间完成了数个世纪的工作——是人们思想的产物。上帝自己便是伟大的。当人类想要人造神时,便需要将整个一代人凝聚到一个人身上;将整个诗歌周期的诸多概念结合在单个英雄的身上。由此人类塑造了自己的历史偶像——某个罗慕路斯、某个努马。人们仍然拜倒在这些巨大的幻影之下。哲学将人们拉起来,并对他们说:"你们所崇拜的是你们自己,是你们自己

的观念。"[172]　　　　　　　　　　　　　　　　　　　　　　　　85

米什莱曾热情赞美的 1830 年"七月革命"，将他的目光转移到维科神话理论中更深层的历史真实上。直至 1854 年，他仍激动不已，"我的维科，我的七月，我的英雄原则"。[173] 他在维科的历史神话学中实际找到的是一种新的神话历史观念；意思是说，他现在认识到神话对历史上的"英雄"行为至关重要，比如那些发生在"七月革命"期间的行为。"在那些难忘的岁月里"，他在 1869 年写道，"一道伟大的光出现了，我理解了法国。"[174] 他对世界历史上的法国有了新的认识，同样对自己的法国历史学家这一职业，也有了新的理解。他现在的理解是，文明的整个历史进程存在于人类解放的观念及其各类表现之中，它从东方地区及其宗教开始，经过基督教，通向最终的法国大革命高潮。这就是米什莱《世界历史导论》（*Introduction a l'histoire universelle*）中的"伟大的光"，它创作于 1830 年夏"巴黎燃烧着的道路之上"，旋即在 1831 年出版。"随着世界开始一场战争，这场战争只会随着世界一起终结：这是一场人类对抗自然，精神对抗物质，自由对抗宿命的战争。历史只是对这种无休止争斗的记录。"[175] 他认为，古典时期和基督教的重要神话是对文明重大进程的早期想象，并且仍然是最有效的表达，证实了最初促使并令其创造者们得以凭借自身的人类禀赋超越他们出生其中的严酷生存环境的物质需求和精神抱负。[176] 法国这个国家，通过大众的叙述，保留并继续了这一创造与解放的伟大传统。历史学家的任务是通过对民族神话的历史重建与批判性解释，从民族的大众传统中并且为这一传统重获这种解放的信息。[177] 在开始于 1833 年的著名历史研究项目《法国史》中，米什莱聚焦于那些最具神话性的历史资料，因为这些，而非任何官方的档案，才是有关法国人民如何通过大众叙述真正构建其历史的真实证据，才是有关法国人民如何远在大革命之前，在集体记忆与想象中唤起自由、平等与博爱的伟大理想的真实证据。在 1843 年的日记（*Journal*）中　　86
他写道："看，在中世纪，有关圣徒的大众或温婉传说，有关英勇骑士的大众与贵族传说，如何造就了贵族的、骑士的典范。相互的教育使所有的人沉浮升降。"[178]

《法国史》中有关圣女贞德的著名章节,证实了对重要的形而上学真实的信仰,这种形而上学真实源自并贯穿于历史神话之中。米什莱知道,围绕这位"美丽而勇敢的姑娘"(belle et brave fille)不可思议之举的美妙故事大抵是虚构的,是一种"传说"(legend),但是他仍然坚持传说是一种"不可否认的历史"(incontestable histoire),并且并不仅仅是因为人们是如此认为的。对米什莱而言,更为根本的是,因为贞德本身从某种深层的意义而言是法国历史的创造,是法国"民族道德"(national morality)的一种体现,作为一名贞女战士,其形象与举止,对普通民众来说,可以在她身上看到自己对"人民伟大形象"(la grande image du peuple)的一种实现——这种形象,历史学家必须要认为它是真实的。[179] 正如保罗·维阿拉内克斯(Paul Viallaneix)所示,米什莱未能对该事件作出一种真实的历史重建,尽管他尽可能地把对该神话的叙述与批判性解释结合起来,并且还相当有意识地试图再生它。[180] 在他的叙述中,米什莱有意强调事件的神话而非历史方面:贞德航行的时间变得比具体的日期更重要,她作战的季节比年份更重要,受审时的风景比实际的境况更重要。整个故事采用了我们熟悉的耶稣受难模式,与其依据的原始神话一样,故事的结局并非贞德之死,而是她的重生——在法国历史的大众传统中,在米什莱使徒般的《法国史》中,最后的也是最极致的。

在米什莱看来,维科并未完全意识到自己神话理论中这些伦理的、政治的影响。《新科学》的"基本想法",米什莱写道:"是大胆的。甚至比作者自己想的还要大胆。"[181] 米什莱不断赞美维科的人类进化观念,经由精神状态的连续阶段——神的时代、英雄的时代、人的时代——但几乎完全忽略了维科的返祖倾向及悲观预言。他认为维科的历史循环理论及其灾难预言,是一位尚未将自己从奥古斯丁的主张中解放出来的虔诚天主教徒的一种表述。[182] 1842年,米什莱在自己的日记中写道:"随着指南针的旋转,(维科)探索一个中心、一个圆圈、一种圆形的运动。但是在第二圈时,他体力不支,未能看到永恒的过程。"[183] 维科发现了有关(about)历史神话的真实,但却未能发现这些神话的(of)真实,未能发现各民族一切史诗故事的本质消息,尤其是法国的那些故事——自由的消

87

息——对米什莱而言，这成为了历史的神话本身。随着米什莱追求这种神话的历史，他离维科历史的神话愈来愈远，正是后者最初促使了他的历史研究。他的著作最终变得更具神话性而非历史性，因此仍然是一种浪漫的——无疑并非一种现代的——神话历史。

　　无论我们如何评价现代史学中的米什莱遗产，他对复兴作为民族历史真实素材的神话所作出的贡献是巨大的。他的许多观点激发了当代历史学家们去探寻民族、国家以及民族国家更深层的神话起源与结构。来看一下这一题材的一部经典之作，福斯特尔·德·古郎士（Fustel de Coulanges）对希腊城邦的研究——《古代城邦》（*La cité antique*）。该书出版于 1864 年，它将宗教和神话的功能界定为凝聚任何社会或政治共同体的粘合剂。他的国家保守理论，即国家是一种有机共同体，存在于一套共享的信仰与神话体系之中，存在于一种"传统"（tradition）而非"政制"（constitution）之中，对后来历史的社会学和人类学研究方面，产生了深远的影响。[184] 古代神话在新的民族意识形态中的丰富性，促使许多具有批判性的、激进的历史学者重新评价历史神话在现代性中的作用。卡尔·马克思（Karl Marx）在其论文《路易·波拿巴的雾月十八日》（*The Eighteenth Brumaire of Louis Bonaparte*）的开篇，对法国革命时期神话方面的荒唐之事做了有名的攻击——"在罗马共和国古典主义的质朴传统中，资产阶级社会的斗士们找到了他们所需要的理想、艺术形式和自我欺骗，为的是不让自己看到自己斗争内容的资产阶级局限性，为的是将自己的热情保持在伟大历史悲剧的高度之上"——这证实了以下事实，1848 年后，神话已经成为一个政治而非单纯的历史问题了。[185]

　　在其引发争论的研究《神话学的创造》（*The Creation of Mythology*）中，马塞尔·德蒂安（Marcel Detienne）已经提出，在大约 1860 至 1890 年间，"神话"一词有了某种新的并且在很大程度上保留至今的贬义。虽然浪漫主义者们仍然钦慕神话，将其看作古典的、艺术的表现形式，并且运用神话以巩固自己的古代传统，但是新科学家们——像马克斯·缪勒（Max Müller）、E. B. 泰勒（E. B. Tylor）、安德鲁·朗格（Andrew Lang）这些学者——将神话看作是一种古老而原始的知识形式,一种"语言的疾病"(缪勒的定义),是野蛮精神状况的典型,只能通过合理性这剂药方能治愈。[186] 使用这些理性主义的范畴,他们恰当地将神话学重新定义为一种"神话的科学"(science of myth)。诚如德蒂安(包括后来的福柯)所认为,神话学,与其他所有现代人文科学一样,是一种"发明"(invention),它使维多利亚时代的理性拥护者们将法则与秩序施与他们所认为最有害于其权威的东西之上——盛行于古老的、无政府主义神话中的各种心愿、谣言与幻想。德蒂安所忽略的恰恰是这种新的神话概念,因其突出的原始性与前理性,它受到像波德莱尔、尼采这类现代主义者的喜爱,他们认为旧的浪漫主义的和新的科学的、范畴式神话定义,都不足以解释在现代性中神话的惊人复兴。神话究竟是被定义为真实的还是谬误的,超自然的还是自然的,善良的还是残暴的,问题主要不在神话是什么,而在于神话做了什么,为什么在这个充满理性与现代性的时代,神话依然重要。作为历史学家中最具哲理之人,爱德华·吉本(Edward Gibbon)承认:"奥林波斯众神们,由凡人吟游诗人加以描绘,将他们自己留在最不沉迷于迷信盲从的脑海中。"[187] 卡尔·马克思提出了以下重要问题:

> 在罗伯茨公司面前,伏尔甘在哪里? 在避雷针面前,朱庇特又在哪里? 在动产信用公司面前,赫尔墨斯又在哪里? ……阿基里斯能够和火药和铅弹并存吗? 或者说,《伊利亚特》能够和印刷机以及蒸汽印刷兼容吗? 随着印刷工酒吧的出现,歌唱、吟诵和缪斯女神们岂不是必然要绝迹? 因此,岂不是史诗的前提条件要消失了? ……真正的困难不在于理解希腊艺术及史诗与一定的社会发展形式联系在一起这个观点,而是在理解为什么它们仍然是我们快乐的源泉,并且就某些方面来说,还是作为一种遥不可及的标准与范本而流行。[188]

对后浪漫主义的历史学家们而言,这确实是"真正的困难"。[189] 他们充分了解,其同行学者们在对神话的古典学、语言学和人类学研究中,已经说明了神话在古代及原始社会中的起源,但是他们运用这些发现与理论，是为了探索神话在现代社会的再生，抓住这一时代历史想象的观点是，古典时代在现代性中的文艺复兴（Renaissance）。米什莱对文艺复兴的著名定义——"对世界的发现及对人的发现"——出现在他七卷本的《法国史》中，该书出版于1855年，其主要内容集中在16世纪法国新的知识发展上，尤其是他在居亚斯（Cujas）、拉伯雷（Rabelais）和蒙田（Montaigne）的写作中观察到的世俗倾向。[190] 作为1848年民主与反教会革命的一名支持者，他将其著作早期篇章中（《中世纪的奇迹》）[191] 加以崇拜的基督教精神，斥为仅仅是一种对自然而然的生活规范和模式的"精神化"（spiritualization），因此他特别关注那些现实主义的艺术家与科学家们，他们重新发现了现实的自然主义方面。在米什莱看来，这就是布鲁内勒斯基（Brunelleschi）、扬·凡·艾克（Jan van Eyck）和列奥纳多（Leonardo），哥伦布与哥白尼的伟大成就，同样也是路德和加尔文的伟大成就，即使他们关于人类的观念太过宿命论，但也更现实主义。米什莱正确地指出，他们都将目光转向古代，无论是古典的抑或是圣经的，以对抗中世纪的天主教，因此他们必须被视为现代性的先驱。然而，他们的卓越成就尚不足以造成一种普遍的生活方式，一种新的社会以及一整个文明：这只发生在法国。在这里，新的思想运动转变为一种新的有关自由与进步的社会哲学。因此，米什莱对文艺复兴的诠释，成为他神话历史的另一章，而非对历史神话学的一种研究。文艺复兴的真正发现者，使我们得以窥探古代神话对那些重新发现它们的人而言意义何在，以及今日对我们又有何种意义的是历史学家雅各布·布克哈特（Jacob Burckhardt）。

参考文献

1. Livy, *History of Rome*, trans. B. O. Foster（Cambridge, Mass.：Harvard University Press, 1919）, l, pref. , 6-9.

2. 比如，参见 Peter Bietenholz, *Historia and Fabula：Myths and Legends in Historical Thought from Antiquity to the Modern Age*（Leiden：Brill, 1994）。关于现代历史学中的罗马神话，

参见 Fritz Graf，"Der Mythos bei den Romem：Forschungs-und Problems-geschichte"，in *Mythos in mythenloser Gesellscheft：Das Paradigma Roms*，ed. F. Graf（Stuttgart：B. G. Teubner，1993），25 - 43。

3. Livy，*History of Rome*，25. 16. 4. 关于李维的新斯多葛哲学，参见 P. G. Walsh，*Livy：His Historical Aims and Methods*（Cambridge：Cambridge University Press，1961）。

4. Livy，*History of Rome*，1. 16. 1 - 4.

5. R. M. Ogilvie，*A Commentary on Livy：Books* 1 - 5（Oxford：Oxford University Press，1965），85.

6. Livy，*History of Rome*，1. 16. 7 - 8.

7. Gary Forsythe，*Livy and Early Rome：A Study in Historical Method and Judgment*（Stuttgart：F. Steiner，1999），133.

8. P. G. Walsh，"Livy's Preface and the Distortion of History"，*American Journal of Philology* 76(1955)：369 - 383.

9. Livy，*History of Rome*，43. 13. 1. 对李维宗教性的全面探讨，参见 D. S. Levine，*Religion in Livy*（Leiden：Brill，1993）。

10. 关于李维和西塞罗，参见 P. G. Walsh，*Livy：His Historical Aims and Methods*，60。

11. Livy，*History of Rome*，1. 4. 2.

12. Ibid. ，1. 4. 7.

13. R. G. Collingwood，*The Idea of History*（Oxford：Oxford University Press，1946），38.

14. T. J. Luce，*Livy：The Composition of His History*（Princeton，NJ. ：Princeton University Press，1977），231.

15. Gary B. Miles，*Livy：Constructing Early Rome*（Ithaca，N. Y. ：Cornell University Press，1995），18；138 - 139.

16. 相关的综合讨论，参见 Lidia Mazzolani，*Empire without End*，trans. J. McConnell and M. Pei（New York：Harcourt Brace Jovanovich，1972）。

17. Andrew Feldherr，*Spectacle and Society in Livy's History*（Berkeley：University of California Press，1998），76. 关于罗马

人通过神化建城和传统以"创造"权威，参见 Hannah Arendt 的出色观察，"What Is Authority?"收录于她的 *Between Past and Future*（New York：Viking Press，1961），120 – 121。

18. Miles，*Livy：Constructing Early Rome*，74.

19. Paul Zanker，*The Power of Images in the Age of Augustus*，trans. A. Shapiro（Ann Arbor：University of Michigan Press，1990）.

20. Feldherr，*Spectacle and Society in Livy's History*，194 – 204.

21. Livy，*History of Rome*，5. 21. 9.

22. Roberto Ridolfi，*The Life of Niccolò Machiavelli*，trans. C. Grayson（Chicago：University of Chicago Press，1963），83.

23. Niccolò Machiavelli，*The Letters of Machiavelli*，ed. and trans. A. Gilbert（New York：Capricorn Books，1961），142. 对这封信的精读，参见 John M. Najemy，*Between Friends：Discourses of Power and Desire in the Machiavelli-Vettori Letters of 1513 – 1515*（Princeton，N. J.：Princeton University Press，1993），215 – 240。

24. Niccolò Machiavelli，*Discourses on the First Ten Books of Titus Livius*，trans. L. J. Walker（London：Routledge and Kegan Paul，1950）. 马基雅维利在写完《君主论》之后才写作《论李维》，这一假设，为 Hans Baron 所证实，"Machiavelli the Republican Citizen and Author of *The Prince*"，in *In Search of Florentine Civic Humanism：Essays on the Transition from Medieval to Modern Thought*，by Hans Baron（Princeton，NJ.：Princeton University Press，1988），2：101 – 151。

25. Felix Gilbert，"Bernardo Rucellai and the Orti Oricellari：A Study on the Origins of Modern Political Thought"，in his *History：Choice and Commitment*（Cambridge，Mass.：Harvard University Press，1977），215 – 246.

26. Machiavelli，*Discourses*，1，pref.，2 – 3.

27. Ibid.，2. 19. 1. 关于马基雅维利对"可模仿的历史"的修正，参见 Timothy Hampton 的精彩讨论，*Writing from History：The*

Rhetoric of Exemplarity in Renaissance Literature (Ithaca, N. Y. : Cornell University Press, 1990),62 – 79。

28. Machiavelli, *Discourses*, 1, pref. , 4.

29. Machiavelli, *The Prince*, trans. R. Price (Cambridge: Cambridge University Press, 1988),54.

30. Felix Gilbert, *Machiavelli and Guicciardini* (Princeton, NJ. : Princeton University Press, 1965),180.

31. 正如约翰·H.吉尔肯已经表明的那样,马基雅维利从古典神话学中获得了自己有关政治美德的概念和例子。"Homer's Image of the Hero in Machiavelli: A Comparison of Aretè and virtù", *Italian Quarterly* 14(1970): 45 – 90。

32. Machiavelli, *Discourses*, 1, pref. , 1, my emphasis.

33. Ibid. , 1. 25. 1.

34. Machiavelli, *The Prince*, 62.

35. Hanna Fenichel Pitkin, *Fortune Is a Woman: Gender and Politics in the Thought of Niccolò Machiavelli* (Berkeley: University of California Press, 1984),34 – 42.

36. Niccolò Machiavelli, *History of Florence, in Machiavelli: The Chief Works and Others*, ed. and trans. A. Gilbert (Durham, N. C. : Duke University Press, 965),3: 1123.

37. Leo Strauss, *Thoughts on Machiavelli* (Glencoe, Ill. : Free Press, 1958),121 – 158.

38. 这也是 Ronald Syme 的判断, "Livy and Augustus", in his *Roman Papers* (Oxford: Oxford University Press, 1979), 1: 400 – 454。

39. Ridolfi, *The Life of Niccolò Machiavelli*, 4, 147 – 148.

40. Machiavelli, *Discourses*, 1, pref. , 4.

41. 关于李维对大众场景的描述,参见 P. G. Walsh, *Livy: His Historical Aims and Methods*, 173 – 190。

42. Machiavelli, *Discourses*, 3. 1. 3.

43. Ibid. , 2, pref. , 7.

44. Lisa Jardine and Anthony Grafton, "Studied for Action: How

Gabriel Harvey Read His Livy", *Past and Present* 129(1990)：
31 - 78.

45. Machiavelli, *Discourses*, 1. 4. 2.

46. Ibid. , 1. 1 - 6；2, pref. , 1 - 4；3. 1.

47. Baron, "Machiavelli the Republican Citizen", 148.

48. Machiavelli, *Discourses*, 1. 11. 2.

49. Ibid. , 3. 33. 2, citing Livy, *History of Rome*, 6. 41. 8.

50. Machiavelli, *Discourses*, 2. 29. 1.

51. Ibid. , 1. 12. 3.

52. Ibid. , 1. 57. 1.

53. Livy, *History of Rome*, 6. 14 - 20.

54. Machiavelli, *Discourses*, 1. 24. 4, 1. 58. 1, 3. 8. 2.

55. Ibid. , 3. 8. 2.

56. Maurizio Viroli, *Machiavelli* (Oxford： Oxford University Press, 1998), 161.

57. Machiavelli, *Discourses*, 1. 58. 6 - 7.

58. Machiavelli, *The Prince*, 18 - 19.

59. Machiavelli, *Discourses*, 1. 10. 4.

60. Ibid. , 2, pref. , 2.

61. Ibid. , 1. 16. 1.

62. Machiavelli, *The Prince*, 53.

63. Russell Price, "The Theme of Gloria in Machiavelli", *Renaissance Quarterly* 30(1977)： 588 - 631.

64. Isaiah Berlin, "The Originality of Machiavelli", in his *Against the Current* (Oxford： Oxford University Press, 1978), 62.

65. Mark Hulliung, *Citizen Machiavelli* (Princeton, NJ. ： Princeton University Press, 1983), 256 - 257.

66. 对作为历史学家的马基雅维利的批判性评价, 参见 Federico Chabod, *Machiavelli and the Renaissance*, trans. D. Moore (New York： Harper, 1965), 85 - 120; and Eric W. Cochrane, *History and Historiography in the Italian Renaissance* (Chicago： University of Chicago Press, 1981), 265 - 270。

67. Machiavelli，*Discourses*，1. 9. 1.

68. 对这一概念饶有趣味的讨论，参见 Bruce James Smith，*Politics & Remembrance，Republican Themes in Machiavelli，Burke，and Tocqueville*（Princeton，NJ.：Princeton University Press，1985），84 - 93。

69. 马克·胡利昂认为，虽然罗慕路斯杀害雷穆斯是罗马历史的"构成要素"，但是元老们刺杀罗慕路斯却对罗马历史有破坏作用。*Citizen Machiavelli*，188。

70. Strauss，*Thoughts on Machiavelli*，90.

71. Machiavelli，*Discourses*，3. 1. 1.

72. J. G. A. Pocock，*The Machiavellian Moment：Florentine Political Thought and the Atlantic Republican Tradition*（Princeton，N. J.：Princeton University Press，1975）.

73. Berlin，"The Originality of Machiavelli"，73.

74. Hulliung，*Citizen Machiavelli*，266.

75. Livy，*History of Rome*，25. 16. 4；参见沃尔什的讨论，*Livy：His Historical Aims and Methods*，53。

76. Niccolò Machiavelli，"On Fortune"，quoted in Anthony Parel，*The Machiavellian Cosmos*（New Haven，Conn.：Yale University Press，1992），71. 有关的综合讨论，还可参见 Pitkin，*Fortune Is a Woman*，138 - 169。

77. Machiavelli，*Discourses*，1，pref.，3.

78. Ibid.，1. 39. 1.

79. Giambattista Vico，*The Autobiography of Giambattista Vico*，trans. T. G. Bergin and M. H. Fisch（Ithaca，N. Y.：Cornell University Press，1963），119.

80. Ibid.，132.

81. Ibid.，134.

82. 1692 年，维科发表了一篇长篇哲学诗《一位绝望者的情感》（Affettidi un disperato），在诗中，他将自己想象为一位迷失在卢克莱修的情绪与困境中的流浪者。正如艾里奥·詹图尔科所见，维科的"成长期，处在与一位思想家互相争辩的关系之中,这位思想家有着以思想独立意识为基础的骄傲,维科将他称为'雷纳托'"。诗作翻译者对维科的介绍,*On the Study Methods of Our Time*, trans. E. Gianturco (Ithaca, N. Y.: Cornell University Press, 1990),xxv。

83. 例如,参见 Peter Burke, *Vico* (Oxford: Oxford University Press, 1985),8 - 9。

84. 有关维科在那不勒斯的知识背景的整体重建,参见 Nicola Badaloni, *Introduzionea G. B. Vico* (Milan: Feltrinelli, 1961)。

85. Max Harold Fisch, introduction to *The Autobiography*, by Vico, 35 - 36.

86. Benedetto Croce, *The Philosophy of Giambattista Vico*, trans. R. G. Collingwood (New York: Russell and Russell, 1964), 266.沿着这些思路对维科《自传》的整体解释,参见 Donald Phillip Verene, *The New Art of Autobiography: An Essay on the Life of Giambattista Vico Written by Himself* (Oxford: Oxford University Press, 1991)。

87. Vico, *On the Study Methods of Our Time*,33. 对此敏锐的观察,参见 John D. Schaeffer, "Vico's Rhetorical Model of the Mind: *Sensus Communis in the De nostri temporisstudiorumratione*", *Philosophy and Rhetoric* 14 (1981): 152 - 167。

88. Rene Descartes, *Discourse on Method*, in *Descartes' Philosophical Writings*, trans. N. Kemp Smith (New York: Modern Library, 1958),97.

89. Giambattista Vico, *The New Science*, trans. T. G. Bergin and M. H. Fisch (Ithaca, N. Y.: Cornell University Press, 1968), par. 34.

90. Vico, *The Autobiography*, 166 - 167.

91. Vico, *The New Science*, par. 314.

92. Max H. Fisch, introduction to Vico, *The New Science*, xix-xx. 关于《新科学》的各种标题,参见 Benvenuto Donati, *Nuovi studi sulla filosofia civile di G. B. Vico* (Flor ence: Le

Monnier, 1936),412 - 421。

93. Isaac Newton, *Opticks*, reprint of the 4th ed. (London: G. Bell, 1931), 401 - 402.

94. 关于牛顿在启蒙运动中的声望,参见 Peter Gay, *The Enlightenment: An Interpretation*, vol. 2, *The Science of Freedom* (London: Weidenfeld and Nicolson, 1970),126 - 166。

95. Vincenso Ferrone, *Scienza, natura, religione: Mondo newtoniano e cultura italiana nel primo Settecento* (Naples: Jovene, 1982).

96. 唐纳德·R. 凯利转引并加以讨论,参见其论文"Vico's Road: From Philology to Jurisprudence and Back", in *Giambattista Vico's Science of Humanity*, ed. G. Tagliacozzo and D. P. Verne (Baltimore: Johns Hopkins University Press, 1976),15。

97. Vico, *The New Science*, pars. 147,344.

98. 有关激发了维科《新科学》的这一以及其他的思想传统,参见 Joseph Mali, *The Rehabilitation of Myth: Vico's New Science* (Cambridge: Cambridge University Press, 1992),16 - 41。我使用了书中的部分段落。

99. 有关这一概念更早期形成的综合评论,参见 Croce, *The Philosophy of Giambattista Vico*, 279 - 301; Rodolfo Mondolfo, *Il "verumjactum" prima di Vico* (Naples: Guida, 1969); Karl Löwith, *Vicos Grundsatz: Verum et factum conver-tuntur: Seine theologische Prämisse und deren säkulare Konse-quenzen* (Heidelberg: C. Winter, 1968)。对目前各种解释的一种有争议却又有洞察力的讨论,参见 James Morrison, "Vico's Principle of *Verum Is Factum* and the Problem of Historicism", *Journal of the History of Ideas* 39 (1978): 579 - 594。

100. GiambattistaVico, *On the Most Ancient Wisdom of the Ancients*, trans. L. Palmer (Ithaca, N. Y. : Cornell University Press, 1988),45 - 47.

101. Vico, *The New Science*, par. 33I.

102. 参见下列选集：G. Tagliacozzo and H. White, eds. , *Giambattista Vico：An International Symposium*（Baltimore：Johns Hopkins University Press, 1969）；G. Tagliacozzo and D. P. Verne, eds. , *Giambattista Vico's Science of Humanity*（Baltimore：Johns Hopkins University Press, 1976）；G. Tagliacozzo, M. Mooney, and D. P. Verene, eds. , *Vico and Contemporary Thought*（Atlantic Highlands, NJ. ：Humanities Press, 1980）；G. Tagliacozzo, M. Mooney, and D. P. Verene, eds. , *Vico：Past and Present*（Atlantic Highlands, NJ. ：Humanities Press, 1981）；以及收录在每年的 *New Vico Studies* 中的大量论文。现代维科研究中过度的"相对主义"和"现代主义"受到了 Andrea Battistini 很恰当的批评，见其"Contemporary Trends in Vichian Studies", in Tagliacozzo, Mooney, and Verene, *Vico：Past and Present*, 1 – 47, esp. 16 – 22。

103. Vico, *The New Science*, pars. 202 – 203.

104. Ibid. , par. 338.

105. Isaiah Berlin, *Vico and Herder：Two Essays in the History of Ideas*（London：Hogarth Press, 1976）, 52 – 53.

106. Vico, *The New Science*, par. 412.

107. Vico, *The Autobiography*, 148.

108. Ernst Cassirer, *The Problem of Knowledge*, trans. W. H. Woglom and C. W. Hendel（New Haven, Conn. ：Yale University Press, 1950）, 296.

109. Gianfranco Cantelli, "Myth and Language in Vico", in Tagliacozzo and Verne, *Vico's Science of Humanity*, 48. Cantelli 在其著作 *Mente, corpo, linguaggio：Saggio sull'interpretazione vichiana del mito*（Florence：Sansoni, 1987）中详细阐述了这一观点。

110. Vico, *The New Science*, par. 352.

111. Ibid. , par. 779.

112. Ibid. , par. 51

113. Ibid. , par. 338.维科具有创新性的神话的"人类学历史",参见 Frank Manuel, *The Eighteenth Century Confronts the Gods* (Cambridge, Mass.: Harvard University Press, 1959), 149 - 167。

114. Vico, *The New Science*, pars. 94 - 95, 396.关于维科的神学与历史学区分以及当代的争议,参见 Paolo Rossi, *The Dark Abyss of Time: The History of Earth and the History of Nations from Hooke to Vico*, trans. L. Cochrane (Chicago: University of Chicago Press, 1983), 251 - 261。

115. 对维科《新科学》中这些假设的一种令人印象深刻的解释,参见 Ferdinand Fellman, *Das Vico-Axiom: Der Mannmacht die Geschichte* (Freiburg: K. Alber, 1976)。

116. Vico, *The New Science*, par. 342.

117. Ibid. , pars. 379, 473.

118. Ibid. , par. 366.

119. Ibid. , par. 503.关于维科的宗教理论,参见 Samuel Preus, *Explaining Religion: Criticism and Theory from Bodin to Freud* (New Haven, Conn.: Yale University Press, 1987), 59 - 83。

120. Vico, *The New Science*, par. 374.

121. Ibid. , par. 470.例如,参见维科对丢卡利翁和皮拉建立底比斯城的神话的解释。(pars. 79, 523)

122. 维科在 *Autobiography*, 154 中提到了"四位作家":柏拉图、塔西佗、培根和格劳秀斯。

123. 对该问题的全面阐述,参见 Mali, *The Rehabilitation of Myth*, 136 - 173。

124. Plato, *The Republic*, 378a.

125. 对柏拉图顺着这些思路的神话理论的一种解释,参见 Julius A. Elias, *Plato's Defence of Poetry* (London: Macmillan, 1984)。

126. Vico, *The New Science*, par. 296.

127. Ibid. , par. 375.

128. 有关培根对维科的影响，参见 Enrico De Mas，"Bacone e Vico"，*Filosofia* 10(1959)：505－559。

129. Francis Bacon，*On the Wisdom of the Ancients*，in *The Philosophical Works of Francis Bacon*，ed. J. Spedding，R. L. Ellis，and D. D. Heath（London：Longman，1858—1874），6：696.

130. Vico，*The New Science*，par. 127.

131. Ibid.，par. 81. 例如，参见维科对阿波罗和达芙妮神话的评论（pars. 533－535）。

132. 1732 年，维科以《论英雄思维》为题，为那不勒斯皇家学会做了一场特别的演说。参见 E. Sewell 和 A. C. Sirignano 的英文翻译，收录在 Tagliacozzo，Mooney，and Verene，*Vico and Contemporary Thought*，2：228－245。

133. Vico，*The New Science*，par. 158.

134. Ibid.，par. 437.

135. Ibid.，par. 34.

136. Erich Auerbach，"Vico and Aesthetic Historicism"，*Journal of Aesthetics and Art Criticism* 8(1949)：110－118.

137. 最经典的研究是 Andrea Sorrentino，*La retorica e la poetica di G. B. Vico*（Turin：Bocca，1927）。另可参见 Andrea Battistini，*La degnità della retorica：Studisu G. B. Vico*（Pisa：Pacini，1975）；and Michael Mooney，*Vico in the Tradition of Rhetoric*（Princeton，NJ.：Prince ton University Press，1985）。

138. 关于维科的"诗性文字"，参见 Donald P. Verene，*Vico's Science of Imagination*（Ithaca，N. Y.：Cornell University Press，1981）。更综合的评价，参见 Karl-Otto Apel 重要但却被忽视的研究，*Die Idee der Sprache in der Tradition des Humanismus von Dante bis Vico*（Bonn：Bouvier，1963）。

139. Vico，*The New Science*，par. 138.

140. Ibid.，par. 139. 另可参见 Tullio de Mauro，"Giambattista-Vico：From Rhetoric to Linguistic Historicism"，in Tagliacozzo

and White, *Vico: International Symposium*, 279 - 295。

141. Vico, *The New Science*, pars. 390 - 392. 对此富有洞见的解释,参见 Kelley, "Vico's Road", 17。

142. 对这一观点的精彩阐述,参见 Hayden V. White, "The Tropics of History: The Deep Structure of *The New Science*", in Tagliacozzo and Verne, *Vico's Science of Humanity*, 65 - 85。

143. Vico, *The New Science*, pars. 236 - 237.

144. Ludwig Wittgenstein, *Remarks on Frazer's Golden Bough*, ed. R. Rhees, trans. A. C. Miles (Retford: Brynmill Press, 1979), 10.

145. Vico, *The New Science*, par. 482.

146. Giambattista Vico, *The First New Science*, par. 391, in *Selected Writings*, by G. B. Vico, ed. and trans. L. Pompa (Cambridge: Cambridge University Press, 1982), 154 - 155.

147. Vico, *The New Science*, par. 814.

148. Ibid. , par. 205.

149. 在《自传》第138—139页中,维科解释了自己对塔西佗的偏爱。参见 Santino Caramella 富有教益的讨论, "Vico, Tacitus, and Reason of State", in Tagliacozzo and White, *Vico: International Symposium*, 29 - 37。

150. 关于维科反共和主义的意识形态的政治背景,参见 Giuseppe Giarrizzo, *Vico: LA politica e la storia* (Naples: Guida, 1981)。

151. Vico, *The New Science*, par. 38.

152. Ibid. , pars. 531 - 532. Livy, *History of Rome*, 1. 8.

153. Vico, *The New Science*, par. 317.

154. Ibid. , pars. 647, 653. 对维科与神话相对应的罗马历史的出色重建,参见 Mark Lilla, *G. B. Vico: The Making of an Anti-Modern* (Cambridge, Mass. : Harvard University Press, 1993), 152 - 203。

155. Vico, *The New Science*, par. 537.

156. Ibid. , pars. 604,606.

157. 这一奇特的关系是以下论文集的主题，*Vico and Marx：Affinities and Contrasts*, ed. G. Tagliacozzo（Atlantic Highlands，N. J. : Humanities Press，1983）。

158. 参见麦克斯·霍克海默《维科与神话学》一章，收录于 *The Beginnings of the Bourgeois Philosophy of History*，in *Between Philosophy and Social Science*，by Max Horkheimer，trans. G. F. Hunter（Cambridge，Mass. : MIT Press，1993），375－388。

159. Vico，*The New Science*，par. 347.

160. Ibid. , pars. 332－333,360.

161. Ibid. , pars. 334－337.

162. Peter Winch，"Understanding a Primitive Society"，*American Philosophical Quarterly* I（1964）：322.

163. Vico，*The New Science*，par. 309. 对这个概念的清晰解释，参见 James C. Morrison，"Vico's Doctrine of the Natural Law of the Gentes"，*Journal of the History of Philosophy* 16（1978）：47－60。

164. Wittgenstein，*Remarks on Frazer's Golden Bough*，7.

165. Vico，*The New Science*，par. 1106.

166. Preface of 1869 to *L'histoire de France*，in Jules Michelet，*CEuvres complétes*，ed. P. Viallaneix（Paris，1971— ），4：14，cited by Max Harold Fisch，introduction to Vico，*Autobiography*，79. 有关米什莱发现维科的经典叙述，参见 Edmund Wilson，*To the Finland Station*（New York：Farrar，Straus，Giroux，1940）第一章。更具学术性的研究，参见 Oscar Haac，*Les principes inspirateurs de Michelet*（New Haven，Conn. : Yale University Press，1951）；Paul Viallaneix，*La voie royale：Essai sur l'idée de peuple dans l'CEuvre de Michelet*（Paris：Flammarion，1959），214－238；Maria Donzelli，"La conception de l'histoire de J. B. Vico et son interprétation par J. Michelet"，*Annales-Historiques de la*

Révolution Franfaise 53(1981)：633-655。

167. Cited by Fisch，introduction to Vico，*Autobiography*，76. 参见 also Viallaneix，*La voie royale*，215。

168. 米什莱对维科最具影响的讨论是"Discours sur le systéme et la vie de Vico"，written as a preface to the *CE uvres choisies de Vico* in 1835. It is reprinted in *CEuvres complétes* 1：434。

169. Viallaneix，*La voie royale*，115. 另可参见米什莱对这段文字独出机杼的翻译，收录于 *CEuvres complétes*，1：434。

170. Michelet，*CEuvres complétes*，2：64.

171. Michelet，"Discours sur le systéme et la vie de Vico"，1：288-292.

172. Jules Michelet，*Histoire de la République romaine*（1831），*CEuvres complétes*，2：341.

173. Viallaneix，*La voie royale*，215.

174. Michelet，cited in *CEuvres complétes*，4：2.

175. Jules Michelet，Introduction à l'histoire universelle，in *CEuvres complétes*，2：229.

176. Ibid. ，2：238.

177. 对米什莱自己存在主义神话的深度阐释，参见 Lionel Gossman，"The Go-between：Jules Michelet，1798-1874"，*Modern Language Notes* 89(1974)：503-541。

178. Jules Michelet，*Journal*，ed. P. Viallaneix（Paris：Gallimard，1959），1：491.

179. Michelet，*L'histoire de France*，in *CEuvres complétes*，4：364.

180. Paul Viallaneix，"Michelet and the Legend of Joan"，*Clio* 6（1976）：193-203.

181. Michelet，*Histoire de la République romaine*，2：341.

182. Michelet，"Discours sur le systéme et la vie de Vico"，1：283-284；Michelet，*Introduction à l'histoire universelle*，2：227-258.

183. Michelet，*Journal*，1：384.

184. Francois Hartog，*Le xixe siécle et l'histoire：Le cas Fustel de*

Coulanges (Paris: Presses Universitaires de France, 1988).

185. Karl Marx, *The Eighteenth Brumaire of Louis Bonaparte*, in *Selected Works*, ed. V. Adoratsky (London: Lawrence and Wishart, 1970), 96.

186. Marcel Detienne, *The Creation of Mythology*, trans. M. Cook (Chicago: University of Chicago Press, 1986).

187. Edward Gibbon, *The Decline and Fall of the Roman Empire* (New York: Modern Library, n. d.), chap. 23, p. 759.

188. Karl Marx, *A Contribution to the Critique of Political Economy*, trans. N. I. Stone (New York: International Library, 1904), 310 - 311. 对马克思"神话学"的研究，参见 Robert C. Tucker, *Philosophy and Myth in Karl Marx* (Cambridge: Cambridge University Press, 1972); and Leonard P. Wessell, *Prometheus Bound: The Mythic Structure of Karl Marx's Scientific Thinking* (Baton Rouge: Louisiana State University Press, 1984)。

189. 参见 Michael Kammen 的重要观察,他还指出美国历史学家们最初发现神话是在 1870 年左右,此后在 1920 至 1930 年间风行一时——这也是我研究的核心年代。*Mystic Chords of Memory: The Transformation of Tradition in American Culture* (New York: Knopf, 1991), 32 - 39, 481 - 514.

190. 对米什莱文艺复兴概念的扼要讨论,参见 Wallace K. Ferguson, *The Renaissance in Historical Thought* (Cambridge, Mass. : H. Mifilin, 1948), 174 - 178。

191. Michelet, *Introduction à l'histoire universelle*, 2: 237.

第三章　雅各布·布克哈特：
神话历史学家

I

　　1889 年 7 月 24 日,在阿尔高州巴登度假的雅各布·布克哈特给弗里德里希·冯·普瑞恩(Friedrich von Preen)写了一封信,信中说:"我在这买了罗赫霍尔茨(Rochholz)的《阿尔高传说故事》(*Legend of the Aargau*),此刻我必须承认,神话愈益吸引着我,将我拽离历史。从巴塞尔出发时,我只带了一本希腊人波桑尼阿斯(Pausanias)的书,这并不是漫不经心之举。渐渐地,我正在获得真正的神话之睛,它们可能是一位重获童年的老者的双眸。"[1] 真正的神话之睛(*Die rechten mythischen Augen*):它们对于布克哈特而言是什么,他又是如何通过它们观察现实的? 这些就是我本章要探讨的问题。我的线索来自布克哈特的暗示,即"神话之睛"最初属于一个"孩童",很明显就是布克哈特自己,我首先试图表明布克哈特自身观念的变化——从历史的到神话的——始于他的早年。随后我将详细阐述这一观念对其成熟的历史观点与著作而言,有着怎样更为深远的意义。自始至终,我思考着它对现代历史学研究特别是对新的神话历史技艺的潜在影响,诚如布克哈特所暗示,这门技艺如波桑尼阿斯的《希腊志》(*Description of Greece*)一般古老。

　　布克哈特说他的"神话之睛"是"一位重归童年的老者的双眸",这究竟是什么意思? 大约在他写这封书信的同时,布克哈特撰写了将在其葬礼上被朗读的生平概述(*Lebensbericht*)。布克哈

124

特在文中指出,母亲在他 12 岁那年的去世使他感受到了"永恒的衰老及所有尘事之无定",可能这已经为他的余生注入了一种最为宁静的气质。[2] 早年的这种感受弥漫于他所有的著作,而且我敢说,这也是他整个历史研究生涯的核心。因为布克哈特对世界危险性的敏锐意识,促使他到超出这种历史之外的历史中去寻找一种稳定性,去研究他不时提到的"永恒之物"(*Ewigungen*)而非"一时之物"(*Zeitungen*)。[3] 这就解释了他从历史中的无序与短暂回归到古朴与永恒,从流动不居的事件回归到它们永恒的形象与神话。在布克哈特的早年,曾经有一个关键性时期,一个个人和职业的危机期,那时他认识到了这一偏好的真实性。

　　作为巴塞尔大教堂牧师之子,年轻的布克哈特很自然地选择学习神学。在布克哈特 1835 至 1838 年的巴塞尔大学求学时期,现代神学为 19 世纪最激烈的论战所动摇——大卫·弗里德里希·施特劳斯(*David Friedrich Strauss*)在其《耶稣传》(*Life of Jesus*)中提出的对《圣经》的所谓神话学解释。施特劳斯的主要观点是,福音书中的故事如此难以置信,充斥着难以理解与矛盾之处,而可以使它们在其现代信奉者们看来显得合理的唯一途径便是将它们重新评价为"神话",评价为不涉及具体事件而是与整体文化环境和集体意识相关的流行故事。施特劳斯小心翼翼地不将福音书视为仅仅是传说故事而加以否定,无论它们在我们看来是多么的不可能和难以置信。相反,因为它们建立在具体的历史事实之上,便可以归入施特劳斯所谓的"历史神话"(historical myth)一类。他将新约中的一些故事归入这一标签之下,这些故事可以被追溯至某些真实的事件,但是又超出任何的历史考证之外,因为从一开始它们"便为宗教热情所攫住,为源自基督思想的神话概念所缠绕"[4]。神话学的解释可以解决关心福音书故事历史真实性的神学家们的难题。在施特劳斯看来,这些故事是真实的"历史"资料,因为它们记录了最初的基督教共同体实际上是如何回应耶稣的行动与教导的。一个不可信的故事,像是与诱惑相关的,不可能来自耶稣本人,但是如果它被认为是由那些仍然浸淫于犹太教传统"东方神话学"之中的人"在他身边所编造"的话,则仍然可以被理解和接受为是"历史的"。施特劳斯坚持认为,这类故事应该被认为是一种历史神话,而不是一则可以由耶稣自己来发表或是由与耶稣相关的某些个人所创作的"寓言",因为"我们所讨论的叙事更多的并不是像寓言那样由教谕思想及其诗歌表象所构成,而是由旧约的篇章和形式所构成",这些篇章和形式对犹太人和早期基督徒而言是耳熟能详的。因此,必须"只是追溯至思想,追溯至犹太教和早期基督教的代表",即赋予各类撒旦神话以力量的《圣经》的概念和弥赛亚的期盼。[5]

施特劳斯努力回击那些批评者们,他们声称他将整个耶稣的故事改成了神话。在第二版导论的末尾,他说道:"历史与神话之间的界线……将永远是波动的,缺乏精确的确定性。尤其不可期待的是,第一次从一个批判的角度去处理这些记录的整体尝试(施特劳斯自己的著作),会成功地划出一条泾渭分明的分界线。"首先,他希望"在那些他声称不知道发生了些什么的地方捍卫自己,通过断言他知道没有任何事情发生"[6]。但是这些很好的区分大都为普通读者们所忽略。在他们所能理解的范围内,施特劳斯传递的信息是明确的、具有毁灭性的——《圣经》中实际存在的只有神话,这些神话不涉及具体的历史事件,而只是关涉整体的历史环境以及一种集体的意识,这种意识仍然充斥着灵魂、众神与魔鬼。更关键的是,对这些读者们而言,神话学的解释已经使福音书作为"历史"故事变得更容易理解,但也因此使它们作为"神话"故事而言变得过于合理,以至丧失了它们激发信仰所不可或缺的宗教力量。

在施特劳斯的著作出版前,布克哈特在巴塞尔的神学老师威廉·迪卫德(Wilhelm Dewette)便已发展出了自己的神话学理论,并且非常乐意在那些激荡的岁月,在施特劳斯新的激进的学说中去宣扬它们。[7]巴塞尔旧有的良好的自由传统,它曾保护了自伊拉斯谟(Erasmus)、帕拉塞尔苏斯(Paracelsus)以来的异端学者,使他得以宣扬施特劳斯的学说,相反施特劳斯本人在苏黎世却被剥夺了教学权。(在苏黎世,他的神学教席任命书引发了一场人民武装暴动——所谓的施特劳斯暴动(*Straussenputsch*)——并导致了自由主义政府在 1839 年的垮台。)布克哈特很快被吸引到这一事业中。[8] 在 1838 年夏天致朋友的一封信中,他写道:

在我看来,迪卫德的体系声望日隆。每个人都只能简单地去追随他,没有别的选择。每一天,都有一部分我们传统的教义在他手中消失。今天,我终于认识到他将基督的诞生仅仅视为一个神话——我也是这么认为的。为什么必须如此呢,当一连串的理由朝我袭来时,我颤抖了。在那一刻,我无法正视自己脸上的信仰的废墟。[9]

布克哈特在信中得出的结论是,从此之后他将是一个"诚实的异端者"(ehrlicher Ketzer):异端者,是因为他对这些所谓的真理不再相信;诚实,是因为他认为这些构成了我们西方文明的真理,仍然对文明至关重要,并且他认为,任何与他一样敏锐地意识到"所有尘事之无定"的人,必定会赞同它们。布克哈特的"诚实的异端"进一步使其确信,基督教原始的、不可或缺的核心,过去是并且不得不永远保持一种神话的形象,它是如此重要(他可能加上了他的朋友弗朗茨·奥韦尔贝克),不能够也不应该被转化,并进而按照字面含义被规范进神学的教义之中。这种新的信念指引了他的一生,包括他的教学生涯与史学研究。布克哈特的"世俗性"(Weltlichkeit)概念,他用该词来定义意大利文艺复兴独特的世俗性,而且很明显他自己也是如此,是其最初"诚实的异端"的最终表达:

这种世俗性不是轻佻的,而是认真的,并且因艺术与诗歌而变得高贵。这种态度一旦获得便永远不会失去,一种不可抗拒的动力迫使我们去研究人和物,我们必须将这种研究当作我们正当的目的和工作,它们都是人类精神的一种崇高需求。这一研究要多久,以及通过什么途径将我们重新领回上帝那,以及在什么方式下个人的宗教情感将受到它的影响,都是无法用任何普遍的答案来回答的问题。[10]

布克哈特世俗性(Weltlichkeit)的知识来源是他与迪卫德理论间的决定性对抗,以及最终承认神话对基督教而言不可或缺。然而,对布克哈特而言,这种承认并非意味着宗教失去其作用,而是经由新的"更高的批判"范畴得以重新评价其价值,这些范畴既不是神话学的,也不是严格的历史学的,而是"神话历史学"的。这是布克哈特从迪卫德那学来的主要的方法论经验——将历史("耶稣")与神话("基督")调和起来以表明它们如何共同创造了一种新的强大的历史神话("耶稣基督")。在 1838 年的夏天,布克哈特不再相信事件的历史可信性,但却发现了事件的印象和形象上的历史可信性。他随后发现这种形象的历史才是真实的历史,它在事件的历史之上,并超越于它。因此,从那一关键的时刻起,终其一生,布克哈特的目标不是去证明这个或那个"神话"素材是正确的还是错误的,而是去发掘它的意义:去解释在什么样的心理与历史环境下,某种理解的模式便需要被创造出来,它们服务于哪种更高的形而上学的真理,以及最根本的,为什么它们仍然存在于我们的集体想象之中。他决定终止在巴塞尔的神学学习,并着手去柏林学习历史,这对于一名认识到基督教的真相不会在原始的福音书中,而是在其历史传统中被找到的学生来说,是顺理成章之事。

一年后,大约是在 1840 年的圣诞节,那时布克哈特已经是柏林的一名历史系学生,他依然为自己宗教危机的骚动所困扰;但与此同时,他确信自己已经找到了克服它的方法:"此时此地,我正在过往生活观的废墟中孜孜不倦地搜寻,试图发现在旧有的基础中哪些仍然有用处,尽管是以一种不同的方式"——历史的方式。[11] 而且,正如布克哈特在同一封信中所指出的,对历史的研究不仅使他克服了宗教危机,而且还克服了因信念丢失所带来的新的、在许多方面而言更糟糕的危机——"怀疑论"(skepticism)和"宿命论"(fatalism)的痼疾。他写道:"深渊在我脚下渐次展开""各类恶魔"从深渊中爬出,用一种"完全世俗性的察物与做事方式威胁着他。对此,我在自己主要的研究对象,即历史中,找到了一种补救之法(Rettung),这是第一次冲击,它消除了我的宿命论以及我曾建立在此基础之上的生活观"[12]。至 1844 年,他承认自己的历史研究已经确实将教派的基督教摧毁,但并未破坏自己情感上的虔诚:"伴随着每一次呼吸新鲜的空气,学习揭露了教会作为内在事实的解体,并促使它成为外在的……一位消极的神学家可以做的最谨慎的事便是转入另一个系。"[13] 数月后,在写于 1845 年的一封信中,他已经可以下结论说历史确实是那个唯一的救赎——因为它是补救(*Rettung*)的真正意义所在——对于"诚实的异端者"而言。"基督教此前有它自己伟大的时代,这对我而言是毫无疑问的,就像二加二等于四一样。以什么样的方式,它的永恒内容(*ewiger Gehalt*)能以新的形式被保存下来,历史在适当的时候将告诉我们。"[14] 最终,布克哈特将这种"新形式"的精神历史定义为"另一种历史"(*historia altera*)。[15] 正如上文所述,布克哈特在《意大利文艺复兴时期的文化》中对其世俗职业变动心照不宣的忏悔——"这一研究要多久,以及通过什么途径将我们重新领回上帝那,以及在什么方式下个人的宗教情感将受到它的影响,都是无法用任何普遍的答案来回答的问题"——表明即便他自己尚未在"另一种历史"中找到重回上帝之路,但是他确信这是正确的道路。为了探讨年轻的布克哈特如何有了这种新的历史概念,它在实际的术语中真正的含义又是什么,以及它如何将他的职业定义为一名神话历史学家,我们必须将注意力转向布克哈特在柏林历史研讨班(*Historisches Seminar*)时期的生活与学习。

II

1839 至 1842 年期间,布克哈特是那所著名研究机构的一名学生。在那里,他的老师包括了那个年代最著名的历史学家们:约翰·古斯塔夫·德罗伊森(Johann Gustav Droysen)、奥古斯特·布克(August Böckh)、雅各布·格林(Jacob Grimm)以及最著名的利奥波德·冯·兰克(Leopold von Ranke),用布克哈特自己的话来说,兰克在所有历史学"大师"(*gigantische Grösse*)中代表了"历史科学"(*Geschichtswissenschqft*)。布克哈特钦佩老师兰克的"广博学识",但却发现他"完全丧失了个性"[16]。总之,他从未成为兰克的门生或同事,后来他还拒绝了柏林大学兰克历史教席的提名。这种疏离既是职业的,又是个人的。[17] 因为兰克和布克哈特是(用弗里德里希·梅尼克的话来说)19 世纪两位最伟大的"历史思想家"[18],在此可能合适的是,我们简要地考察一下兰克对所论问题的观点,即神话在现代历史学中以及对现代历史学的重要性,然后将其与布克哈特的观点做一比较。与我们研究布克哈特一样,从兰克从事历史研究的最初开始可能会很有效。

在一段著名的自传中,利奥波德·冯·兰克回忆起自己少年时迈向历史研究的最初几步。阅读了沃尔特·司各特(Walter Scott)有关骑士时代的历史小说后,他又看了科米纳(Commines)关于这一时期的历史著作,并惊讶地发现,有关中世纪生活以及诸如《昆丁·达威特》(Quentin Durwald)中勃艮第的查尔斯和路易十一等人物的浪漫主义画面完全是虚构的。"通过比较我发现真相比浪漫更有趣、更优美。我抛却浪漫,决意在我的著作中避免任何虚造和想象,紧紧地握住真相"。[19] 自此之后,兰克便努力对所有有关历史事实的神话叙述加以证伪。[20] 他对真实史料的孜孜不倦在历史学家中已成为典范。问题在于,许多神话对有关种族共同体、宗教运动、政治机构等最早期的历史而言是真实的史料。作为一名年轻的历史学家,兰克仍然汲取了一些浪漫主义的观点,即这类神话对民族及其历史学家而言具有重要性。在写于 1830 年代的一部世界史初稿中,兰克陈述道:

> 至于神话,我不想绝对地否认它们可能包含了一种偶尔的历史要素。但是最重要的事情是,它们表达了一个民族本身的观念及其对世界的态度等等。它们的重要性在于一个民族的主体性或它的思想可以通过它们来表达,而不是因为它们包含了任何可观的事实。在前一方面,它们有坚实的基础,并且可为历史研究所依靠,但在后一方面则并非如此。[21]

显然,兰克对历史中以及对历史而言哪些是可靠的"事实",哪些不是,已经有了一种肯定的观点;他认为神话不应被视为可靠的"事实",即便如他自己所正确指出的,它们构成并告诉了我们民族的集体意识。他对世界史的成熟思考,撰写于 1880 年代,表明他已经与自己早期对民族神话有效性的浪漫主义观点离得有多远,更不用说与经由历史以及为历史而恢复神话的实际尝试之间的距离了。"历史学无法探讨社会的起源,因为作为历史知识基础的书

写艺术,是一种相对后起的发明……历史的范围受其所能掌握的
手段的限制,敢于去揭开远古世界面纱以及人类与上帝及自然间
关系的历史学家是鲁莽的。对上述问题的解决之道必须交由神学
和科学的共同努力。"[22] 相应地,在他为欧洲各国所著的历史中,兰
克没有将它们的神话考虑在内。因为他发现,正是由于这些神话
继续存在于各国的文化传统之中,它们扭曲了人们对自身历史的
理解与叙述。这只是他的著名宣言——历史学家的使命是要展示
事情究竟是如何发生的——的主要信息之一,他通过揭示所有扭曲
了弗朗西斯科·圭恰迪尼《意大利史》(*History of Italy*)的"神话"
偏见,例证了该宣言。他对像威尼斯 *Realzioni*,*Dispazzi*,*Acti* 这
类外交档案的醉心,出自他的一个假定,即这些由似乎是真实而中
立的语言写就的官方摘要几乎避免了修辞和神话的修饰。他的
《教皇史》(*History of the Popes*)便建立在这些史料之上——兰克
使用了大使们的报道以及他们对教廷及教皇国的看法,并成功地
写出一种不带个人色彩的、不偏不倚的、严肃的叙述,在所有最具
主观性的议题上保持极度的客观。[23] 可惜的是,作为相关议题的
现代权威,这些史料"是经过高度过滤、深思熟虑的文本,它们丝
毫不是自然而然的"。大使们不只是报道政治事件,还将它们编
入传递了各种其他信息的艺术性表述之中。[24] 凭借文艺复兴时期
的文化符码,他们在书信中唤起了一种全然是神话学的知识,而
兰克对此不是忽视,便是加以拒绝,因为他只将它们作为政治而
非文化档案加以阅读。这导致了他对政治生活与历史的一种相
当狭隘的观念。正如安东尼·格拉夫敦(Anthony Grafton)已经
指出的那样,"在兰克对重要档案以及著名家族文件的依赖中,
他已经不假思索地接受了某种对历史本身的解释:在这种解释
中,国家与帝王之事远胜过人民与文化之事,前者从一开始便赢
得了他的兴趣。"[25]

　　很明显,兰克尚未想到介于神话与历史之间的第三种选择,即
神话历史的可能性,诚如唐纳德·凯利(Donald R. Kelley)在其有
关神话历史起源的重要论文所示,兰克同时代的其他历史学家已
经充分意识到了这一点。[26] 上文已述,布克哈特自早期的神学研究
起,便已经留意到这一传统。他在早期的神学研究中,便承认所谓

97

更高级的批判神话学的有效性,这使他与兰克历史研究中的"批判"神话学分道扬镳。布克哈特对自身历史职业的反思,表明他试图在历史中找到曾经希望在神学研究中找到的对美学及狂热启示的"满足"。1840 年 3 月,他写信给朋友冯·楚迪,因为"我工作的极为令人分神的状况",对宗教的疑惑正在减弱。布克哈特还注意到"要是顺便说一下的话,历史哲学每天都在我脑海里"。然而,他明确表示了对源自黑格尔著作,出现在后黑格尔讲师们(*Dozenten*)讲座中的抽象公式与推测的疑虑,"我并不懂得他们"[27]。然而,他相当乐意将他们新颖的哲学教导与自己旧有的诗歌冥想融入到一种新的历史著作中去。他向自己的朋友解释道:"我的诗歌,你曾预言它将前途光明,如今处在被打包丢弃的危险之中,因为我在历史本身中发现了诗歌的高度。曾有一段时间,我将想象的运用视为诗歌的最高要求。但是由于我必须重视精神状态的发展,或者更简单地说,重视这类更高的内在状态,我现在在历史中找到了满足。"[28]他确实这么做了。他在柏林大学兰克历史研讨班的历史研究,将这种最初有关历史的"诗性"观念,转变为一种有关神话历史的更本质的概念。在向谢林、萨维尼及格林学习期间,他对神话历史的主要学说变得熟稔起来。布克哈特将雅各布·格林的塔西佗《日耳曼尼亚志》(*Germania*)研讨班挑选出来,视为自己在柏林期间最重要的学习。在这部作品中,塔西佗论证道,日耳曼人的"古代颂歌"(ancient hymns)是"他们所拥有的唯一的记录或历史形式"——这一事实使这些神话对重建日耳曼人的早期生活与历史而言变得不可或缺。在笔记本中,布克哈特就这门课程总结道:"历史如太阳一般从传说(圣人)的黎明中冉冉升起。神话与历史彼此依靠……我们(有关远古历史)的知识,尚不足以进行哲学的反思。"[29] 在数月后的一封信中,布克哈特重申了上述早期的神话历史学主张,它依然是关乎布克哈特整个历史工作的最具启发性的陈述:

> 像我这样的一个人,既完全不具备猜测的能力,又不愿意在一整年中花上一分钟进行抽象的思考,最好用对我而言自然而然的方式,努力澄清我生活与研究中最重要的问题。我的替

代品是沉思（*Anschauung*），每天都变得更加清晰，并且越来越接近本质。我对具体的事物、可见的自然及历史天然亲近……你可能不会相信，出于这种或许是片面努力的结果，历史的事实、艺术的作品以及所有时代的遗迹，是如何作为精神发展过程中过去某一阶段的证据，一点点逐渐获得其重要性的。相信我，当我看到当下相当明显地横卧在过去之中，我为一种深深的尊敬所打动……这就是我在世界的海滩所站立的位置——朝着万物的起源（fons and origo）张开我的双臂，这就是为什么历史与我而言就是诗歌，可以经由沉思来把握。你们哲学家们走得更远，你们的体系进入到世界秘密的深层之中，而且对你们而言，历史是一种知识的来源，是一种科学，因为你们看到或者说认为自己看到了原始时代（*primum agens*），而我在那里只看到神秘与诗歌。[30]

"神秘与诗歌"——在布克哈特看来，这就是历史的全部：人们如何通过有意义的虚构，从混乱的现实中，从与混乱现实的对抗中，创造出自己的人类世界。

"诚实的异端者"的窘境由此成为现代历史学家的使命。因为在这个创造与解释的过程中，布克哈特看到，我们所打交道的知识，与科学家、哲学家和神学家们一直关心的并不是同一类，他们关心的是有关终极理由与真理的知识，而我们所打交道的则是人们自己创造并遵守的具体理由与道理，即诗的形象、信仰，以及人们努力解开生活奥秘，解密神话的实践。因此，既然他意识到这些想象的形象与传说——而非任何似乎更真实的原因或事件——是所有历史创造的起源，是所有现代事物的精神之根，在它们身上，他确实可以看到"当下相当明显地横卧在过去之中"，他"为一种深深的尊敬所打动"。正是出于这个原因，历史才是"最高程度的诗歌"，因为它是一种既有关神话又以神话为基础的工作。

许多年后，在 1860 年代于巴塞尔所作的多场公开演讲中，这些演讲后来以《历史沉思录》（*Reflections on History*）为人所知，布克哈特重申了上述主张。在"从历史的角度考察诗歌"一节中，他

99

坚持认为:"历史在诗歌中不仅能找到最重要的,而且也是最纯真、最美好的素材……诗歌,对历史观察者而言,在有关时间与民族的表达方面是永恒的图像;因此,诗歌的各方面都具有指导性,而且经常是保存得最好或者是唯一保存下来的事物。"[31] 更具体地说,布克哈特认为神话是所有宗教、民族、文明之历史的"诗歌表现形式"(*poetische Darstellung*)。正如他在《希腊文化史》(*Griechische Kulturgeschichte*)中所述,神话是民族最具决定性的图像(*Schicksalbild*),是决定了民族整个生命与历史的最初见解。因此,布克哈特将自己文化史中的"古典人文主义教育项目"定义并实践为一种通过民族确定的神话以理解民族的努力。比如,来看一下他是如何看待歌德的《浮士德》(*Faust*)的,我们的依据是他1855 年写给一名青年学子的信:

> 在《浮士德》中你注定会发现的,你也将凭直觉找到……《浮士德》是一个真实的神话,一个伟大而古老的形象,在其中每个人都必须以自己的方式找到自我与命运……让我来做个比较:如果一位评论家将自己置于希腊人与俄狄浦斯的故事之间,希腊人会怎么说?在每一个希腊人心中都有一种俄狄浦斯狂热需要被搅动,并且马上以自己的方式颤抖起来,无需任何的中介。同样的情况也适用于《浮士德》与日耳曼民族之间。[32]

高尚的浮士德是日耳曼民族的象征,正如机智的提尔·奥伊伦斯皮格尔(Till Eulenspiegl)是佛兰德人国家的象征一样。[33] 尽管兰克认为这类神话对历史研究有不好的影响,布克哈特却认为它们可能是这类研究最佳的途径。如果它们仍然存在于历史学家的头脑以及文化中的话,则将更是如此。"我们的才智,无论在科学和技术上它觉得自己多么地独立于过去,总是因与遥远时代与文明的精神相联系的意识而得以更新,变得神圣。"[34] 由此引发了他与黑格尔学派和所有其他历史哲学家们的争论,"他们认为我们自己的时代是完全发展了的,而过去作为对比,则是我们时代的初始阶段。我们应当研究在我们身上产生回响并可以为我们所知的反复出现的、连续的、典型的事物"[35]。布克哈特试图在人类事务中发现某种永恒的思想与行为模式,当然他是以自己"诗歌"的方式从事于此。他完全忽视新的归纳的社会科学,如生物学、心理学、社会学的系统方法,这些方法正成为那个时代的潮流;相反,他全神贯注于对其所谓西方文明的"伟大精神连续性"(*grosses geistiges Kontinuum*)作直觉阐释,借由一些原始的神话形象与传统——比如基督教的那些——它们构成并仍然维系着它。

这是他第一部重要历史著作,出版于 1852 年的《君士坦丁大帝时代》(*The Age of Constantine the Great*)一书中的主要观点。如书名所示,及布克哈特的前言所述,该书的关注点不是君士坦丁本人而是他的"时代(Age)"。[36] 这个时代重要的是什么,与任何历史时代一样,主要是精神的而非物质的条件。总体而言,他相信"任何事件都有精神的一面,而事件也由此获得不朽"[37]。君士坦丁时代最主要也是最显著的要素是晚期罗马社会普遍的退化(*Veraltung*),布克哈特描述道,它因新生基督教的生机勃勃而丧失其精神力量。[38] 与流行的启蒙运动时期的传统解释相反,布克哈特并不将基督教的兴起与成功归结为教会的或政治上的权力操控,当然也不归结为君士坦丁个人,他否定君士坦丁,认为"即便他将自己描绘成站在教会的共同体之内,本质上却毫无宗教信仰可言"(292),而是归结为当时普通大众真诚的救赎之愿与努力,比如在希罗宁姆斯(Hieronymus)有关圣徒与殉道者的故事中所揭示的那样。在这部早期的著作中,布克哈特已经表露了自己对民间故事超越历史的偏爱,这一倾向可能导致他过于乐意将《奥古斯塔历史》(*Historia Augusta*)的文学虚构当作一种可靠的历史素材加以接受(31—35)。他相信,这类流行故事无论看起来多么像传说,比起教会神父们撰写的历史,更多地展现了那个时代宗教性的真实状况。布克哈特由此批评了君士坦丁的官方传记作家凯撒里亚的尤西比乌斯(Eusebius)"令人憎恶的虚伪",他将自己的主人公描写为一位身处异教蛮族军队之中的非凡而虔诚的基督教徒;布克哈特更乐于依赖"一位像阿米亚努斯(Ammianus)那样有理性的异教徒",他和布克哈特一样是一位"诚实的异端者",知道如何在君士坦丁的时代背景下,将其描写为一位坚持并隐藏自己异教、基督教以及许多其他信仰之人,在如此充满危机的年代这是司空见惯而又必需的,当时旧的古典文明已经在死去,一种新的基督教文明正在显现(261)。

101

布克哈特"诚实的异端"不仅塑造了他的宗教身份,还塑造了他的历史职业。在布克哈特历史研究之伊始,他便与自由主义的黑格尔派哲学家相疏离,与马克思对宗教的激进批判相对立,他们都认为现代人应该最终扬弃(*aufheben*)他们的原始神话信仰,要么(如黑格尔所建议)将它转变为更完善的哲学观点,要么(如马克思所要求)将它完全抹去。虽然马克思相信"人创造了宗教,而非宗教创造了人",但布克哈特却相信现实的神话-宗教结构。在后来的生涯中,针对这些激进的历史理论家们,布克哈特发展出了自己的保守理论:他们将对宗教理性的、历史的批判视为宗教的完全解体,并试图将宗教的情感降至仅仅出于心理学的、社会学的、政治学的或是其他人类(过于人性)的原因,但是布克哈特将宗教呈现为任何社会现实结构中一种重要的历史"力量"(*Potenz*),这种"力量"与其他政体的、文化的力量一样,都对社会现实至关重要。[39]

显而易见,布克哈特对现实本质上是神话学的概念,定义了他整个的历史研究。他意识到,历史学这一职业并非真如兰克曾经教授给他的那样是"科学"(*Wissenschaft*),而是"文化"(*Bildung*),后者从字面意义上意味着对生活与历史中形象的一种构建或领悟。[40] 汉斯-格奥尔格·伽达默尔(Hans-Georg Gadamer)已经指出:"文化要求的更多是古代的神秘传统,按照这一传统,人类在以上帝的样子被造出后,便在自己的灵魂中带着上帝的形象,并且他必须在自己的心中培育它。"[41] 布克哈特以这类"榜样(*Vorbilder*)"来塑造自己的生活,他们主要都是与自己同道的学者——反对极权主义的民主制和独裁政治的希腊人,苏格拉底、毕达哥拉斯(Pythagoras)和德摩斯提尼(Demosthenes);最早的基督教隐居修道士们以及罗马帝国时期最后的异教学者们;圣赛维林(Saint Severin)、但丁以及贝卢诺的弗拉·乌尔巴诺·瓦雷里亚诺(Fra Urbano Valeriano)。所有这些人都通过坚守西方文明的文化传统,以对抗各自时代的政治事件与权威。[42] 深思这些隐士们,这些"被压抑的灵魂"和"高尚的人格"被"精神的力量"驱入荒漠,在那里

"除了尘世之外，他们还与上帝斗争"，布克哈特写道：

> 人类的本性是，当他在庞杂而忙碌的外部世界中感到迷茫时，他便会在孤独中寻找真正的自我。他对内心的分裂和撕扯感受得越深，便越需要绝对的孤独……所有尘世的想法都烟消云散后，隐居者就成了苦修者，部分是做苦行以赎罪，部分是为了除勉强糊口外对世界别无所求，但部分也是为了使灵魂得以与崇高保持交流。[43]

102

这是布克哈特在 1846 年头几个月所做的事情。那是一个无论在其家乡还是整个欧洲，激进主义者与传统主义者之间充满激烈政治斗争的年代。布克哈特认为整个复辟斗争是徒劳的，因为他认识到合法王朝的复辟本身，并不能在人们的思想中重申其古代价值、习俗与制度的有效性。布克哈特宣称，他们从这些中永远解放出来，生活在并且相信一个自由的世界——事实上，在布克哈特看来，是一个过于自由的世界。[44] 因为布克哈特在自由主义中看不到任何有价值的东西，它存在于世俗的人道主义以及其他现代学说之中，破坏了所有形而上学的忠诚与责任，而且还鼓励人们只是追逐物欲与私利。[45] 在写给德国自由主义朋友们的信中，布克哈特奚落了他们民粹主义的同情心，"我太了解历史了，从大众的专制中除了看到未来的一种暴政外，期待不了任何其他的东西，而这将意味着历史的终结。"[46]

布克哈特对历史上自由主义意识形态的清醒态度，最终使他反对历史学中与自由主义相应的神话学。至 1840 年代中期，他愈益敌视兰克的历史学教导。二十年后的统一战争证实了他早年对兰克历史方法论与新的德国政治意识形态间密切关联的怀疑。1874年，在写给尼采的一封信中，布克哈特总结了自己对兰克历史哲学的反对，"无论如何，作为一名教师与教授，我可以坚称我从未为了'世界历史'这一夸大之名背后的目的而讲授历史，而是从根本上将历史视为一门入门课：我的任务是让人们拥有一种框架，如果他们未来无论何种学习都不是漫无目的的话，这种框架便是不可或缺的。我已经尽我所能引导他们去获得个人对过去的认识——无论以何种形式——并且至少不破坏他们对历史的兴趣"[47]。

这些后来的思考可以追溯至促成布克哈特在1846年决定将一生奉献给"文化史"(*Kulturgeschichte*)研究与教学的环境与考量。正是在当时当地,布克哈特"如此厌倦当下",决定"建立与生活及诗歌间新的关系。"他在1846年3月5日写给朋友赫尔曼·索恩堡(Hermann Schauenburg)的著名书信依然激动人心,"天哪,我终究无力改变万物,在普遍的野蛮入侵面前……我想有助于存亡继绝,在我卑微的身份允许的条件之下……我们可能都将毁灭。但至少我想找到为之而死的兴趣,即旧欧洲的文化(*die Bildung Alteuropas*)。"[48]"旧欧洲的文化":此后遂成为布克哈特生活与研究的主题。如若像亨利·柏格森(Henri Bergson)所说的那样,任何伟大的思想家都会在脑海中唤起一个,并且只有一个重要的想法,并将穷尽一生努力去弄懂它的话[49],那么在布克哈特身上,"旧欧洲的文化"便是那个想法。在1846年的3月,他认识到所需要的并不是一种政治上的复辟,而是一种文化上的复兴。他在上引书信中总结道:"暴风雨过后,一种新的存在将出现,形成于旧的与新的基础之上;那就是你的位置,并且不是在不负责任的行为前面。我们的使命是危机过后的重建。"[50] 在《历史反思录》(*Reflections on History*)中,布克哈特用更常见的措辞表达了这一观点,"所有更高级的文化都有一个特点,那就是它们易于复兴。无论是同一群人还是后来的民族,都部分地将过去的文化吸收进自己的文化之中,出于一种传承权或是敬仰。"他说,像十五六世纪意大利和欧洲文艺复兴运动那样"纯粹的复兴",必须与像犹太人被放逐后或波斯在萨珊王朝时期的那些"政治-宗教复辟"相区分,因为"它的典型特征包括,它的自发性,它不可抗拒的无可置疑的生命力,它或多或少触及各个生活领域的广度,比如它影响到国家的概念,并最终影响到欧洲人的性格"[51]。布克哈特坚定地认为,与15世纪的意大利一样,好的国家应该由文化来构建并掌控,而不是通过其他的途径,因为只有以这种方式它才能总是"易于"(susceptible)复兴。

这样的一种复兴如何发生?在这一过程中历史学家的具体职责又是什么?这是布克哈特在其著作与一生中着力去回答的两个

关键性问题，当他将目光从欧洲的"旧秩序"——他知道这已经一去不复返了——转向"旧欧洲的文化"时，他相信"旧欧洲的文化"在其原始的各类神话及所有后来的文化表现中，仍然具有生命力。在 1847 年写于罗马的一首诗中，布克哈特表示，他的使命便是保存这些神话。[52] 从此之后，直至职业生涯的终点，作为一名文化史的教师与作家，他始终坚持这一职业信念。

104

　　布克哈特的三部主要著作，构成或者至少可以被解读为源出西方文明神话素材的西方文明史：《希腊文化史》叙述了西方文明在希腊神话中的起源；《君士坦丁大帝时代》叙述了这种神话向基督教神学的转化；《意大利文艺复兴时期的文化》叙述了这种神话在现代文化中的重生。在所有这些著作中，布克哈特通常将他最深的钦佩留给那些秉持保守主义思想的学者与艺术家们，他们在各种反传统的论争以及革命性的变革中，始终维护这种古典－人文主义的文化传统。在古典时期的希腊，他们主要是那些诗人与戏剧家们，他们反抗那些针对自己神话创作的哲学上、政治上的非难；在古代后期，他们主要是隐士以及少数罗马异教徒，他们以不同的方式保留了古典的精神美德以对抗蛮族人和基督教徒；在意大利文艺复兴时期，他们是那些在其作品中严格遵循"古典"的思想家和艺术家——并且因此是真正"人文主义的"。

　　这也是《向导：意大利艺术品鉴赏导论》（*The Cicerone*）一书的主要观点，这部出版于 1855 年的著作是布克哈特主要的艺术史研究成果。[53] 虽然布克哈特隐藏了该书在理论上、论辩上的意图，以意大利文化指南的传统形式写作，即为想要在意大利伟大"艺术作品"中寻找"享受"的游客们而写，但是他认为，对这些艺术品（*Kunstwerke*）的真正享受需要某些伦理的而不仅仅是美学的教育，也就是说，为了对它们的美有一种真正的见解（*Anschauung*），观赏者必须对情况有全面的了解，必须知道创作者的世界观（*Weltanschauung*），简而言之，具备一种古典教育。聚焦于意大利文艺复兴时期的伟大艺术品，布克哈特试图表明它们是怎样获得其"古典"特性的——对布克哈特而言，这仍然是由约翰·温克尔曼（Johann Winckelmann）高贵的单纯与静穆的伟大（*edle Einfalt und stille Größe*）这一标准来确定的——从统一性和不朽性这类更高的角度来展现我们可悲的人类现实。与席勒(Schiller)一样,他相信对人的"美学教育",相信凭借他们认为蕴藏在伟大艺术作品中的美的形式,对人类现实中的混乱景象加以思索,可以使人在现实中看到理想,可以将个人生活的偶然事件(*Zeitungen*)纳入历史的永恒经历(*Ewigungen*)之中,并由此将个人的雄心壮志与传统相协调。因此,在《向导》中,他努力重申与艺术的"原创性"(originality)相对的"传统性"(traditionality)这一概念,该提议在反对者的攻击中被放大为新浪漫主义以及其他流行的立场。[54] 他厌恶"天才"(*Genie*)这个非常德国的概念,作为浮士德式的艺术家(或科学家),"天才"神秘而危险的创造力挑战大众的理解标准以及所有其他传统的惯例。在上述争论中,以及在他试图反驳自由主义将现代性与个体性相等同之处,布克哈特从他在自己1838年宗教危机所获得的基本信念中汲取道德的灵感——"上帝为人类设定的目标是战胜自私以及为了世界而牺牲自我。"[55]

这就是他在《向导》中用以评价伟大的意大利艺术家们的标准。在审视他们的作品时,布克哈特隐隐地发问道,它们是否完成了这一"天定"的任务,是否为了普遍性而牺牲自己的个体性。用艺术的话来说,在上述任务上的成功意味着他们能够在其新的艺术创作中保留属于古典传统的神话和历史形象。在布克哈特看来,一种文化的复兴如若是可能的话,便只有依靠对文化传统或旧欧洲文化及其所有神话的、历史的关联的某种保守主义的献身。拉斐尔(Raphael)展现了这种奉献,米开朗基罗(Michelangelo)则没有。

在布克哈特看来,遵循传统的艺术家拉斐尔与主张个性的艺术家米开朗基罗之间的竞争,是意大利文艺复兴以及现代欧洲主要文化分歧的缩影。在所有文艺复兴的画家中,布克哈特认为拉斐尔是最伟大的"历史画家"(historical painter),因为他懂得如何让自己绘制的历史场景充满真实的精神印象与意义。[56] 在位于梵蒂冈签字厅的画作中,拉斐尔以一种既符合历史细节又与画作在后世唤起的道德、美学印象相契合的方式,成功地呈现了诸如《君士坦丁之战》《雅典学园》等场景,并由此在画作的全部意义中捕捉到"一种完美的历史时刻"(151—152)。相反,米开朗基罗并不真正

关心这种古典的、人文主义的主题，或者说，就这一方面而言，他并
不关心自己任何画作的内容与形式。他的《最后的审判》是一幅巨
作，但也是对自己"以普罗米修斯式的喜悦，创造运动、位置、前缩
透视法、纯粹人类形式的组合等所有能力"的完全随心所欲的展
示，在布克哈特看来，这一事实使他成为一名"风格主义者"
（mannerist，126）。米开朗基罗是"第一位现代艺术家"，这意味着
他是第一位打破古典传统，并脱离它所有的传统主题与神话的人。　106
而且正因为在他的画作中没有"历史悠久的神话来看管、限制他的
想象力"，尽管它们是华丽的，但对旁观者来说似乎相当古怪，并且
常常是只以自我为中心，缺乏对我们的文化范式而言相当关键的
神话关联。在米开朗基罗身上历史与艺术的分离对意大利的绘画
而言，被证明是毁灭性的。"在他死后，所有艺术门类的一切原则
都被推翻了；每个人都努力达到绝对，因为他们不懂得在米开朗基
罗身上看似不受控制的，实际上来源于他内心最深处的个性。"
（128）向平庸与粗鄙的退化在巴洛克艺术中最为明显。布克哈特
否定像卡拉瓦乔（Caravaggio）的《美杜莎》一类描绘神话场景的画
作，认为它们过于戏剧性，太过狂热，因而不能引发真挚的情感，只
能令人心生厌恶（242—252）。对圣经历史中神圣主题的现实主义
描绘，同样也平淡无奇，事实上是"自然主义的"，如此便缺乏了含
蓄的神话与历史情感，而它们在同情心的唤起上是至关重要的。

　　在 1884 年的演讲《论叙事画》（*On Narrative Painting*）中，布
克哈特重申了这一观点，并在演讲中探讨了"历史画"
（*Historienmalerei*）在现代的情况。他观察到，自 1830 年以来，这
一旧有的体裁经历了与历史研究一样的变化路径，在"记录性"
（documentary）上变得严格，并且过于政治化。文艺复兴时期勃艮
第或威尼斯的"历史画"画家们专心致志于"对王朝和市政府的赞
美……将力量的升华带入寓言与神话之中"，而现代的"历史画"画
家们则直接并严格地诉诸他们自己的人民：对民族历史中英勇历
史时刻的写实描绘为大众提供了"即时的满足感"。以那样一种方
式，新"历史画"的事实准确性削弱了所有伟大艺术与历史作品的
本质属性——叙述一个美丽而意义深远的故事的能力。对一些现
代德国"历史画"画家加以思考后，布克哈特发现他们对最后战争

时期战役的绘画描写确实表现出军事细节上的准确性，但是缺乏那些将具体的历史时刻转变成永恒瞬间的视觉与美学品质。缺乏理想主义与现实主义或神话与历史的和谐融合，这些以及所有其他对现实的美学呈现都注定"仅仅是摄影"而已。

> 对任何艺术作品而言，首先追求的是成为一种壮丽而有力的启示（*Erscheinung*），这样才可能激发模仿，并由此使作品永葆生机，即便是在原作已然失去的情况下……在此我们必须意识到，这样的一件作品不会沉溺于事实之中，如果不仅仅是那样的话，而是寻求更高的世界图像（*Bilderwelt*），这是人们及其代言人诗人们从他们的宗教、神话、原始历史、传说以及童话中创造出来的。[57]

107

布克哈特对艺术中神话性的偏好，常常被解读为是反历史的。循着席特（Sitt）、戈斯曼（Gossman）以及其他学者最近的研究，我认为布克哈特明显的"禁欲主义"（asceticism）和"唯美主义"（aestheticism）——或者说"神话主义（mythicism）"——应当被看作是其新历史观念或者说神话历史在艺术研究中的一种应用。[58] 这种历史的美学观念起源于他早年对神话创作的印象与倾向。其原理在他仍在柏林求学时写的一封信中已表露无遗，"我目前尚未有过哲学上的思考，也从未有过任何不与外部事物相关的想法。除非我从沉思开始，不然我什么都做不了……我的历史研究可能在一时是可资览阅的，但是在书中并没有内在的图像（*ein Bild*）被书于纸上，它注定将被淘汰。"[59] 从此之后，布克哈特努力成为并且确实成为了一名"历史画家"。在他最著名的历史著作《意大利文艺复兴时期的文化》中，布克哈特完美地完成了这一任务。

Ⅲ

《意大利文艺复兴时期的文化》是不多见的真正古典的历史著作之一。自 1860 年出版以来，它便成为那一领域的奠基之作。保罗·克里斯特勒（Paul Kristeller）在该书出版一百周年时宣称："一百年过去了,这部著作仍旧主导着有关文艺复兴的讨论,虽然它曾遭受批评,并以各种方式得到补充,但它几乎从未被取代。"[60] 最近几十年,诸如文化人类学、心理学、叙述学等新方法在历史学研究中的应用,当然已经很好地将文艺复兴研究拓展出了布克哈特研究的传统范畴与领域之外。[61] 但是,正如丹尼斯·哈伊(Denys Hay)在 1980 年代早期所观察到的,这些创新的研究并未真正推翻布克哈特有关文艺复兴的整体概念与描述:"在近二十或三十年中,任何研究文艺复兴相关问题的人必定惊讶于由雅各布·布克哈特所创立的诸范畴所具之韧性,这使它们得以从批判中活了下来……以下说法可能是正确的,在今日,布克哈特工作的基本原则比在两次世界大战之前更具统治地位,更加难以挑战。"[62] 这一判断仍然无可指摘,即便布克哈特针对那个时代明显的"个人主义"(individualism)或"世俗主义"(secularism)的某些核心观点,已经失去了它们最初的说服力。[63]

布克哈特的著作论述了一种新的、极为"现代"的文明的形成,它在十四五世纪的意大利繁荣滋长,它是一种文化的变革,在布克哈特看来,它起源并存在于一种张力之中——或者毋宁说存在于对张力的解决之中——是古典传统与意大利具有自发性、创新性的人才之间的张力。用历史学的术语来说,这部著作的新不仅在其论题——布克哈特实际上发明了"文艺复兴"(Renaissance)这个术语以及文艺复兴研究这一领域——还在于它的风格,用布克哈特的话来说,是"一篇在论文一词最严格意义上的论文",即一种使用比喻性而非论证性措辞的非正式陈述。它的主要论题与观点更多的是以具体的例证来表现而非以理论的归纳来陈述——通过对场景、人物、城镇、遗迹、艺术作品之类的精确描述。在《意大利文艺复兴时期的文化》中,布克哈特并未单独、直接地论述文艺复兴的艺术,他也(如他在第二版前言中所说)未能在 1867 年的《意大利文艺复兴史》(Geschichte der Renaissance in Italien)对建筑与装饰艺术的讨论中修复这一"缺陷"(damage),上述事实只是增强了下列印象,即布克哈特并不是真的需要这么做,因为他已经将文艺复兴的艺术纳入自己的著作之中,或者说因为他事实上已经将自己的著作建立在文艺复兴的艺术之上。正如约翰·赫伊津哈(Johan Huizinga)

108

143

所说，"这种无与伦比的文化-历史综合体范例的结构与所有文艺复兴的艺术作品一样坚实而和谐。"[64] 顺着这一思路，可以说布克哈特用与文艺复兴艺术家们创造最典型艺术作品——壁画——大抵相同的方式，创作了自己的著作。与壁画画家一样，布克哈特以处处可见的细节打造了一幅时代的肖像，这些细节就其本身而言各不相同，意义颇微，但如若远观，则凝聚一处展现出一种有关现实的宏大视野。在下文我将表明，这种视野上的相似性并不仅仅是形式上的，而且是布克哈特自己用与文艺复兴艺术家们相同的方式构想现实：因为艺术家们通常用古典的面貌、服饰与环境来呈现他们的现代主题，与他们一样，布克哈特从深层的神话历史视角来看待现代性。

布克哈特很可以在莱昂·巴蒂斯塔·阿尔伯蒂（Leon Battista Alberti）的生活与作品中找到这种神话历史的见解，他不断地将这位佛罗伦萨的艺术大师称赞为彻彻底底的"文艺复兴人"（*uomo universale*）[65]。在欧金尼奥·加林（Eugenio Garin）看来，阿尔伯蒂的世界图景充斥着新柏拉图主义的感触，世界对他而言并非真实，他只是在做梦，或者毋宁说生活在人类为自己创造的梦境，即文明之中。加林转引阿尔伯蒂的话说："曾经有一段时间……那时我还习惯于将我的观点建立在真理之上，将我的热情建立在对实用性的考虑之上，将我的言语与表达建立在内心最深处的想法之上……但是现在我已经学会将我的观点与流行的迷信相适应，将我的热情与任性相匹配，并且学会设计我的言语，使它们具备欺骗的能力。"于是对阿尔伯蒂来说，神话是一个人唯一拥有的东西，并且在这混乱的世界中，艺术家的高贵任务便是通过他们的重生工作克服忧郁的烦恼。"这些神话给我们以慰藉，并且创造了我们日常生活的幻想与诱惑。"[66]

上述观点对于布克哈特这样一位一生深深浸润于亚瑟·叔本华（Arthur Schopenhauer）哲学的历史学家而言，是尤为亲切的。在与尼采的对话中，他称叔本华为"我们的哲学家"，在别处则称叔本华是最终解决了诗歌与历史间彼此恩怨的哲学家。[67] 诚如埃里希·海勒（Erich Heller）所认为的，布克哈特在《历史沉思录》导论中著名的声明，即他不懂"历史哲学"，并不能掩盖他也对历史做哲学思考的事实,并且他这么做,是依循某些来自叔本华的形而上学假设。[68] 虽然叔本华并未发展出一种系统的历史哲学,但是他从自己有关人类现实整体上美学的－理想主义的概念推论出历史是"漫长而困苦的,困惑着人类的梦想"[69]。在主要哲学著作《作为意志和表象的世界》(*The World as Will and Idea*)中,叔本华把人类的情况建立在对虚构的基础性需求与能力之上,也就是说建立在有目的的、艺术的想象(*Vorstellung*)之上,这使人们得以超越于他们所知必将死于其中的世界,并相信一个他们将作为自由人生活其中的世界——这是一个由他们自己所创造并不断以其艺术创造重新创造的世界。在他试图对历史上所有物质性的否定中,叔本华进而将 19 世纪前数十年蹂躏欧洲社会的重要革命与战争事件视为仅仅是解放之"幻想"而加以拒绝,解放需要的是理想的哲学"沉思"而非实际的政治"行动"。这样,叔本华想象的历史哲学及其不严肃的美学的、禁欲的先见,确实是(如海登·怀特所称)"完全自恋的"(perfectly narcissistic),并且最终是保守主义的。[70] 但是对布克哈特这样的历史学家们来说,这也是非常有建设性的:它使他转向人类实际上据以创造自身历史的神话模式,这在意大利文艺复兴时期的文化中最为显见。[71]

110

　　对《意大利文艺复兴时期的文化》及这些段落的仔细阅读揭示出布克哈特是如何将叔本华的哲学吸收进自己的历史学之中的。这在该书第一部分的标题"作为一种艺术作品的国家"上已经显露无遗,同时还表现在它对意大利文艺复兴时期政治史的具体研究与诠释中,在那里,布克哈特将意大利的城市国家表述为精巧的"创造",由"深思及审慎的改造"所铸就,并且是靠神话的传统与加工而非任何伦理的或政治的制度来维系。[72] 因此,在对 13 世纪政治环境的开篇讨论中,布克哈特强调了在意大利政治史中神话相较于理论的首要性,以及现代历史学中俚俗史料相较于官方史料的优越性:

　　　　生逢弗里德里希时代的圣托马斯·阿奎纳徒劳地创立了君主立宪制的理论,该理论认为君主应当得到自己提名的上议院以及人民选举的代表机构的支持。这类学说在课堂之外得不到任何的回应,而弗里德里希和埃兹利诺却成为并仍然是意大利13世纪时期重要的政治现象。他们已然是半传说式的人物性格构成了《百篇古代故事》(*The Hundred Old Tales*)最重要的题材,这部书的初稿无疑写于这个世纪。[73]

随后,在对市民们和他们雇佣的军事首领,臭名昭著的雇佣兵队长们(*Condottieri*)之间可疑关系的讨论中,布克哈特介绍了这个"老故事——是那些似真似假、似有似无的故事之一":

> 某城市(似乎说的是锡耶纳)的市民们曾有一个为他们效力的军官,这位军官将他们从外敌的入侵中解放出来。市民们每天商量着怎么酬谢他,并得出如下结论,在他们的能力范围内没有任何奖赏足以酬谢军官,即便是他们使他成为城市的君主。最后其中一个人站起来说道:"让我们杀了他,然后把他作为我们的保护圣徒来崇拜吧。"于是他们这么做了,按照罗马元老院处理罗慕路斯的先例。[74]

现在这是纯粹的历史神话。布克哈特知道,并且也使他的读者们知道,这一事件从未在历史现实中真正发生过。即使事件假定的发生城市不为人所知,事实上它并不相关,因为就布克哈特所关心的而言,这一事例大可以是"似真似假、似有似无。"那么,他又为何把它放在自己的史书中呢? 显而易见的解释是这一轶事的重要性,因为它反映了当时意大利城市的政治民俗,并由此揭示了它的"地方实情"(local truth)。菲力克斯·吉尔伯特(Felix Gilbert)写道:"文化史家并不想要从其史料中了解有关过去的'事实(facts)';他研究史料是因为它们展现了过去时代的精神。因此,它们在事实方面是否准确,是否说谎抑或沉溺于夸张和虚构之中,都无关紧要。即便是误导性的陈述也可以告诉我们一些过去时代的思想。"[75]假设布克哈特确实以这些新的解释学思路来从事原始史料研究(*Quellenforschung*),像上引"老故事"之类"在哪都可能发生,都可能是真的"的史料,之所以对历史学家而言是重要的,恰恰是因为它揭示了一个"过去时代"神话的而非历史的思想。换句话说，布克哈特对这个故事感兴趣，是因为它证实了文艺复兴时期神话的心态，并且除此之外，还佐证了"于我们产生回响并可以为我们所知的重复出现的、连续的、典型的事物"。在布克哈特看来，这类故事是文艺复兴的文化内核，也是研究文艺复兴的历史学家的文化符码。

另一个例子是布克哈特对佩鲁贾两个敌对家族——巴利奥家族（Baglioni）和奥地（Oddi）家族——间内战的描写，在描写中他大量利用了当地编年史家格拉齐亚尼（Graziani）和马塔拉佐（Matarazzo）"令人钦佩的历史叙事"。他讲述了在巴利奥家族1487年的胜利后，奥地家族如何撤退至位于佩鲁贾和阿西西之间的山谷，在那里他们继续进行了若干年小规模的战斗。1494年，奥地家族攻打佩鲁贾城，并差点打了下来。哎呀，布克哈特写道："巴利奥家族的个人英雄主义为他们赢得了胜利。"

> 那时一位刚满18岁的小伙子西蒙那多·巴利奥，带着几名手下在广场上与数百名敌人交战。他身负二十多处伤口，最终倒了下来，但当阿斯多利·巴利奥前来援助他时，他恢复过来，跃上马背，身着金色铠甲，头戴鹰盔，"举止动作犹如战神一般，投入到战斗之中。"那时，拉斐尔还是一个12岁的男孩，在彼埃特罗·佩路基诺门下求学。对这些日子的印象，可能通过他早期小型的圣迈克尔和圣乔治画像而得以传世。其中的某些印象可能永远保留在他为圣迈克尔所作的伟大画像之中。如果阿斯多利·巴利奥发现自己曾在哪被尊奉为神，那就是在赫利奥多路斯壁画的天庭骑士形象之中。[76]

布克哈特知道自己主要的史料来源马塔拉佐是巴利奥家族的侍臣，其编年史也是为巴利奥家族而写，但是布克哈特仍然决意大量引用他的作品，这可能似乎有不加鉴别之嫌。布克哈特之所以这么做，是因为他对实际上发生了什么以及事件本身并没有那么感兴趣，而是更关注事件的大众印象及解释，当马塔拉佐将自己笔下的英雄们比作古典及基督教神话中的人物时，他忠实地论述了这些。利用马塔拉佐编年史的叙事描述以及拉斐尔绘画的形象描

112

述,布克哈特尝试重新获得佩鲁贾历史事件的神话意义,因为他知道这些事件据以在马塔拉佐以及拉斐尔的虚拟作品被纪念的古典形象与传说曾经也激发了巴利奥家族的善德之举。随着布克哈特跟随马塔拉佐叙述该故事的悲剧结局,这种从神话到历史再到神话历史的转变逐渐清晰起来。他叙述了奥地家族及其在佩鲁贾的奸诈同谋们如何在数年间一直密谋反对正直的巴利奥家族,直至他们的阴谋"在 1500 年仲夏,阿斯多利与拉维尼娅·克罗娜的婚礼时突然时机成熟"。在 1500 年 7 月 15 日的夜晚,他们攻入城市,杀害了西蒙那多与阿斯多利。

> 当阿斯多利与西蒙那多的尸体被并排放在街市上时,围观者们,"特别是外国的学生们",因为阿斯多利看起来如此高贵、仪表堂堂,把他比作古代的罗马人。在西蒙那多的遗容上仍然可以看到勇敢与不屈,死亡并不能将它们消亡……与这出悲剧的大部分事件发生地毗邻的大教堂,被用红酒冲洗并净化一新。为婚礼而建的凯旋门仍然矗立在那里,上面绘着阿斯多利的事迹以及这些事件的叙述者令人尊敬的马塔拉佐的赞美诗。[77]

出于这一原因,因为他知道在马塔拉佐、拉斐尔以及他们的佩鲁贾同伴眼中,阿斯多利·巴利奥确实已经作为一名神话英雄而出现,布克哈特认为以马塔拉佐"传奇历史"(*ganzsagenhefte Vorgeschichte*)的原貌来加以叙述是合适的,引用他对英雄的描述"举止动作犹如战神一般,投入到战斗之中"也是合适的,就好像它们表达了事实的真理一般。他正确地指出,这种表象在某种深层的意义上便是佩鲁贾城市广场上的真实情形。无论怎样,他将历史行为与虚构融入对该事件的叙述之中,证实了欧金尼奥·加林的整体观察,即布克哈特对意大利文艺复兴历史的兴趣远没有对其神话那么深,因为在神话中他找到了有关意大利文艺复兴集体潜意识的真实素材。[78]

113　　布克哈特对意大利文艺复兴神话结构的敏锐关注,依然对文艺复兴时期的历史学至关重要,事实上对现代历史学也是如此。历史学现在变得更加关注历史学家们借以分析历史故事的语言学和其他诗学方法，更加关注历史学家们如何通过像文艺复兴时期那样的叙事结构以描写历史变迁。[79] 我们时代文艺复兴历史学的大师之一威廉·鲍斯玛（William Bouwsma），在 1979 年致美国历史学会的主席报告中解释道："对历史学家而言，神话相当于社会科学中的动态等效模型，我们的研究很难离开它。从年代记到历史学的关键转型，有赖于将神话学组织结构中的一些原则应用到过去分散的信息之中：英雄的神话，集体进步的神话，衰亡的神话。"[80] 恰如社会科学中的模型——比如，霍布斯的"自然状态"（State of Nature）或韦伯的"理想类型"（Ideal Type）——是一种理论上的抽象或者说是对研究对象本质的经验特征的一种重建，历史研究中的神话必定也是这样：在它可以影响历史代理人之前，它必须要在他们的动机与行为中被揭示出来。为了理解文艺复兴的神话，历史学家必须如布克哈特所说，重新掌握神话缔造者们直觉的、富有想象力的历史"见解"（Anschauungen），即他们自己的复兴神话。事实上，布克哈特似乎在文艺复兴的历史学中找到了这种神话学。

在《意大利文艺复兴时期的文化》中，布克哈特不断提及以下事实，这一历史发现的时代也是并且主要是发现历史学本身的时代。佛罗伦萨的人文主义者和艺术家们使他们的城市"在世界上超越其他国家，独自成为历史再现（geschichtliche Darstellung）一词在其现代意义上的归宿"[81]。既然我们已经知道"历史再现"对布克哈特意味着什么，便可以饶有趣味地发现，相比佛罗伦萨的莱昂纳多·阿雷蒂诺（Leonardo Aretino）和波乔（Poggio）的官方历史，他更倾向于佩鲁贾的马塔拉佐或科摩的保罗·乔维奥（Paolo Giovio）的通俗创作。关于乔维奥，布克哈特写道："可以用上百页篇幅轻而易举地证明他是多么地肤浅甚至不诚实；从他这类人身上不能期待任何崇高而严肃的追求。但是时代的气息流淌于他的书页之中，他的阿尔方索，他的庞培·科伦纳，在我们眼前的一举一动都具备如此完美的真实感，以至于我们似乎进入了他们本性的最幽深之处。"[82] 最终，布克哈特将这种文化史视为一种并且也是唯一值得从事的历史研究。在一封写于 1870 年普法战争期间致冯·

普瑞恩的信中,他又提到了这一点,"作为一名历史教师,对我来说,一种很奇怪的现象已经变得非常明显:对过去所有单纯的'事件'不再看重。此后在我的演讲中,我将只强调文化史（*Kulturgeschichte*）,并且只保留相当不可或缺的外部框架。"[83] 自此之后,布克哈特确实致力于"文化史",并将它发展为一种新的重要的历史学门类。在那段时间,他正在准备希腊文化史方面的讲座,在讲座中他阐明了自己文化史的基本方法论原理:

> 这种历史研究的目标是已经逝去的人性的内核,并描述这些人（希腊人）的行为处事,描述他们希望的是什么,所思所感的是什么以及能做的又是什么。在这一过程中,它把握到了恒常之物,而最终这一恒常之物变得似乎比短暂之物更伟大、更重要,并且本性要比行动更重要、更具指导性;因为行动只是相关的内在能力的特殊表达,而这种内在能力却总是能对这类行动加以复制。愿望和设想与事件同等重要,态度与任何所做之事同等重要……但是即便是一个被报道的行为并未真正发生,或者说并不是像所说的那样发生,认为它已经发生的看法通过陈述的典型性保留了它的价值。[84]

将自己的注意力从希腊历史中的单一事件转到单个个体身上,布克哈特宣称他打算将他们呈现为"精神事物的说明与见证"而非讲述"他们整个的人生故事"[85]。在1870年题为《历史上的伟人们》的系列讲座中,布克哈特称赞那些"要么从未存在过,抑或其存在与向我们所描述的大相径庭的人,这些人无论是理想的还是理想化了的,要么作为奠基人或大众的领袖而出现,要么作为大众想象中最受爱戴的形象出现",并宣称作为历史学家,"我们不能将他们缺载,恰恰是因为对不存在的人物的整个探求,是一个国家需要伟人们去代表它的最有力证据……他们的生平以象征的形式包含了一部分有关他们人民的历史,特别是其中更重要的制度的历史"[86]。这些话语至少对布克哈特那场演讲的一名听众而言极具重要性,他就是弗里德里希·尼采（Friedrich Nietzsche）。

IV

1870 年 11 月，在听完布克哈特题为《历史上的伟人们》的三场公开讲座的其中一场后，弗里德里希·尼采向他的朋友冯·吉尔斯多夫写了一封著名的信，在信中他表达了自己的感想：

115

> 昨天晚上，我有幸聆听了雅各布·布克哈特的讲座，在所有人中我最先想与你分享此事。他的演讲对完全深入于我们思想与感觉常规中的历史伟大性毫无提及。这个非同寻常的中年人事实上并没试图去证伪真实，而是去取消它……我正在参加他在大学开设的探讨历史研究的周讲座，并且我相信，就其深邃的思路、奇特的婉辞以及论题触及争议边缘时突然的中断而言，我是六十位听众中唯一理解之人。[87]

在布克哈特的系列讲座中，他试图通过所有那些"奇特的婉辞和突然的中断"来避开的"有争议"的论题是什么？他这么做的原因又是什么？尼采曾声称自己是唯一知道它的人。这些疑问已经被学者和传记作家们讨论良多，其中最有见解的当属卡尔·洛维特（Karl Löwith）、埃德加·萨林（Edgar Salin）和埃里希·海勒。[88]他们共同指出，虽然布克哈特和尼采在所有重要的宗教、道德以及文化问题上存在分歧，造成他们之间不稳定关系的终极原因必定是他们对历史本身意义的分歧，更准确地说，是对作为一种文明或文化进程的历史观念的分歧。在海勒看来，尼采相信"布克哈特知道那个令人绝望的真理，这个真理正是尼采自己找到并加以揭示的"：[89]比如，"上帝是死的"，所有的道德只是"权力意志"，没有所谓的历史进步，有的只是"永恒的轮回"。概言之，历史没有展现出任何的文化，它也不应被这般研究与讲授。尼采的目的是要揭示一个谬误，"有关机遇和偶然的法则迄今仍被称作为'历史'"，因此无可避免的是，无论他怎样崇拜布克哈特，他必定要与他针锋相对。

虽然我大体上同意这一解释,但我想补充的是,布克哈特与尼采围绕历史观念的上述本质性争论,出现在或者可能始于他们最初对古典神话及其在欧洲文明进程中作用的彼此对立的理解。虽然两位学者都将希腊神话称赞为我们文明最伟大的文化创造之一,布克哈特认为它是构成了我们现代历史文化的伟大精神连续性的(*grosses geistiges Kontinuum*)来源,而尼采则认为希腊的神话意识与现代人的"历史感"(historical sense)截然相反,并且就目前而言前者优于后者。布克哈特相信"我们用希腊人的眼睛来看,用他们的词汇来说话",[90] 因此他在神话与逻辑之间,在原始与现代之间寻找文化或者说历史的延续性与发展。尼采拒绝这类历史主义的幻想,主张完全沉浸于神话的意识之中,或是通过重归希腊的神话学,或是如他所逐渐倾向的,通过建立一种新的神话。显然,争论的焦点是神话历史的有用性和可能性。

众所周知,直至尼采神智健全的最后一天,他都称赞布克哈特为自己"伟大的导师",并认为布克哈特是那个时代唯一可信的历史学家,因为在他看来,布克哈特是当代历史学家中唯一一位可以"在对事物与事件的研究中不为愚蠢的(进步)理论所欺骗"[91] 之人。然而,在 1874 年的著名论文《论历史对生活的有用性和可能性》(*On the Utility and Liability of History for Life*)中,尼采攻击布克哈特有关历史文化的一些最深层的信念。布克哈特认为现代人为了有教养而需要历史知识,因为"只有对过去的学习可以为我们提供一种标准,借以衡量我们生活其中的特定运动的速度与力量",并且他大体相信"无历史性即野蛮"(*Geschichtslosigkeit ist Barbarei*),而尼采则试图证明相对立的观点。在论文中,尼采描写了一个现代人的命定之境,他"要顶住过去的重负甚至是越来越沉的重负;它将他压倒或折弯,阻挡他的步伐,作为一种不可见的、隐藏的负重,他可以假装否认它",但事实上,他并不能这么做,因为他生活的大部分都建立在历史传统与制度之上。[92] 尤其是尼采反对所有形式的"历史教育",他将历史的从业者"历史艺术家们"描述为操控者。他的主要目标是将他们的历史方法论揭示为——他称之为"不朽的""古文物研究的""批判的"——政治意识形态,后者易于将人束缚于过去的经验之中,而非将人从中解放出来。[93]

　　尽管尼采并未明确布克哈特属于哪一类"历史艺术家"，然而重要的是，尼采对布克哈特唯一的提及出现在他对"古文物研究者"的讨论中，他将这类人描述为"保留并尊敬"过去时光之人，"忠实地回顾过往，热爱造就他之所以为他的起源"，并试图"为那些将踵其步伐的人保存他自己得以存在的条件——并通过这么做服务于生活。"尼采进一步将这类学者形容为"超越自身短暂的、好奇的、个体的存在而观察，并且感觉自己是其家族、世系乃至城市之精神"的人，并且他的"禀赋和美德"是"感受万物并预测它们更深远意义的能力，发现已经几乎消失殆尽的痕迹的能力，本能地正确解读经常被反复书写的过去的能力"。他总结道："正是这样的一种感受力和冲动引导着文艺复兴时期的意大利人，并在他们的诗作中将古代意大利人的天才重新唤醒为'一种不同凡响的新的里拉琴回响'，正如雅各布·布克哈特所表述的那样。"[94]

　　显然，尼采将布克哈特的职业与某种保守主义原则联系在了一起，这种原则促使他"不是去证伪真实，而是去取消它"。举例来说，尼采知道布克哈特与自己一样都失去了宗教信仰，但是布克哈特却没有像他自己所做的那样——大胆而公开地宣称这一点。尼采怀疑，布克哈特对文化的忠诚，要求他出于教育的原因维持基督形象的鲜活，尽管他知道这个形象是空洞的。在尼采看来，这种教育的策略是"古典"保守主义的神话学意识形态，它最早由柏拉图在《理想国》中提出。早在《君士坦丁大帝时代》中，布克哈特便捍卫了这一传统，在书中他将一整章献给了基督教统治下异教神话学的命运。[95] 他特别急切地想展示异教神话学是如何在基督教神学之下流行，并最终胜过后者，进而创造出一种新的基督教神话学的。布克哈特，他喜欢表露自己——以致使人困惑——虽无"哲学的脑袋"（*philosophischer Kopf*），却享受着揭示新柏拉图主义"太一"（absolute One）学说以及新的类似概念公式的不足以平复一个时代之生存焦虑的机会，这个时代丧失了它古老的异教诸神。他认为这类神秘哲学的扩散是一种精神退化而非新生的标志。"对迷信的需求增长到更令人绝望的程度以致个人对抗命运的自然力量已然消失殆尽。"[96] 所需要的以及实际发生的是创造一位新的神

117

话之神,它可以使旧的异教与新的基督教情感相适应。布克哈特进一步表明,在这一转变的过程中,"古代的诸神是如何变得多余起来,除非它们被精灵化(*daimonized*),归入次一级的神灵中",比如那些与占星术相关的神,便留在那里保留至今。[97] 布克哈特的结论在琼·塞内克(Jean Seznec)那得到了明确的肯定,"异教神话学远非在 15 世纪的意大利经历一种'重生',而是一直在中世纪的文化和艺术中存活着。甚至诸神们也不是被活过来的,因为它们不曾消失于人们的记忆与想象之中。"[98]

在布克哈特看来,异教神话学的这种显著持久性,主要原因是对沉思(*Anschauung*)的基本人类需求,这种需求还表现在通过真实的"永恒形象"而非概念性的观念对现实作形象化的沉思与表达。他由此表明——在古典文明快速基督教化时期,文学开始散发出"明显的学院派气息",而"图形诗,当被精心地写就时",以"祭坛、排箫、管风琴,或者其他类似的形状"呈现,混在"其他反常的作品之中"——只有古代神话仍然是可塑的,因此"与诗歌一道并且通过诗歌,它可以服务于对美的不断揭示"[99]。基督教文明的进程存在于这种对异教神话学的"不断揭示"之中。尼采在所有有关希腊神话的学院派演绎中看到的是一种对其基本事实的欺骗性倒置,而布克哈特则承认学院派作家们和其他"修辞学及其附带的其他科学"的从事者们在某些古典美学范式的保存上所扮演的重要角色。"如果所有公元 4 世纪的作品都因费尽心思的形式、堆砌的格言警句(*sententiae*)、对日常事物滥用隐喻、媚俗的浮夸及陈腐造作的乏味而透露出衰落的话,在许多这些作家的身上仍有一种独特的对古典时代的反思。他们仍然表现出对艺术风格的追求,这一点对我们来说通常是陌生的。"[100]

因此,尽管布克哈特以一些有关古典时期"本质性退化"(essential devolution)的激烈声明结束了他的《君士坦丁大帝的时代》,但他仍然假定,并最终在《意大利文艺复兴时期的文化》中确认,古典时期的"美与自由"(beauty and freedom)的遗产依然可以存在并在现代性中重生。[101] 尼采必定也注意到布克哈特在《意大利文艺复兴时期的文化》的末尾肯定了这种意识形态的传统,在文中,布克哈特将佛罗伦萨的柏拉图学院形容为一个中介,在此"中世纪神秘主义的回响与柏拉图的学说汇流了，与一种典型的现代精神汇流了"。布克哈特向学院中那些创造了古典、基督教、现代间"伟大精神连续性"的学者们致敬；他们也向所有有志于此的现代学者们留下了口信——正如布克哈特自己在其著作中所做的那样。[102]

尼采激烈地反对这些观点，他正确地看到，其中对历史使命的保守主义观点必定导致对历史解释与重建的保守主义观点。意大利的文艺复兴便是一个很好的例子，布克哈特在其中寻找到一种伟大的文化连续性并为之欢庆，而尼采却只是看到断裂及偶然的变革，"是不是所有人最终都明白，是不是所有人都知道什么是文艺复兴？对基督教价值观的重新评估，使尽所有一切手段的尝试，所有的本能和禀赋创造了相反的价值观，崇高的价值观获得了胜利。"[103]贯穿其一生的最强大的信念是，与在古典时期的雅典一样，在现代的城市，一种真正的启蒙只有通过彻底的解放才有可能。这可以凭借真正的神话学来实现，一种如荷马的神话学一样真正古朴而无序的神话学，而不是一种像柏拉图的"金色的谎言"一样人工合成的神话学，尼采确信后者终将失败。只有一种真正的神话学，才能凭借其形象与故事的惊人力量，摧毁神学、哲学、历史学及诸自然科学的肤浅理论。尼采认为这是理查德·瓦格纳（Richard Wagner）的伟大成就，并在《悲剧的诞生》（*The Birth of Tragedy*）中恰当地赞美了这一点。

在尼采看来，布克哈特最初也对这些观点印象深刻。在一封写于1872年2月中旬致欧文·罗德（Erwin Rohde）的信中，尼采称布克哈特认同他对希腊人心理的研究及该研究对其文化哲学（*Kulturphilosophie*）的重要性。[104]虽然尼采必定已经意识到布克哈特已经使自己逐渐疏离于这些研究的激进影响，但直至1889年《偶像的黄昏》（*Twilight of the Idols*）最后一版，他仍继续宣称"仍在世的最渊博的希腊文明专家，巴塞尔的雅各布·布克哈特"同意他的重要发现，即将阿波罗和狄奥尼索斯视为希腊文化史中的支配性力量。[105]晚年的布克哈特开始对尼采的"宣传伎俩"感到反感，并试图淡化自己早前与尼采之间的联系。[106]但是在他的"希腊文化史"系列讲座中，这些讲座大约准备于他与尼采有密切联系的时

119

期,即 1869 年至 1872 年间(此时他做了第一次系列讲座),布克哈特似乎比他后来所承认的更乐于接受尼采。与尼采很相像——可能是受了阅读出版于 1871 年的《悲剧的诞生》的影响——布克哈特开始相信希腊文明由其神话学所构成并维系,神话学给了它"形式与意义"(Gestalt und Deutung),并且决定了它整个的历史发展。他进一步认为,只要希腊人坚守他们的神话,他们便能永葆活力与创造力,虽然与尼采不一样的是,他并不将公元前 6 世纪与公元前 5 世纪的知识革命视为灾难性的,在此期间希腊人创造了哲学、历史与科学。相反,他试图表明那些启蒙的时代是多么的平和,尽管有哲学家和"神话的敌视者"想根除"荷马及其诸神世界",[107] 希腊人仍然保留了他们的神话传说并因此而得维系。布克哈特在 1884 年 10 月的一次特别讲座中重申了这一观点,并再次论及希腊文明中的"断裂与神话"(Bruch mit dem Mythus)问题。他选择聚焦在毕达哥拉斯身上,并表示虽然这位自由的思想家并不相信任何古代的神话,但他并不排斥它们。毕达哥拉斯避开它们,但仍然对它们保留深层的尊敬,正如在他的祷辞与颂歌中所见的那样。

维尔纳·凯吉(Werner Kaegi)指出,布克哈特可能用这个例子来反思自己在 1838 年的宗教危机。[108] 我还可以补充说,布克哈特可能还用它来反驳尼采创立一种新神话学的尝试。在布克哈特看来,现代的神话是不可能的,在逻辑关系上便是自相矛盾的:正如他在 1855 年的信中所说,一种"真正的神话"只能是"伟大而古老的形象,在其中每个人都能以自己的方式找到自己的存在与命运"。布克哈特认为这一观察意味着只有真正的神话才是旧有的"古典"神话,而不是新的"浪漫"神话。[109] 前者是来源于历史事实的自发的文化创造,并且因口传的和记忆的传统而保有生机,而现代德国的"浪漫"神话则是理查德·瓦格纳那样的艺术家们的人造之物,布克哈特厌恶瓦格纳,认为他是一个为一己野心而对民族的神话(并且更多的是物质)资源加以"无情"操控之人。[110] 尼采对这一点相当后知后觉。在《悲剧的诞生》中,他将瓦格纳的音乐和意识形态创造称赞为一种新的德国神话学。直到最后,他才宣布摒弃瓦格纳的神话学,但是随后他就在 1883 年的《查拉图斯特拉如是说》(*Zarathustra*)中创造了一种自己的新的神话学。

使布克哈特避免对一种新神话学作浪漫追求的是他"强大的历史饥饿感"，而这恰恰是尼采所厌恶的。布克哈特相信历史的连续性，因此拒绝想破坏或突破它的任何激进企图——无论是尼采向原始异教信仰神话的回归还是齐克果(Kirkegaard)向原始基督教神话的回归——认为它们是毫无理据、行不通的幻想。在他对现代浪漫主义神话学的论述中，布克哈特似乎采用了他归功于意大利人文主义者的批判态度。虽然他们看不上中世纪的浪漫主义神话，但他们仍然需要去讨论它们，即便仅仅是因为"人们将它们保留在记忆中……但是他们不能不带虚伪，不怀任何尊敬地来对待这些神话。"[111] 布克哈特相信，"有识者的特别职责是尽其所能地去完善和完成世界和人类自起源起的连续性画卷。这标志着将有意识的人从无意识的野蛮人中区分开来。"[112] 尼采不能也不愿意承认这种必然的连续性，这便将我们与过去区隔开来——虽然并不必定意味着疏离。因此，用布克哈特的话来说，他便是"野蛮人"。

121

"当我们的文化在伟大的希腊诸神形象中再也看不到任何美的时候，便将是野蛮的开始。"这些在布克哈特《向导》中的话，总结了他有关艺术的神话历史理论。假定古典神话学中的"伟大形象"定义了我们现代关于美(*das Schöne*)的观念与理想，他认为现代伟大的艺术家是那些不仅留心于他们文化传统的"历史性"(historicity)，并且从更根本上来说留心于它的"神话性"(mythicity) 的人。在其最后一本著作《鲁本斯回忆录》(*Recollections of Rubens*)中（出版于作者去世后的 1898 年)，通过对一位画家的个人印象与思考，布克哈特重申了上述观点，在他看来，鲁本斯是神话历史艺术的化身。布克哈特认为，鲁本斯的画作代表了一个仍然十分传统的社会。

> 圣经、幻象、传说、神话、寓言、牧歌、历史，甚至是日常世界的一个片段，无论是人物抑或场景，仍然构成了一个完整的，甚至是有力量的自然主义者，由自己完满的生活得到灵感，努力在适当的温度下维持所有这些事物。鲁本斯从未真正

打破这一范围……他不是奇思幻想的任性的梦想家,而只是那一伟大传统最有力的宣扬者与见证人。他强大的创造力从本质上说存在于对它历久弥新的回应与解释之中。[113]

正如在拉斐尔和米开朗基罗的例子中一样,布克哈特将鲁本斯与其同时代的竞争者伦勃朗(Rembrandts)相比较,后者在 19 世纪最后数十年间成为主要现代主义艺术家的代表,描绘现代本身更阴暗的内心世界(*Innerlichkeit*)的画家,对德国像尤利乌斯·朗贝(Julius Langbehn)一样浪漫主义的民族主义者而言,伦勃朗象征着对占据欧洲社会主流的自由主义资产阶级习俗与制度的一种文化反叛。[114] 布克哈特保守主义的观点使他与鲁本斯志趣相投,后者是安特卫普的天主教市民,古老王朝与贵族家庭及其所有神话、古典关联的描绘者。布克哈特称赞鲁本斯为一名大众艺术家,因为在其作品中他仍然忠实于社会习俗、艺术传统以及他自己。鲁本斯之所以成功地做到这一点,是因为他承认并表达了共同的古典神话,它们给予所有欧洲国家以灵感并将其联合为一个文化的共同体。

在著名的系列寓言画中鲁本斯完成了这一任务,这些画作是受玛丽·德·美第奇(Marie de' Medici)委托为卢森堡宫所作。"这里所描绘的精彩时刻既是精神的又是物质的,在每幅画作的主题和细节上明显都是自我满足的;它们本身便足以使我们动容,无需向观览者暗示有关主题的读物正在画外等着他。无论今日的观览者对该系列画的事实性内容做何反应,艺术仍然是艺术,即使是以这种为皇家服务的性质。"[115] 当年老的布克哈特再次回忆并描述鲁本斯的画作《尤里西斯与娜乌西卡》(*Ulysses and Nausica*)时,他补充道:"于是他俩相见了,一个爱奥尼亚人和一个佛兰德人,我们地球上所诞生过的两位最伟大的叙事者——荷马和鲁本斯。"[116] 布克哈特其实还可以再多加一句,他自己的著作延续了这一神话历史的传统。

历史是以叙事的方式写成的,且未经证实——布克哈特在 1863 年引用了昆体良(Quintilian)的话,并进而说道:"但是如果凭借真实的表述(*Wahrheit der Drastellung*),它还证明了某些东西,那么它的价值就要大得多。"[117] 布克哈特所谓凭借"真实的表述"意思是什么？正如我所说，对布克哈特而言，历史表述为真，不仅是当它与实际的事件相符时，而且也是并且主要是当它传达了在文化传统或后代的文化中有关这些事件的永恒印象、形象与传说时。布克哈特钦佩那些实现了这一目标的历史学家们。在《君士坦丁大帝的时代》中，他们是像希罗宁姆斯（Hieronymus）那样的叙事者，他们对圣徒和殉道者的精彩描写被证明比尤西比乌斯对"真实"的愚笨口述更加真实；[118] 在《意大利文艺复兴时期的文化》中，他倾向于认为《百篇古代故事》的匿名作家们相比托马斯·阿奎纳（Thomas Aquinas）是其时代更好的代表[119]，就像怀有偏见的编年史家马塔拉佐相比大使们和其他官方记者们是时代精神（Zeitgeist）更珍贵的见证人，后者鲜明的客观性和历史中立性深为兰克所钦佩。在一次对自己时代新历史研究的隐晦攻击中，布克哈特为文艺复兴时期历史学的神话学传统退化为神学的、政治学的教条而扼腕叹息，"将这一时期的历史著作与更早期的编年史，特别是像维兰尼的那些充满生机、色彩与才情的作品做一个粗浅比较的话，便会令我们对其间的变化高声悲悼……我们的不信任与日俱增，当我们听到这一写作流派的榜样李维，在他最不值得效仿的地方被模仿时——理由是'他将一种枯燥而直白的传统变得优雅而丰沛。'"[120]

与这种反神话的历史学相对，布克哈特假定了一位文艺复兴历史学中李维最著名的追随者。他称赞马基雅维利的《佛罗伦萨史》，恰恰是因为作者知道他有关品德高尚的佛罗伦萨共和国的"美妙故事"实在过于美妙以至不可能全然为真，但却又是真实的： 123

> 我们可以从他"佛罗伦萨故事"的每一行找出些可訾议之处，但是全书巨大的、无与伦比的价值仍然不受影响……对当时世界所能呈现的最高级、最独特生活的崩塌所作的卷帙浩繁的记载，对有的人而言，是对奇珍异宝的一种珍藏，对另一个人来说，可能唤醒了他对高贵与庄严覆亡的一种邪恶的喜悦，在第三个人看来，似乎是一场重要的历史审判；对于所有人而言，它永远都是思考与研究的对象，直至时间的尽头。[121]

布克哈特对马基雅维利的评价也适用于他自己的著作,并且它确实也被如此评价。当他的《希腊文化史》出版时,据说西奥多·蒙森(Theodor Mommsen)曾说,即便"这些希腊人从未存在过",他的书对整体的历史学而言依然有价值,并且他预言,即使书中的每一句话都会被后来更精确的研究所纠正,它仍将被阅读,仍将是真实的。

布克哈特知道,因为他将自己的著作完全建立在自己对材料的研读之上,而完全没有关注古典研究领域新的发现与理论,故其著作必定引起那些他过去戏谑为"在他们的专业教席上研究事实"[122]的专家们的愤怒,他们在古代世界的事实性知识上远超布克哈特,并且如布克哈特所喜欢补充的那样,远超希腊人自己。即便如此,他对自己历史著作的说服力满怀信心。在1871年,他向一位友人吐露道:"我的慰藉是,我已经直接从史料中逐渐梳理出有关古代的很大一部分独立的知识,因此我能够以我自己的方式呈现目前为止所有我想说的大部分内容。"[123]他密切留心于希腊人说了什么,而非现代学者们对他们说了什么,这使他能够以希腊人的方式看待他们的世界,以希腊人对自己的认识来认识他们,凭借希腊人对其神话的自我认知,更进一步,在希腊人中认识我们自己。在该书的导论中,布克哈特论述道:

> 研究文化史一个很大的优势是在更重要的事实上的确定性,如果和那些通常意义上叙事的历史学相比的话——这些事件通常是不确定的、有争议的、被渲染过的,或是考虑到希腊人说谎的天才,完全是想象和自我娱乐的产物。与之相较,文化史拥有一种首要的确定性,因为组成它的大部分材料,是以一种无意的、客观的,甚至是自然而然的方式从史料和遗迹中传递而来的;它们在无意之中甚至是在自相矛盾中暴露了自己的秘密,如它们所依赖的虚构的叙述,便与它们试图记录并文饰的事件细节相差甚远,也因此对文化史家而言具有双重的指导性。[124]

在所有他的著作中，这一部最具神话历史性：布克哈特将整个希腊文化史呈现为它的荷马神话的一种延伸。在首章"希腊人和他们的神话"中他写道："无论他们关于古代的实际知识是多么地值得商榷，神话是主导希腊人生活的一种强大力量，像一幅美景环绕于希腊人生活的左右，仿佛触手可及。它为希腊人照亮了整个当下，无处不在，直到非常晚近的时期，仿佛它属于一个相当近的过往；从本质上说，它代表了对民族自身观念和生活的一种崇高反思。"（22—23）古代神话告诉希腊人的不仅仅是他们最早的时代、他们的移民以及他们的开国兴邦，还包括所有当下的道德、文化问题。"神话是希腊人的存在中根本性的既定因素。整个文化在所有事物被创造出来的过程中始终保持原样，只有很缓慢的发展。"（25）布克哈特注意到，神话的概念是如何渗透进所有有关统治者的合法性、神庙和王宫的位置、寻找新殖民地时航行者的目的地、战争的宣布，法律与制度在当时甚至是后来"历史"时期的有效性等政治考虑之中，并起到决定性的作用。虽然布克哈特相信"希腊人和罗马人的世界完全是世俗的"，但是他仍指出，对神的显灵的信仰在公元前6和前5世纪的雅典依然盛行，这可以从讲述行政官员庇西特拉图如何与诸神同住在一起的故事或对马拉松战役时一位雅典使者在泰加附近与潘神相遇并被正式接待，进而一座潘神的神庙在当地被建立的报道中窥见一斑（34）。

在其他民族的传统中，随着哲学、神学或历史学的兴起，神话通常被剥夺了它最初的权威性，然而"诞生于一个纯然质朴年代的希腊神话，被完整地保留至一个书写的时代，事实上是一个高度书写的时代，从而以惊人的完整性被记录下来"（23）。神话是希腊人的"存在肖像"（*Existenzbild*）。在"希腊人生活的基本特征"一章中，布克哈特展示了希腊人是如何从他们的神话学中，获得有关生命与死亡，命运与人类尊严的基本意义（87—96）。即便当神话后来成为"博学多闻和争论的主题"，希腊人继续将神话视为现实的最初形象，它无法被完全分析、寓言化，或合理化为"更高的"真理，比如像在基督教中的事例那样。回忆起像自己的老师迪卫德那样自由主义的神学家们如何将原始的基督教神话归纳为大众信仰、故事与传统，它们本不能以这种方式在系统神学中被保

125 存,布克哈特钦佩希腊人对这种现代化模式的抵制。"在其力量鼎盛之际,希腊人不是想解释他们的神话,而是想保存并赞美它们。"[125]

希腊人成功地将神话从像赫拉克利特(Heraclitus)(他"并不掩饰自己对荷马及其诸神世界的厌恶"[126])、修昔底德这样具有批判性的学者手中救了下来,因为希腊人主要是一个艺术家和诗人的民族,是"具体知识的敌人",他们的著作"始终给予神话以解释并总是使其再生"[127]。在他自己有关希腊神话的著作中,布克哈特同样采取了非批判的态度。看一下他对同时期有关神话的科学解释及其他学究式演绎的评价。

> 如今我们常常被告知,许多神话传说仅仅是建立在主要是天文的、大气的自然现象之上。柏勒洛丰(Bellerophon)的发疯与不幸表现了太阳和月亮在运行过程中明显的混乱现象,淮德拉(Phaedra)和希波吕托斯(Hippolitus)的故事涉及的是晨星沉入大海。但是即便这样的解释无可指摘,从这样的起源中编造出这些可怕的人类故事,也只能是希腊人更显著、更独特的性格特征的体现。只有他们,在倾听了夜莺的悲叹后,会将它与另外三种鸟的行为联系起来,编出有关菲罗墨拉(Philomela)、普洛克涅(Procne)、忒柔斯(Tereus)和伊堤斯(Itys)的可怖神话……在此,我们的兴趣不是将神话故事解构为它们的主要要素,而恰恰是它们所获得的不断丰富的流变本身。[128]

此外,对布克哈特(以及整个神话历史传统)而言至关重要的是,正是希腊的历史学保存了神话学的传统——最明显的是希罗多德将口传的故事编写进自己的《历史》中。布克哈特详细阐述并论证了希罗多德的方法论以对抗修昔底德的反对,其所用措辞明显在主张自己的"文化史"相较于兰克的"政治史"所具有的优越性。

> 那些一旦懂得了这种典型神话叙事形式的人,通常不会再试图照着字面含义去叙述所发生的事情……但是在我们的时

代，批判性的学识用以拒绝轶事的不屑态度——它认为轶事对于学术研究而言毫无价值，并且与只传递有价值的具体信息的职责格格不入——在我们看来似乎并非十分合适。因为无论我们是否愿意，我们都必须对轶事详加审查，并且可能最终得出结论，即事实也是相当不牢靠的。是否所有这些通常是我们有关某一时期的所有历史都不再被认为是历史？当然它们不是通常意义上的历史，即使只是因为我们不能从中了解因为某个特定个人的行为，在某一特定时间、特定地点发生了什么。但是在某种程度上，它们确实构成了"另一种历史"（*historia altera*），一种告诉我们人类能够做什么以及最经常做的是什么的想象的历史。我们似乎受我们教育的过于僵化的教导，以至于只是看重具体之物，而在这具体之物以外，我们再也看不到任何的救赎；相反，希腊人寻求典型性并在轶事中找到它，这种典型性在普遍性上总是正确的，但是在任何特定的场合中从未准确。从这一角度看，比如希罗多德著作的第一卷在根本上仍是真实的，即使如果将其中所有的典型性除去的话，它就所剩无几了。[129]

126

布克哈特对希腊人"另一种历史"的道德、文化优点的反思，暴露了自己与尼采的任何民族历史中神话首要性理论之间深层的联系。尼采在《悲剧的诞生》中划时代的声明——"没有神话的话，每一种文化都会失去其创造力的蓬勃力量：只有一种为神话所界定的视野才能完成并统一整个的文化进程"——回荡在布克哈特对希腊文化史的最终判断之中，"这是一个极力捍卫自己的神话并使之成为自身存在的理想之基的民族，并且它还竭尽所能地尝试建立神话与现实生活之间的联系"[130]。事实上，在希腊文明中，这种神话的力量是如此之大以至于它阻碍了有关现实的现实主义和理性主义观念的发展。对这种神话倾向及其文化政策（"这个民族在其舞台上容忍不了任何历史剧，并且对历史史诗漠不关心"），布克哈特持批判的态度，但是他仍然接受这种状况，并认为它在希腊人对生活的"悲剧式"体验上不可或缺。因为他在希腊人的世界观之下看到一些有关现实的悲观主义的，甚至几乎是虚无主义的深层观念,这使得人类就其本身而言变得毫无意义。

在早年的写作中,最明显的是在《意大利文艺复兴时期的文化》的结语中,布克哈特已经批判了盛行于西方文明主要神学和哲学学说中对人类命运及死亡、来世问题的肤浅态度。[131] 当罗马人和基督徒们用"不朽""来世"等观念来修饰死亡这一悲剧性概念时,荷马及其追随者们却"并没有将这一概念变得温和、更加人性化"。相反,在其神话中,他们表达了一种敏锐的领悟,即他们生活在一个世俗的世界,但他们又将它隐藏在美轮美奂的形象和传说之下,并由此使它既值得纪念又可以忍受。布克哈特引述了阿基里斯对奥德修斯的回答——"絮叨那么多后,我向你断言,对于我们这些离开尘世生活的人而言最大的愿望便是重返人间"[132]——作为上述事实的表现。他看到,正因为希腊神话将这些有关人是什么的自我认识编入其中,它们才能在我们文明的集体记忆中延续,才能永远教导我们如何去应对这一典型的现代困境。"我们用他们的眼睛来看,用他们的词汇来说话。"[133] 布克哈特由此总结道:

> 这就是希腊人的精神倾向;在此之上,世界历史上最伟大的命运将渐次展开。他们沉溺于神话过往的织网中,只是正在缓慢地形成任何真正意义上的历史,在充满想象力的诗歌中臻至完善,在岁月的变迁中,他们注定在理解力上成为所有民族的先驱,注定在将这种理解力传播给其他民族上成为先驱……与此同时,通过希腊文化的延续,希腊人为我们确保了世界发展的连续性。因为只有通过希腊人,不同时代以及我们对它们的兴趣才能联系起来,穿成一线。没有他们,我们对早期时代将一无所知,没有他们,我们还能知道些什么呢?我们甚至都感受不到想要去了解的愿望。[134]

正是在研究希腊文化史的漫长岁月中,那时他倘佯于"那个世界真正的精神海洋之上"[135],布克哈特将自己沉浸在波桑尼阿斯之中。我们回忆一下,波桑尼阿斯的《希腊志》是 1889 年夏布克哈特从巴塞尔到阿尔高的巴登度假时唯一随身携带的书籍。在这部书中,布克哈特找到许多与自己的世界与著作相像之处。因为当波桑尼阿斯在公元 2 世纪游历希腊时,他强烈地意识到宗教场所以及许多其他古典时代的著名遗址已经开始破败不堪,他决心为后代保存它们最后可见的光辉遗存,保留它们传说中的往昔形象,保留它们的神话。[136] 波桑尼阿斯不再相信古代的神话,但是他依然信奉它们,因为他已经意识到它们赋予了希腊历史及生活以意义。因此,当他游历至阿卡迪亚(Arcadia)的一个遗址时,传统上将它与吞噬自己孩子的提坦神克洛诺斯(Cronus)联系在一起,波桑尼阿斯宣称:"当我开始本书的写作时,我常常将这类希腊故事与愚昧等量齐观;但是现在我已经远至阿卡迪亚……我猜想与克洛诺斯有关的故事有一点希腊哲学的味道。在有关宗教的问题上,我将遵循传统。"[137] 他在克洛诺斯神话中最终感觉到的,即在他的时代克洛诺斯已经成为时间之神克洛诺斯,在他抵达迈加洛波利斯(Megalopolis)时变得清晰起来:

128

　　我感到吃惊的是,迈加洛波利斯这座阿卡迪亚人以极大的热情所建立,希腊曾寄予最高希望的城市,本应已经丧失其美感与古时的繁荣,或者至少它的大部分今日应已成废墟,因为我知道恶魔的力量总是喜欢将事物打乱,并且我知道命运改变着万物,强大的和弱小的,初生的和行将就木的,以一种强大的需求驱使着万物,依着她一时的心血来潮。领导了希腊人特洛伊战争的迈锡尼和亚述王国的首都尼尼微都已遭废弃与破坏……这就是人类事物是多么的转瞬即逝、毫不牢靠。[138]

我们可以想象布克哈特在 1889 年 7 月阅读着这些句子,并且和古代的旅行家一样,在那一刻意识到他也最终获得了"真正的神话之睛":他们是那些总是敏锐地意识到所有人类事物的偶然性,但又成功地在历史混乱的、转瞬即逝的事件中辨认出一些更加质朴而永恒的意义结构的历史学家,这些意义结构是将所有"一时之物"转变为"永恒之物"的神话。

V

布克哈特最初将历史理解为"神秘与诗"的看法总是将他与那些在历史中看到"一种知识源泉,一种科学"[139]的人相疏离,并且这仍然使其著作与神话历史在兰克的现代追随者们,即"在他们的职业教席中研究事实"的人看来是不可靠的、非科学的(*unwissenschaftlich*)。诚如布克哈特所料,当他的《希腊文化史》(*Griechische Kulturgeschichte*)最终在其去世后出版时,专业学界的反应是相当负面的。著名古典语言学家乌尔里希·冯·维拉莫维茨·默伦多夫(Ulrich von Wilamowitz-Moellendorf)的严厉评判——该著作不是为科学而生——是众所周知的,特别是因为维拉莫维茨·默伦多夫在大约二十七年前已经用同样的话将尼采的《悲剧的诞生》斥为非科学。然而,与尼采一书的情况一样,学院派的德国历史学最终转而承认《希腊文化史》中新的历史学概念,更确切地说,承认布克哈特的文化史(*Kulturgeschichte*)概念。[140]

这一平反的决定性时刻是弗里德里希·梅尼克(Friedrich Meinecke)的讲座《兰克与布克哈特》,这是他于 1947 年 5 月 22 日在柏林为德国科学院所做。[141] 梅尼克的著名讲座自此被普遍地认为是德国历史学界的元老对其同行及后辈们"最后的遗嘱",并且它依然回响在现今对现代历史学专业的讨论中。[142] 在梅尼克对兰克与布克哈特的反思中隐含着一个假设,即他们对人类生活与历史的不同哲学观念不仅决定了他们自己而且也决定了他们追随者们的生平与著作。这一点在梅尼克自己身上最为确定。"从我学生时代起,兰克便是我的启明星,我的北极星。只是到后来布克哈特才开始对我发出光辉。"[143] 他为兰克所吸引,是因为与大多数德意志第二帝国时期的历史学家一样,梅尼克钦佩将自己的时代及整个世界历史视为正在向新欧洲秩序的"政治重建"迈进的帝国历史学家。他无法将自己与布克哈特怀疑的、美学的历史观相协调,后者将导致在历史事件中只是"沉思"而非"行动"。在一篇早期对布克哈特《历史沉思录》的书评中,梅尼克否定布克哈特对为国家与民族的伟大"集体"斗争的"主观"方面的偏好，认为它是一种"浪漫主义"的放纵，辜负了那些真正经历了这些斗争的历史学家。[144]

　　20世纪的危机和浩劫迫使梅尼克修正自己对布克哈特的世界与著作的判断。正如梅尼克所承认的，布克哈特的书信及《历史段章》（*Historische Fragmente*）在1920年代末期的出版，对他在德国浩劫时期（*die deutsche Katastrophe*）重新评价两位历史学家及其历史学遗产至关重要。[145] 在其1946年有关这一主题的著作《德国的浩劫》（*The German Catastrophe*）中，梅尼克最终得出了与布克哈特在一百年前已经得出的相同的结论：对现代欧洲文明特别是日耳曼民族而言，唯一的补救之道是一种"文化的复兴"而非"政治的重建"[146]。梅尼克在1947年5月的演讲中重申了这一观点。尽管他非常敬仰自己的老师兰克，但他要求自己的听众和自己一起设问，"是否到最终，对我们以及后世的历史学家而言，布克哈特在重要性上不会超过兰克。"[147] 他承认"在自己时代的本质历史特征上，布克哈特比自己看得更深刻、更敏锐"，因此"对未来，也能够比兰克看得更明确、更确信"[148]。

　　梅尼克正确地看到，虽然两位历史学家都是保守主义的，但是他们在哲学和历史的世界观上却彼此迥异：兰克有关人类生活和历史本质上是"政治的"观念，在个人层面和专业层面，都使他与在德国和欧洲政权中宗教和国家的"强大力量"相亲近，而布克哈特"文化的"观念则将他吸引向难以捉摸的代理人、宗派和共同体——从古代的苏格拉底和第欧根尼（Diogenes），经由早期基督教的隐修士和中世纪的异教圣徒，到文艺复兴时期的佛罗伦萨学院，并最终到自己在巴塞尔志同道合的同志们——他们都努力对抗各自强有力的威权以保存西方文明的人文主义传统。从如此迥异的有关人类生活与历史究竟是什么的哲学和政治观念出发，兰克和布克哈特最终以截然不同的方式看待他们历史学家的职业：兰克聚焦于创造并推动世界历史的"重要"时代、事件、制度与思想，基本上忽略历史的个人因素（整体而言，回避任何有关实际发生之事的个人印象和解释）；与之相反，布克哈特聚焦于历史的个人主题，聚焦于梅尼克所说的（回应尼

130

采)"历史中的人,乃至太过"。

最后,梅尼克写道:"两人将不同的问询带到历史之中。"兰克的问题是"对历史而言,人意味着什么?"布克哈特的问题是"对人而言,历史意味着什么?"[149] 第一种问询有赖于有关历史的一种神意观念,在这一观念中,世界历史(*Weltgeschichte*)表现为——而非存在于——末日审判(*Weltgericht*),仿佛揭示出历史的客观审判;第二种问询存在于有关历史的一种人性观念,在这一观念中所有发生过的事情表现出完全的偶然性,并因此接受所有类型的对历史的主观思考与判断。当兰克(和梅尼克)在历史中寻找发源于伟大的人类与诸民族,并在其所有历史运动中进化的永恒思想时,布克哈特则关注由人类与诸民族所铸造的神话,这些神话的目的是赋予他们的历史运动以意义。正是这种对人类现实以及一直以来推动人类行动的实际力量的神话历史观念使布克哈特能够如此"深刻而敏锐地看透自己时代的本质历史特征",并且正如梅尼克所承认的,由此也看透我们时代的本质历史特征。

然而这种赞赏姗姗来迟,殊为晚至。当布克哈特在 1897 年与世长辞时,分享他神话历史观点的德国历史学家屈指可数。在他们之中,便有年轻的艺术史专家犹太人阿比·瓦尔堡(Aby Warburg)。在 1892 年,瓦尔堡撰写了他的博士论文《桑德罗·波提切利〈维纳斯的诞生〉与〈春〉:对意大利早期文艺复兴中古代概念的研究》。[150] 按照瓦尔堡自己的说法,他开展这项对波提切利神话学的研究是在布克哈特《意大利文艺复兴时期的文化》第五篇"社交与节日庆典"的精彩描述的深刻影响之下,并且尤其是受到布克哈特如下假设的启发,即文艺复兴时期的艺术家们实际上可以将神话里的诸神看作节日庆典中"活着的、运动着的存在""正如雅各布·布克哈特——在他某次准确的直觉概括中期待未来的发现——曾经所说:'意大利节日的盛况,在其更高的形式上,是一种从生命到艺术的真正转变'"[151]。瓦尔堡论文的主要目标是要翻转这种"从生命到艺术的转变",进而从艺术中重获生命,去考察"古代的复兴"对波提切利及其同时代人究竟意味着什么。

完成论文后,瓦尔堡寄了一份给布克哈特,布克哈特称赞作者

131

的原创见解与成就。布克哈特建议瓦尔堡对"神秘的神学家波提切利"做更多的研究，可能这表示，年老的布克哈特仍然不乐意承认波提切利（如瓦尔堡所认为）主要是受古代异教神话的影响。[152]瓦尔堡可能也意识到了这一点，他评论道："布克哈特满足于完成他眼前的职责，在发展最完善的形态中考察文艺复兴时期的人物，在最完美的呈现中考察文艺复兴时期的作品"[153]——似乎留给瓦尔堡去完成这项未竟的工作，即在发展不完善的形态中考察文艺复兴时期的人物，在最粗糙的物质主义的、原始的呈现中考察文艺复兴时期的作品，为的是将历史重新定义为神话。

132

参考文献

1. Burckhardt to von Preen, 24 July 1889, *The Letters of Jacob Burckhardt*, ed. and trans. A. Dru (London: Routledge and Kegan Paul, 1955), 219.

2. Werner Kaegi, *Jacob Burckhardt: Eine Biographie*, 7 vols. (Basel/Stuttgart: Schwabe, 1949 – 1982), 1: 21.

3. 对布克哈特生活与著作中这种观念富有洞见的讨论，参见 Albert Salomon, "Jacob Burckhardt: Transcending History", *Philosophy and Phenomenological Research* 6 (1946): 225 – 269。

4. David Friedrich Strauss, *The Life of Jesus Critically Examined*, trans. G. Eliot (London: S. C. M., 1973). 87.

5. Ibid., 258 – 263.

6. Ibid., 91 – 92.

7. 在其首版于 1818 年的 *Lehrbuch der christlichen Dogmatik in ihrer historischen Entwicklung* 一书中，迪卫德将福音书视为典型"历史故事"。有关迪卫德的神话学理论，参见 Paul Handschin 很好的讨论，*Wilhelm Martin Leberecht de Welle als Predger und Schriftsteller* (Basel: Helbing und Lichtenhau, 1957), 55. 相关的整体性评价，参见 John W. Rogerson, W. M. L. De Wette: *Founder of Modern Biblical Criticism: An*

Intellectual Biography (Sheffield: Sheffield Academic Press, 1992)。

8. Kaegi, *Jacob Burckhardt*, 1: 445 - 481.

9. Burckhardt to Johan Riggenbach, 28 August 1838, *The Letters of Jacob Burckhardt*, 36. 有关布克哈特早年的宗教纠结与危机,参见 Ernst Walter Zeeden, "Die Auseinandersetzungen des jungen Burckhardts mit Glaube und Christentum", *Historische Zeitschrift* 178(1954): 493 - 514。

10. Jacob Burckhardt, *The Civilization of the Renaissance in Italy*, trans. S. G. C. Middlemore (Vienna: Phaidon Press, n. d.), 260.

11. Burckhardt to Friedrich von Tschudi, 1 December 1839, *The Letters of Jacob Burckhardt*, 48. Felix Gilbert 正确地将布克哈特成熟的历史著作与其对意义的稚嫩的神学追寻联系起来,参见 Felix Gilbert, "Jacob Burckhardt's Student Years: The Road to Cultural History", *Journal of the History of Ideas* 48 (1986): 247 - 274。

12. Burckhardt to Friedrich von Tschudi, 1 December 1839, *The Letters of Jacob Burckhardt*, 48.

13. Burckhardt to Willibald Beyschlag, 30 January 1844, *The Letters of Jacob Burckhardt*, 89.

14. Burckhardt to Gottfried Kinkel, 28 June 1845, *The Letters of Jacob Burckhardt*, 94.

15. Jacob Burckhardt, *Griechische Kulturgeschichte*, in *Gesamtausgabe* (Berlin/Stuttgart: Schwabe, 1929 - 1934),10: 400. 对布克哈特"另一种历史"的权威重建,参见 Lionel Gossman, *Basel in the Age of Burckhardt* (Chicago: University of Chicago Press, 2000),251 - 346。

16. Jacob Burckhardt to Louise Burckhardt, 15 August 1840, *The Letters of Jacob Burckhardt*, 58.

17. 对布克哈特与兰克二人生平、著作对比的扼要而精彩的阐释,参见 Hugh Trevor-Roper, "Jacob Burckhardt", *Proceedings of*

the *British Academy* 70(1984)：359－378。

18. Friedrich Meinecke，"Ranke and Burckhardt"，in *German History：Some New German Views*，ed. H. Kohn（Boston：Beacon Press，1954），142.

19. Leopold von Ranke，*Zur eigenen Lebensgeschichte*，in *Sämtliche Werke*（Leipzig：Duncker und Humblot，1890），vol. 53－54，pp. 61－62. 参见 Leonard Krieger 的讨论 *Ranke：The Making of History*（Chicago：University of Chicago Press，1977），98。

20. Theodore H. von Laue，Leopold Ranke：*The Formative years*（Princeton，NJ.：Princeton University Press，1950）. 对兰克所谓"实证主义"的一种修正，参见 Rudolf Vierhaus，"Historiography between Science and Art"，in *Leopold von Ranke and the Shaping of the Historical Discipline*，ed. G. G. Iggers and J. M. Powel（Syracuse，N. Y.：Syracuse University Press，1990），61－69。另可参见 Felix Gilbert 很好的"调和"尝试，*History：Politics or Culture? Reflections on Ranke and Burckhardt*（Princeton，NJ.：Princeton University Press，1990）。

21. Leopold von Ranke，"On the Character of Historical Science"，trans. W. A. Iggers，in *The Theory and Practice of History*，ed. G. G. Iggers and K. von Moltke（Indianapolis：Bobbs-Merrill，1973），44－45.

22. Leopold von Ranke，*Universal History*，trans. G. W. Prothero（New York：Harper，1884），xi.

23. 兰克承认他对这些史料的利用与喜爱，参见 *History of the Popes*，trans. E. Fowler（New York：Colonial Press，1901），xvii-xxii。

24. Gino Benzoni，"Ranke's Favorite Source：The Venetian *Relazioni*：Impressions with Allusions to Later Historiography"，in Iggers and Powel，*Leopold von Ranke and the Shaping of the Historical Discipline*，53－57. 也可参见 the chapter "Renaissance Epistolarity" in，John M. Najemy，*Between*

Friends：*Discourses of Power and Desire in the Machiavelli-Vettori Letters of 1513 - 1515*（Princeton，NJ.：Princeton University Press，1993），18 - 57。

25. Anthony Grafton，"The Footnote from De Thou to Ranke"，*History and Theory*，suppl. 33(1994)：61.

26. Donald R. Kelley，"Mythistory in the Age of Ranke"，in Iggers and Powel，*Leopold von Ranke and the Shaping of the Historical Discipline*，3 - 20.

27. Burckhardt to von Tschudi，16 March 1840，*The Letters of Jacob Burckhardt*，53.

28. Ibid.

29. Kaegi，*Jacob Burckhardt*，1：84.

30. Burckhardt to Karl Fresenius，9 June 1842，*The Letters of Jacob Burckhardt*，73 - 74. 有关布克哈特对历史及其起源的诗意想象（在歌德的"沉思"概念中）以及这种想象转变为一种整体的文化史，参见以下精彩讨论，Karl J. Weintraub 's chapter on Burckhardt in his *Visions of Culture*（Chicago：University of Chicago Press，1966），115 - 160；也可参见 Peter Gay，*Style in History*（New York：Basic Books，1974），176 - 177。

31. Jacob Burckhardt，*Reflections on History*，trans. M. D. Hottinger（Indianapolis：Liberty Fund，1979），107.

32. Burckhardt to Albert Brenner，11 November 1855，*The Letters of Jacob Burckhardt*，116.

33. Burckhardt，*The Civilization of the Renaissance in Italy*，82.

34. 转引自 Hugh Trevor-Roper 对布克哈特的介绍，参见所著 *On History and Historians*，trans. H. Zohn（Boston：Beacon Press，1958），xx-xxi。

35. Burckhardt，*Reflections on History*，34.

36. Jacob Burckhardt，*The Age of Constantine the Great*，trans. M. Hadas（New York：Pantheon Books，1949），11.

37. Burckhardt，*Reflections on History*，36.

38. Burckhardt，*The Age of Constantine the Great*，214 - 216.

39. 对布克哈特宗教观富有洞见的解释，参见 Alfred von Martin, *Die Religion Jacob Burckhardts*（Munich：Erasmus，1947）。

40. 诚如 Lionel Gossman 所示，在巴塞尔这是常见的历史观念。"The Boundaries of the City：A Nineteenth-Century Essay on the Limits of Historical Knowledge", *History and Theory* 25（1986）：33 - 35。Gossman 介绍的论文是 Wilhehn Vischer1877 年的正式就职演说。文章在向因诗性的史料与方法所导致的历史在科学上的谬误致歉的伪装下，包含了一种积极的信息：历史是有价值的并且可作为神话历史而流行。比如，看一下文章的结论，"传说的历史内容与意义在某些情况下比我们可以获得的更大，如果我们对同样的事实或事件有最准确的信息的话，我们也因此可以构建一种所谓可靠的、可信任的历史。"（49 - 50）

41. Hans-Georg Gadamer, *Truth and Method*（London：Seabury Press，1975），12.

42. 有关布克哈特的"文化"，参见 Gossman 引人入胜、具有启发性的讨论，*Basel in the Age of Burckhardt*，203 - 250。

43. Burckhardt, *The Age of Constantine the Great*，323 - 324.

44. 关于布克哈特的不可知论，参见 David Norbrook, "Life and Death of Renaissance Man", *Raritan* 8（1989）：89 - 110。

45. Alan S. Kahan, *Aristocratic Liberalism：The Social and Political Thought of Jacob Burckhardt, John Stuart Mill, and Alexis de Tocqueville*（New York：Oxford University Press，1992）.

46. Burckhardt to Gottfried Kinkel, 18 April 1845, *The Letters of Jacob Burckhardt*，93.

47. Burckhardt to Friedrich Nietzsche, 25 February 1874, ibid. , 158.

48. Burckhardt to Hermann Schauenburg, 5 March 1846, ibid. , 97. 对布克哈特"旧欧洲"概念的综合讨论，参见 Wolfgang Hardtwig, *Geschichtsschreibung zwischen Alteuropa und moderner Welt：Jacob Burckhardt in seiner Zeit*（Göttingen：Vandenhoeck und Ruprecht，1974），273 - 360。

49. Henri Bergson, *CEuvres*, ed. A. Robinet（Paris：Presses Universitaires de France，1970），1347.

50. Burckhardt to Hermann Schauenburg, 5 March 1846, *The Letters of Jacob Burckhardt*, 97.

51. Burckhardt, *Reflections on History*, 105.

52. 它的开篇是："让我沉入第勒尼安海！那是最安静的坟冢！众多迦太基的银光闪闪的船队，自古便长眠于此。"诗人随后在与同时代人的比较中表现自我，"有了这些古代的珍宝，就会成为俄尔弥努斯的保护者。你们这些无赖，将它们全部占为己有吧，这样就能复归平静。"他以这些神话的想象来结尾，"或许在更晚，更晚的时候，当世界焕然一新时。洪流的声音响彻云霄，高高的甲板上满是欢声笑语。海伦将会在金色的船舰上，在帕里斯的拥抱下加冕。因为她的美丽，无论远近的仙女和特里同皆欢欣雀跃。闪闪发亮的紫色船帆鼓起，香膏的气味和歌唱的声音：流逝吧，世界的年代，只有美丽的事物才会永葆青春。"（Burckhardt to Hermann Schauenberg, 28 February 1847, *Briefe*, 3：57）对这首诗很好的解读，参见 Heinz Schlaffer, "Jacob Burckhardt oder das Asylder Kulturgeschichte", in Hannelore Schlaffer und Heinz Schlaffer, *Studien zum ästhetischen Historismus*（Frankfurt am Main：Suhrkamp，1975），72-111。

53. Jacob Burckhardt, *Der Cicerone：Eine Anleitung zum Genuß der Kunstwerke Italiens*（Stuttgart：Kröner, 1855）. 对该书以及布克哈特其他艺术史领域的研究有洞见的讨论，参见 Irmgard Siebert, *Jacob Burckhardt：Studien zur Kunst-und Kulturgeschichtsschr eibung*（Basel：Schwabe, 1991）。

54. 有关这些批评的意图和反应，参见 Kaegi, *Jacob Burckhardt*, 3：425-530。

55. Burckhardt to Johannes Riggenbach, 12 December 1838, *The Letters of Jacob Burckhardt*, 40.

56. Jacob Burckhardt, *The Cicerone：An Art Guide to Painting in Italy for the Use of Travelers and Students*, trans. A. H.

Clough（London：T. Werner Laurie，1873），bk. 3，p. 139.

57. Jacob Burckhardt，"Uber erzählende Malerei"，in *Kulturgeschichtliche Vorträge*，ed. Rudolf Marx（Stuttgart：Kröner，1929），195 - 196.

58. 有关布克哈特的艺术（Kunst）观，参见 Martina Sitt，*Kriterien der Kunstrkritik：Jacob Burckhardts unveröffentliche Asthetik als Schlüssel seines Rangsystem*（Vienna：Böhlau，1992）；Gossman，*Basel in the Age of Burckhardt*，347 - 410。

59. Burckhardt to Willibald Beyschlag，14 June 1842，*The Letters of Jacob Burckhardt*，72 - 73. 有关布克哈特的图像（*Bild*）观，参见 Peter Ganz，"Jacob Burckhardt：Wissenschaft- Geschichte-Literatur"，in *Umgang mit Jacob Burckhardt*，ed. Hans G. Guggisberg（Basel：Schwabe，1994），11 - 35。

60. Paul O. Kristeller，"Changing Views of the Intellectual History of the Renaissance since Jacob Burckhardt"，in *The Renaissance：A Reconsideration of the Theories and Interpretation of the Age*，ed. T. Helton（Madison：University of Wisconsin Press，1961），29.

61. 从新的角度对布克哈特所作的批判性评价，参见 Alison Brown，introduction to *Language and Images of Renaissance Italy*，ed. A. Brown（Oxford：Clarendon Press，1995），7 - 8. 以及该集中的其他论文。

62. Denys Hay，"Historians and the Renaissance during the Last Twenty-Five Years"，in *The Renaissance：Essays in Interpretation*（London：Methuen，1982），1 - 2.

63. 这是 William Kerrigan 和 Gordon Bragen 的观点，见其所著 *The Idea of Renaissance*（Baltimore：Johns Hopkins University Press，1989），3 - 35。对布克哈特有关"个人主义"观点的批判性讨论，参见 Hans Baron，"The Limits of the Notion of 'Renaissance Individualism'：Burckhardt after a Century"（1960），in his *In Search of Florentine Civic Humanism*（Princeton，NJ.：Princeton University Press，1988），2：155 -

181。有关布克哈特的"世俗主义",参见 Timothy Verdon,
"Christianity, the Renaissance, and the Study of History:
Environments of Experience and Imagination", in *Christianity
and the Renaissance: Image and Religious Imagination in the
Quattrocento*, ed. T. Verdon and J. Handerson (Syracuse:
Syracuse University Press, 1990),1 - 2。

64. Johan Huizinga, "The Problem of the Renaissance", In his *Men
and Ideas*, trans. J. H. Holmes and H. van Marie (New
York: Meridian Books, 1959),256. 参见 Kaegi's discussion in
Jacob Burckhardt, 3:689。

65. 布克哈特对作为一名神话创造者——主要是有关自己的神
话——的阿尔伯蒂的喜爱,明显表现在《意大利文艺复兴时期
的文化》对阿尔伯蒂性格的铺陈上,参见该书第74页。有关布
克哈特对阿尔伯蒂的钦慕,还可以参见 Kaegi, *Jacob
Burckhardt*, 3:657 - 658; Michael Ann Holly, "Burckhardt
and the Ideology of the Past", *History of the Human Sciences* 1
(1988):47 - 73,文中,作者令人信服地论证道,布克哈特实际
上是按照阿尔伯蒂《论绘画》(1435)一文中的美学原则来为
《意大利文艺复兴时期的文化》谋篇布局的。

66. Eugenio Garin, *Science and Civic Life in the Italian Renais-
sance*, trans. P. Munz (Garden City, N. Y.: Anchor Books,
1969),6 - 7.

67. Burckhardt to von Preen, 27 September 1870, *The Letters of
Jacob Burckhardt*, 144; Burckhardt, *Reflections on
History*, 107.

68. Eric Heller, "Burckhardt and Nietzsche", in his *Disinherited
Mind* (New York: Meridian Books, 1959),76 - 80.

69. Arthur Schopenbauer, *Ein Lesebuch*, ed. A. Höbscher
(Wiesbaden: Brockhaus, 1980),168.

70. Hayden White, *Metahistory: The Historical Imagination in
Nineteenth-Century Europe* (Baltimore: Johns Hopkins
University Press, 1973),242.

71. Nikolaus Meier，"'Aber ist es nicht eine herrliche Sache，für ein Volk zu meisseln，daB auch das Künste für wirklich hält?' Zurn Italienerlebnis Jacob Burckhardts"，in *Jacob Burckhardt und Rom*，ed. H-M. von Kaenel（Zurich：Schweizerisches Institut in Rom，1988），33 - 56.

72. Burckhardt，*The Civilization of the Renaissance in Italy*，48.

73. Ibid. ，3.

74. Ibid. ，12. 有关布克哈特这个故事的来源，参见 Peter Ganz，" Jacob Burckhardts *Kultur der Renaissance in ltalien*：Handwerk und Methode"，in Guggisberg，*Umgang mit Jacob Burckhardt*，70 - 71。

75. Gilbert，*History*，89.

76. Burckhardt，*The Civilization of the Renaissance in Italy*，16.

77. Ibid. ，17 - 18.

78. 欧金尼奥·加林在《意大利文艺复兴时期的文化》意大利文版中的介绍，*La Civilta del Rinascimento in Italia*（Florence：G. C. Sassoni，1955）。

79. F. R. Ankersmitt，*Narrative Logic：A Semantic Analysis of the Historian's Language*（The Hague：M. Nijhoff，1983）。

80. William Bouwsma，"The Renaissance and the Drama of Western History"，*American Historical Review* 94（1979）：1 - 15，quotation on 8.

81. Burckhardt，*The Civilization of the Renaissance in Italy*，42.

82. Ibid. ，173.

83. Burckhardt to von Preen，31 December 1870，*The Letters of Jacob Burckhardt*，146. 布克哈特对文化史超越政治史的喜爱吸引了许多的关注与解释。对他决意采用文化史观念最好的思想重建，参见 Gossman，*Basel in the Age of Burckhardt*，251 - 264；对文化史含义的哲学讨论，参见 Karl Löwith，*Jacob Burckhardt：Der Mensch inmitten der Geschichte*，in *Sämtliche Schriften*（Stuttgart：J. B. Metzler，1984），7：44 - 90，197 - 205。

84. Jacob Burckhardt, The Greeks and Greek Civilization, ed. O. Murray, trans. S. Stern (London: Harper Collins, 1998),5. 该书是《希腊文化史》的节译本。

85. Ibid. ,6.

86. Jacob Burckhardt, "The Great Men of History", in *Reflections on History*, 290 – 291.

87. Translation by Alexander Dru in his introduction to *The Letters of Jacob Burckhardt*, 23.

88. Löwith, *Jacob Burckhardt*, 44 – 90; Edgar Salin, *Jacob Burckhardt und Nietzsche* (Heidelberg: L. Schneider, 1948); Heller, "Burckhardt and Nietzsche", 66 – 88.

89. Heller, "Burckhardt and Nietzsche", 80.

90. Burckhardt, *The Greeks and Greek Civilization*, 37.

91. Friedrich Nietzsche, "We Philologists", trans. J. M. Kennedy, in *The Complete Works of Friedrich Nietzsche*, ed. O. Levi (New York: Russell and Russell, 1964),8: 170.

92. Friedrich Nietzsche, *On the Utility and Liability of History for Life*, trans. R. T. Gray (Palo Alto, Calif: Stanford University Press, 1995),88.

93. Ibid. , 116 – 119.

94. Ibid. , 102 – 103.

95. Burckhardt, *The Age of Constantine the Great*, 124 – 162.

96. Ibid. , 185.

97. Ibid. , 190.

98. Jean Seznec, *The Survival of the Pagan Gods : The Mythological Tradition and Its Place in Renaissance and Art*, trans. B. F. Sessions (Princeton, NJ. : Princeton University Press, 1953),3.

99. Burckhardt, *The Age of Constantine the Great*, 237.

100. Ibid. , 240 – 242.

101. Ibid. , 242 – 243,312 – 313.

102. Burckhardt, *The Civilization of the Renaissance in Italy*, 292.

103. Friedrich Nietzsche，"The Antichrist"，trans. A. M. Ludovici，in *Complete Works*，16：228.

104. Friedrich Nietzsche，*Nietzsches Briefe*，in *Kritische Gesamtausgabe*，ed. G. Colli und M. Montinari (Berlin，1977)，sec. 2，1：293 - 294. 对此更客观的评价，参见 Salin，*Jacob Burckhardt und Nietzsche*，96 - 106；Kaegi，*Jacob Burckhardt*，7：36 - 37。

105. Friedrich Nietzsche，*Twilight of the Idols*，trans. R. J. Hollingdale (Harmondsworth Penguin，1968)，108.

106. Burckhardt to Ludwig von Pastor，13 January 1896，*The Letters of Jacob Burckhardt*，235.

107. Burckhardt，*The Greeks and Greek Civilization*，271.

108. Kaegi，*Jacob Burckhardt*，7：81.

109. 关于布克哈特反浪漫主义的神话观，参见 Heinrich Knittermeyer，*Jacob Burckhardt：Deutung und Berufung des abendlandischen Menschen* (Stuttgart：S. Hirzel，1949)，85 - 86。

110. Burckhardt to von Preen，31 December 1872，*The Letters of Jacob Burckhardt*，157.

111. Burckhardt，*The Civilization of the Renaissance in Italy*，167.

112. Burckhardt，*The Greeks and Greek Civilization*，12.

113. Jacob Burckhardt，*Recollections of Rubens*，trans. Mary Hottinger (London：Phaidon Press，1950)，23 - 24.

114. Julius Langbehn，*Rembrandt als Erzieher* (Leipzig：C. L. Hirschfeld，1890).

115. Burckhardt，*Recollections of Rubens*，116.

116. Ibid. ，157.

117. Burckhardt to Wilhelm Vischer，14 June 1863，*Briefe*，4：130.

118. Kaegi，*Jacob Burckhardt*，3：383 - 395.

119. Burckhardt，*The Civilization of the Renaissance in Italy*，3.

120. Ibid. ，124 - 125.

121. Ibid. , 45 - 46.

122. Burckhardt to von Preen，31 December 1870，*The Letters of Jacob Burckhardt*，146.

123. Burckhardt to von Preen，23 December 1871，Ibid. , 149.

124. Burckhardt，*The Greeks and Greek Civilization*，5.

125. Burckhardt，*Griechische Kulturgeschichte*，9：59.

126. Ibid. ,10：297.

127. Ibid. ,10：283.

128. Burckhardt，*The Greeks and Greek Civilization*，87.

129. Burckhardt，*Griechische Kulturgeschihcte*，10：399 - 400.

130. Friedrich Nietzsche，*The Birth of Tragedy*，trans. W. Kaufinann（New York：Vintage Books，1967），135；Burckhardt，*The Greeks and Greek Civilization*，28.

131. Löwith，*Jacob Burckhardt*，279.

132. Burckhardt，*The Civilization of the Renaissance in Italy*，290.

133. Burckhardt，*The Greeks and Greek Civilization*，37.

134. Ibid. , 35 - 36.

135. Ibid. , 7.

136. 值得注意的是，复兴对波桑尼阿斯的现代诠释的古典学者是詹姆斯·弗雷泽爵士（Sir James Frazer），他对波桑尼阿斯《希腊志》的评注，受到他此前在《金枝》中便加以使用的神话认识的启发。相关的完整情况与阐述，参见 Robert Ackerman，*J. G. Frazer：His life and Work*（Cambridge：Cambridge University Press，1987），127 - 142。

137. Pausanias，*Description of Greece*，trans. W. H. S. Jones（Cambridge，Mass. ：Harvard University Press，1918），8. 3.

138. Ibid. , 8. 33.

139. Burckhardt to Karl Fresenius，9 June 1842，*The Letters of Jacob Burckhardt*，74.

140. Niklaus Röthlin，"Burckhardts Stellung in der Kulturgeschichtsschreibung des 19. Jahrhunderts"，in Guggisberg，*Umg-*

ang mit Jacob Burckhardt，117－134.

141. Meinecke，"Ranke and Burckhardt"，141－156. 有关该论文在梅尼克生平与著作中的批判性评价，参见 J. L. Herkless，"Meinecke and the Ranke-Burckhardt Problem"，in *History and Theory* 9(1970)：290－321。

142. 近来对德国文化史研究中布克哈特遗产的评价，参见以下讨论：*Kulturgeschichte Heute*，ed. W. Hardtwig and H. U. Wehler (Göttingen：Vandenhoeck und Ruprecht，1996)。

143. Meinecke，"Ranke and Burckhardt"，142.

144. Friedrich Meinecke，"Jacob Burckhardt, die deutsche Geschichtsschreibung und der nationale Staat"，*Historische Zeitschrift* 97(1906)：557－562.

145. 参见下列综合讨论，Robert A. Pois，*Friedrich Meinecke and German Politics in the Twentieth Century* (Berkeley：University of California Press，1972)，49－85。

146. Friedrich Meinecke，*The German Catastrophe* (1946)，trans. S. B. Fay (Cambridge，Mass.：Harvard University Press，1950)，1－2，107－111.

147. Meinecke，"Ranke and Burckhardt"，143.

148. Ibid.，144.

149. Ibid.，154.

150. Aby Warburg，"Sandro Botticelli's Birth of Venus and Spring：An Examination of Concepts of Antiquity in the Italian Early Renaissance" (1893)，in his *Renewal of Pagan Antiquity：Contributions to the Cultural History of the Renaissance*，ed. K. Forster，trans. D. Britt (Los Angeles，Calif：Getty Research Institute for the History of Art and the Humanities，1999)，89－156，405－430.

151. Ibid.，125.

152. Werner Kaegi，"Das Werk Aby Warburgs：Mit einem unöverffentlichen Brief Jacob Burckhardts"，*Neue Schweitzer Rundschau* I (1933)：283－293.

153. Aby Warburg, "The Art of Portraiture and the Florentine Bourgeoisie", in Warburg, *The Renewal of Pagan Antiquity*, 186.

第四章　阿比·瓦尔堡：作为古代神话学的历史

I

1918 年 10 月，在听闻德国在一战中彻底战败的消息后，私家学者、汉堡艺术史的赞助人阿比·瓦尔堡发了疯。在多年绝望地试图理解那场战争的战术与意识形态策略后，瓦尔堡突然认为这场战争是关乎自身的：他想象到，自己作为一名德国人、犹太人，以及一个非常富裕家族的子嗣，都使他成为所有敌人的共同目标——协约国的特工、德国的反犹者以及布尔什维克的革命者——他们最终从四面八方将他团团包围。当他将自己的妻儿抵在枪口，威胁在敌人抓住他们前结束其性命时，他被带走并接受心理治疗。[1]1921 年，他被转至位于瑞士康士坦茨湖著名的拜洛沃疗养院，接受疗养院主任路德维希·宾斯万格（Ludwig Binswanger）医生的治疗。宾斯万格是尤金·布鲁勒（Eugen Bleuler）的学生，同时也是弗洛伊德（Freud）和荣格（Jung）的同事，他发展出自己的"存在主义（existential）"心理学学派，它更适用于患者智力上、精神的迷恋。宾斯万格论证道，他的患者与其他所有人一样，都渴望着个人雄心壮志的"自我实现（self-realization）"，而创造性和沟通性的工作则是最佳的实现途径。在宾斯万格看来，这种活动确保了他们不仅能表达内心最深处的各种欲望，而且还能将它们扩充并转变为保罗·德·曼所谓的"自我升华"（sublimation of self）。[2]

1923 年春，当宾斯万格发现自己病人的情况已经有所好转时，便与瓦尔堡的助手弗里茨·萨克斯尔（Fritz Saxl）定下协议，如果

133　瓦尔堡能准备并完成一场连贯的讲座，便能离开疗养院回家。事情便这样敲定了。1923 年 4 月 21 日，瓦尔堡向由拜洛沃的员工和住院患者所组成的听众做了题为《北美普韦布洛印第安人地区的图像》（*Images from the Region of the Pueblo Indians of North America*）的讲座。[3] 瓦尔堡的表现证明他已经克服了自己的恐惧和幻想。然而，瓦尔堡做到的远非如此而已：他不仅表明自己克服了恐惧，还表明自己如何通过对印第安人信仰和仪式的出色观察而做到这一点，在瓦尔堡的诠释中，印第安人的信仰和仪式恰恰与那个问题相关。因为虽然瓦尔堡表面上在论述普韦布洛印第安人为确保耕地降水所采取的仪式典礼，但实际上他用这个事例来探究和思考自身困境的文化 - 历史影响：如何通过将原始的恐惧转变为思想而克服它。他主要的假设是，人类将原始的情感和反应转化为寻常的想法和思考的能力，起源于并依然存在于将文化创造（*cultural creations*）加于自然反应（*natural reactions*）之上的创造神话的想象力。将众星转变为众星之神是创造神话的想象力基本的并且也是最为不朽的成就。"对天空的沉思是人性的恩赐与诅咒。"[4] 苍穹中星座的形成使对自然现实不稳定的、难以忍受的体验变得更加稳定和易于理解，并因此使人类，如汉斯·布鲁门伯格（Hans Blumenberg）所说，将"现实的绝对主义"降为"人性的绝对主义"。[5]

在瓦尔堡准备讲座的那几周草草写下的笔记中，他仔细思考了这次讲座对他在汉堡从事的文化学（*Kulturwissenschaft*）研究所具有的潜在贡献。"我将结构视为对我图书馆的一种描述：与人类表现心理学相关的档案集合。问题是：人类的、形象化的表现是怎样产生的；在记忆的档案中，它们被保存在有意识或无意识的感觉或观点之下，这些感觉或观点是什么？是否有规律来掌控它们的形成或重现？"[6] 瓦尔堡意识到，要回答这些问题，不仅需要他文化 - 历史图书馆中所有的物质资料，还需要一个更好的有关历史集体记忆（*Gedächtnis*）的心理学概念，并且在"现代"人性的进化中，它的功能脱离了——但是又从未完全离开——"原始的"兽性。因此，他决意

利用原始人的心理学——原始人是这样一种人，他们的反

应是直接的条件反射而非经过文饰的回应——并且也应考虑到文明人的心理学，他们有意识地回忆起自己祖先和自己记忆的分层结构。在原始人身上，记忆的形象造成一种有关原因的宗教体现，而在文明人身上，则通过命名造就一种超然。所有人类永远并且在任何时候都是精神分裂的。然而，从单个上看，我们或许可以将某种对记忆形象的反应描述为较早的、原始的，虽然它一直在那里。在更晚的阶段，记忆再也不能引起一种直接的、有目的的条件反射运动——不管它是战斗的还是宗教的性质——但是记忆的形象现在被有意识地储存在图像和符号中。介于这两个阶段之间，我们发现了对印象的这样一种处理方式，它可以被描述为象征的思维模式。[7]

134

"人类永远并且在任何时候都是精神分裂"的断言，表明原始的恐惧以及对我们原始祖先的迷恋从未被真正地、完全地消除，只是被表面上的理性解释和其他科学手段削弱而已。它们存在于各式各样的记忆传统之中，这些传统起源于人类与自然现实间最早的对抗，并且仍然保留其最初的印象。

以此为基础，瓦尔堡决定在他的讲座中聚焦于蛇这一恐惧的原始诱因，它的威胁内生于所有人群之中，在所有文明的宗教和文化传统中被铭刻，并且在瓦尔堡自己丰富的思想中最为活跃。瓦尔堡在讲座中提及的一些蛇的重要形象——在天堂和铜蛇崇拜的圣经故事中，在酒神女祭司的狄奥尼索斯狂欢中，在拉奥孔（Laocoon）和他儿子们的雕像中——在其艺术史研究伊始便令他着迷不已。对西方文明中这些蛇的古代代表所共有的感觉是，"蛇是邪恶和诱惑的精灵"，集中体现了"古代无助的、不幸的悲观主义"。国王希西家（Hezekiah）在先知以赛亚（Isaiah）及保罗（Paul）的马耳他奇迹的影响下开展了对铜蛇崇拜的战斗，当他将一条咬伤自己的毒蛇用力投入火中并发现自己对毒蛇的毒液免疫时，只是将一种最基本、最常见的恐惧反应注入一种长期以来的破坏传统之中。然而，在整个压抑与迷信的漫长历史中，蛇一次又一次地进入曾经惩治并禁止它的同一种宗教和文化传统之中——作为致命之物的良药，它与人类密不可分，最著名的是医神阿斯克勒庇俄斯

(Asclepius)，但甚至也出现在一些中世纪救世主的造型中。[8] 瓦尔堡写道："最终，蛇成为有关基础性破坏、死亡、世上的苦难从何而来这类问题的一种通行的象征性答案……我们可以说哪里有无助的人类痛苦地寻求着救赎，作为因果关系形象和解释的蛇就不会很远。蛇值得在'仿佛'（as if）的哲学中拥有自己的章节。"（50）

针对长期以来欧洲的压抑传统以及对蛇引发的原始紧张的脆弱的理性应对，瓦尔堡运用印第安人蛇的形象和对蛇的处理方法，来揭示支撑我们不稳定文明的更深层的心理学和人类学动机，并且正如弗洛伊德所认为，它们也在不断破坏着我们的文明。瓦尔堡还试图指出，通过印第安人对蛇的独特转化，即将它从一种邪恶的生物转化为一种象征性的生物，一个不同的、明显创造神话的文明是如何仍然保持"人与自然间无边界的沟通体验"的，这是我们的文明所缺乏的，或者毋宁说已经失去了的。（2）他向自己的听众提出的主要问题是："在怎样的程度上，这种一直存在于印第安人之中的异教世界观，为我们提供一种有关从原始异教信仰，经由古典时代的异教信仰，再到现代人的发展过程的标尺。"（4）他假定并试图证明，蛇在印第安人文明中的演变，从其与闪电同时代（因此也与赋予生命的雨水和稻谷同时代）的原始的、前符号的感知，经由神话的转化成为一种有图腾身份的动物，并进而成为更具象征性的形态，标志着人类对现实的感知从"自然物体到符号"的过程。这种演变证实了启蒙的独特辩证过程，在这一过程中任何智力的发展，无论是在瓦尔堡自己的生活还是在历史的文明中，都存在于对神话的创造与认可。"救赎的寻求者与蛇的关系在宗教崇拜的循环往复中，从粗糙的、以感觉为基础的互动发展为对它的超越。"（52）然而他坚持认为，这一理性化或精神化的过程从未完成，也不应该完成，因为即使是最抽象的蛇的符号，为了保持它的影响力和有效性，应该保持与在人类的内心与外部诱惑着他们的动物之间某种自然主义的甚至是仪式性的"象征性联系"[9]。"蛇这一有毒的爬行动物象征着人类必须克服的内心与外在的邪恶力量。"[10]

这场讲座的基础是瓦尔堡于 1896 年在亚利桑那和新墨西哥的普韦布洛印第安人中游历时所做的笔记和照片。[11] 早在对拉古纳

（Laguna）和阿科马（Acoma）这两个村镇的首次探访时，他便注意到在陶器、挂毯和建筑物的装饰中，蛇作为一种闪电的象征和降雨的前兆而出现。在旅行的最后，他来到欧莱比（Oraibi）地区，并在那里参加了一些人偶卡奇纳（*humaniskachina*）的季节性庆典，在庆典中普韦布洛印第安人跳舞时将活的蛇（响尾蛇）放入自己的口中，并唱道"你活着并且不会伤害我！"然后再将它们释放。虽然瓦尔堡并没有真正观察过这种仪式性舞蹈，但他对印第安人转变"最危险的动物响尾蛇"的方式印象深刻，从一种产生恐惧反应和反击的"自然对象"（natural object）转变为一种需要观察的"文化对象"（cultural object）。"在这种蛇舞中，蛇因此并未被献祭，而是通过神圣化和暗示性的舞蹈模仿，被转变为一个信使并被释放，回到死者的亡灵之所，可能是以天空中产生暴风雨的闪电的形式。在此我们对神话的普遍性和原始人类的巫术实践有了一种洞察。"[12] 印第安人如何成功地使毒蛇变得对生活有益，通过将毒蛇转变为闪电和降雨的一种象征，一种有关现实的仅仅是诗的、艺术性的形象，从而变得适合加以思考，表明了这些后，瓦尔堡继续试图表明对这类神话和形象的运用如何能够使所有人通过暂停和调解、升华和思考去适应可怕的经历。

在这场讲座中，瓦尔堡的主题选择及整体表现都与他从普韦布洛印第安人那里观察和学习到的极为相似：因为正如他们并未试图"将蛇杀死"，而是与它共存并依靠它，瓦尔堡没有试图压抑自己的恐惧和迷恋，而是详细阐述它们。瓦尔堡认为这特殊的经验不仅对自己的生活至关重要，而且对整个人类也是如此。这对他整个神话历史理论而言是关键性的——当然，仍然缺乏正式的名目——我认为"古代神话学"在平淡的历史现实中担负了意义和"蛇一般"活力的角色，象征着杀戮与治愈，并且无论是哪一种情况都对启蒙的过程而言不可或缺。这个过程如瓦尔堡所认为，并不存在于从神话的解放中，而是存在于经由神话的解放中。当他在思考印第安人的舞蹈时，他感觉到他们对从邪恶的蛇到一种象征的蛇的神话史诗式的叙述，对西方文明而言暗示了一些重要的信息，这些重要的信息在很早之前便开始探讨其恐惧和迷恋的自然原因，以更激进的压抑和毁灭手段。

136

我们自己的科技时代已不需要蛇来理解和控制闪电。闪电再也不能令城市居民心生恐惧,他们再也不用渴望一场温和的暴雨以作为自己唯一的水源。他有自己的供水,而蛇形的闪电则被避雷针直接转至地面。科学的解释已经令神话学的因果关系失去效力……这种从神话学观点中的解放,是否能够在生存之谜的充分解答上提供真正的帮助则完全是另一回事。(50)

137

然而,这件"事"却是瓦尔堡讲座背后真正的主题,更概括地说是他整个生活与研究的主题。他承认"美国政府与之前的天主教教会一样,不遗余力地将现代教育带给印第安人"以至于"印第安人的孩子们现在身穿精致的西装和连衣裙去上学,并再也不相信异教的鬼神"。这一讽刺性的描述表明了瓦尔堡对整个明显的理性化和文明化过程的真正想法,"它很可以表示进步。但是我不愿意说,这对形象化思考的印第安人以及对用我们的话来说他们以神话安顿的灵魂是公平的。"瓦尔堡随后讲述了他如何试图通过他为印第安人的孩子们设计的一种亲切的测试来证明这种批判性的怀疑:他告诉他们一个有关暴风雨的德国童话故事,然后要求他们为此画一幅画。在十四幅画中,十二幅如实地描绘了闪电,但是仍有两幅是象征式的描绘,有弓箭一样舌头的蛇。瓦尔堡认为,这是部落的神话语言、仪式和艺术在像普韦布洛印第安人那样的有机社会中仍然可见、可存的证据。"然而,我们不想我们的想象落入地下世界的原始生物的咒语之中。我们想爬上世界之屋的屋顶",想从"夜晚的深处"出来到阳光底下去。谈到他其中一幅描绘"孩子们站在一个洞口"的画时,瓦尔堡回忆起柏拉图寓言里著名的话语和图像,为了像柏拉图一样提醒我们,从神话中解放的过程必须总是经由神话(50—51)。

在讲座中瓦尔堡指出,"面具舞不是孩子的游戏,而是回答事情为何如此这一最大也最紧迫问题的主要异教模式。"(48)现代科学和技术能够回答的问题只有事情是怎么样的。有关蛇神话的本质性问题,即为何如此——"基础性破坏、死亡、世上的苦难从何而

来?"——似乎在一个不关注或寻求世上任何象征性含义的时代已经变得无关紧要。瓦尔堡最后的思考便转向这个新的现实:

> 今天的美国人不再害怕响尾蛇。他可以将它杀死;无论如何,他不再崇拜它。它现在正濒临灭亡。被束缚在电线中的闪电——被捕获的电——创造了一个用不上异教信仰的文化。是什么取代了它? 自然力不再披着拟人的或生物形态的外衣被观察,而是被看作听从人类指挥的无尽波浪。凭借这些波浪,机器文化摧毁了诞生于神话的自然科学如此艰辛所取得的成就:原本需要虔诚的地方转而成了需要反思之处。现代的普罗米修斯和现代的伊卡洛斯、富兰克林和发明了可驾驶飞机的怀特兄弟,正是那些距离感的不祥的破坏者,他们威胁要带地球重归混沌。电报和电话破坏了宇宙。神话的和象征的思想努力构建人类与周围世界间的精神纽带,将距离塑造成需要虔诚和反思的地方:距离为即时的电力联结所破坏。(54)

"需要虔诚和反思的地方"位于原始人与自然现实间最初的联系——瓦尔堡称之为巫术(*magic*)——与现代人通过逻辑(*logic*)与那种现实最终相分离之间。在瓦尔堡为讲座草稿所附的笔记中,他写道:"这些图像和语言的目的,是为那些在我之后尝试获得见解并由此消除本能的巫术与分析的逻辑之间悲剧性张力的人提供帮助。"[13]

瓦尔堡注意到在我们的文明中,巫术与逻辑间明显的对立已经造成了一种"悲剧性张力",这种张力可以并且已经偶然地融入思想的神话形式中,而这一见解则影响了他所有文化史方面的研究,从他研究桑德罗·波提切利(Sandro Botticelli)的《维纳斯的诞生》(*Birth of Venus*)和《春》(*Primavera*)的博士论文(出版于1893年),到他精神崩溃之前最后一篇公开发表于1920年的论文《路德时期语言和图像中的异教古代预言》(*Pagan-Antique Prophecy in Words and Images in the Age of Luther*)。在最后的那部作品中,他澄清了自己观点的基本术语,"逻辑通过提供一种概念的标签,在人和对象之间构建了一种精神空间;巫术破坏了那种空间,通过建立一种迷信的——理论的或实践的——人与对象之间的联系。"[14] 然而在宗教改革时代,正如瓦尔堡已经研究的文艺复兴时期的文化-历史环境,这种区分似乎消解了,以造成新的综合——最好的例子是丢勒(Dürer)的《忧郁I》(*Melancolia I*)——一种"混合的结构",与瓦尔堡自己在拜洛沃的经历相类似,在那里两种思想的形式都最为活跃地流行着。"那个逻辑和巫术像比喻和隐喻一般都很兴盛的时代(德国宗教改革),用让·保尔(Jean Paul)的话说,'被嫁接到同一枝条上',天生是永恒的:通过展现行为中的这种对立,文明史家为对某种历史学的更深刻的建设性批判提供了新依据,这种历史学的基础是一种纯粹的有关发展的编年理论。"[15]

对"一种纯粹的有关发展的编年理论基础上的历史学"的反对,使瓦尔堡与尼采以及其他德国激进的文化批评家(*Kulturkritiker*)结成同盟,无论是左翼还是右翼,他们共同揭露并拒绝自由主义的假设,即有关社会和文明的进步的意识形态。与像奥斯瓦尔德·斯宾格勒(Oswald Spengler)、路德维希·克拉格斯(Ludwig Klages)这样的"现代主义"保守派以及像恩斯特·布洛赫、瓦尔特·本雅明这样的革命派一样,瓦尔堡已经认识到文明的进程既是进步的又是退步的,它的文化时代不表现为一种历时性的运动阶段,从"巫术的"进至愈加"逻辑的"生活形式,而是共时性的综合——或者用瓦尔堡的术语来说,"精神分裂症的情形"——既有巫术的,又有逻辑的,它们融合成"神话的"。他的同事恩斯特·卡西尔认为在人从巫术的到逻辑的"编年发展"中,神话阶段是需要的,但只是暂时的和一时的阶段,因此当他在20世纪的政治意识形态中看到神话阶段的再现时,彻底地震惊了,但是瓦尔堡已做好准备,乐于在所有地方找到神话的阶段。在其最后未竟的《记忆女神图集》(*Mnemosyne-Atlas*)中,他试图在大屏幕上展示某些"典范"(*Urbilder*)的演变与丰富,即有关激情和其他人类情感的原始神话图像,从最原始、最古老的素材到诸如日报那样的现代表现。他相信这些图像有足够的力量以唤起恰当的印象和联系。他在拜洛沃讲座的开场白中陈述了同样的观点,他强调在他的讲座以及首次印第安人之旅中,他依赖于经验印象、图像和视觉记忆的透

139

明性。[16]

在讲座的笔记中，瓦尔堡写道："我当时尚未意识到，作为我美国之行的收获，艺术和'原始'人宗教之间的有机联系对我而言会变得那么清晰，这样我便能十分清楚地看到原始人的身份，或者毋宁说原始人的不灭性——他在所有时代都保持一致，这样我便可以在早期佛罗伦萨文艺复兴以及后来德国宗教改革的文化中将他作为一个有机实体加以准确的描绘。"[17] 对任何时代的人，本质上的"原始"身份的敏锐意识，以及对这些"原始"特征在其为之奉献了整个职业生涯（包括个人生活）的早期"近代"欧洲文明的伟大文化创造中的承认，表明他在普韦布洛印第安人身上观察到的神话冲动，仍在欧洲文明之中，并且对欧洲文明至关重要。正如弗里茨·萨克斯尔所见，在美国"瓦尔堡学会了用一名人类学家的眼睛来看欧洲社会。"[18]——确实是一位真的非常现代的人类学家，他并未跟从他在卡尔·麦（Karl May）的情感小说（在孩童时期，他非常喜欢）中接触的"原始主义"的错觉，也没有屈从像斐迪南·滕尼斯（Ferdinand Tönnies）这样在古代的、真正的共同体领域主流的理论学家。整体而言，他反对越古代就越真实的假定，而在欧莱比社会的例子中，他甚至反对将其视为古代的观点——因为当他到达普韦布洛印第安人地区时，它"土著的美洲基石（Native American foundation）"已经完全被西班牙的天主教以及北美人的入侵所"污染"。"他们明显已经不是以其感官为基础的原始人了，对原始人而言不存在任何指向未来的行动；但是他们也没在技术上紧跟欧洲人，对欧洲人而言未来的事情被期望是有组织的或被机械决定了的。他们站在巫术和逻辑的中间地带，其定位的工具是符号。在接触的文化与思考的文化之间的是符号联系的文化。"[19]

正如爱德加·文德（Edgar Wind）所示，瓦尔堡的"符号联系"概念很大程度上得归功于西奥多·弗里德里希·费希尔（Theodor Friedrich Vischer）的论文《符号》（*The Symbol*），瓦尔堡在它 1887 年出版时第一次读到它，此后仍不断对它加以阅读和思考。[20] 在那篇论文中，费希尔将符号定义为经由一种比较而建立的图像与意义之间的联系。他进而区分了三种或者说三个层次的符号比喻。

140

第一种也是最为基础的一种是巫术的联系,比如在印第安人将蛇与闪电相等同的例子中,图像和意义成为同一种东西。第二种符号比喻是概念意义的符号比喻,在其中意义不再直接的、自然的从图像中认识而来,而是通过寓言的或任何其他逻辑的解释被归因到或者甚至是强加到图像之上。然而,对费希尔而言,最重要的是介于这两个极端之间的,对应于瓦尔堡巫术的和逻辑的之间的区分,第三种形式的联系,费希尔称之为"有保留的联系"(connection with reservation),而瓦尔堡则将它重新定义为"符号的联系"(symbolic connection),它构成了瓦尔堡所谓神话的一词的真正含义。在这种情况下,符号被理解为一种标示,但仍然是一种活的图像。文德解释道:"当旁观者并不真的相信图像的巫术画面时它便出现了,但是然而还是受到它的强迫——比如,当诗人谈到落日的'不祥'之光时。"[21] 既然我们并非真的相信这种比喻性的描述是有害的,真的是"不祥的",这可以引发我们的深思而非行动,引发占据了巫术的刺激与逻辑的检验两者中介位置的审美假象,而且正如尼采所示,这对于任何的神话创造以及此后的任何艺术表现而言都是典型的、至关重要的。"即使是愤怒的阿基里斯的图像,对那个带着做梦者在假象中的喜悦享受愤怒表情的人而言,只是图像而已。因此,通过这种假象之镜,他得以避免成为个体并且与他的形象相融合。"[22] 这种"假象之镜"的创立对于"人类现实"在与"自然现实"的对立中的形成至关重要。对诸如图像、语言、神话等符号形式及居于印象和表达之间的理论的运用,使人类得以克服其本能反应倾向,去领会那种内在的悟性沉思空间(*Denkraum der Besonnenheit*),在其中人类可以提前——并且为——世上任何合理的行为加以深思。正如瓦尔堡在《记忆女神图集》导言中写下的自己对该问题的最后思考,"对自我与外部世界间距离的有意识的建立,可以被称为文明的根本之举。这种距离在哪里成了艺术创造力的基础,这种距离感便可以获得一种持久的社会功能。"[23]

在兹林根的讲座中,瓦尔堡通过各地的人们一直生活其中的普遍神话和历史环境,以认识到他自身困境的能力,表明库尔特·福斯特(Kurt Forster)对瓦尔堡的如下认识只是对了一半,"想要发现历史生活的机动力，但是他只能从驱使他自己的心理矛盾方面去认识它们。"[24] 将这一说法倒过来说可能更为准确，即瓦尔堡认识到"驱使他自己的心理矛盾"，是因为受到"历史生活的机动力"的激发。在其 1929 年 4 月逝世不久前的一次声明中，瓦尔堡确实这么说了。他的评论总是常常被理解为与他实际所说的恰恰相反的意思，"有时，我看起来就像是一位心理 - 历史学家，试图通过自传性的反射作用，从西方文明的图像中诊断出它的精神分裂症"[25]。瓦尔堡确实承认，他对西方文明的解释可能受到个人动机和先见的影响，正如任何诚实的历史学家都会这么说；然而，他又明确表示他是从"西方文明的图像中"去诊断——这是他没有将自己的见解加于历史之上的明确表示。在他的一生中，他敏锐地意识到，这些图像在自己的生活中的优先性和暴力性，并且他总是试图通过对其最深层的心理、历史根源的理解来对抗它们。

142

更概括地说，这两种力量之间的对抗——集体记忆传统的力量与个人自我主张的力量，他分别通过记忆（*mnemosyne*）和节制（*sophrosyne*）这两个希腊术语来暗示——对他而言是自己生活和著作中最至关重要的对抗。以这样或那样的方式，瓦尔堡的主要研究都在讨论这种对抗——或者用他自己术语对峙（*Auseinandersetzun*）——个人与他们的集体记忆传统之间的，尤其是个人与古典神话传统之间的。

这也是瓦尔堡在 1927 年 7 月 27 日的另一场特别讲座的主题，这次是在他自己位于汉堡的文化科学图书馆（*Kulturwissenschaftliche Bibliothek*），也是那一年的夏季学期他在汉堡大学雅各布·布克哈特研讨班上的最后一次研讨会。[26] 与兹林根的讲座不同，这一场讲座几乎未被学者们所研究。然而在我看来，正是在这场简短、非正式的讲座中，而非在其他他的主要出版论著中，瓦尔堡透露了他对自己作为一名西方文明领域的文化史家所负职责的最终的，也是最完整的论断。他之所以能这么做，是凭借对雅各布·布克哈特和弗里德里希·尼采生平、著作的一些大胆的观察。在本章的最后和结论部分，我会更加详细地讨论瓦尔堡的故事以及这种星象关系（Sternfreundschaft）理论。现在我将聚焦于瓦尔堡对两位巴塞尔同事的形象化描述。从如下论断开始,"我们必须学会将布克哈特和尼采看作记忆波的接收者,并且认识到,对世界的意识以一种截然不同的方式影响着两个人",瓦尔堡进而描述了两人是如何像"非常敏锐的地震仪,当他们必须接收和传递波时,其基座摇晃起来"[27]那样行事的。这里的关键画面反映出瓦尔堡的主张,即现代文化史家与古代神话学传统("记忆波")之间的"辩证抗争"(dialectical engagement)主要是由历史传统和他的民族认同的条件("基础")所决定。在布克哈特和尼采身上,他将他们对自身文化史家职业的不同观念追溯至对应的拉丁-日耳曼和浪漫主义传统,他们生活其中并对此信奉不已。在拜洛沃沉思时,他已经用同样的习语来形容自己,"但是现在,在1923年3月兹林根的一个封闭机构内,我发现自己就像一台地震仪,它由来自于东方,后被移植到德国北部肥沃平原的植物木料所制成,同时还带着一根嫁接自意大利的枝条,我允许接收到的信息从我身上释放出去,因为在这一混乱的溃败时代,即使是最弱小的人,都受惠于加强宇宙秩序的意志"[28]。这一自我形容中的中心画面暗指瓦尔堡生命中的三个主要文化传统:犹太传统("它由来自于东方"),汉堡传统("被移植到德国北部肥沃平原")和佛罗伦萨传统("带着一根嫁接自意大利的枝条")。在下文,我会探讨瓦尔堡所有的三种传统如何促成了他身份的形成以及它们如何都向他"发射"出他有关人类现实的独特的神话历史观。

Ⅱ

"犹太人的血液,汉堡的心脏,佛罗伦萨的灵魂。"[29]作为合格的"肖像画艺术"专家,这一自我描绘不仅恰当地揭示出瓦尔堡面相内在的、不可见的特征,还揭露了它背后更广阔的背景,令我们得以在个人身份于自然和文化现实的融合中去解读瓦尔堡生命中更深层的意义结构,若用查尔斯·泰勒(Charles Taylor)有影响力的提法的话,即构成了他"自我根源"(sources of the self)[30]的历史传统。

瓦尔堡不确定的"犹太身份"问题引起了学者们很大的关注。[31]

在其通过瓦尔堡的家信对其早年生活的重建中,安妮·玛丽·迈耶(Anne Marie Meyer)展示了这位出身汉堡最显赫的犹太家庭的后人,是如何反抗其最神圣的准则和生活方式的。[32]他认为自己是犹太教教会机构的一名"政治反对派",公开否认它的"宗教"仪式,拒绝被认为是犹太共同体中的一员,并声称"我是异己分子"[33]。在一战的头几年里,瓦尔堡强调他的德国身份。在一篇论路德的论文中,他称赞路德为伟大的解放者,将人类从教条和迷信中解放出来,并且在一封信中补充道,路德帮助他从一种束缚他的犹太教正统中解放出来。[34]至战争的末尾,随着反犹太主义宣传者们加强了对德国犹太人的攻击,并且将他的兄长马克思视为国家的主要敌人,阿比内心充满内疚和羞愧。在1918年10月,临近他最终崩溃陷入疯狂时,他将自己的学生卡尔·格奥尔格·海泽(Carl Georg Heise)拉至一个角落,向他做了令人震惊的忏悔。他说他曾经在一场谈话中告诉一位大学教授,"在我灵魂的最深处,我是一名基督徒。"——他现在认为这一坦白是对自己的家庭、民族和上帝的一种罪行,是他现在所遭受的所有惩罚的原因。[35]这种可怕的反应与其说是赎罪不如说是瓦尔堡如何看待犹太教的一种陈述——一种被充满复仇心的魔鬼们和预兆所萦绕的神奇宗教。正如菲力克斯·吉尔伯特已经看到的,"与自己家庭的犹太世界的疏远以及对帝国的世俗世界的认同,完善了他更早时期便有的对残留幸存物的情感。它增强了他对如下一点的理解力,即属于更古老文化的信仰在更晚近文化中的延续性。"[36]

在此背景下,迈耶提出了一个关键性议题,"瓦尔堡对文艺复兴时期异教的研究与他对犹太教(和犹太人)的深思及恐惧之间的确切关系,确实仍然是一个问题。"[37]显而易见,这对贡布里希(Gombrich)而言并不是问题,他厌恶这种"精神分析"的考察。正如汉斯·利贝许茨(Hans Liebeschütz)针对贡布里希有关瓦尔堡过于"知识分子"的生平所论,个人的和职业的在瓦尔堡身上是不可分割的。[38]他主张瓦尔堡为了典型的德国"艺术史"职业而抛弃犹太宗教开启了一种对他作为一名"文明解释者"的发展至关重要的"同化辩证法"(dialectics of assimilation)。因为通过不断将自己视为既是"原始的"犹太人又是"进步的"德国人,并拒绝在两者中选择其一,瓦尔堡能够辨别和分析那些永远在宗教和渎神倾向间被折磨的人。在其有关文艺复兴时期艺术家和人文主义者的作品中,他选出了那些和他一样的人,他们拒绝相对立的异教和基督教生活形式间脆弱的和谐,寻求并行不悖地保持两者,即彼此并列(*Nebeneinander*),也就是卡萨努斯(Cusanus)所称赞的对立的和谐(*concordia oppositorum*)。在其一封后期的书信中,瓦尔堡向天主教徒卡尔·浮士勒(Karl Vossler)吐露说,在他解决近代早期思想史中的那个重要表现之前他不能倒下,即吸引了他四十年之久的最莫测之人乔尔丹诺·布鲁诺(Giordano Bruno)的谜语。[39] 瓦尔堡以自己的方式在每一处寻求巫术和逻辑间的兼容性(Kompatibilität),在他的生活中也在他的文化史中,并且倾慕那些在神话的升华中实现它的人。"当冲突的世界观激起党派情绪,将一个社会的成员置于彼此的喉舌之下,社会结构便不可避免地崩塌了;但是当这些世界观在某个个人身上实现一种平衡——当它们彼此不互相破坏,而是互相滋养并扩展了人格的整个维度时——那么它们便成为促成文明最高贵成就的力量。这便是佛罗伦萨早期文艺复兴繁荣的土壤。"[40] 针对其德国犹太同胞们,他心照不宣的主要观点是他们未能获得那种升华。像犹太人习惯的那样,生活在以他们古代部落的严格规则为依据的封闭的信仰共同体中,受到他们"党派情绪"的驱使,他们不可能像瓦尔堡这样的"异己"那样"扩展人格的整个维度"。在其对瓦尔堡兹林根讲座的研究中,迈克尔·斯坦伯格(Michael Steinberg)甚至进而主张瓦尔堡对印第安人的观察实际上暗指的正是犹太人,他将犹太人同样视为是"原始的",是现代"逻辑"文明中一个古代的、"巫术的"部落。[41]

瓦尔堡对异教、基督教和德国传统的亲和力(*Wahlverwand-schaft*)明显影响了他对犹太教的观念,即认为它主要是"巫术的"。虽然他从未改变过这一观念,但是他似乎无意间吸收了像厄内斯特·勒南(Ernest Renan)这样的基督教历史学家们对犹太教的普遍误解——它要么太具巫术性(在其宗教仪式的形式上),要么太具逻辑性(在其律法的规范上),但从来不具备恰当的神话性。注意一下他针对旧约中对蛇的严厉对待的评论:希腊和中世纪基督教的传统都成功地将蛇转化为一种神话的救赎象征,而圣经的希伯来传统仍然是巫术的,并坚持蛇的物质毁灭。瓦尔堡的图书馆有许多喀巴拉(Kabbalah)方面的书籍和其他犹太神话学的著作,但他从未提及其中的任何一本。他可能没有注意到同时代有关"犹太教本质"(the essence of Judaism)的争论——它是否如利奥·拜克(Leo Baeck)和赫尔曼·科恩(Hermann Cohen)所称是"非神话的"(*mythosfrei*),或者它是否如其他任何宗教、民族一样是神话的。随着由马丁·布伯(Martin Buber)、弗朗兹·罗森茨维络(Franz Rosenzweig)和革顺·肖勒姆(Gershom Scholem)所领衔的新一代犹太学者在犹太教中并且为犹太教重新发现了神话,后一种说法在瓦尔堡在世时获得了更多的可信度。

瓦尔堡将其一生奉献给文艺复兴研究。他深度研究了异教古典时代在经历中世纪基督教的千年统治后在欧洲文明中的复兴。他不远万里游历至新墨西哥,就是为了记录印第安人的异教古代在经历了四个世纪的基督教灌输和美国现代化之后的复兴。然而他仍然对自己在世时国家内部的犹太教复兴完全无动于衷,事实上马丁·布伯将它形容为"犹太文艺复兴"(Jewish Renaissance),该术语现在已经被现代德国犹太人学者广泛使用。[42] 在他的生活与作品中,瓦尔堡感兴趣的是反犹太主义而非犹太教。[43] 最终正是这种对德国的反犹太主义浪潮地震仪般的关注使他成为其大学同事恩斯特·卡西尔所谓"现代政治神话学"(modern political mythology)的发现者之一。正如乔治·莫斯所指出的,德国的反犹太和其他种族(völkisch)运动迫使瓦尔堡和其他像弗洛伊德和卡西尔这类"超出犹太教之外的德国犹太人"同仁们在政治范畴中去看待神话。"神话不再被限定在原始人的思想之中,而是被看作一种当下的关注,一个需要被击败和祛除的敌人。"[44] 更概括地说,因为瓦尔堡假定了自己在德国社会中"局外人"(*Außenseiter*)的角色,所以他能够成为彼得·盖伊所谓它的"当事人"(insider),即一位可以在德意志第二帝国鲜明的文质彬彬中察觉出第三帝国的残暴无情的观察者。[45] 瓦尔堡用他过去常常定义自己与犹太教关系的转喻术语来定义他与家乡汉堡的关系:"血液"和"心脏"表示一种心理联系,一种建立在与各自共同体遗传的而非自愿的从属关系之

146

上的归属感。因此,他在自己的城邦成为一名"异见"(dissident)市民,正如他在犹太人共同体中一样。在他于波恩求学时期写给母亲的信中,他将自己的人生形容为"两线作战"(Zwei-Fronten-Krieg),一场从其宗教的和资产阶级的从属关系中解放出来的战斗。[46] 然而,与瓦尔堡和犹太教的"辩证抗争"一样,他与汉堡的"争论"(Auseinandersetzung)被证明对他的神话历史计划非常关键。在瓦尔堡写于1927年的一则自传笔记中,他谈到了自己人生中的重要影响之一是他"对阿尔斯特鲁弗尔地区(Alsterrufer)财富和法式优雅的反对",该地是汉堡的优雅之所,瓦尔堡便生长于斯。[47] 早在他为1896—1897年的家族新年晚会所写的小剧《汉堡人艺术会谈》(Hamburger Kunstgespräche)中,瓦尔堡就表达了对家乡的文化礼仪和习俗的厌恶。在那出剧中,他将现代的印象派艺术与所谓的汉堡艺术口味相比较,目的是揭露出后者仅仅是情感上的"刻奇(Kitsch)"而已。在剧中,老一代人仍对像《母亲的幸福》(Maternal Bliss)之类陈腐的现实主义画作心生喜悦,而瓦尔堡剧中的主角,一位年轻的艺术家,却在为激进的印象派而奋斗,并且最欣赏瑞士画家阿诺德·勃克林(Arnold Böcklin)的作品。在对这出剧的评论中,贡布里希写道:"明显的是,在这些圈子中'服装画'(costume picture)……仍然是相当流行的。然而勃克林画笔之下赤身裸体、自我嬉戏的宁芙和撒提尔们,其肉欲是可疑的。因为瓦尔堡和他的勃克林朋友们主张从庸俗主义中解放出来。"[48] 当勃克林于1901年在佛罗伦萨去世时,瓦尔堡撰写了一篇有关葬礼的粗略报道,在报道中他表达了对勃克林艺术成就的仰慕,"在我们这个交通迅捷的时代,在这个消灭距离的混沌时代,仍然可以看到他在抵抗潮流,坚定地主张海盗式的浪漫理想主义权利:通过图像的创造神话的力量以唤起。"[49]

147

当瓦尔堡写下这些话时,他已经在思考如何实践他自己的"海盗式的浪漫理想主义权利"。在1900年夏,他与自己的兄长也是主要的赞助人马克思商讨"为文化科学建立一个瓦尔堡图书馆的想法"。他希望图书馆建立在他对文艺复兴时期的神话学及其他文化史中相关话题方面书籍的可观收藏之上。[50] 在那时,他还未能就图书馆建在佛罗伦萨还是汉堡定下主意。在1904年,他得出一个结论,如果会有一个瓦尔堡图书馆的话,它应该成为"汉堡文化史的一个观察站"。瓦尔堡在世时,他的家乡成为了一座大城市:在 1870 至 1914 年间,它的人口从二十万增长至一百二十万。作为一座自由的汉萨城市,汉堡有强大的经济基础和著名的市民传统,该传统长期以来由一个贵族参议员的寡头统治集团所捍卫,瓦尔堡与这个寡头统治集团因婚姻而紧密联系在一起。(他的妻子玛丽·赫兹便是一位城市参议院的女儿)但是它仍然缺少对瓦尔堡而言最重要的生活特质,各类艺术和学术机构。最终他决定以自己的风格和方式创立艺术和学术机构,即通过瓦尔堡图书馆的建立,他打算让它成为未来汉堡大学的一部分。自他重新在汉堡定居起,瓦尔堡便是大学的主要支持者之一,而在它于 1921 年建立之后,他继续以一位监护人、赞助人和荣誉教授(*Honora professor*)的身份为它服务。[51] 他的书信以及有关图书馆的早期设想都表明他计划使其成为一个公共机构,成为文化学(*Kultur wissenschaft*)一词最广泛意义上的一个"卓越之家(transcendental home)",来自所有人文学科的学者们可以在此济济一堂,研究曾经激发意大利文艺复兴艺术家们反对中世纪之停滞不前的素材,这些素材仍然可以激发像勃克林这样的现代艺术家"通过图像的创造神话的力量以唤起"对"汉堡口味"的伦理-审美标准的一种彻底变革。

　　按照这些最初的指导原则,图书馆随后的发展证实了瓦尔堡最初主张的宏大。正如当时在图书馆充任瓦尔堡助理,后来继承他担任馆长的弗里茨·萨克斯尔所回忆,"过了一段时间我才意识到,他的目标不在图书馆学上。正是他定义自己学术世界界限和内容的方法以及在此所获得的经验成为了图书馆选择书籍的决定性因素。"二十年后,此时图书馆已拥有约五十万卷藏书,萨克斯尔仍然可以观察到,"瓦尔堡为理解思想的各种表达以及它们的性质、历史及相互关系所作的毕生的,并且常常是杂乱无章、孤注一掷的努力,以一种图书馆体系的创立而告终,这种体现显得顺理成章,正如它好像不是瓦尔堡事业的结果而是起点。"[52] 藏书的获得和分类反映了瓦尔堡有关一种新的"人类表达的历史心理学"科学的计划。从一楼开始,是有关原始图像的书籍,譬如那些涉及最早

148

的宇宙论的、占星术想象的书籍,整个藏书进而表明古代的图像造型是如何重新出现在艺术史中的。然后来到二楼,收藏有口传和文字表达(*Wort*)素材——构成了我们文明的古典遗产和文库的语言、文学和其他圣经传说故事。在图书馆的三楼,继续收藏这些表达的基础形式向"倾向(*Orientierung*)"的理论模式的转化,譬如宗教、哲学和各门科学。在顶楼第四层,可以看到重现于政治和社会事件中的它们向"行动(*Handlung*)"的实践模式的转化。[53] 整个安排的指导原则似乎是神话学的,在该词最严格的意义上:它遵循神话的逻辑——并且因此揭示了神话的逻辑——从其最初的创造到最终的接受之类。将哲学类图书放在占星术、巫术和民间传说类图书旁边的做法可以追溯到亚里士多德针对哲学思考的神话创作起源所作的基础性假设。[54]

在魏玛时期,图书馆吸引了许多学者。他们受到瓦尔堡人格和作品的激励,从瓦尔堡搜集的神话学素材中为他们自己的著作获得新的想法。[55] 他们中有艺术史家古斯塔夫·保利(Gustav Pauli)、阿道夫·戈尔德施密特(Adolph Goldschmidt)、厄尔文·潘诺夫斯基(Erwin Panofsky)和爱德加·文德;古典语言学家卡尔·莱因哈特(Karl Reinhardt)、布鲁诺·斯奈尔(Bruno Snell)以及中世纪学家理查德·所罗门(Richard Salomon)、汉斯·利贝许茨(Hans Liebeschütz)、珀西·恩斯特·施拉姆(Percy Ernst Schramm);文学学者安德烈·若莱(André Jolles)、克莱门斯·卢格沃斯基(Clemens Lugowski)和恩斯特·罗伯特·库尔修斯(Ernst Robert Curtius);瓦尔特·本雅明试图进入这个圈子而未果。[56] 据各方面所说,在那些年里,图书馆中最知名的人当属恩斯特·卡西尔。

弗里茨·萨克斯尔说当卡西尔在 1920 年首次到访图书馆时,已经在着手他的《符号形式哲学》(*Philosophy of Symbolic Forms*)。"因此于他而言震惊的是,看到一个几乎不认识的人与自己拥有同样的背景,不是以著作而是以一种复杂的图书馆体系,对一位有心而善于思考的访问者来说,可以很自然地抓住它……卡西尔成为我们最勤奋的读者。研究所出版的第一本著作便出于卡西尔之手。"[57] 值得注意的是,那本书是关于神话的——《神话思想中的观念形式》(*Die Begriffs form im Mythischen Denken*)。[58] 两年

149

后,卡西尔在图书馆完成了《符号形式哲学》的第二部分,该卷的标题是《神话思想》(*Mythical Thought*),据他自己说,该部分因图书馆"神话学和宗教通史领域丰富的、无与伦比的材料及材料的排列与挑选"[59] 而得到极大地充实。1926 年 6 月,卡西尔出版了自己的研究成果《文艺复兴时期哲学中的个体和宇宙》(*The Individual and the Cosmos in Renaissance Philosophy*),他以此书敬献瓦尔堡六十寿诞,并附上如下亲切的话语,"我在你的六十寿诞上献给你的作品,纯粹是我深厚友谊与挚爱的个人表达。我不可能完成这部作品,如果我未能享受到那群学者们不断的激发和鼓励的话,而他们的知识中心便是你的图书馆。"[60]

卡西尔的著作以及其他在那些年由瓦尔堡图书馆出版的有关意大利文艺复兴时期神话、神秘传统的作品,都佐证了瓦尔堡为其同行学者们所提供的思想上的刺激。年轻的神学家保罗·田立克(Paul Tillich)在 1922 年造访图书馆,并在一篇短文中总结了自己的印象。在文中他指出研究所的主要目标是要修正将文艺复兴视为一个现代时代的肤浅观念,该观念以明显触发了宗教改革和反宗教改革的宗教反应的现实主义和世俗主义为标志。而研究所之所以能做到这一点,凭借的是重申文艺复兴对古代的更深层的精神和思想依赖。[61] 瓦尔堡的修正始于他以波提切利的《春》和《维纳斯的诞生》为论题的博士论文,此时他身处伟大的洛伦佐的宫廷中人文主义同行们的神话学氛围之中,并且这种修正在研究基尔兰达约(Ghirlandaio)壁画的著名论文中达到顶峰,在文中他揭示了壁画赞助者们内心最深处的苦恼,像特尔纳波尼(Tornabuoni)、萨塞蒂(Sassetti)这样想要调和他们的异教和基督教身份的佛罗伦萨商业银行家们。这些研究给予其同行们一种有关文艺复兴的新见解,即文艺复兴是这样一个时代,异教古代和基督教之间的这种冲突构成了一种非常脆弱的现代性,这是一种新的文化身份,它并非逻辑对巫术的支配或统治而毋宁是一种两者在神话中的调和。更具体地说,瓦尔堡与美第奇家族宫廷里人文主义者的深层接触逐渐向他灌输了他们有关对立的和谐(*concordia oppositorum*)的信仰,即有关文化兼容性的多元的或融合的意识形态,这种意识形态激发了皮科(Pico)的《论人的尊严》(*Oration on the Dignity of*

150

Man）以及我们有关"人性"（humanities）的现代观念，[62] 并且也正是这一信念促使他以佛罗伦萨的柏拉图学院为模型建立起汉堡的瓦尔堡图书馆。假定图书馆捐赠人和负责人的角色是一个人自我转变的最后阶段，一个具备犹太血液（*Ebreo di Sangue*）和汉堡心脏（*Amburghese di Cuore*）的人转变为他灵魂深处真正想成为的——一个佛罗伦萨人（*Fiorentino*）。

瓦尔堡在汉堡建立其图书馆的决定受到他以下信念的推动，即这座由私人商业银行家们所组成的"自由城市"（free town）可以在诸如瓦尔堡这样的家族的支持下取得一种文化上的文艺复兴，就像美第奇家族治下的佛罗伦萨一样。瓦尔堡写给其兄长们的信件表明，他展望自己的家族获得像佛罗伦萨的巴尔迪（Bardi）和斯特罗兹（Strozzi）家族、特尔纳波尼和美第奇家族、罗契来（Rucellai）和弗朗西斯科·萨塞蒂（瓦尔堡的主要榜样）家族那样的荣耀。正如格特鲁德·宾所评论："可以说在他有关佛罗伦萨的著作中，瓦尔堡撰写了自己的《布登勃洛克家族》（*Buddenbrooks*）。"与托马斯·曼（Thomas Mann）在他的小说中一样，瓦尔堡既可以如此着力地探讨这些家族的资产阶级思想，又可以保持那样的批判性，因为他是这个阶级，是他自己家族的一名异类。

在对这种亲和力（*Wahlverwandschaft*）的富有洞见的评论中，霍斯特·贡特尔（Horst Günthe）提醒注意在年轻的瓦尔堡兄弟摄于1890年的照片与多梅尼哥·基尔兰达约绘于1485年的《圣弗朗西斯命令的确认》（*The Confirmation of the Order of St. Francis*）中的美第奇兄弟画像间不可思议的相似性。针对后者，瓦尔堡撰写了一篇论文《肖像画艺术和佛罗伦萨的资产阶级》（The Art of Portraiture and the Florentine Bourgeoisie），这是瓦尔堡具有开创性也是最具个性的论文之一。两幅图像中的肖像透露出同一种基本贵族式的生活表达和愿望。[63] 对这篇论文的深入阅读可以揭示其"佛罗伦萨灵魂"的自我认同的含义。

在那篇论文中，瓦尔堡的主要任务是详细阐述佛罗伦萨"肖像画艺术"的社会意义与功能。布克哈特将这种艺术视为文艺复兴时期个人主义的、美学的趋势的一种主要代表，而瓦尔堡则认为这是一种还揭示了一个时代最"典型之物"的艺术。"在一种生动的绘画艺术中,进化的动力并不仅仅在艺术家身上;因为在绘画者和被画者之间有一种亲密的接触",后者习惯性地寻求个性与公共性之间的协调。[64] 相应地,在对佛罗伦萨圣特里尼塔(Santa Trinità)的弗朗西斯科·萨塞蒂纪念礼拜堂内基尔兰达约作品的研究中,瓦尔堡试图表明这一作品是如何唤起了所有参与创作的佛罗伦萨人充满生气的公共生活的——不仅是"客户"萨塞蒂和"执行者"基尔兰达约,还包括那些决意被画之人,即洛伦佐·德·美第奇及其随从。经过多年艰苦的档案研究之后,瓦尔堡的喜悦之情溢于言表:

> 佛罗伦萨,现代的、自信的、城市的、商业的文明诞生地,不仅以独特的丰富性和显著的活力保存了它逝去之物的图像:在数百件被批阅的档案文件中——以及在数千件尚未被批阅的档案文件中——逝去之物的声音因之而存。那些未被听到的声音,其声调和音色可以为不惮恢复语言和图像间自然联系这一虔诚任务的历史学家所再造。(187)

　　回到基尔兰达约的画作,瓦尔堡注意到他描绘了两个叙事场景:第一个也是最明显的是名义上的场景,教皇对圣弗朗西斯及其修道士同伴加以确认的历史时刻;第二个出现在前景,萨塞蒂家族和洛伦佐·德·美第奇站立着。他们表面上出现在历史场景之中,但完全对此无动于衷:他们的目光和注意力朝向他们脚下的一座楼梯,三个孩子和三个成年男子正沿着梯子爬向洛伦佐。瓦尔堡准确地将他们逐一辨认为洛伦佐的三个儿子及其老师们,领头的是安杰洛·波利齐亚诺(Angelo Poliziano)。随后他用整篇论文分析美第奇代表团对这一庄严仪式的突然"侵入"(intrusion)。
　　这幅画作的基本历史含义是清晰的。瓦尔堡事实上是在对基尔兰达约和乔托(Giotto)所作的简要而初步的比较中将此道出,约1317年乔托在为圣十字的巴迪教堂所做的装饰中绘制了同样的场景。"当乔托,以其全神贯注的、精雕细琢的简约,聚焦于一群超凡脱俗的修道士们不曾有意追求的高度,即成为战斗的教会的宣誓附庸时——基尔兰达约,凭借一个有文化的文艺复兴人所有的利己主义文化,将'永远贫穷'(eternally poor)的传说转变为佛罗伦萨奢华的、商业的贵族统治的背景"(189)。但是这些终极的意义虽然非常重要,但对瓦尔堡来说,却没有它们借以获得的直接意义更重要。"上帝居于细节之中。"(*Der liebe Gott steckt im Detail*)瓦尔堡经常重复(甚至可能创造了)这句格言,并且在这一研究中,他通过对其"画像"之容貌与姿态的密切关注例证了这一点。

> 洛伦佐和这组人物间无言的互动是如此清楚明白以至于我们对此加以深入思考的话便能看到"梯子上的代表团"是整幅作品艺术上的、精神上的重心,并且希望它们生动的存在可以说明它们自己。因此,让我们试着找出这些人物们——他们的出场对弗朗西斯科·萨塞蒂意义重大,以至于他明显将自己画面的前景让给他们——可能必须说的话。他们相当乐意说话。只有求助于各种辅助的证据——档案、纪念章、画作和雕像——它们将会告诉我们有关洛伦佐·德·美第奇家族生活各种私密的、令人着迷的和奇特的事情。(193)

瓦尔堡对洛伦佐的仰慕在其对后者的每一次描述中都表露无遗,"可以对过去致以虔诚的敬意,享受转瞬即逝的瞬间,在眼中精明地看到未来,所有一切都满怀同样的活力","一位深思熟虑、有远见的政治家",同时也是一位"通过艺术创造力获得一种精神上自我解放的"(200)哲学家和诗人。瓦尔堡责备马基雅维利未能"欣赏到洛伦佐性格中活泼的、非传统的一面","或许那位睿智的历史学家的敏锐双眼——通常是令人吃惊的不偏不倚——被他从李维那得来的文体尊严感所蒙蔽,并且首先是被他所渴望看到的完全不同的政治类型所蒙蔽"(200)。诸如父亲、儿子、侍臣、伙伴和画家:他们所有人几乎都以"华丽"的形式出现。

更加出人意外的是在其论文的最后几段中,瓦尔堡用了一种不同的语气,更具批判性,甚至带有敌意,"三个小王子及其老师们——在所有问题上都有知识的异教徒,托斯卡纳宁芙们的私人舞蹈老师——以及一位风趣的家庭牧师和一位宫廷民谣歌手,都做好了开始间奏曲的准备。他们一到楼梯顶层,即便狭小的空间仍为圣弗朗西斯、教皇所占据,而宗教法院将会变为一个供世俗消遣的游乐场"(203)。即便是在这庆祝"永远贫穷"的场合,他们都以最华丽的服装出场,这一事实"并非欠缺考虑的傲慢:他们是热爱生活的教会常客,而教会必须以他们自己的方式接受他们"(189)。瓦尔堡的原创发现之一,是在这种展示中发现一种古老的异教伊特鲁里亚传统的痕迹,它在佛罗伦萨的巨头们中流行起来:他们委托定制自己真人比例的蜡像,为蜡像穿上他们自己的衣服,放置在教堂中。即便是洛伦佐·德·美第奇本人,瓦尔堡在其他地方都称赞他为古典传统的"一位谨慎的监护人",都身陷佛罗伦萨社会这种仪式的、物质的风尚之中。在论文的最后几行,瓦尔堡评论道"对这些充满个人生活人物的集中保证——画像使其与他们教会的背景相疏离——带着一种明显的北欧地区人物的暗示"(204)。在瓦尔堡的术语中,"北欧"类型通常指一种堕落的享乐主义者,他们是渴望奢华生活于法兰西风格(*alla franzese*)的物质而非古代所有(*all' antica*)道德生活的物欲主义者。

153

　　瓦尔堡在其研究作品《1480年左右洛伦佐·德·美第奇圈子中的佛兰德和佛罗伦萨艺术》(*Flemish and Florentine Art in Lorenzo de' Medici's Circle around 1480*,1901)及《佛兰德艺术与佛罗伦萨早期文艺复兴》(*Flemish Art and the Florentine Early Renaissance*,1902)中强调了上述倾向,并在文中表明,著名的佛罗伦萨艺术资助家们,尤其是美第奇家族,特别钟爱佛兰德和其他北欧"哥特式(Gothic)"生活方式。在对美第奇家族藏品清单的档案记录加以研究后,他发现他们更喜欢将自己置身于北方制造商们的华丽服饰和挂毯而非佛罗伦萨艺术家们的艺术作品之中。"在客厅和卧室、大厅和礼拜堂,也就是说在美第奇家族度过白天和黑夜的私人时间的房间里,在古典雕像的碎片旁,人们本应只是期待看到精选的民俗艺术之花,而实际看到的却是来自同时代勃艮第的艺术品。"[65] 在一封写给兄长保罗的信中,他揭露了这些高尚的美第奇们更加黑暗的特点,他们对"享乐的沉溺在膨胀,乃至皮耶罗很年轻便身患痛风,而乔瓦尼则死于暴饮暴食"。瓦尔堡补充道:"自然,我们浮夸的艺术史从未将这类生活方式和习惯的影响考虑在内,虽然对像贝诺佐·戈佐利(Benozzo Gozzoli)这类艺术家的偏爱理应为思想提供食粮,如果我们回忆一下当时卡斯塔尼奥(Castagno)和多纳泰罗(Donatello)正在其影响力的顶峰的话。换句话说,当日之事恰如今日:人们喜欢令人愉悦的妥协之物胜过卓越而令人印象深刻的东西。"[66] 那么,什么是瓦尔堡自我追求的真正的佛罗伦萨灵魂(anima Fiorentina)呢?在他看来,谁又是它的代表呢?显然,瓦尔堡不可能将它与美第奇的子孙及其侍臣们等同起来,他们世俗上的变革导致了佛罗伦萨文艺复兴的亵渎和堕落,并且因为他对洛伦佐·德·美第奇无限的仰慕,瓦尔堡根本不能在那个过于完美并且太过现代之人身上看到一个典型的佛罗伦萨人:他"精神的广博翱翔于常规评价手段的范围之外,特别是在它演进的力量上"[67]。洛伦佐符合布克哈特有关文艺复兴人的定义(并且可能便是它的模型),即一个人在他放弃了中世纪个人身份的公共范畴,学会如实地观察这个世界,并超越"为世界和历史覆上奇异色彩的由信仰、幻想、幼稚的偏爱所编织的面纱"[68]后,"成为一个精神的个体(individual),并且自视如此"。当瓦尔堡提出自己对文艺复兴人的定义和实际判定时,似乎已经将上述定义铭记于心:

154

> 美第奇治下佛罗伦萨的公民融合了具有完全不同特征的理想主义者——无论是中世纪基督教的,抑或是浪漫主义骑士精神的,还是古典新柏拉图主义的——和世俗化的、务实的异教伊特鲁里亚商人。这一神秘的创造物在他的生命力中是根本的或者说是和谐的,愉快地将每一种精神动力视为他精神范围的一种延伸而加以接受,在闲暇时对其加以发展和开发。在任何领域,他都拒绝"非此即彼"(either-or)这种学究式的束缚,不是因为他没能在所有它们的质朴中看出差别,而是因为他认为它们是可以彼此协调的……弗朗西斯科·萨塞蒂正是这种生活在转型年代的诚实而有思想的资产阶级,他接受新事物,不口出豪言壮语,也不会将旧有的抛弃。其礼拜堂墙上的绘画反映了他自己不屈不挠的生活意志。[69]

第四章　阿比·瓦尔堡:作为古代神话学的历史

在 1902 年,瓦尔堡仍在犹豫是否给予萨塞蒂配得上其人格的所有关注和荣誉。他承认在多梅尼哥·基尔兰达约作品中萨塞蒂的作用,但又加以限制,"凭借其手头清楚而明确的任务感,萨塞蒂显然推动了多梅尼哥对传统的背离;但是真正神奇的灵感并非来自萨塞蒂,而是源自洛伦佐·德·美第奇。小型代表团的成员是朝上走向洛伦佐的,就像神秘的精灵升到它们主人的面前"[70]。但是瓦尔堡对萨塞蒂的直觉认同促使他去找出是什么使这位相当不显眼的商业银行家成为一位如此著名的艺术家和学者的赞助人。他因此着手去发掘萨塞蒂"不屈不挠的生活意志"的更深层动机,正是这些深层动机使他而非洛伦佐·德·美第奇成为典型的文艺复兴人,成为佛罗伦萨灵魂的完美体现。在对佛罗伦萨的档案做了数年的艰苦研究后,瓦尔堡最终在汉堡完成了该研究,并在 1907 年以《弗朗西斯科·萨塞蒂对其子嗣的最终忠告》(*Francesco Sassetti's Last Injunctions to His Sons*)为题出版。[71]

瓦尔堡的起点是一份萨塞蒂的生活记录,该记录由其曾孙撰于 1600 年,它复原了一场萨塞蒂与新圣母马利亚教堂(Santa Maria Novella)的多明我会修士间的争论,争论的内容是萨塞蒂想用向自己的名字以及主保圣人圣弗朗西斯致敬的画作来装饰自己的家庭礼拜堂。多明我会的修士们拒绝了这一计划,因为作为方济会长期以来的对手,他们不愿看到相竞争的托钵修会的主保圣人在他们的教堂被尊奉。萨塞蒂立刻将他的赞助转投给圣特里尼塔,在他的委托下,基尔兰达约为它创作了上述壁画《圣弗朗西斯命令的确认》以及《圣弗朗西斯复活的奇迹》(*Miracle of the Revivification of Saint Francis*)。然而在其最后的遗愿中,萨塞蒂恳请他的后人去重申在新圣母马利亚教堂的家庭权利和荣誉,该事实以及萨塞蒂对主保圣人的无私奉献无不向瓦尔堡指出,这个人的人格要比自己在早期研究中所认为的更为崇高。在此,我们回忆下站在洛伦佐·德·美第奇旁边的萨塞蒂的姿势似乎过于世俗化,并且对背景中的方济会仪式毫不尊重。瓦尔堡现在将萨塞蒂和他们的朋友们对画面的"侵入"重新评价为一种尊敬的,并且尤其是敬畏的奉献标志,"他们在那里将自己托付给圣人的保护"。(232)一封马尔西利奥·费奇诺(Marsilio Ficino)的书信证实了这一结论,信中称赞了萨塞蒂对宗教机构的虔诚投入和慷慨捐赠。与此同时,在他委托的同类宗教作品中,萨塞蒂将自己打扮成一位有骑士风范的慈善家、人文主义者出场,而在其他作品中——譬如巴杰罗美术馆中他的半身像——他甚至是一位异教罗马皇帝的形象。假设萨塞蒂既是一个深谙世事之人又是一位虔诚的基督教徒,瓦尔堡随后试图解释他为何以及怎样在自己的人格中获得这种双重性。瓦尔堡在萨塞蒂写给其儿子们的一封信中找到一条关键线索,这封信写于 1488 年 4 月 4 日,在 68 岁的萨塞蒂踏上前往罗讷河畔里昂的一次危险商业之旅前夕。沉思着前方的重重危险,萨塞蒂向其儿子们写道:"考虑到我们在其中找到自我的动荡与变革(希望上帝赐予我们一个安全的避难之所),我并不知道命运计划让我们在哪里着陆。"随后他继续告诉他们,即便"我留给你们的更多的是债务而非财富,我都希望你们在平静的命运中安度一生"(240)。

对异教命运女神的召唤,她最初是掌握海上商人命运的暴风女神并因之可以解释萨塞蒂在信中引入的"机遇"(chance)和"财富"(wealth)的双重意义,对瓦尔堡而言,表明了萨塞蒂是如何看待掌握其生活的力量的。对命运之神的利用是"个人内心生活的一种象征性说明",它揭示了文艺复兴人在由中世纪基督教宗教性向现代马基雅维利式权术转变时期的内在双重性。"早期文艺复兴时期的一个典型特点是,使用被复兴的古代语言和形象,以异教英雄主义的术语,去表达个人与世界开战的立场。"因为只有像命运之神那样的神话,凭借其内在的意义双重性,可以使萨塞蒂或罗契来(Rucellai)那样既相信天意又相信自由意志的人,至少在他们的想象中,去解决他们生活里、信仰中的矛盾困境,去调和"两种仍可互相兼容的记忆崇拜形式,基督教禁欲主义的和古代英雄主义的"(240)。瓦尔堡由此得出结论,"我们现在可以感受到为何暴风女神,作为应对 1488 年中自己精神紧张的一种手段:对罗契来同样也对萨塞蒂而言,命运女神作为一种象征性的准则,具有调和'中世纪'上帝信仰和文艺复兴自我信仰的作用"(242)。

瓦尔堡用另外两则萨塞蒂有关自我的个人表述来证明这个解

释。第一则与萨塞蒂对家族盾徽（*impresa*）的选择有关,上面绘制了另一个古代的重要神祇——投掷石头的半人马。瓦尔堡指出在这个盾徽中萨塞蒂是如何唤起同一种印象的,即异教个人主义的和基督教天意的生活观念间的调和,因为异教自然力的象征在此与大卫的投石器合为一体(244)。瓦尔堡在萨塞蒂的书信以及藏书签铭文所使用的座右铭中找到了对这种世界观（*Weltanschauung*）更明确的表述。"以我的力量（*A mon pouvoir*）"和"命运对我的宽容"（*Mitia fata mihi*,244—245）。回到圣特里尼塔中萨塞蒂的礼拜堂及其装饰,瓦尔堡将他的注意力,从已被早先论文讨论过的基尔兰达约的壁画,转到壁画下面的异教浮雕上,并表明浮雕上的死亡场景是从墨勒阿革洛斯石棺（Meleager sarcophagus）复制而来的。瓦尔堡由此陈述并追问道:"不可能去假设个性如此强的一个人,会出于对这种狂野异教部落的形式品质的某种纯粹美学欣赏而允许它们进入自己的基督教墓葬……弗朗西斯科·萨塞蒂又是如何尝试将石棺的矫揉造作与一种传统的、中世纪的世界观相调和的呢"(246—247)？瓦尔堡对这个问题的答案是整篇论文的高潮结语,也是有关萨塞蒂——并且也是有关瓦尔堡自己——身份观念的高潮结语:他推论道,在位于礼拜堂祭坛上的基尔兰达约的《牧羊人的礼拜》中,萨塞蒂有意识地将异教的大理石石棺用作"圣婴的摇篮,以及牛和驴子的饲槽"。

　　以真诚的信仰,弗朗西斯科·萨塞蒂由此可以在罗马世界的迹象和预兆中展示他基督教的虔诚;不是因为他完全可以像其中的一个牧羊人,毫不察觉周围异域的石质建筑,如诚实的祈祷者一般跪拜,而是因为他相信他已将古代不安定的灵魂安定下来,通过将它们筑入中世纪基督教的概念架构之中……牧羊人的佛兰德装束与罗马将军的盔甲间,上帝与命运女神间,大卫的投石器与半人马间,"命运对我的宽容"与"以我的力量"间,圣人之死与墨勒阿革洛斯之死间,这些显然匪夷所思的不协调因之可以被当作一个整体来看待。这种自然的两极性存在于有文化的早期文艺复兴人宽广的思想之中:在一个改变了自我意识的时代,他是努力寻求积极的自我平衡之人。

最后的这些话说的既是瓦尔堡自己也是萨塞蒂。他对萨塞蒂的分析性描述，即痴迷于返祖现象与迷信的一个现代人，相当明显的具有自我反思性。然而这一描述更具综合性。通过激励了萨塞蒂的古代神话以理解现代萨塞蒂的尝试，是一种真正将文艺复兴人解释为真正"现代"的现代主义诠释。布克哈特及其追随者们将文艺复兴人视为"现代"，因为在其世俗的和不道德的行为方式上他似乎相当有自主权，并且相当专断地脱离所有过去的负担，而瓦尔堡关于文艺复兴人本质上是原始的描述，使人想起像康拉德、毕加索、斯特拉温斯基（Stravinsky）这样的艺术家，或像弗洛伊德、柏格森、索雷尔（Sorel）这样的人文科学家，如何在他们的作品中表现现代人。[72] 在下一章中，我将展示瓦尔堡是如何通过与布克哈特和尼采的"辩证抗争"（dialectical engagement）来发展自己新的、独特的"现代"文艺复兴观的。

Ⅲ

自从布克哈特的《意大利文艺复兴时期的文化》于 1860 年出版以来，他将"意大利文艺复兴"作为现代开端的观点与描述，激发了数代文化和艺术史家们针对新的发现和理论去论证这一形象的有效性。这一点在世纪之交，即瓦尔堡作为学生和青年学者的成型期尤其如此，此时文艺复兴的形象在贵族和中上层圈中产生了一种新的生活潮流。因为涌入意大利城镇的欧洲大众和美国访客们使"意大利文艺复兴"成为美的、自由的、现代生活的一种普遍文化符号。

爱德华·摩根·福斯特（E. M. Forster）出版于 1908 年的小说《看得见风景的房间》（*A Room with a View*），巧妙地唤起了这些世俗朝圣者们的精神自负。他们之中不乏知名的学者，最著名的是伯纳德·贝伦森（Bernard Berenson），瓦尔堡认识他却并不喜欢他，将其与其他"鉴赏家"和"职业仰慕者们"视为"英雄崇拜者"而加以否定，这些"英雄崇拜者"通过对"文艺复兴人"的理想化和模仿以寻求自我实现。[73] 在其 1920 年的论文《文艺复兴的问题》(*The Problem of the Renaissance*)，荷兰历史学家约翰·赫伊津哈展示了这一"英雄的"形象如何从布克哈特视文艺复兴人为"绝对的坏人(absolute villains)"的最初概念和描述中演变出来。

158

> 布克哈特将文艺复兴人召唤到时间面前，像来自地狱(*Ieferno*)的那些著名罪人之一，他固执的骄傲如恶魔一般，自鸣得意的、鲁莽的个人(*uomo singolare*)，"独一无二之人"(unique man)。这是他书中唯一获得业余爱好者们喜爱的人物。"文艺复兴人"的概念与有关生活的冲动接受与控制的观念联系在了一起。这并不是布克哈特的过错。他所吟诵的曲调在后一代造就了一个尼采，后者如我们所知，是布克哈特的一名信徒。[74]

尽管瓦尔堡将布克哈特与其刚愎自用的追随者们加以区分，并且对那些将布克哈特的遗产庸俗化之人尤为反感，然而他暗示道，布克哈特将文艺复兴的艺术家们颂扬为"道德英雄"，即便是"重建在历史基础之上"，都必将造成一种如戈比诺(Gobineau)般的"拙劣模仿"(*affe*)。[75] 瓦尔堡过去常常将这类去到意大利的典型游客嘲笑为——包括他自己在内——"北方的超人，在他复活节假期，想要体验文艺复兴时期个人神圣的异教自由。"[76]

瓦尔堡早先就从他在波恩大学的老师之一神学学者亨利·索德(Henry Thode)那学会怀疑文艺复兴人的这种英雄形象。在 1885 年，索德出版了《阿西西的弗朗西斯和意大利文艺复兴艺术的起源》(*Francis of Assisi and the Beginnings of Renaissance Art in Italy*)，在书中他通过将文艺复兴与中世纪的宗教性相联系，试图翻转常见的布克哈特对文艺复兴与现代世俗性的等同。[77] 索德的主要观点是，像乔托这样的 14 世纪早期画家们，其现实主义和艺术创新的灵感并非如布克哈特所教导的那样源自对异教古代的再发现，而是来自圣弗兰西斯有影响力的理论和活动，后者重新将其同时代人引导向对人事与自然之事的关注。在欧洲的 19 世纪末

（*fin de siècle*），这种反现代主义的文艺复兴观念变得更加容易接受，甚至流行。凭借其所有向现代性"退化"的见解和预测，它呼吁了"时代精神"。它最有影响力的倡导者是约翰·拉斯金（John Ruskin）、沃尔特·佩特（Walter Pater）以及其他唯美主义者，在与"物质的"资产阶级社会的对抗中，他们成功铸造了"精神"的哥特和文艺复兴的现实。他们颓废的旅行家、艺术爱好者和前拉斐尔派画家同行们，特别迷恋于那些诗性的、虔诚的艺术家们——乔托、弗拉·安杰利科（Fra Angelico）和波提切利——他们先于乏味的现实主义者时代，譬如波吉亚、美第奇教皇、马基雅维利以及与他们志趣相投的现代主义者米开朗基罗，并且因此仍然能够如他们的现代崇拜者那样沉浸于缥缈的景象与愉悦之中。瓦尔堡经常嘲笑"去意大利更新自我的懒洋洋的现代艺术爱好者"，他们的精神修习方式如下，"拉斯金的教导使他走向修道院，来到一件平庸的乔托派壁画面前，在那里他必定在有魅力的、质朴而简单的 14 世纪作品中发现自己的原始心性。"[78] 瓦尔堡拒绝所有新浪漫主义建立一种新的非常田园牧歌式的中世纪观并将它施于文艺复兴之上的尝试，虽然他最后承认文艺复兴要比布克哈特原先认为的更加中世纪，但是他仍然用旧的带有贬义的术语将中世纪视为充满压抑和迷信的一个"黑暗"时代。在布克哈特与修正主义者的争论中，他依然坚持布克哈特最初的文艺复兴观念，即将其视为从中世纪的解放。然而因为瓦尔堡增强了这一变化内在的困难和复杂性，再加上异教古代重建中"魔鬼般的"冲动，他的文艺复兴观念最终要比布克哈特自己相当温和的观念更具批判性，更加辩证，也更为激进。

瓦尔堡针对布克哈特的追随者及支持者并最终反对布克哈特本人的主要论点是，他们都未能解释文艺复兴对那些创造了它的人而言真正意味着什么。在布克哈特著作的许多评论者中，只有很少的人，如果有的话，费心去阐述有关现代基督徒与异教古代间明显冲突的问题：古代对他们意味着什么，他们在其中真正发现了什么，以及最重要的，为什么他们和我们一样，如此醉心于古典神话的形象与传说？布克哈特自己并未提供澄清这一问题的帮助。虽然他实际上创造了现代的文艺复兴观念，但布克哈特从未对它流行的各种含义完全满意，并且就读者们对书中这一特定观念的过分关注表示遗憾，在书中，他曾提醒读者们，这只是在第三部分中才引入，接在他认为对当时现代文明的文化发展更重要的讨论议题之后——比如意大利城市国家的政治环境以及对粗鲁的个人主义所做的新的道德和文化让步。布克哈特在《意大利文艺复兴时期的文化》第三部分的引言中陈述道："作为本书的主要观点之一，我们必须坚持的是，并不仅仅是因为古代的遗存，而是因为它与意大利人的天才的结合，才实现了对西方世界的征服。"[79] 因为在布克哈特看来，古典时代复兴的概念只是作为意大利人成为现代人的多种方式之一而重要。他对古代形象和传说的兴趣不在其本身，而只在其作为意大利人有意识加以利用以表达他们的现代欲望、兴趣和观点的素材。他对旧的浪漫主义和新的科学的神话学都视若无物。在一封信中，他将这一判断用到了约翰·雅各布·巴霍芬（Johann Jakob Bachofen）的神话学研究上。"你看到巴霍芬的书没？我已经看到但还没读完，因为每次我一开始读便'脑力枯竭。'我一点都不适合成为神话或其他类似之物的探索者，并且在这类问题上我无权置喙。"[80] 所以，他并未去探讨异教神话在文艺复兴的生活和艺术中明显复兴的更深层的心理和历史原因。这将成为瓦尔堡的任务。

160

　　阿比·瓦尔堡在他的著作中很少提到布克哈特的名字。然而很重要的一点是，他的两位最亲密的伙伴和合作者弗里茨·萨克斯尔和格特鲁德·宾都认为强调布克哈特《意大利文艺复兴时期的文化》对瓦尔堡生活和著作的深刻重要性是合适的。根据萨克斯尔的说法，从瓦尔堡学生时代起，他对那本书的喜爱、钦佩和阅读便超过其他任何的书。[81] 在一封阿比·瓦尔堡于1900年写给兄长马克思的信中，他像往常一样要求增加对他著作的家族补助（"我们应该以我们自己为例，证明资本主义也能够有知识方面的成就"），他以如下的话语来完成自己的论证。"如果有一天，我的著作因与雅各布·布克哈特《意大利文艺复兴时期的文化》有关联并成为后者的一种补充而被提及，这将成为对你我二人所做之事的补偿。"[82] 两年后，在其论文《肖像画艺术和佛罗伦萨的资产阶级》序言的开篇中，他陈述道："凭借天才的所有权威，那位先锋模范雅各布·布克哈特,主导了他自己为学界所开创的领域:意大利文艺复兴的文化。但是他的本意,并不是要成为他所发现之领域的一个独裁者……如果他可以只是播下未受干扰的种子的话,那么任何人都可能获得丰收。"瓦尔堡在自己的论文中做到了这一点,他将其称为对布克哈特的论文《肖像画》的一种"补充"。其一生始终贯之的信念是"我们对雅各布·布克哈特之伟大的认识,一定不能阻止我们追随他的步伐。"[83]

161

尽管如此,正如宾在她对此事的出色评价中所论,瓦尔堡并不是一位布克哈特的盲目追随者。"在将国家陈述为一件艺术作品上,瓦尔堡并未追随布克哈特,并且随着时间的发展,瓦尔堡将极大地修改布克哈特有关个人发展的观点。但是一些布克哈特措意的主题成为了瓦尔堡探索的领域:意大利的节日,佛罗伦萨与勃艮第的关系,当然还有对古典时代的再发现。"[84] 尤其是,宾继续说到,瓦尔堡遵循布克哈特的从各类素材获得史实的历史方法论,并将其用于自己对意大利文艺复兴的生动描写。在这么做时,他采用了"布克哈特最主要的术语之一:生活。作为一个对客体的描述性术语,它并未得到很好的定义,并且他们二人都未解释布克哈特通过该词理解了什么。该词对他们的价值是,它限定了历史学家的任务。它提醒我们,在与过去打交道时,历史学家所面对的事实对那些经历它的人而言是燃烧着的、扑朔迷离的,正如我们所经历的事实于我们一样"[85]。这是一个重要的观察,但是它掩盖了下列事实,即在一个更根本的层面上,瓦尔堡并未遵循布克哈特的"生活"观念:布克哈特渴望在他的生活和历史研究中获得"美学的"(aesthetic)生活,而瓦尔堡追求的则是"狂喜的"(ecstatic)生活,运动的生活(*das bewegte Leben*),由深层的情感所推动的生活。

瓦尔堡对布克哈特理想主义的文艺复兴观念的批判始于他的博士论文,这篇论文完成于 1892 年,一年后以《桑德罗·波提切利的〈维纳斯的诞生〉和〈春〉:对意大利早期文艺复兴时期古物观念的考察》之名发表。[86] 在其研究的序言中,瓦尔堡宣布他的目标是"举出……出现在当代艺术理论和诗歌文学中的类似想法,并由此举例说明是古代的什么'吸引'了 15 世纪的艺术家们"。他的主要发现是"艺术家及其顾问们将'古代'视为一种要求强化外向运动的模式"[87]。聚焦于波提切利的神话学，他认为佛罗伦萨画家从古代寻求、找到并加以模仿的并非"高贵的简单，静穆的伟大"模式，温克尔曼曾认为这些品质对"古典"而言是根本性的，是运动的、剧烈的模式。[88] 对佛罗伦萨 15 世纪后期其他文化活动的进一步研究表明，波提切利对古代神话充满活力的表现是其同时代人的共相，不仅如此，他们确实如布克哈特所说有能力在其节日典礼中复活它。

162

对波提切利的两幅画作和波利齐亚诺的诗《吉奥斯特纳》(Giostra)间显著相似性的发现使瓦尔堡得以确认两项艺术创作的真实情况：朱利亚诺·德·美第奇(Giuliano de Medici)在 1475 年为美丽的西蒙内塔·卡坦尼奥(Simonetta Cattaneo)举办了比赛，后者是马可·韦斯普奇(Marco Vespucci)年轻的妻子，被普遍赞美为佛罗伦萨的美人。庆典中对西蒙内塔所谓美丽公主(Princess of Beauty)的赞颂，在她 1476 年春的突然逝世后转变为一种神化。她的纪念仪式可能赋予了波提切利以灵感，将她描绘为身着饰花服饰的春日女神，她在《维纳斯的诞生》中手持维纳斯的披风，在《春》中她在维纳斯及其随从回归花之城的仪式上迎接他们。瓦尔堡猜测到，她还激发了波提切利有关情人(innamorata)的理想轮廓。将波提切利的神话女神与西蒙内塔相等同被冈布里奇和其他学者们批评为是一桩"浪漫的神话"[89]。但是，正如查尔斯·邓普西(Charles Dempsey)所说，在这个案例以及但丁的贝雅特丽齐、彼得拉克的劳拉这类相似的案例中，西蒙内塔"或某个与她非常相像之人"必定是一种"诗意的神话"，因为一个时代审美和性欲方面的习俗要求美和爱的理想形象通过现实的名人来显现。[90] 不管怎样，瓦尔堡重提《美女西蒙内塔》(La Bella Simonetta)中的画像，因为对她的同时代人（也是对瓦尔堡自己）来说，她看起来像是一位"美丽的宁芙"，是古典时期那个突出形象的真正体现——秀发飘飘，衣带当风的少女——概括了那个时代的"异教精神"。

瓦尔堡对孕育了波提切利神话学的具体文化-历史传统和环境的关注，既是意识形态的又是方法论的：他有意识地用这种"历史主义"(historicism)来反驳波提切利"多愁善感"的欣赏者们的"唯美主义"(aestheticism)。这是对艺术史中"流行的唯美主义"的

215

众多攻击中的第一次。[91] 在瓦尔堡看来，波提切利事实上倾向于沉浸在"赋予其人物画像梦幻般、柔顺之美的宁静心绪之中，这种美仍然被誉为他作品的独特标志"，而这一倾向在他两幅作品中维纳斯的优雅姿态和面部表情上清晰可见。[92] 然而，一旦瓦尔堡将他的注意力从面貌转向姿态，转向诸如跳舞或四处奔跑的动作，尤其是转向他所谓"运动中的附件（*bewegte Beiwerke*）"，即旋转的风和"不由任何肢体的动作所触发"的运动时——无论是几缕飘逸的秀发还是被风吹拂的织物——一种全新的印象便出现了（95—104）。因为这些附件是心理学（而非生理学）上激动的"情感标志（affective signs）"。假定"波提切利转向古代的素材，每当附件的形式——那些装饰和头发——以运动的方式被呈现"（89），瓦尔堡正确地注意到，波提切利的同时代人、艺术理论家莱昂·巴蒂斯塔·阿尔伯蒂（Leon Battista Alberti）已经在其专著《绘画论》（*On Painting*，1435）中对这些"附件"加以描述并将它们作为唤起强烈情感和激情的古典艺术惯例而加以推荐。安杰洛·波利齐亚诺，在波提切利工作的美第奇宫廷中担任人文主义教师之职，也喜爱有关暴风、强烈运动和放肆体验的罗马形象，并在自己的诗歌和戏剧作品中使用它们。在瓦尔堡看来，波利齐亚诺的《奥尔甫斯》（*Orfeo*）是"第一次尝试让意大利观众直面有血有肉的古典人物"，他对疯狂复仇的酒神女祭司迈那得斯（Maenads）的描写出现在许多有关宁芙的绘画作品中（121—125）。瓦尔堡总结道，必定是波利齐亚诺迫使波提切利——他与许多其他的文艺复兴艺术家一样是一个"弱者"并且"过于柔软"——去承认人类灵魂中这些更灰暗的方面，"去表现处于激动状态下的人物，或者甚至是有内心情感的人物"（141）。

在其晚年，瓦尔堡试图从略微不同的角度去重新评价布克哈特对文艺复兴研究的贡献，好像不是去追问生活对他的历史意味着什么，而是历史对他的生活意味着什么。这一提法自然令人想起布克哈特巴塞尔的同事弗里德里希·尼采试图修正他"伟大导师"的历史经验的措辞。"是否有人最终懂得，会有人懂得文艺复兴是什么吗？对基督教价值观的重新评价，用尽所有手段的尝试，创造相反价值观的所有直觉和天赋，高尚的价值观取得了胜利。"[93] 尼采相信这是布克哈特已经发现却又试图去"隐藏"的那些"真理"之一，就像任何其他"徘徊于问题边缘"[94] 的主题一样。瓦尔堡知道，并且经常谈到这些话，最明显的是他对参加他布克哈特研讨班的学员们所做的发言。在这些对布克哈特的生平和成就所做的最后思考中，瓦尔堡以尼采为参照评价布克哈特，而且他用的还是尼采的措辞和标准。他由此看到，布克哈特不愿意令自己沉浸于异教神话中这一点，暴露了他就文艺复兴文化中异教神话可以在有关人类、生活和艺术上揭示出什么的敏锐观察。"庆典的艺术是由他（布克哈特）发现的，并且这促使他回应一种以前不曾存在过的野性生活的片段，并且这也是他真正害怕呈现的。"[95]

"瓦尔堡既不是弗洛伊德的信徒也非尼采的信徒。"贡布里希的论断站得住脚，即便通常来说，它更多地佐证了贡布里希自己波普尔式的对所有"非理性"学说的厌恶。正如贡布里希所见，瓦尔堡反对尼采的文艺复兴观念，认为它将学术研究降格为一种崇拜，并且造就了那最为可耻的"游客类型"——"在复活节上，把《查拉图斯特拉如是说》揣在粗花呢披风口袋里的超人，从他疯狂的倾泻中为自己反抗生活，甚至政治权威寻求新的动力。"[96] 然而与瓦尔堡对尼采《悲剧的诞生》中的历史神话学的贬低性评论颇为不同，贡布里希承认："在世纪之交很少有艺术方面的学者能不受那部开创性著作的影响。"[97] 瓦尔堡接受著名古代史学者赫尔曼·乌西诺（Hermann Usener）的教导后，对尼采存在主义神话观念的主要心理学和人类学假设熟悉起来。他参加了乌西诺在波恩大学 1886—1887 学年冬季学期开设的神话学课程，并醉心于乌西诺的观点，即古代神祇主要是自然焦虑对超自然实体的想象性投影（*vorstellungen*）。以这些假设为基础，乌西诺教导如何从这些神话的名字中推论出它们最初的意图和功能。他指出这些意图和功能仍然渗透于"我们的宗教之中"："所有对神话的研究，除非它仅仅是一种游戏，无论我们自身如何，最终都将我们带回到我们密切关注的东西——我们的宗教——并且将会增进我们对它的理解"[98]。正如上文所述，在瓦尔堡思想的形成期，他对尼采在巴塞尔的同事弗里德里希·费希尔及其儿子罗伯特的心理学理论印象深刻。后来瓦尔堡读到了"另一位巴塞尔的教授"厄尔文·罗德（Erwin

164

Rohde)有影响力的论文《灵魂：希腊人的灵魂仪式与不朽信仰》(*Psyche：The Cult of Souls and Belief in Immortality among the Greeks*，首发于1894年)，文章综合了尼采和乌西诺的理论，将"奥林匹亚"的希腊人描绘为狂热的、崇拜宗教的原始人。因此，正如布克哈特的情况一样，即便在瓦尔堡的出版物中很少提及尼采，但是在他的日记、书信及演讲中有很多证据表明，他对尼采古代"酒神(*Dionysian*)"观念的专注无处不在，并且一直持续到他《记忆女神图集》工作的最后阶段。[99]

虽然未曾加以确信，但瓦尔堡还是对尼采有关悲剧的神话-音乐起源理论及其在瓦格纳的神话-音乐戏剧中潜在的现代复兴印象深刻。他对那一理论的批判性接触在其早期论文《1589年作为中介的剧场服装》(*The Theatrical Costumes for the Intermedi of 1589*)中得到证明。此文首发于1895年，并在进一步阅读了尼采的著作后，瓦尔堡于1905年对文章做了修订。[100] 他对佛罗伦萨人在巴洛克时代以其自身的方式复兴古典神话的美学(毋宁说可悲)尝试的描述，令人想起尼采对自由主义的"资产阶级"在其时代试图调和古代原始神话与现代神学、语言学(像大卫·弗里德里希·施特劳斯《耶稣传》中的那些)的批判性攻击。正如在尼采的书中，以及在瓦格纳的音乐-戏剧中一样，悲剧在现代文明中的重生需要异教神话学的一种复活，瓦尔堡意识到意大利文艺复兴文化中人文主义的重生需要对那种古代的表述源头既深入其中又出乎其外。

早在其博士论文中，瓦尔堡便在一种独特的图像表现——"美丽宁芙"(fair Nymph)——中看出佛罗伦萨社会"资产阶级"心态中那一关键性的破损。为什么那么多杰出的佛罗伦萨艺术家——波提切利、基尔兰达约、菲利普·利比(Filippo Lippi)、列奥纳多、米开朗基罗——为这一有着飘逸秀发和服饰的年轻少女形象所吸引？她对那些要求将她画在自己宫殿及礼拜堂的赞助人而言又意味着什么？在1900年左右，瓦尔堡着手研究基尔兰达约在新圣母马利亚教堂的特尔纳波尼礼拜堂的壁画《施洗者圣约翰的诞生》(*Birth of St. John the Baptist*)和《撒迦利亚的牺牲》(*The Sacrifice of Zacharias*)中对宁芙的独特表现。每幅画都描绘了一个女性形象——分别是一个侍女和一个天使——穿着轻便的凉鞋和飘扬的面纱,跑入一个神圣的宗教典礼。瓦尔堡以虚构和他的朋友荷兰学者安德烈·若莱通信的方式表达了他的想法。在他对这则通信的老练重建中,贡布里希提醒注意这一勾起性欲的形象在对一个视伊莎多拉·邓肯(Isadora Duncan)这类女性为激情化身的时代的社会想象中的意义。基尔兰达约的宁芙,其勾起性欲的官能性当然诱使若莱将自己想象成她的"情人"。但是瓦尔堡更关心的是那一形象对乔瓦尼·特尔纳波尼(Giovanni Tornabuoni)及其家族而言的文化意义和影响:为什么这些人,他们都是"常去教堂的贵族,有着与生俱来的完美无瑕的风度",会允许这个风风火火的少女闯入他们品性端正的队列之中? 瓦尔堡对该问题的解释是背景中这个宁芙的突然出现代表着原始异教情感的爆发及进入基督教惯常礼仪之中。他向若莱写道:"你的异教的海燕被允许闯入温和的基督教的举止从容的体面中,这一事实向我揭示了特尔纳波尼家族原始人性中令人费解的、不合逻辑的方面。"[101] 念及"一种有意识的亵渎必然远非乔瓦尼·特尔纳波尼和多梅尼哥·基尔兰达约所想",瓦尔堡推断他们将宁芙引入礼拜堂的决定,标志着在佛罗伦萨社会中新的有关兼容性的公民习惯之出现,标志着意识到允许异教激情进入基督教生活既是值得尊敬的又是有用的,因为它恢复了古典时代理想的道德生活,即充满激情与作为的有活力的生活,在特尔纳波尼这样精力充沛的人看来,这与他们的新生活(Vita Nuova)若合符契并且生机勃勃(activa)。宁芙的形象使他们得以调和异教的强烈与基督教的虔诚。"旺盛的生命力,对一种萌动的、有创造力的生命意志的意识,以及一种未明言的、可能是潜意识的对基督教严格戒律的反抗……需要为他们积蓄已久的被压抑的能量找到一种发泄的途径,而找到的形式则是表现性动作。"[102] 宁芙是对这种信念的一种图像表现,是对生活中巫术与逻辑间张力的一种神话解决,是对佛罗伦萨市民与其现代观察者之间时代张力的一种神话解决。"那么谁是'宁芙'呢? 作为真实的血肉之躯,她可能是一个来自鞑靼地方的被释奴……但是她真正的本质是一个元素精灵,一个被放逐的异教女神。"[103]

　　许多年后,在研究弗朗西斯科·萨塞蒂的论文中,瓦尔堡再次

166

引入了这一异教女神,在文中她作为命运女神再次出现。在 15 世纪后期的佛罗伦萨,这位女神主要是一种"有着古代血脉的活力象征",可以而且确实激发了不同的反应和诠释——费奇诺的智慧、鲁切拉伊的自信、萨塞蒂的谦恭。他们都回归到这一古代的异教形象,恰恰是因为它是一种"个人内心生活的象征性说明",是对人生难解之神秘的一种神话而非理性的解决之道,鲁切拉伊在他重要的提问中表达了这一点,"人类的理性和实践智慧有能力对抗命运的变故,对抗命运本身吗?"[104] 无法在古代杰出的哲学家亚里士多德、波伊提乌(Boethius)或塞内加(Seneca)以及现代的那些哲学家(费奇诺)那里找到充分的答案,鲁切拉伊重新回到命运女神象征的-预示的意义中去,其意义可由拉丁词 Fortuna 的三个含义来标示——"机遇""财富"和"暴风"。"对他这样的一位商业冒险家来说,上述三个不同的含义是同一事物的属性:暴风命运女神,她从带来毁灭的魔鬼转换成慷慨的女神的神奇能力促成了有关她单一的、拟人的、神话的身份的返祖形象。"[105]

那么显而易见的是,无论瓦尔堡怎样看待尼采的学术研究,他清楚它已经激烈地改变了有关古典时代的普遍认识。在 1908 年,他发表自己的观点道:"每一个时代只能看到那些经由自身内部视觉器官的发展而能够辨认并容忍的奥林匹斯诸神的象征。譬如我们,便由尼采传授了一种狄奥尼索斯的幻象。"[106] 跟从尼采,他意识到古代神话不能再被看作是一种生存像(Existenzbild),有着布克哈特所赋予它的理想主义的并且相当浪漫主义的意义,当后者深思于那个"美妙的景象",即"给希腊人照亮了整个当下……并且从根本上呈现了一种对国家自身见解和生活的崇高反映。"而且如尼采所见,它是一种投射,将更深层的虚无主义情感投射到有关现实的美学见解之中,可以使希腊人"不因真相而死"(有关生命有限性及人类所有努力终是徒劳的真相),并且仍然使我们能够(如维特根斯坦所说)经历"在我们内在自我中"那些"黑暗的和阴险的"印象。

对赋予现代文明以"神话传统"的返祖的、对抗的心理能量的新见解使瓦尔堡得以翻转布克哈特的基本观点及诠释,即文艺复兴是现代对古代的一种重新占领。而瓦尔堡则将文艺复兴视为古

167

代对现代的一种重新占领,因为他认为通过古代形象和传说对原始情感的复活是如此强大,以至于它使整个文艺复兴的过程比布克哈特所描述的要更加令人动容、更加非个人、更加非理性。布克哈特将文艺复兴时期杰出的人文主义者和艺术家评价为我们现代文化传统的创造者,而瓦尔堡则毋宁将他们视为一种非常古老传统的传播者。与这一传统的深厚相比,意大利文艺复兴时期的个人"创造者"变得没有那么重要了,或者至少没有布克哈特使他们成为的那么重要。奇怪的是,作为一名艺术史家,瓦尔堡甚至没有将杰出的艺术家们视为文艺复兴真正的先驱。经常的情况是,他注意到艺术家们是"软弱之人"和墨守成规之徒,只是照着他们人文主义顾问们的指导依葫芦画瓢,与职业指南标准的"激情公式"(*Pathos formeln*)相一致。瓦尔堡尤其着迷于古代异教神话的纵欲狂欢向基督教神学的虔诚愉悦的"动态颠倒"(dynamic inversion)的心理学过程。他由此追踪有关图拉真(Trajan)对一名寡妇施以仁慈的著名传说,她在皇帝出战途中所请求并获得的公正裁决,如何产生出基督教调和罗马君士坦丁凯旋门上浮雕的尝试,该浮雕描绘了图拉真及其士兵屠杀蛮族敌人的可怕场景。异教骚动的原始力量在这一基督教改造中的"动态颠倒"而非压制,确保了对它的图像表达仍然可以令后来像基尔兰达约、拉斐尔这样的艺术家们以新的形式重建场景,由此在现代性中更新异教古代的神话[107],无论是在多么地不经意间。基尔兰达约将君士坦丁凯旋门引入其位于圣特里尼塔萨塞蒂礼拜堂的《牧羊人的礼拜》的背景中,而在多年之后,在位于特尔纳波尼礼拜堂的《对圣婴的屠杀》(*Massacre of the Holy Innocents*)中,他又模仿了凯旋门的战斗主题,他认为,并且其赞助人萨塞蒂也认为,他由此成功地调和了罗马与基督教的美德。"弗朗西斯科·萨塞蒂真诚地……相信,他令古代不安定的灵魂安息,通过将它们筑入中世纪基督教牢固的概念结构中。他并未去猜测——在萨沃纳罗拉出现之前——这种吸收和容纳古代的乐观尝试将被证明是多么具有批判性的一种测试。"[108] 尽管他非常仰慕萨塞蒂,在这件事上瓦尔堡倾向于认为萨沃纳罗拉懂得更多:古代异教神话的复生对基督教而言是危险的,并且最终是灾难性的。在这一点上,瓦尔堡与尼采站在一起,反对布

168

克哈特。

　　瓦尔堡和布克哈特之间最重要的差异是彼此对立的"传统"观：布克哈特总是忠于(他对此表示自豪)他的"保守主义主张"，以常见的"古典"教育范畴将"传统"评价为一种"伟大的精神连续性"(*grosses geistiges Kontinuum*)，历史事件和人物都在传统的基础上诞生，并"由历史悠久的神话来守卫"——我们可以回忆下布克哈特在《意大利文艺复兴时期的文化》一书最末尾所唤起的对佛罗伦萨柏拉图学院的松散印象，即一种中介，在此"中世纪神秘主义的回响与柏拉图的学说汇流了，与一种典型的现代精神汇流了"。与此相反，瓦尔堡对"传统"秉持一种尼采的、对抗的观念。他早年与自己犹太教传统的仪式戒律间的对抗——坚持犹太餐，在父亲的葬礼上背诵珈底什(kaddish)，禁止与非犹太人通婚，所有这些他都违背了——令他对民族的和其他原始的迷信保持警觉，它们总是潜伏在那个以及任何传统之中，而该传统又假装传递一种由古代到现代的连续的、同质的信息。他后来对欧洲文明起源和嬗变的研究表明，欧洲文明的基督教传统同样易于导致非理性的依恋，即便在他看来，在诸如血祭加入圣餐的圣典仪式这类返祖性倾向的升华上基督教最终要比犹太教更为成功。对自身基督教-犹太教传统中巫术与逻辑间根本性张力的敏锐关注，使瓦尔堡得以发现"古典传统"破裂的信号，它由对抗性的超自然倾向与宗教间的融合——酒神的和日神的，异教的和基督教的——所带来。这些信号——波提切利神话题材绘画中飘逸的秀发和织物，新圣母马利亚教堂特尔纳波尼礼拜堂基尔兰达约壁画中身穿拂动的半透明服饰的一位少女突然出现在受人尊敬的佛罗伦萨市民当中，萨塞蒂和罗契来在书信和家族徽章中对罗马命运女神的召唤——都是文化矛盾的表现，证明古代的异教冲动在历经数个世纪牧师的或"经典的"压制努力后仍然生机勃勃。

　　显然，在1908年左右，瓦尔堡便对所有"英雄式"的文艺复兴观念保持着完全的清醒。自其1900年代早期有关佛兰德对佛罗伦萨生活和艺术渗透的研究起，瓦尔堡便对布克哈特将文艺复兴的南方与哥特的北方相对比的观点有所保留。在1901年柏林的一场名为《1480年左右洛伦佐·德·美第奇圈子中的佛兰德和佛罗伦萨艺术》的讲座中，他批判了这种——仍然是他自己的——倾向。"因为我们不愿承认，文艺复兴人，我们将其称颂为超人，称颂为将个人从教会的黑牢中解放出来的人，实际上是多么的中世纪。"[109] 至 1908 年，在其讲座《古代的诸神与南北欧早期文艺复兴》（*The Gods of Antiquity and the Early Renaissance in Southern and Northern Europe*）中，他更加地直截了当。

> 我们习惯于将文艺复兴鼎盛时期的新形式视为自发革新的不求自得的副产品，这种革新开始于艺术的天才逐渐意识到他自己的个性。人们相信，这类天才们自豪地摒弃中世纪的过往，因为这对他们而言是一个黑暗的、哥特式的时代，那时，古代诸神们仅仅是居住在禁锢幽地的一群恶魔。然而中世纪接续了古典晚期的传统并且在其文学、艺术形式中完美地保存了对古典时代诸神的记忆。……我相信有思考能力、训练有素的历史学家们不会感到我破坏了他们的乐趣，剥夺了他们对早期文艺复兴成就的信仰，如果我试图向他们证明那个时代首先需要将平静的奥林匹亚诸神从学术的、非视觉的渊博学识和在纹章学上十分僵化的占星学的图画文字中解放出来，通过对僵化的古典时代晚期传统（我们错误地称它为中世纪）进行深思熟虑而艰苦的斗争。[110]

170

对这一纲领性的宣言及其后来的影响加以考虑后，贡布里希总结道："1908 年实际上是瓦尔堡生命的一个转折点。"[111] 从这一年起，直至其生命的最后，瓦尔堡都试图去描述这种命运般的斗争，即将"平静的奥林匹亚诸神"从使它们变得如此可怕的古典-中世纪巫术的、占星学的传统中解放出来。即使他承认占星学在将古典神话传入文艺复兴艺术中所扮演的重要角色，他仍谴责以这种最古老的"专有名称崇拜的方式"对古典神话中奥林匹亚诸神的"有害"发掘。他恰如其分地注意到，这些人性和美的象征向宿命力量的转变，总是为巫师们和其他政治家所利用以使无知的大众目眩神迷。

这种古代原始迷信在现代启蒙时代早期的"奇特重生"，使瓦尔堡留心于古代古典神话的现代政治意义,留心于它在宗教争论和民族主义、反犹主义意识形态中魔鬼学方面的潜在可能性。在1923年,针对汉堡的一些占星学骗徒,瓦尔堡开展了一场热烈的运动。[112] 他的日记、书信和公开讲座,譬如他在1912年10月召开的第十届罗马国际艺术史大会所作题为《斯齐法诺亚宫中的意大利艺术与国际占星学》(*Italian Art and International Astrology in the Palazzo Schifanoia*)的讲座,都表现出他对兴盛于欧洲文明那些最后岁月的巫术和占星学迷信的敏锐觉察,而一旦大战爆发,这些迷信会迅速地将欧洲文明吞没。[113] 经历数个世纪的"古典"欧洲文明后,似乎已被启蒙力量所击败的古代的魔鬼们,突然重新出现,将现代国家拉入一战的祭礼之中。

瓦尔堡自己最终屈服于这些魔鬼。将自己锁在拜洛沃的房间里,瓦尔堡向周围嗡嗡作响的夜蝇做了一场祭礼;相信它们是自己在那个世界唯一的"灵魂伴侣",他可以整晚与它们交谈。在他的幻想中,他相信诊所走廊里的呼喊声来自他受刑的妻子,而晚餐中的肉则是他孩子们的。正如威廉·赫克歇尔(William Heckscher)所见,瓦尔堡"对服务于占星学的神话学类型的研究,影响了他整个性格,并最终造成了心理平衡上的损害……受自身精神疾病的折磨,他似乎将自己等同于克洛诺斯"[114]。哲学家恩斯特·卡西尔在1924年1月探望了在拜洛沃的瓦尔堡,随后称瓦尔堡向他忏悔到"魔鬼们,他过去试图探究它们在人类历史上的影响,已经通过抓住他而报了仇,并且最终将打倒并摧毁他。"[115]

当恩斯特·贡布里希猛烈抨击说"瓦尔堡掉入的地狱不应被浪漫化"[116] 时,在他的脑海中似乎有这一非常伤感的场景。贡布里希注意到瓦尔堡生病期间的日记"并不能支持逐渐增长的传闻,即当时病人的主要注意力与他过去对魔鬼学和迷信的研究相联系"[117]。诚如贡布里希所认为,瓦尔堡过去是并且在他生病期间仍然是一位启蒙的代理人,一位并非真正相信,因此也并非真正活在魔鬼世界中的学者。然而,又如爱德加·文德所论,这件事的情况要复杂得多,因为"'传闻'并非是随意增长,而是很明显由瓦尔堡自己所引发"[118]——这一事实意味着即便瓦尔堡并未用那些神话术语去思考，他最终还是使用了它们，当他得以仔细思考所经历的一切的时候。如果，如卡西尔和贡布里希共同认为的那样，瓦尔堡完全意识到自己的精神疾病状况，并且进一步成功地战胜它恰恰是因为他对自己的困扰有深刻认识的话，那么他所创造的"传闻"便应该被视为一种神话，在维科所赋予该词的意义上：它是瓦尔堡对自己生命的"真实叙述"（true narration），随着瓦尔堡对它认识的逐渐深入。与所有神话创造者们一样，只有在他将兽性的反应转变为艺术的创造后，他才能掌控它们。他对"魔鬼学"（demonology）的沉浸，使他得以在艺术理论和历史中发现一种新的神话学，它后来主要被厄尔文·潘诺夫斯基（Erwin Panofsky）修正和定义为图像学（Iconology）。[119]

Ⅳ

在其经典论文《图像学的起源》（*The Genesis of Iconology*）中，威廉·赫克歇尔（William Heckscher）提议将瓦尔堡的新神话学与同时出现在1912年左右的自然和人文科学中的其他重要"现代成就"放在一起加以研究——爱因斯坦的理论，弗洛伊德的精神分析方法，电影，艺术运动，譬如德国的表现主义、立体派主义、奥费主义、未来主义和至上主义。在赫克歇尔看来，所有这些理论和实践都是通过联系和排列的"综合"手段以揭示混乱现实的各类表现间更深层密切关系的尝试而出现的。这一见解与我将现代主义定义为对神话的体认是一致的。可以肯定的是，赫克歇尔将图像学的发明归功于瓦尔堡在论费拉拉的斯齐法诺亚宫中占星学画像的会议论文中所用的研究方法。[120]

172

在那篇论文中，瓦尔堡的目标是考察斯齐法诺亚的月历壁画中标志性星象神祇们的历史起源和演变，它们"复杂而奇异的象征主义，到目前为止抵制了所有诠释的企图"。通过"将研究的范围向东扩展"，瓦尔堡揭示出这些神祇是"希腊奥林匹亚诸神星象图像的遗存……是固定星体的象征——虽然经历数个世纪，在其经由小亚细亚、埃及、美索不达米亚、阿拉伯半岛和西班牙的漫游中，它们已经失去了希腊的清晰轮廓"[121]。文艺复兴的艺术家们通常在占星学丑陋的改变中去接收神话传统的事实,要求他们直接从古典素材中去重新发现它的"人类形态"。斯齐法诺亚屋顶的大部分画家,像是七月壁画的匿名画家,便未能做到这一点,因为他们不能违逆其赞助人和顾问们,后者完全陷入占星学的信仰和图像的陷阱之中(584)。即使是像弗朗西斯科·科萨(Francesco Cossa)这样一位个人主义和现实主义的画家,也未能打破其监管者们僵化的教条。古典时代晚期这些神话表现的无数变形和嬗变,不可避免地消泯了它们作为"平静的奥林匹亚诸神"的原始意义。然而它们在图像和占星学指南中仍然保有它们作为"偶像"(icons)的基本意义,并且像维纳斯这样的一位女神还能激发像波提切利这样的文艺复兴艺术家们去"恢复她的奥林匹亚的自由",正是这种自由曾令她不朽、生机勃勃(585)。文艺复兴从"中世纪的束缚"中真正解放出来,是在十年或二十年后,即 1490 至 1520 年的文艺复兴鼎盛时期,此时无论是像皮科·德拉·米兰多拉这样的人文主义者还是像拉斐尔这样的艺术家,都蔑视占星学,他们共同在"对古代神话和历史著名人物的描绘中制造出一种崇高的、理想化的、准古典的风格"(584)。在 1908 年的罗马之行中,瓦尔堡对基吉礼拜堂(Chigi Chapel)穹顶上拉斐尔的马赛克画作印象深刻,该画以原始的人性和美展现了七大行星。然而,无论瓦尔堡是多么欣赏法尔内西纳山庄(Villa Farnesina)墙顶上拉斐尔的奥林匹亚诸神,他提醒我们,"在与法尔内西纳相邻,仅一步之遥的一间屋子里,阿戈斯蒂诺·基吉(Agostino Chigi)同时也委托佩鲁齐(Peruzzi)用异教的星象神去填充屋顶……因为基吉打算在自己吉利的天宫图的保护下安度乡村的休闲时间,这种天宫图虚假地向他允诺长生不老。"[122]

上述观察促使瓦尔堡得出以下结论,欧洲文明对古典传统的接受并非如布克哈特令它所呈现的那样,是一种和声般的转变过程和向现代性的简单转化,而是一种对抗的过程,"与东地中海异教文化遗存图像辩证抗争的世界进程的组成部分"[123]。"古典传统"及其平静的古代观,是对这种"辩证抗争"的综合解决,为文艺复兴时期人文主义学者和艺术家们以及后来试图将他们自己和异教诸神从寓言的、巫术的、占星学的以及其他教士戒律中解放出来的人所推崇。"正是凭着这种恢复古代世界的愿望,'好欧洲'开始了它的启蒙之战,在那个国际性图像迁移的时代——一个太过神秘的时代——我们将它称之为文艺复兴。"[124] 我们再次看到,对瓦尔堡而言,神话的要压倒和胜过巫术的和逻辑的。瓦尔堡用这一具有深层神话连续性和意义统一性的例子来主张一种新的艺术史,并将其称为"图像学的"(*iconological*),是一种可以"自由行走,不用担心边界守卫,可以将古代、中世纪、现代世界视为一个连贯的历史整体"[125] 的方法。赫克歇尔正确地指出,这种方法论的思想起源可以追溯至维科,瓦尔堡知道维科,尽管从未在自己的著作中引用过他。[126]

在对路德时代占星学预言的研究中,瓦尔堡继续详细阐述这些观点,他是在大战期间开展这项研究的(论文最终发表于 1920年)。在他所有艺术史方面的研究中,这篇论文最具历史性、政治性和意识形态性。大战的实际情形似乎使瓦尔堡对其毕生的艺术投入变得焦躁不安。

> 只有当我们使自己思考异教诸神的形象——正如在南北欧早期文艺复兴中复活的那样——不仅仅是作为艺术的现象,而是作为宗教的实体时,我们才开始感受到希腊宇宙学中决定论的力量,甚至是在德国,甚至是在宗教改革的时期……那些在预言文学中一直存在的星体象征——尤其是七个人格化的星体——从当时的社会和政治剧变中获得一种新的生命,并且简直可以说成了当代政治中主导性的神祇。[127]

瓦尔堡明显厌倦了"古典"艺术和历史这一概念,"自温克尔曼以来,有关古代诸神的一种古典主义的高贵说法,作为古代的核心象征,如此成功地加于我们之上,以至于我们易于忘记它完全出自于人文主义学者们的创造:古代的这种'奥林匹亚'方面必须首先从它根深蒂固的、传统的、'魔鬼的'方面中扭转出来"(598)。大战几乎摧毁了人文主义研究的这种"创造"。瓦尔堡最后发表的论文是一种尝试,通过重建路德和丢勒的英勇努力,即针对德国宗教改革中的魔鬼学迷信,保持一种人文主义的信念,以拯救它的根本性信息免于完全的毁灭。

174

对路德出生日期的争论,是瓦尔堡的这项研究的中心。在宗教改革的关键时期,路德的对手们试图通过篡改他的出生日期来妖魔化他,即将 1483 年 11 月 10 日改为 1484 年 10 月 22 日,他们的首席占星家意大利天主教徒卢卡斯·果里库斯(Lucas Gauricus)将后一个日期确定为适合这个罪人。瓦尔堡将这些占星学的预测追溯至自 1465 年以来在德国流传的预言,它将那一年木星和土星的合相与十九年后一位先知的诞生联系起来,这位先知的罪恶行径将在 1524 年造成巨大的灾难性事件。路德的对手们所依靠的是一本由约翰内斯·利希滕贝格(Johannes Lichtenberger)所写的神谕书,他声称这位先知会是一名修道士。他们将书里一幅木刻插图上的修道士确定为路德,这位修道士的脖子上蹲着一个魔鬼。瓦尔堡主要关心的是马丁·路德和他的同志菲利普·墨兰顿(Philipp Melanchton)对这场诽谤之战的不同反应,特别是在占星学和畸形学预言方面的观点。路德以理性和启蒙的战士而出现:他将占星学斥为纯粹胡扯,比如他认为双胞胎雅各和以扫在性格上的截然相反,便是一则证据,证明只有上帝而非星座才能决定人类的命运(611)。路德还嘲笑将他与利希滕贝格书中插画里的修道士相等同的企图,他说如果真是这样的话,这倒证明了他的正当性——因为他将基督放在心里,而修道士脖子上的魔鬼正是迫害他的教皇(630)。

与路德不同,墨兰顿依然深为迷信的恐惧所影响。瓦尔堡的论文从引用一封墨兰顿写给他的朋友占星学家约翰·卡里昂(Johann Carion)的长信开始,在信中,墨兰顿询问出现在 1531 年,让当时所有德国人惊恐的彗星,其意义何在,并要求一个私人的帮助——为自己刚诞生的女儿要求一份特别的星座物语。在瓦尔堡看来,德国宗教改革中两位领袖间这种个人的对立,标志着那个时代根本上的"两极性(polarity)",事实上也是所有时代、所有历史阶段的两极性,这种两极性总是由巫术的和逻辑的两种相对立的力量所拉紧和维系。"那个时代,当时逻辑和巫术都很兴盛,像比喻和隐喻一样,用让·保尔的话说,'被嫁接到同一枝条上,'天生是永恒的:通过展现行为中的这种对立,文明史家为对历史学的一种更深刻的建设性批判提供了新依据,这种历史学的基础是一种纯粹编年的发展理论"(599)。依照他对文艺复兴的研究,在研究中他展示了这种巫术和逻辑间的两极性是如何辩证地发展以产生一种神话的解决的——文艺复兴早期的波提切利或文艺复兴鼎盛期的拉斐尔——瓦尔堡试图在德国的宗教改革中找到类似的解决之道。在阿尔布雷特·丢勒(Albrecht Dürer)的作品中他找到了它。

这是他早期的一幅版画插图,画中的男子身患梅毒,周围环绕着不详的星座图,这表明年轻的丢勒"深深地扎根于""典型的异教宇宙学的信仰之中",这种信仰在丢勒的重要赞助人马克西米利安一世(Maximilian I)时期非常流行(636)。同年(1496 年),一幅画有八脚猪的版画暗示,丢勒已经开始将自己从这种信仰中解放出来。因为当丢勒的同事、人文主义者塞巴斯蒂安·布兰特(Sebastian Brant)仍然将这种畸形与古代亚述的占卜和埃涅阿斯的母猪相联系时,丢勒现实主义的表现手法证明"他已经将这种巴比伦的心态抛诸脑后。他的版画没有任何题字。……引导丢勒手中刻刀的动力是他对一种自然现象的科学兴趣"(640—641)。这种有关现实的巫术概念和逻辑概念之间的张力,在丢勒 1514 年著名的作品《忧郁 I》(*Melancolia I*)中找到了它的出路。带翼天才的阴影像,这位天才很明显陷入深深的忧郁之中,深思地坐在一堆令人费解的物体和生物之中,早已被卡尔·吉洛(Karl Giehlow)解读为与占星术的星座土星和木星相关,它们的结合易于造成"沉默的忧郁"。丢勒在天才头部上方所绘的"木星的魔术方框"泄露了自己与马克西米利安的占星学理论间的密切关系,后者认为自己是"土星之子",还有与诸如费奇诺和阿格里帕(Agrippa)这类同时代人文主义者的占星学理论间的密切关系,针对这种"沉默的忧郁",他们通常会开出"朱庇特"的方子。瓦尔堡的反驳是,丢勒的构图确实保留但又推翻了这些基础性的占星学解释和表现,通过创造性地将神祇转变为有关人性品性的寓言:

　　真正创造性的行为——赋予丢勒《忧郁 I》以安慰人心的
人文主义信息,使其从对土星的恐惧中解放出去——只有当
我们承认艺术家采取了一种巫术的和神话的逻辑,并使其精

神化和智力化时,它才能被理解。邪恶的、吞噬幼儿的行星之
神,它与另一位行星统治者的宇宙争斗决定了主角的命运,被
丢勒人性化、蜕变为一位思考着、工作着的人类形象……在
此,宇宙争斗回响在一种进程之中,它发生在人自己身上。魔
鬼式的怪诞消失无踪;沉默的忧郁被精神化到人身上,成为人
文主义的沉思。沉思中带翼的忧郁化身,将她的脑袋靠在左
手上,右手则拿着一把圆规。她的周围环绕着技术方面和数
学方面的各种工具和符号,在她前面还躺着一个圆体。
(644—645)

176

然而,瓦尔堡小心谨慎地补充说,"丢勒的忧郁尚需打破古代
的迷信恐惧。她头上的花环不是月桂而是 teukrion,一种治疗忧郁
的经典草药,并且依照费奇诺的指导,她用命理数字的巫术方框来
保护自己免受土星的有害影响"(647)。"现代人类"从这些古代的
恐惧和迷信中"解放"出来只有到下个世纪的科学革命才做到。
德国的宗教改革标志着从巫术到逻辑启蒙过程的一个转型时期,
是现代性的典型神话时期,瓦尔堡带有暗示性地将它定义为"浮
士德的年代,在这个年代里,现代科学家——陷入巫术活动和宇宙
数学之间——正试图在自己与对象间插入理性的观念空间"
(650)。

丢勒从一种对现实的巫术观念向逻辑观念的明显转变并不是
彻底的,不仅是因为时机尚未到来,更因为作为一名艺术家而非科
学家,他在《忧郁 I》的创作中所取得的成就是出于他保持与神话学
传统间一种"象征性联系"的能力。在对上述"浮士德的年代"所作
的陈述中,瓦尔堡最终同时也是饱受争议的论断——雅典需要不断
从亚历山大里亚夺回——不是一种战争宣言,更不是说逻辑(雅
典)对巫术(亚历山大里亚)的胜利,毋宁说是对逻辑永远不可能完
全战胜巫术的一种最终承认,而且它也确实不应如此,因为恰恰正
是他们"行动中的两极性"(polarity in action)标志着像德国宗教改
革这样的转型时期所取得的文化成就。正如菲力克斯·吉尔伯特
所述,"他当然并不相信,对压抑或迷信的消除会扫清通向文化成
就的道路。"[128] 同样,迈克尔·斯坦伯格已经表明,贡布里希对瓦尔

堡论断的些微误译("雅典必须总是被亚历山大里亚重新征服")已
经为它加上理性主义的,并且是过于决定论的意义,而对瓦尔堡实
际所写的一种更深入的考察——"雅典将"——揭示出他对文明进
程是更为矛盾的,更进一步,如斯坦伯格所正确指出的,对尼采以
及(我可以补充)像阿多诺(Adorno)和霍克海默这样的"启蒙辩证
法"(Dialektik der Aufklärung)的更现代的支持者们而言也是如
此。[129]"现代人类的解放"不是像贡布里希所说的那样,是从神话中
解放出来,而是通过神话来解放。只有在这些术语中,我们才能理
解瓦尔堡论路德一文中的箴言,它出自歌德《浮士德》的第二部分,
"有一本旧书要浏览/从哈尔茨山到古希腊皆相似。"在歌德的诗剧
与瓦尔堡的论文中,现代德国与古希腊的相似之处是它们都拥有
同样的原始神话传统。瓦尔堡在箴言中唤起的联系,与他在拜洛
沃疗养院所作关欧莱比印第安人的讲座中所提到的联系是相同
的,"有一本旧书要浏览/古希腊和欧莱比皆相似。"对这则箴言的
借用,证实了两篇论文间的内在关联,事实上也证实了弥漫于瓦尔
堡所有著作中的神话历史主张,这在瓦尔堡逝后论文集的标题中
也可找到:从文艺复兴到现代,艺术史上的关键时期总是异教古代
的复兴(die Erneuerung der heidnischen Antike)。

　　正如萨尔瓦多·塞提斯(Salvatore Settis)近来所论,这也是瓦
尔堡1896年游历至普韦布洛印第安人地区的主要目的所在:在萌
芽状态中(in statu nascendi)审视艺术创造。[130]在其博士论文中,瓦
尔堡已经在古希腊部落共同体的酒神女祭司舞蹈和酒神狂欢中发
现了波提切利节日活动(Festwesen)的历史根源,现在他相信,对霍
皮人部落共同体的原始仪式和手工制品的一种民族学考察能够使
他在其图像中发现所有艺术创造的心理根源——仍然保留了"表
达"与"倾向"之原始动机的"激情公式"(Pathosformeln)。在拜洛
沃疗养院准备讲座期间,当他在思考自己旅行的最初目的时,瓦尔
堡写道:"我已经对美学化的艺术史真心地感到厌恶。对图像的形
式研究方法——缺乏对它作为宗教与艺术综合产物的生物学必要
性的理解——在我看来,只能导致毫无生趣的空谈。"[131]

　　在生命的尽头,瓦尔堡将这一观点表述为他的"社会记忆"
(soziales Gedächtnis)理论。在那一理论中,他还重申了自己在拜

洛沃疗养院的讲座中所提出的保守主义结论,即在逻辑科学和技术上的现代进步易于破坏古代的巫术和神话传统,以及与此相联系的和现实间的根本性"符号联系"。当同时期的其他"集体记忆"(collective memory)方面的理论家们,尤其像莫里斯·哈布瓦赫(Maurice Halbwachs),运用现代社会学的批判性术语去强调有目的的、制度性的手段以使过去为某些当下的"中心"(topocentric)政策所用时,瓦尔堡则仍然受囿于生物心理学的进化和遗传术语之中。因此,他打造了一种理论,它增强了记忆的情感和非理性来源,增强了记忆在保存符号或"动力图"(dynamograms)中原始的积极反应和心理印象上的有机功能,这种功能为文明的存续编制了最为至关重要的经验。[132] 瓦尔堡意识到社会记忆本质上是倒退的,并因此可以复活种族的情感和神话;事实上,他使用这个概念是为了解释古代反犹主义和法西斯主义偏见在现代欧洲文明中的喷发。但是,他却进一步将这种返祖性的记忆评价为一种有用的社会创造,一种对他所谓巴洛克风格"分离的动力图"(disconnected dynamograms)的抵制方式。[133] 没有什么,除了"朝向巴洛克风格发展的一个方面是表现性价值(*Ausdruckswerte*)与变动中的现实生活的铸币厂相脱节",他陈述道:"在此,作为一种'记忆功能'的社会记忆,其职责也就显露无疑了:通过与往昔不朽作品的重新接触,汁液应能够直接从土壤下被吸上来,并以这样一种方式注入模仿古典风格的形式,以至于一种充满能量的创造不应成为一种书法艺术式的动力图。"[134] 瓦尔堡嘲讽魔鬼般古代的复生,但他也知道它的各种符号在任何文化的复兴中都是必须的、不可或缺的。尽管瓦尔堡并未详细阐述他的"社会记忆"理论,但是他在自己人生后期的大项目《记忆女神图集》中实现了它,无论在观念还是实践上,《记忆女神图集》都是完全现代主义的。[135] 正如马修·兰普蕾(Matthew Rampley)所见,瓦尔堡"对寓言意义的批判为现代主义派的文化–哲学理论所吸收,如年轻的卢卡奇(Lukács)、西格弗里德·克拉考尔(Sigfried Kracauer)和阿多诺",他们同样将现代性视为"一种与存在的无归属疏离以及对存在的即时感丧失"[136]。

在他于 1926 年 5 月在自己的图书馆所作的讲座《伦勃朗时期

的意大利古物》(*Italian Antiquity in the Age of Rembrandt*)中，瓦尔堡重申了自己旧有的主张——早已在 1895 年的论文《1589 年作为中介的剧场服装》中加以陈述——"巴洛克"是一个文化退化的时代，因为它对寓言式世故和神话装饰的偏爱使其丧失了与我们文明的核心来源间真正的"符号联系"。在瓦尔堡看来，荷兰画家重新获得了与生命间的这种至关重要的联系。伦勃朗的蚀刻版画《美狄亚》(*Medea*)表明，与前辈拉斐尔和丢勒很相像，他已经在画作深层而完整的人性中重新找到了神话的真正内容。因为当他的同时代人习惯于将美狄亚描绘为一个为恐惧的欲望所搅动的疯狂复仇者时，伦勃朗选择将她放在伊阿宋和克瑞乌萨欢庆婚礼的舞台阴影处，这个孤单的女人像哈姆雷特一样，变得过于自我反思，并且因此是不活跃的，沉浸在她"良心的挣扎"之中。[137] 伦勃朗对美狄亚神话的诠释是一种主权国家的模式，并且是与古代神话传统典型的现代式相遇。瓦尔堡非常深刻地总结了它的经验，"我们一定不能胁迫古物去回答这样的问题，它是属于古典的宁静还是魔鬼的疯狂，就好像只有这些选择似的。无论我们感觉到它激发了我们热情洋溢的行为还是诱发了安详智慧的宁静，这实际上都取决于后人的主观气质而非古典遗产的客观性质，每一个时代都有与之相契合的古代复兴。"[138]

179

　　瓦尔堡认为与自己的时代相契合的"古代复兴"是什么呢？他提供的两个选择——"古典的宁静"和"魔鬼的疯狂"——分别对应他所认为的两位对时代有"预见性"的学者：雅各布·布克哈特和弗里德里希·尼采。然而瓦尔堡又示意我们不要因为"好像只有这些选择"而作出判断，这似乎是对第三种选择（他自己）的一种暗示，它介于前两者之间：在瓦尔堡看来，"古代复兴"既是"古典的宁静"又是"魔鬼的疯狂"，至于是否以及如何去调和它们实在是有赖于现代人，他们可以是文艺复兴时期的人文主义者和艺术家，或是像布克哈特、尼采和瓦尔堡这样的"后人"。这是瓦尔堡尽其一生对布克哈特和尼采思考的最终结果，在 1927 年 7 月 27 日汉堡大学布克哈特研讨班的最后一课上，他公布了这一结果。

V

瓦尔堡最初打算就文艺复兴研究的各流派举办一次方法论的-历史学的研讨班。最终,他决定只是集中在雅各布·布克哈特身上,即心照不宣地承认,布克哈特是文艺复兴研究领域最早和最重要的学者,与所有其他学者无从相较。贝恩德·洛克(Bernd Roeck)近来巨细无遗地还原了瓦尔堡为这次研讨班所做的计划和准备。[139] 在瓦尔堡的文件夹上,里面是他为研讨班搜集的大量档案材料和笔记,他戳了两个印记——康德和歌德,对瓦尔堡来说,他们象征着启蒙的两种可供选择的模式。瓦尔堡不喜欢康德,他常常将康德与温克尔曼及其漫无目的的"古典主义"(classicism)联系起来,康德实现了这种学说,以他淡泊的一生和启蒙哲学,他的哲学主张从神话中完全解放出去。在瓦尔堡 1929 年准备《记忆女神图集》时所作的一条笔记中,他漫不经心地提出一个想法,在完成这个项目后,去写本反驳康德《纯粹理性批判》(*Kritik der reinen Vernunft*)的书,书名叫《纯粹非理性批判图片集》(*Bilder Atlas zur Kritik der reinen Unvernunft*)。在歌德的生平与著作,特别是在《浮士德》中,瓦尔堡找到并赞美一种更温和的启蒙,一种辩证运动,一种对峙(*eine Auseinandersetzung*),介于巫术与逻辑之间,与神话保持一种"符号联系"。在瓦尔堡看来,布克哈特是歌德的一位追随者。不仅如此,他甚至暗示歌德用《浮士德》第二部分中守塔人林叩斯(Lynkeus)这个人物预设了布克哈特。高高的坐在他的守望塔中,林叩斯如一位先知般出场,从满心欢喜的远处观察着世界,因为自己只是见到自然的美,而不见人类的残酷。

> 生来为观察,
> 奉命来瞭望,
> 矢志守高塔,
> 世界真欢畅。
> ······

180

第四章　阿比·瓦尔堡：作为古代神话学的历史

我看到万象，

永远的装饰，

我喜爱万象，

也爱我自己。[140]

（译文采用了钱春绮先生的《浮士德》译本）

在瓦尔堡看来，这也是布克哈特在巴塞尔为自己确立的禁欲－美学立场。瓦尔堡将他描述为林叩斯，"端坐在塔中侃侃而谈"。然而，瓦尔堡并不认为布克哈特向一种"体验"（Anschauung）和"享受"（Genuß）生活的著名撤回，如一些布克哈特的批评者所说的那样，这其中最著名的是尼采，是一位不能直面人类生活严酷现实（die plumpe Wirklichkeit）的悲观主义者的一种享乐主义回应。相反，这是一种节制（sophrosyne）的标志，也是他能力的一种标志，即从历史，尤其是从对古希腊文明及其在意大利文艺复兴时期复兴的研究中获得审慎经验的能力，布克哈特从中了解到人们是如何通过创造有意义的神话以应对他们糟糕现实中的纷杂事务的。布克哈特面临的关键性问题是如何处理这些神话及其所揭露的糟糕的真相。

我们必须学会将布克哈特和尼采看作记忆波的接收者，并且认识到，对世界的意识以一种截然不同的方式影响着两个人……他们两人都是非常敏锐的地震仪，当他们必须接收和传递波时，其基座摇晃起来。但是有一个重要的不同：布克哈特从往昔地带接收波，他感受到危险的震动，并确保他地震仪的基座得到加固。虽然他经历了摆动的两极，但他从未完全、无保留地向它们屈从。他感受到自己的职业是多么危险，并且自己真的应该就此放弃，但他并未屈从于浪漫主义。有一段时期，他将这种冲动接受为一段他已经克服了的心理危机，为的是当他不带憎恨的回忆起它时，产生如此强烈的共鸣。如果这种经历不是与其记忆作用的某个本质方面相关的话，他是不会以这种方式反应的：他必须在新的领域产生共鸣，这些新的领域从被遗忘的事实的隐藏层中浮现出来。盛典的艺术由他所发现并且迫使他去回应野性生活的某一片段，这种生活以前从

235

未存在,并且他也十分惧怕去呈现。以一种伦理的标准去研究这些事情是行不通的。布克哈特是一位睁着双眼的巫师。因此他召唤出可以严重威胁自己的幽灵。通过建立他的瞭望塔,他躲开了它们。他是一位像林叩斯那样的先知,端坐在塔中侃侃而谈。[141]

生来为观察/奉命来瞭望,瓦尔堡将歌德笔下林叩斯的这些话抄录到自己的笔记中,并向他的听众们加以朗诵,好似提醒他们这种将天然景象转变为沉思的能力,根本性的神话能力,对所有人类来说是一种普遍的人类能力,就如他在精神疾病期间那样,人类总是被迫将他们不可避免继承或创造的妍媸景象转变为有意义的沉思。因为同样的神话,既可以帮助人们躲避可怕的现实——有关从死亡、残忍和徒劳中解放出来的故事——也可以将人们拉回其中,如果没有认出它们的话。曾经屈服于这些神话,瓦尔堡懂得现代神话学要求的是对神话形象的升华而非再生。这是伟大的人文主义者们,从波提切利、拉斐尔、丢勒到布克哈特的经验,而尼采则有意识地拒绝这种经验。

瓦尔堡的思考随后转到尼采的生活上。他问道:"布克哈特在尼采的生活中扮演了怎样的角色?"然后他描述了——或者说可能事实上复活了——1889年1月初尼采在都林最后的精神健全时光,他从明亮的街道蜷缩回昏暗的旅馆房,在房间里他为宗教的狂乱所吞噬,寄出了给雅各布·布克哈特的最后一封信。"一个人,当他唯一关注的是无条件献身于对未来之伟大的信仰时,在这种尝试中,他成为自己观念的受害者……他曾如此不厌其烦地论述人类之激情并且要求凌驾于激情之上的特权,如今却匍匐在地——像一条在恐惧中蠕动的虫子。"[142] 瓦尔堡急切地反驳对布克哈特的任何指控,即指控在这一毁灭性打击之前及当时,布克哈特没有尽力去帮助尼采。他提到布克哈特的年迈与弱点,并评论布克哈特曾提醒弗朗茨·奥韦尔贝克注意尼采的状况。"这位超人的崩溃是布克哈特一直为他这位受人尊敬的同事所担心的。最愚蠢的事莫过于认为布克哈特以冷漠的讽刺抛弃了尼采。"[143] 相反,如瓦尔堡所认为,布克哈特与尼采保持距离,是因为布克哈特在尼采身上

182

看到某种对文明普遍规范与模式的"傲慢"（*Vermessenheit*），这种"傲慢"是超人的,对像他这样一位"普通的老师"来说太过超人。"在尼采那里,古代世界的狂欢状态创造了一个梦境般的世界,这个世界他无法到达,尽管作为一名诗人,他发出了一些祈祷,这些祈祷来自布克哈特从未涉及过的音乐领域。"[144] 因此,当"尼采极力向布克哈特示好时",布克哈特退缩了,并且"躲开他,就好像一个人看见一名苦行僧奔跑在耶路撒冷的大街"——因为他充分意识到"自己的职业是多么的危险":他意识到,与自己不同,尼采不寻求升华古代的神话而是去复活它们。

瓦尔堡在他讲座的开场白中写道:"我们必须学会将布克哈特和尼采看作记忆波的接收者,并且认识到,对世界的意识以一种截然不同的方式影响着两个人。"在瓦尔堡看来,这是两者间的关键性差异所在,也是所有现代文化史家面对的关键性问题:人们是如何看待古代神话这一异教对美与自由的典范性表达的。布克哈特和尼采是如何回应古代神话在解构方面的激进信息的? 它将所有终极真理揭示并赞美为我们自己创造神话的产物。或者,用瓦尔堡的话来说,"在先知的人格的发展中,古代究竟扮演了怎样的角色?"[145] 宗教的密切关联是关键性的,因为布克哈特和尼采都是"牧师之子,但是在上帝出现在世间的感受上,他们的反应大不相同。其中一位感受到毁灭一切的魔鬼的神秘呼吸,于是退回自己的瞭望塔中,而另一位则想与其合作"。刚从自己与"毁灭一切的魔鬼"的斗争中幸存下来的瓦尔堡,自然与布克哈特并肩而站。他赞美布克哈特是一位寻求一种更崇高的文化传统形式的学者,在鲁本斯身上布克哈特最终找到了它,鲁本斯的艺术与生活方式展现了"形式的纪律以及实践它的标准"。然而,尼采渴望希腊人"神秘的戏剧",并认为自己在瓦格纳那找到了它。一旦尼采意识到自己的幻想,他迷失了。"尼采消亡了,因为在他的孤独中,他将自己暴露在最猛烈的冲击之中,一如既往地相信一种更优越的命运逻辑。他反对在瓦格纳那里找到的那种沾沾自喜的煽情模式。于是,我们突然在其两股潮流中都看到了古代的影响,即所谓的阿波罗式和狄奥尼索斯式。"[146] 在瓦尔堡看来,尼采未能将他从史前传统和古代神话那接收的"记忆波"传送到合适的文化史中去,因为与布

183

克哈特不同——并且与布克哈特相对——他想要成为一位先知而非教师。

1929 年,在瓦尔堡逝世前夕,他出现在瓦尔堡图书馆的管理团队中,用自己曾经形容布克哈特的比喻措辞,将自己形容为"北海灯塔中一位年迈的犹太看门人"[147]。他对布克哈特的认同由此得到完善。瓦尔堡对布克哈特最后的评论可以作为我们对瓦尔堡最后的结语。"我们已经到达了他能力的极限。但是他拥有使他超出我们之上并仍然成为我们榜样的事物:凭借其节制以感受任务极限的能力,这种感受可能是过于强烈了,但无论如何都不会超出那些极限,因为他的精神平衡抑制了他。"[148] 直至生命的尽头,瓦尔堡成功地保持住他的"精神平衡"并且不再屈服于古代神话的"记忆波"。然而,他仍然对现代德国那类神话学中的魔鬼之波保持高度的敏锐和反应。不同于瓦尔堡图书馆的其他同事,瓦尔堡不受学者政治(Gelehrtenpolitik)规则的约束,这种规则禁止对当代事件得出跨学科的、价值中立的认识。在 1925 年,恩斯特·卡西尔仍然可以带着学术超然写道,纳粹党党徽是"最早的万字纹样式",它出现于许多宗教之中,象征着"原始的宗教-宇宙主题",而这已是在纳粹党党徽获得某些明显的纳粹含义之时。[149] 然而,瓦尔堡却对古代神话在现代德国所获得的新的政治含义保持警惕。在其逝世前的最后几个月,瓦尔堡将三块屏幕板加到他的文化-历史图像(Bilderatlas)中,它们很独特,因为它们包含的图像素材有现代的报纸以及艺术作品的复制品。瓦尔堡很明显看到了它们所体现出的神话与政治现实间的视觉联系以及更深层的精神和思想上的亲缘关系和连续性。

正如夏洛特·舍勒·格拉斯(Charlotte Schoell-Glass)近来所指出的,瓦尔堡尤其受到同时代下列事件的影响:1929 年 2 月 11 日墨索里尼和教皇庇护十一世签订拉特兰条约。[150] 在瓦尔堡看来,通过该协定,教会将所有实际政治权力和诉求都交与意大利国家,而意大利国家则将天主教信仰确立为一种国家宗教。那一天瓦尔堡恰好在罗马,见证了街道上大众的欢庆活动,并将其形容为"罗马的重新异教化"(the repaganization of Rome)。在屏幕板上,他将1929 年罗马圣体游行的照片与梵蒂冈的拉斐尔壁画《博尔塞纳的

184

弥撒》(*Mass of Bolsena*)的复制品并置在一起，后者描绘了教会史上一个著名的神话而非历史时刻，当时教皇乌尔班四世(Urban IV)决意创立基督圣体节(Feast of Corpus Christi)。刊登圣体游行照片的报纸，在游行照旁边又刊登了一张游泳运动员的照片，照片中的运动员正在夸耀自己的完美身材，这一现象在瓦尔堡看来意味着完全世俗化的过程，在此过程中"欢愉的'这身体是我的'(*hoc est corpus meum*)可以与悲情的'这是我的身体'(*hoc est corpus meum*)并置在一起，并且这种格格不入不会导致对这般粗鄙之离经叛道的强烈抗议"[151]。于是，图像的并置唤起对神学神话的政治借用的关注，对种族暴行侵入基督教的关注，对政治协议和党派神圣化的关注，并最终唤起对恩斯特·卡西尔所谓国家神话创造的关注。[152] 然而，瓦尔堡相信神话在国家中的持续存在以及古典和神学意象在现代政治史中的持续存在，保留了与精神活力源泉间关键性的"符号联系"，它可以确保西方文明的升华以及从逻辑的亵渎和巫术的暴行中得到最终的救赎。因此，他在拉斐尔壁画复制品下放置了乔托的《斯佩兰扎》(*Speranza*)(希望)人物像，它是早期文艺复兴对异教徒(*nympha*)的描绘(也出现在拉斐尔的壁画中)，而在它旁边的则是波提切利的《圣杰罗姆的最后圣餐》(*St. Jerome's Last Communion*)，好像在表示人类激情的漫长神话传统诞生于异教古代，经由基督教走向现代性。

瓦尔堡逝世于 1929 年 10 月。在其后一年内，有一本书问世了——阿尔弗雷德·罗森博格(Alfred Rosenberg)的《20 世纪的神话》(*Der Mythus des zwanzigsten Jahrhunderts*)——它破坏了《斯佩兰扎》的神话传统。[153] 因为罗森博格的新神话是一种"血统神话"(myth of the blood)，一种原始生物学的、神秘主义的激情冲动，它长期潜伏在日耳曼人种之中，并且现在已准备打破犹太教-基督教传统的古代神话，并为其历史强加上一种新的神话——用万字符来对抗十字架。"新的神话以及创造一种模式的力量无论以何种方式都不可被驳回，"罗森博格写道，"它们将建立自己并创造事实。"[154] 它们确实做到了：早在 1933 年末，瓦尔堡图书馆便从汉堡迁至伦敦，使德国失去了这个文化-历史机构，它守护着自己与西方文明古典-神学传统间至关重要的"符号联系"。

185

　　无论是过去还是现在,在许多思想史家看来,从瓦尔堡作为古代神话的历史观到罗森博格作为新神话的历史观,其间的转变不可避免,并且揭示出在历史学中接受神话所带来的危险以及最终是灾难性的后果。这便是恩斯特·卡西尔对自己及其瓦尔堡图书馆同事们所做工作的最终结论。但是也有其他的一些历史学家,他们对历史在新神话中的修正作出了更重要的贡献,对这种转变也相应有不同的再评价。在这些神话历史学家中最知名的当属恩斯特·康特洛维茨(Ernst Kantorowicz)。

186

参考文献

1. 在阿比·瓦尔堡的生平与著作方面,最主要的研究是恩斯特·贡布里希(Ernst Gombrich)的 *Aby Warburg：An Intellectual Biography*(London：Warburg Institute,1970)。充满着广博的学识和出色的阐释,对我们的时代而言,这本书是关键性的研究,进一步说还因为它仍然是瓦尔堡未出版作品的来源。贡布里希有关瓦尔堡生平与著作的史料是无价的,但他对它们的解释仍然存有争议。相关的批判性反应和解释性回应,参见爱德加·文德(Edgar Wind)的评论性文章"On a Recent Biography of Warburg", in Edgar Wind, *The Eloquence of Symbols：Studies in Humanist Art*, ed. J. Anderson(Oxford：Oxford University Press, 1983), 106 - 113；Felix Gilbert, "From Art History to the History of Civilization：Gombrich's Biography of Aby Warburg", *Journal of Modern History* 44(1972)：381 - 391；以及 Hans Liebeschütz, "Aby Warburg(1866 - 1929) as Interpreter of Civilization", in *Year Book of the Leo Baeck Institute* 10(1971)：225 - 236。他们都就贡布里希不愿论及瓦尔堡的疾病提出批评。对这一创伤经历的一个感人的目击者的叙述,参见 Carl Georg Heise, *Persönliche Erinnerungen an Aby Warburg*(New York：n. p. , 1947),44 - 59。有关瓦尔堡在一战期间及战后的痛苦经历,参见 Karl Königseder, "Aby Warburg im 'Bellevue'", in *Aby M.*

Warburg:"*Ekstatische Nymphe... trauernder Flußgott*":
Portrait eines Gelehrten,ed. R. Galitz and B. Reimers
(Hamburg:Dölling und Galitz,1995),74 - 98。另外的(某
种程度上感性的)信息由 Ron Chernow 所补充,*The
Warburgs*:*The Twentieth-Century Odyssey of a Remarkable
Jewish Family*(New York:Random House,1993),191 -
206,255 - 265。

2. Paul de Man,"Ludwig Binswanger and the Sublimation of the
Self",in his *Blindness and Insight*(Minneapolis:University of
Minnesota Press,1983),36 - 50.

3. Aby Warburg,*Images from the Region of the Pueblo Indians of
North America*,trans M. P. Steinberg(Ithaca,N. Y.:Cornell
University Press,1995).在 *Photographs at the Frontier*:*Aby
Warburg in America*,*1895 - 1896*,ed. B. Cestelli and N.
Mann(London:Merrell Holberton,1998)中,照片得到重印和
注释。另可参见 Ulrich Raulff 那版中他的解释性论文:
Schlangenritual:*Bin Reisebericht*(*Bilder aus dem Gebiet der
Pueblo-Indianer in Nord Amerika*)(Berlin:K. Wagenbach,
1988),63 - 94。

4. Warburg,*Images from the Region of the Pueblo Indians*,16.

5. Hans Blumenberg,*Work on Myth*,trans. R. M. Wallace
(Cambridge,Mass.:MIT Press,1985),8.

6. Quoted by Gombrich,*Aby Warburg*,222.

7. Ibid.,222 - 223.

8. Warburg,*Images from the Region of the Pueblo Indians*,38 -
49.

9. 瓦尔堡试图在人类生活和历史中重新找回"动物性"的东西,相
关内容参见 Salvatore Settis 敏锐的观察,"Pathos und Ethos:
Morphologie und Funktion",in *Vorträge aus dem Warburg-
Haus*,ed. W. Kemp(Hamburg:Akademie Verlag,1997),1:
31 - 73。

10. Warburg,*Images from the Region of the Pueblo Indians*,53.

11. 在瓦尔堡旅行的准确重建方面，参见 Claudia Naber，"Pompei in Neu-Mexico：Aby Warburgs amerikanische Reise"，in *Freibeuter* 38(1988)：88–97。

12. Warburg，*Images from the Region of the Pueblo Indians*，38.

13. Quoted by Gombrich，*Aby Warburg*，226.

14. Aby Warburg，"Pagan-Antique Prophecy in Words and Images in the Age of Luther"（1920），in Aby Warburg，*The Renewal of Pagan Antiquity：Contributions to the Cultural History of the Renaissance*，ed. K. Forster，trans. D. Britt（Los Angeles，Calif：Getty Research Institute for the History of Art and the Humanities，1999），599.

15. Ibid.

16. Warburg，*Images from the Region of the Pueblo Indians*，1–2.

17. Quoted by Michael P. Steinberg，"Aby Warburg's Kreuzlingen Lecture：A Reading"，in Warburg，*Images from the Region of the Pueblo Indians*，66.

18. Fritz Saxl，"Warburg's Visit to New Mexico"，in his *Lectures*（London：Warburg Institute，1957），1：325–330. 瓦尔堡对现代人类学史的贡献，参见 Peter Burke，"Aby Warburg as a Historical Anthropologist"，in *Aby Warburg：Akten des internationalen Symposiums*，ed. H. Bredekamp，M. Diers，and C. Schoell-Glass（Weinheim：VCH，1991），39–44。

19. Warburg，*Images from the Region of the Pueblo Indians*，17.

20. Edgar Wind，"Warburg's Concept of Kulturwissenscheft and Its Meaning for Aesthetics"（1930），in Wind，*The Eloquence of Symbols*，21–35.

21. Wind，"Warburg's Concept of Kulturwissenscheft"，28.

22. Friedrich Nietzsche，*The Birth of Tragedy*，trans，W. Kaufinann（New York：Viking Press，1967），50.

23. Quoted by Gombrich，*Aby Warburg*，288.

24. Kurt W. Forster，"Aby Warburg's History of Art：Collective Memory and the Social Mediation of Images"，*Daedalus* 105

（1976）：170.

25. Quoted by Gombrich, *Aby Warburg*, 303.

26. 对瓦尔堡讲座的翻印与讨论，参见 Bernd Roeck, "Aby Warburgs Seminarübungen über Jacob Burckhardt", *Idea: Jahrbuch der Hamburger Kunsthalle* 10(1991)：65 – 89。

27. Quoted by Gombrich, *Aby Warburg*, 254.

28. Quoted by Steinberg, "Aby Warburg's Kreuzlingen Lecture", 74.

29. Quoted by Gertrud Bing, "Aby M. Warburg", in *Ausgewählte Schriften und Würdigungen*, by Aby Warburg, ed. D. Wuttke (Baden-Baden：V. Koerner, 1979),464.

30. Charles Taylor, *Sources of the Self：The Making of Modern Identity* (Cambridge, Mass.：Harvard University Press, 1989).

31. 参见上述切尔诺（Chernow）、利贝许茨（Liebeschütz）和斯坦伯格（Steinberg)的著作。另可参见 Charlotte Schoell-Glass, "Aby Warburg：Forced Identity and 'Cultural Science'", in *Jewish Identity and Art History*, ed. C. M. Soussloff (Berkeley：University of California Press, 1999),218 – 230 以及更概括性的 Bernd Roeck, *Der junge Aby Warburg* (Munich：Beck, 1997).

32. Anne Marie Meyer, "Aby Warburg in His Early Correspondence", *American Scholar* 57(1988)：445 – 452.

33. Ibid. , 451 – 452.

34. Aby Warburg to Anna Warburg, 18 November 1917, quoted by Chernow, *The Warburgs*, 195.

35. Heise, *Persönliche Erinnerungen an Aby Warburg*, 51.

36. Gilbert, "From Art History to the History of Civilization", 390.

37. Meyer, "Aby Warburg in His Early Correspondence", 452.

38. Liebeschütz, "Aby Warburg (1866 – 1929) as Interpreter of Civilization", 230.

39. 参见下文中的书信，Claudia Naber, "'Heuernte bei Gewitter'：

Aby Warburg 1924 – 1929", in Galitz and Reimers, *Aby M. Warburg*, 125。另可参见 Ernst Cassirer 的证词,"Worte zum Beisetzung von Professor Dr. Aby M. Warburg", reprinted in *Mnemosyne: Beiträge zum 50. Todestag von Aby M. Warburg*, ed. S. Füssel (Göttingen: Gratia Verlag, 1979), 19 – 26。值得注意的是,瓦尔堡研究院另一位伟大的学者 Frances Yates 在其书中完成了这一任务,*Giordano Bruno and the Hermetic Tradition* (Chicago: University of Chicago Press, 1964)。

40. Aby Warburg, "The Art of Portraiture and the Florentine Bourgeoisie: Domenico Ghirlandaio in Santa Trinita: The Portraits of Lorenzo de' Medici and His Household" (1902), in Warburg, *The Renewal of Pagan Antiquity*, 190.

41. Steinberg, "Aby Warburg's Kreuzlingen Lecture", 76 – 87.

42. Michael Brenner, *The Renaissance of Jewish Culture in Weimar Germany* (New Haven, Conn.: Yale University Press, 1996).

43. Charlotte Schoell-Glass, *Aby Warburg und der Antisemitismus: Kulturwissenscheft als Geistespolitik* (Frankfurt am Main: Fischer, 1998).

44. George Mosse, *German Jews beyond Judaism* (Bloomington: Indiana University Press, 1985),47.

45. Peter Gay, *Weimar Culture: The Outsider as Insider* (New York: Harper and Row, 1970).

46. Schoell-Glass, *Aby Warburg und der Antisemitismus*, 65. 另可参见 Heinrich Dilly, "Sokrates im Hamburg: Aby Warburg und seine Kulturwissenschaftliche Bibliothek", in Bredekamp, Diers, and Schoell-Glass, *Aby Warburg: Akten des internationalen Symposiums*, 125 – 140。

47. Quoted by Gombrich, *Aby Warburg*, 151 – 152.

48. Gombrich, *Aby Warburg*, 152.

49. Quoted by Gombrich, *Aby Warburg*, 153.

50. Gombrich, *Aby Warburg*, 130 – 131.

51. Fritz Schumacher，"Kämpfe um die Hamburgische Universität"，
in *Selbstgespräche：Erinnerungen und Betrachtungen*
(Hamburg：A. Springer，1949)，91-101.

52. Fritz Fritz Saxl，"The History of Warburg's Library (1886-
1944)"，in Gombrich，*Aby Warburg*，329，332，334.

53. 这一描述建立在爱德加·文德研究的基础之上，"The Warburg
Institute Classification Scheme"，in *Library Association Record*
2，no. 4(1930)：193-195。有关汉堡瓦尔堡图书馆的文献资
料十分丰富，参见弗里茨·萨克斯尔(Fritz Saxl)的基础性研
究，"Die Bibliothek Warburg und ihr Ziel"，in *Vorträge der
Bibliothek Warburg 1921-1922*，ed. F. Saxl (Leipzig：B. G.
Teubner，1923)，1-10。更为综合性的研究，参见 Martin
Jesinghausen-Lauster，*Die Suche nach der symbolishen Form：
Der Kreis um die Kulturwissenscheftliche Bibliothek Warburg*
(Baden-Baden：V. Koerner，1985)；以及 Tilman von
Stockhausen，*Die Kulturwissenscheftliche Bibliothek：
Architektur，Einrichtung und Organization* (Hamburg：V.
Koerner，1992)。

54. 对瓦尔堡图书馆激动人心的描写，参见 Salvatore Settis，
"Warburg continuatus：Description d'une bibliotheque"，in *Le
pouvoir des bibliotheques：La memoire des livres en Occident*，
ed. M. Baratin and C. Jacob (Paris：A. Michel，1996)，122-
173。

55. 有关瓦尔堡生前最后时期的活动，参见 Naber，"'Heuemte bei
Gewitter'"，104-129。

56. Wolfgang Kemp，"Walter Benjamin und Aby Warburg"，
Kritische Berichte 3(1975)：3-25.

57. Fritz Saxl，"Ernst Cassirer"，in *The Philosophy of Ernst
Cassirer*，ed. P. A. Schilpp (Evanston，Ill. ：Library of Living
Philosophers，1949)，49. 另可参见 Ulrich Raulff，"Von der
Privatbibliothek des Gelehrten zum Forschungsinstitut：Aby
Warburg，Ernst Cassirer，und die neue Kulturwissenschaft"，

Geschichte und Gesellscheft 23(1997)：28 - 43。瓦尔堡和卡西尔间哲学上的联系，参见 Jürgen Habermas，"Die befreiende Kraft der symbolischen Formgebeung：Ernst Cassirers humanistisches Erbe und die Bibliothek Warburg"，in *Ernst Cassirers Werk und Wirkung：Kultur und Philosophie*，eds. D. Frede and R. Schmücker （Darmstadt：Wissenschaftliche Buchgesellschaft，1997），79 - 104。

58. Ernst Cassirer，*Die Begriffsfarm im mythischen Denken*，*Studien der Bibliothek Warburg*，vol. 1 （Leipzig：B. G. Teubner，1922）.

59. Ernst Cassirer，*The Philosophy of Symbolic Forms*，vol. 2，*Mythical Thought* （1924 - 1925），trans. R. Manheim （New Haven，Conn. ：Yale University Press，1955），xviii.

60. Ernst Cassirer，*The Individual and the Cosmos in Renaissance Philosophy* （1926），trans. M. Domandi （New York：Harper and Row，1963），xiii.

61. Paul Tillich，"Renaissance und Reformation：Zur Einführung in die Bibliothek Warburg" （1922），in *Gesammelte werke*，by Paul Tillich，ed. R. Albrecht （Stuttgart：Evangelisches Verlagswerk，1972），13：137 - 140. 进一步的相关信息，参见 Roland Kany，*Die religionsgeschichtliche Forschung an der Kulturwissenscheftlichen Bibliothek Warburg* （Bamberg：S. Wendel，1989）。

62. Ernst Cassirer，"Giovanni Pico della Mirandola"，in *Renaissance Essays*，ed. P. O. Kristeller and P. P. Wiener （New York：Harper and Row，1968），11 - 60.

63. Horst Günther，"D'anima Fiorentino"，in *Galitz and Reimers*，Aby Warburg，36.

64. Warburg，"The Art of Portraiture and the Florentine Bourgeoisie"，187.

65. Quoted by Gombrich，*Aby Warburg*，134.

66. Aby Warburg to Paul Warburg，4 January 1904，quoted by Gombrich，*Aby Warburg*，155 - 156.

67. Warburg, "The Art of Portraiture and the Florentine Bourgeoisie", 200.

68. Jacob Burckhardt, *The Civilization of the Renaissance in Italy*, trans. S. G. C. Middlemore (Vienna: Phaidon Press, n. d.), 70.

69. Warburg, "The Art of Portraiture and the Florentine Bourgeoisie", 191.

70. Ibid., 203.

71. Aby Warburg, "Francesco Sassetti's Last Injunctions to His Sons" (1907), in Warburg, *The Renewal of Pagan Antiquity*, 223 - 262.

72. 有关这种"现代主义"人类观念的出现,参见下列经典著作: H. Stuart Hughes, *Consciousness and Society: The Reorientation of European Social Thought, 1890 - 1930* (New York: Vintage Books, 1930); Carl E. Schorske, *Fin-de-siecle Vienna: Politics and Culture* (New York: Vintage Books, 1981); Stephen Kern, *The Culture of Time and Space, 1880 - 1918* (Cambridge, Mass.: Harvard University Press, 1983)。

73. Quoted by Gombrich, *Aby Warburg*, 142 - 143.

74. Johan Huizinga, "The Problem of the Renaissance", in his *Men and Ideas*, trans. J. S. Holmes and H. van Marie (New York: Meridian Books, 1959), 259 - 260.

75. Gombrich, *Aby Warburg*, 142.

76. Ibid., 118.

77. Henry Thode, *Franz von Assisi und die Anfange der Kunst der Renaissance* (Leipzig: G. Grote, 1885).

78. Quoted by Gombrich, *Aby Warburg*, 111.

79. Burckhardt, *The Civilization of the Renaissance in Italy*, 89.

80. Burckhardt to Friedrich Salomon Vogelin, 17 September 1866, *Briefe*, ed. M. Burckhardt, 10 vols. (Basel: Schwabe, 1949 - 1994), 4: 227. 上引布克哈特"脑力枯竭"的话,出自贝利尼(Bellini)的歌剧《诺尔玛》(Norma)。

81. Saxl，"Warburg's Visit to New Mexico"，327.

82. Quoted by Gombrich，*Aby Warburg*，130.

83. Aby Warburg，"The Art of Portraiture and the Florentine Bourgeoisie"，186.

84. Gertrud Bing，"Aby M. Warburg"，*Journal of the Warburg and Courtland Institutes* 28(1965)：304 - 305.

85. Ibid.，305.

86. Aby Warburg，"Sandro Botticelli's Birth of Venus and Spring：An Examination of Concepts of Antiquity in the Italian Early Renaissance"（1893），in Warburg，*The Renewal of Pagan Antiquity*，89 - 156，405 - 430.

87. Ibid.，89.

88. Ibid.，117. 对瓦尔堡反对温克尔曼（Winckelmann）"古典"观念的详尽讨论，参见 Silvia Ferretti，*Cassirer，Panofsky，and Warburg：Symbol，Art，and History*，trans. R Price（New Haven，Conn.：Yale University Press，1989）。

89. Ernst H. Gombrich，"Botticelli's Mythologies：A Study in Neoplatonic Symbolism of His Circle"，in his *Symbolic Images：Studies in the Art of the Renaissance*（London：Phaidon Press，1972），37.

90. Charles Dempsey，*The Portrayal of Love：Botticelli's Primavera and Humanist Culture at the Time of Lorenzo the Magnificent*（Princeton，NJ.：Princeton University Press，1992），123 - 124.

91. 对这一反对意见的重申，参见 Aby Warburg，"The Gods of Antiquity and the Early Renaissance in Southern and Northern Europe"（1908）；以及 Aby Warburg，"Pagan-Antique Prophecy in Words and Images in the Age of Luther"（1920），both in Warburg，*The Renewal of Pagan Antiquity*，559，598。

92. Warburg，"Sandro Botticelli's *Birth of Venus and Spring*"，141.

93. Friedrich Nietzsche，"The Antichrist"，trans. A. M. Ludovici，in *The Complete Works of Friedrich Nietzsche*，ed. O. Levi

(New York: Russell and Russell, 1964). 16: 228.

94. 翻译出自亚历山大·德鲁(Alexander Dru)对雅各布·布克哈特的介绍, *The Letters of Jacob Burckhardt*, ed. and trans. A. Dru (London: Routledge and Kegan Paul, 1955), 23。

95. Quoted by Gombrich, *Aby Warburg*, 255.

96. Ibid., 111.

97. Ibid., 184 - 185. 贡布里希(和潘诺夫斯基)对瓦尔堡的尼采哲学倾向做了理性主义的阐释,相关的批判性讨论参见 Margaret Iversen, "Retrieving Warburg's Tradition", *Art History* 16, no. 4(1993): 541 - 553。

98. Quoted by Kurt W. Forster, introduction to Warburg, *The Renewal of Pagan Antiquity*, 7.

99. Forster, introduction to Warburg, *The Renewal of Pagan Antiquity*, 55.

100. Helmut Pfotenheimer, "Das Nachleben der Antike: Aby Warburgs Auseinandersetzung mit Nietzsche", *Nietzsche-Studien* 14(1985): 298 - 313.

101. Quoted by Gombrich, *Aby Warburg*, 113.

102. Ibid., 123.

103. Ibid., 124.

104. Warburg, "Francesco Sassetti's Last Injunctions to His Sons", 240, 242.

105. Ibid., 241.

106. Quoted by Gombrich, *Aby Warburg*, 190 - 191.

107. Gombrich, *Aby Warburg*, 247 - 249.

108. Quoted by Gombrich, *Aby Warburg*, 249.

109. Quoted by Gombrich, *Aby Warburg*, 137.

110. Ibid., 188.

111. Gombrich, *Aby Warburg*, 190 - 191.

112. Chernow, *The Warburgs*, 120.

113. Jay Winter, *Sites of Memory*, *Sites of Mourning: The Great War in European Cultural History* (Cambridge: Cambridge

University Press，1995）.

114. William S. Heckscher，"The Genesis of Iconology"，in *Stil und Uberlieferung in der Kunst des Abendlandes*（Akten des XXI. Internationalen Kongress für Kunstgeschichte in Bonn，1964）（Berlin：Gebr. Mann，1967，249 - 250.

115. Cassirer，"Worte zum Beisetzung von Professor Dr. Aby M. Warburg"，19.

116. Gombrich，*Aby Warburg*，215.

117. Ibid.，9 - 10.

118. Wind，"On a Recent Biography of Warburg"，110.

119. 是否以及在何种程度上，瓦尔堡可以当之无愧地被称为"图像学"的创始人已经争辩良多。贡布里希否认这一殊荣，参见其 *Aby Warburg*，313。扬·比阿罗斯托科奇（Jan Bialostocki)坚持这一点，参见其"Iconography and Iconology"，*Encyclopedia of World Art*（New York，1963），7：769 - 785。迈克尔·安·霍利(Michael Ann Holly)将瓦尔堡视为图像学的再发现者之一，参见其"Unwriting konology"，in *Iconography at the Crossroads*，ed. B. Cassidy（Princeton，NJ.：Princeton University Press，1993），17 - 25。相关的综合性讨论，参见论文集 *Iconographie und lconology：Theorien，Entwicklung，Probleme*，ed. E. Kaemmerling（Cologne：DuMont，1979）。

120. Heckscher，"The Genesis of Iconology"，240.

121. Aby Warburg，"Italian Art and International Astrology in the Palazzo Schifanoia，Ferrara"（1912），in Warburg，*The Renewal of Pagan Antiquity*，565.

122. Warburg，"Pagan-Antique Prophecy in Words and Images"，618 - 619.

123. Aby Warburg，"Italian Art and International Astrology"，586.

124. Ibid.

125. Ibid.，585.

126. 瓦尔堡未曾在自己的公开出版物中提到维科，但正如罗兰·

卡尼（Roland Kany）所指出，当瓦尔堡于 1886 年冬在波恩参加乌西诺（Usener）的神话学课程时，必定熟悉维科的著作。Roland Kany，*Mnemosyne als Programm：Geschichte，Erinnerung und die Andacht zum Unbedeutenden im Werk von Usener，Warburg und Benjamin*（Tübingen：Max Niemeyer，1987），72。在乌西诺的推荐下，瓦尔堡又阅读了提托·维格诺里（Tito Vignoli）的《科学与神话》（*Wissenschaft und Mythos*），书中对维科的神话理论讨论良多。有些学者把瓦尔堡"人类表达的心理学史"追溯到维科的语言学理论。Heckscher，"The Genesis of Iconology"，259；Matthew Rampley，"From Symbol to Allegory：Aby Warburg's Theory of Art"，*Art Bulletin* 69（1997）：50，55。

127. Warburg，"Pagan-Antique Prophecy in Words and Images"，598，599.

128. Gilbert，"From Art History to the History of Civilization"，385.

129. Steinberg，"Aby Warburg's Kreuzlingen Lecture"，67 - 68.

130. Salvatore Settis，"Kunstgeschichte als vergleichende Kulturwissenschaft：Aby Warburg, die Pueblo-Indianer und das Nachleben der Antike"，in *Künstlerischer Austausch*，ed. T. W. Gaethgens（Berlin：Akademie Verlag，1993），1：139 - 158.

131. Quoted by Gombrich，*Aby Warburg*，88 - 89.

132. 相关的全面探讨，参见 Gombrich，*Aby Warburg*，239 - 254。在瓦尔堡的社会理论和艺术史方面，参见如下重要的观察，Carlo Ginzburg，"From Aby Warburg to E. H. Gombrich"，in his *Myths，Emblems，Clues*，trans. J. Tedeschi and A. Tedeschi（Baltimore：Johns Hopkins University Press，1990），17 - 59；and Martin Warnke，"Der Leidenschatz der Menschheit wird humaner Besitz"，in *Die Menschenrechte des Auges*，ed. W. Hofmann, G. Syamken, M. Warnke（Frankfurt am Main：Europäische Verlagsanstalt，1980），113 - 186.

133. Quoted by Gombrich, *Aby Warburg*, 248.

134. Ibid., 250.

135. 关于这个项目，参见 Aby Warburg, "Einleitung zum Mnemosyne-Atlas", in *Die Beredsamkeit des Leibes: Zur Körpersprache in der Kunst*, ed. I. Barta Fliedl and C. Geissner (Salzburg: Residenz Verlag, 1992), 171 – 173; 相关的讨论，参见 Gombrich, *Aby Warburg*, 283 – 306; and Peter van Huisstede, "Der Mnemosyne-Atlas: Ein Laboratorium der Bildgeschichte", in Galitz and Reimers, *Aby Warburg*, 130 – 171。

136. Rampley, "From Symbol to Allegory", 53.

137. 参见如下讨论，Gombrich, Aby Warburg, 235 – 238。

138. Quoted by Gombrich, *Aby Warburg*, 238.

139. 洛克（Roeck）的论文补充了瓦尔堡讲座的全文，"Aby Warburg's Seminarübungen über Jacob Burckhardt", 86 – 89。我用它来补足贡布里希（Gombrich）不完整的翻译，*Aby Warburg*, 254 – 258。

140. Goethe, *Faust*, trans. W. H. Bruford (London: J. M. Dent, 1954), part 2, act 5, se. 4, p. 391.

141. Quoted by Gombrich, *Aby Warburg*, 254 – 255.

142. Ibid., 256.

143. Quoted by Roeck, "Aby Warburg's Seminarübungen über Jacob Burckhardt", 87.

144. Quoted by Gombrich, *Aby Warburg*, 257.

145. Ibid., 258.

146. Ibid., 257 – 258.

147. Quoted by Kany, *Mnemosyne als Programm*, 185.

148. Quoted by Gombrich, *Aby Warburg*, 258.

149. Cassirer, *The Philosophy of Symbolic Forms*, vol. 2, *Mythical Thought*, 147 – 148. 对学者政治起源与影响的全面分析，参见 Fritz Ringer, *The Decline of the German Mandarins* (Cambridge, Mass.: Harvard University Press,

1969）。

150. Charlotte Schoell-Glass，"Aby Warburg's Late Comments on Symbol and Ritual"，*Science in Context* 12（1999）：621 - 642.

151. Quoted by Gombrich，*Aby Warburg*，281.

152. 有关意大利法西斯主义中的政治神话学，参见 Emilio Gentile，*The Sacralization of Politics in Fascist Italy*，trans. K. Botsford（Cambridge，Mass.：Harvard University Press，1996）。

153. Alfred Rosenberg，*Der Mythus des zwanzigsten Jahrhunderts*（Munich：Hoheneichen，1930）.有关罗森博格的神话观，参见其纳粹意识形态理论家同僚阿尔弗雷德·包姆勒（Alfred Baeumler）的下列著作，*Alfred Rosenberg und der Mythus des 20. Jahrhunderts*（Munich：Hoheneichen，1943），71。

154. Rosenberg，*Der Mythus des zwanzigsten Jahrhunderts*，700.

第五章　恩斯特·康托洛维茨：
　　作为新神话学的历史

I

1945 年 4 月,在流亡纽约的逝世前夕,恩斯特·卡西尔(Ernst Cassirer)完成了他最后的著作《国家的神话》(*The Myth of the State*),并在书的前言中写道:

> 在最近的三十年里,即第一次至第二次世界大战期间,我们不仅经历了政治与社会生活的严重危机,而且也遇到了相当新的理论问题……或许在这一现代政治思想的发展中,最令人警惕的特点是一种新的力量的出现:神话思想的力量。神话思想对理性思想的压倒在我们某些现代的政治体系中是明显的。在经历短暂而激烈的斗争后,神话思想似乎赢得了确定无疑的胜利。这种胜利如何可能? 我们如何解释这般突然地出现在我们政治视域中的新现象,并且在某种意义上,它颠覆了我们先前所有有关精神和社会生活性质方面的想法。[1]

在现代国家中神话为何变得如此紧要? 以及为何在所有现代国家中,在魏玛共和国最命运攸关的时期,神话被如此强烈地表达和解释? 卡西尔的急切追问依然回响在有关国家的神话学起源与表现的争论中,即使在政治神话学的宿命论结果上,他的实际理论,更不用说他的预言,已经丧失了它们大部分的说服力。亨利·都铎(Henry Tudor)认为确实如此,因为卡西尔对现代政治神话学

254

的观察和解释，尤其是他对这种神话学在理性时代仍大行其道的明显困惑，透露了他神话观中的"原始主义"（primitivistic）假设。[2] 这种观念早已隐藏在卡西尔 1920 年代的神话研究中，并最终促使他将所有"现代"形式的神话创造看作某种非理性的"突然失常"（sudden aberration）或向原始精神状态的"回归"（reversion），因此这将——如都铎所指出——"使原本十分简单明了的被考察物变得复杂化和神秘化……同样，神话创造是文化的典型特征，并且与舞蹈、绘画、建筑一样，仅仅是向'人类文化的最初基础阶段'的回归。"[3]

卡西尔指出，现代政治神话"就像蛇在攻击其猎物前试图麻痹猎物那般行事，人们在毫无正式抵抗的情况下成了它们的受害者，在意识到究竟发生了什么之前就被击败、征服"，并以此来解释它的"胜利"。[4] 卡西尔带有贬义的措辞暗示，尽管他自己在 1920 年的著作中相当客观，甚至积极地看待神话，并且至少承认"一个民族可以脱离任何神话学而存在是不可思议的"[5]，但到了 1945 年，他便将所有的神话与纳粹的神话视为一物了。这种关联在他的论文《犹太教与现代政治神话》（*Judaism and the Modern Political Myths*, 1944）中相当明显，在文中他用纳粹的自我认知将日耳曼人对犹太人的战争形容为人类生活和历史中神话力量与道德力量间永恒战争的突然爆发。[6] 卡西尔将这一术语作为战争中的一种修辞武器来使用，但是他对神话的描述无疑透露出他采用了，无论是多么地不经意，阿尔弗雷德·罗森博格有争议的神话定义，即神话是一种原始的、非理性的生活方式。[7] 以那样一种方式，与纳粹十分相似——即便是为了与纳粹作斗争——卡西尔将神话仅仅局限为社会-政治现实中原始冲动的体现，并因而忽视了其他"更高级的"神话创作表现形式，甚至是自己本民族的。因为，正如当代犹太教学者们，譬如马丁·布伯，尤其是革顺·肖勒姆所释，神话的形象和实践已经渗透进犹太生活和历史的所有领域[8]：它们不断出现在《圣经》的末日幻象中，出现在卡巴拉的神秘表述中，出现在哈西德主义的巫术仪式中，以及出现在犹太复国主义近来的某些弥赛亚意识形态中。后面的这些例子，即犹太教的政治神话[9]，对于我们的讨论而言尤为重要，这不仅是因为它们确定无疑地挑战了卡西尔论文中的主要观点,而且还因为它们再次证明犹太历史,与其他任何民族的历史一样,在根本上不可避免的是神话的。卡西尔正确地强调了犹太教道德和法律原则中强大的反神话冲动,然而正如肖勒姆所主张的,恰恰是神话与道德-法律间永恒的辩证张力不断使犹太教重获新生。[10]

建立在更为具体的历史依据之上,卡西尔"原始主义"的神话观透露出一种基本性的知识倾向——德国启蒙运动的典型特征——它可以使卡西尔以及魏玛德国许多其他的自由主义知识分子或理性共和主义者(*Vernunfst republikaner*)免疫于政治神话力量的影响,无论这种免疫是好还是坏。[11] 他后来在《国家的神话》中的领悟,即"哲学的力量不足以摧毁政治神话的力量",面对理性论证和历史反驳,它们"无懈可击"(invulnerable)[12],可以被看作是卡西尔自己的某种坦陈,坦陈自己对神话的哲学研究并不充分。他最终承认:"当我们最初听到政治神话时(20世纪20年代中期),我们发现它们是如此荒谬和不协调,如此异想天开和荒唐,以至于我们很难被说服去认真对待它们。时至今日(20世纪40年代中期),于我们而言,显然这是一个很大的错误。我们不应再犯同样的错误。我们应该仔细研究政治神话的起源、结构、方法与技巧。"[13] 在《国家的神话》中,卡西尔确实很努力地修正自己早期的错误。正如都铎在其专著《政治神话》中所论,"对当代政治中的神话利用关注最多的理论家正是恩斯特·卡西尔。事实上,作为一种政治神话研究,他的《国家的神话》尚未被取代。"[14] 然而,正如该书的一些著名评论者所指出,卡西尔最终未能令人满意地解释政治神话的"胜利",因为他并未能真正做到"严肃对待它们"。这便是汉斯·科恩(Hans Kohn)在其对《国家的神话》一书所作书评中的主要观点:卡西尔应当严肃对待日耳曼民族神话,如信仰它们的那些人一般。在科恩看来,这些政治神话是(或者可以被解释为)革命时期对欧洲社会危机的知识反应,也就是说,它们是重建政治联合与合法性的真正(即便有时是恐怖的)尝试。[15] 在另一篇书评中,利奥·施特劳斯提出了类似的反对意见,他认为主要的问题不是纳粹如何利用神话,而是为何那么多的人落入神话的影响之中。[16] 只要卡西尔继续将神话本身视为不协调的、荒唐的,他就不可能真正懂得民族主义的、反犹主义的纳粹神话学为何以及如何拥有这么大的影响力，这种影响力甚至扩散到像他这样的德国启蒙思想家之中。

在卡西尔就政治神话在纳粹德国以及其他现代国家中的显著"胜利"所提供的具体解释上，存在明显的解释学上的谬误。卡西尔的纳粹神话是"依计划以创造……由技艺娴熟、心思狡黠的艺术家所编造"的主张以及他对此更整体的观察，即在这个现代技术深入大众通信的年代，"神话可以像任何其他现代武器一样，依照同样的方法在同样的意义上被生产"，都具有独创性，即便这与他在二十年前《神话思想》（*Mythical Thought*）一书中所提出的在我看来是正确的观点背道而驰。在书中他陈述道，"如若懂得一种神话学对一个民族的意义何在，对民族而言拥有着怎样的内在力量，以及在民族中展示了什么样的真实的话，便不会说神话仅和语言一样，由某些个人所发明。"[17] 与马克思主义者、法兰克福学派或"大众"（mass）研究方面的类似专家所提出的许多其他"操控"（manipulation）理论一样，卡西尔的理论并未很好地解释这些新的神话，如果它们仅仅是"统治者们"的编造和发明的话，是如何被那么多理性的人们所信奉的。彼得·盖伊的观点是正确的，即卡西尔没有做任何"思想的社会史"（*social* history of ideas）[18]，也就是说卡西尔并不关心去解释思想或神话在特定时间、特定地点出现的具体条件。在《国家的神话》最后一章中，这一点得到了最佳的例证，卡西尔将纳粹国家神话的根基确定为斯宾格勒或海德格尔（Heidegger）的哲学理论，而非德国一战期间及战后的政治史，根据他的叙述，正是在这段时间出现了"一种新的力量：神话思想的力量"。

解释那些条件的思想家是马克斯·韦伯。1917 年 11 月 7 日，他给慕尼黑大学的自由学生联合会做了一场讲座，在讲座中韦伯以如今家喻户晓的"以学术为业"（Science as a Vocation）为标题，讨论了德国社会中神话复兴的精神和知识基础。在讲座中，韦伯概括了现代社会在词语上的困境，这些词语在所有随后对现代性的讨论中都已经成为典范。

我们时代的命运以理性化、理智化尤其是"世界的祛魅"

（disenchantment of the world）为特征。恰恰是最终极的、最崇高的价值从公共生活中销声匿迹，要么遁入神秘生活的超验领域，要么走进个体间直接的私人交往的情义之中……并非偶然的是，今天唯有在最小的、最私密的圈子中，在个体之间，才有一些同先知的圣灵（pneuma）相感通的东西在搏动，而在过去，它曾像燎原的烈火一般燃遍伟大的共同体，将它们凝聚在一起。[19]

190

在这场讲座中，韦伯的主要目的不仅是要驳斥实证主义的学说，它们使生活和历史变为乏味的规范性，而且还要反驳 20 世纪前数十年在德国大行其道的理想主义运动。韦伯尤其注意提醒听众们对像斯特凡·格奥尔格（Stefan George）那样的尼采的忠实追随者们保持警惕，他们的圈子（Kreis）向韦伯展示了那些"最小的、最私密的圈子"，在其中"先知的"幻想仍然可以激发庄严的情感和行为。然而，尽管韦伯反对格奥尔格以及其他"现代知识界非理性浪漫主义"的支持者，但是他也认识到格奥尔格以神话的复活为实践基础的诗歌和策略，不仅是有效的，而且还与一个再次易受神话影响的时代息息相关——通过诸如民族主义、商业主义和美学主义这样的现代发展。[20]韦伯观察到：

> 我们的生活与尚未从神和魔鬼的法术中解脱出来的古代世界并无差别，只是含义不同罢了。正如希腊人有时向阿芙洛狄忒献祭，有时向阿波罗献祭，所有人都向自己城邦的神祇献祭，我们今天仍然如故，只是那些礼俗中所包含的神秘的、内心深处的真实变化，已遭祛魅和剥离而已。在诸神以及它们的争斗中，起主宰作用的绝对不是"科学"，而是命运……许多古老的神从坟墓中站立起来。它们已被祛魅，因此以非人格力量的形式出现。它们试图重新掌控我们的生活，并且又一次陷入彼此永无休止的争斗之中。[21]

韦伯的话被证明对魏玛德国而言具有预见性。在那一时期，在主要的文化和政治意识形态中，以及在横跨人文与社会科学对它们加以研究的理论著作中，神话成为一种具有绝对观念上和历史上优先性的范畴。诸如心理学、社会学和人类学等新兴人文科学的出现，以及艺术领域的现代主义运动，激发了德国历史学家和历史哲学家们去追问，历史是否可以，以及在何种程度上由神话学所决定。奥斯瓦尔德·斯宾格勒划时代的《西方的没落》(*Untergang des Abendlandes*, 1918)和西奥多·莱辛(Theodor Lessing)引发争论的《历史给予无意义的事物以意义》(*Geschichte als Sinngebung des Sinnlosen*, 1919)以最响亮的理论术语肯定了这一假设，正如许多历史学者用更具实践性的术语所作的那样。[22]

　　在他们中间便有年轻的恩斯特·哈特维希·康托洛维茨，他出版于1927年的著名历史人物传记《弗里德里希二世皇帝传》便受到韦伯1917年具有划时代意义的讲座及其在格奥尔格圈中激起的争论之影响。1919年冬，在他迁居海德堡成为格奥尔格的一名信徒之前，康托洛维茨在慕尼黑大学学习历史。虽然他到慕尼黑时距离韦伯的讲座已一年有余，但是很可以如卡尔·洛维特(Karl Löwith)认为的那样，与其大部分慕尼黑同学并无不同的是，年轻的恩斯特·康托洛维茨必定受到韦伯讲座在当地学术团体甚至魏玛德国更广泛的圈子中所造成的轰动反应的影响。[23]不仅如此，当韦伯于1919年冬重回慕尼黑大学时，康托洛维茨参加了他的研讨班，并且很可能聆听了他给自由学生联合会所作的第二场讲座"以政治为业"(*Politics as a Vocation*)，它是第一场的续篇。[24]考虑到活跃在慕尼黑街头和演讲厅的马克思主义革命者，韦伯要求他的听众和所有政治活动家们以一种科学家的客观超然和冷静理性去面对使现代政治现状变得令人难以忍受的这些激进行为和其他的革命。他们也敏锐地觉察到潜藏在现代革命中的古代启示。"任何人既然有意参与政治，特别是以政治为业，便需认识到……他令自己周旋于魔鬼的力量之间，这些力量隐藏在所有的暴力之中。在人性与善良方面有着广博之爱的伟人，无论是来自拿撒勒、阿西西还是印度的高贵种姓，都不采用暴力这种政治手段。虽然他们曾经并仍然在这个世界工作，但他们的王国'不是这个世界。'"[25]既然由此认识到救赎神话在社会永恒变革中的危险功能，韦伯再次提起政治技巧这一概念，只是这次用的是马基雅维利的解释，并回

191

忆起《佛罗伦萨史》中的"优美篇章",在文中,作者"令他的一位英雄赞美那些将城邦的伟大置于自己灵魂得救之上的市民们",以便重申他想要传达的信息,即现代社会中的政治职业需要具备在各种生活秩序中以及为各种生活秩序获得道德责任的能力。[26]

终其一生,康托洛维茨都是一名格奥尔格的忠实追随者,因此用韦伯的话来说,他投身于宗教的或浪漫主义的神话信奉者们的绝对信念道德体系(*Gesinnungsethik*)中,而非科学家或其他客观主义者的责任道德体系(*Verantwortungsethik*)中,后者宣称超然和冷静理性。不仅如此,在海德堡学习期间,康托洛维茨采纳并拥护其同事,也是格奥尔格的追随者埃里希·冯·卡勒(Erich von Kahler)的理论,后者在1921年发表了一篇引发争议的论文《以科学为业》(*Der Beruf der Wissenschaft*),正如论文的题目所示,其目的是在人文和社会科学领域用尼采主观的、艺术的职业观去反对韦伯客观的、科学的职业观。[27]但是在他生命的两个关键时刻,第一次是在1933年的纳粹德国,随后是在1949年反共产主义狂热时期的美国,康托洛维茨证明两种政治选择不一定是不兼容的,并且有可能,事实上也不可或缺的是因神话信念而作出正当的道德行为。

192

恩斯特·哈特维希·康托洛维茨1895年出生于波兹南的一个富裕犹太商人家庭,那时波兹南是位于波兰的一个普鲁士省会城市。[28]一战期间,他以一名军官的身份在德国军队服役。1918年,在德国投降及废除君主制后,康托洛维茨加入了由德国民族主义者组成的准军事部队自由军团(*Freikorps*),并参与了对自己家乡波兹南的"分离主义者"(separatists)的进攻以及对慕尼黑"斯巴达克斯团成员(Spartakists)"及其共和国(*Räterepublik*)的镇压。[29]1919年,他开始在慕尼黑大学学习,随后迁居海德堡,在那里他遇到了既是诗人又是预言家的斯特凡·格奥尔格,并成为后者的一名亲密学生。康托洛维茨与"大师(*Meister*)"的亲密往还以及他年轻而"有归宿的人生"(men of destiny)决定了他作为一名青年和学者在德国的生活:他将自己全身心地投入精神任务之中——通过复兴帝国的基础性神话以创造"新帝国"(*Das neue Reich*)。这最终成了作为一名德国中世纪史家的康托洛维茨的使命。在1927

年，他出版了历史人物传记《弗里德里希二世皇帝传》（*Kaiser Friedrich der Zweite*）。[30] 该书不仅是两次大战期间最为畅销的德国历史著作之一——截至 1939 年，它已经出了五版，印行一万五千本有余——而且还成为魏玛共和国时期最著名的"历史学家之争"（*Historikerstreit*）的素材，即关于该书所谓的"神话史观"（*Mythenschau*）之争。在 1929 年至 1930 年间，德国官方历史专业期刊《历史杂志》（*Historische Zeitschrift*）上一篇怀有敌意的书评使争论达到高潮，书评的标题是"在'神话史观'下的弗里德里希二世皇帝"（"*Kaiser Friedrich der Zweite in 'Mythischer Schau'*"），撰写人是期刊的合编人艾伯特·布拉克曼（Albert Brackmann）。康托洛维茨在同一期刊上以题为"'神话史观'：一种回应"（"'*Mythenschau*'：*Eine Erwiderung*"）的文章作出回应。[31] 争论的焦点聚集在下列问题，究竟是作者在诗学的、政治的引导下使历史具有神话性，还是历史自身在本质上就是神话的。在随后的日子里，"神话史观"之争主要成为政治性的而非仅仅与历史学相关。不仅是康托洛维茨本人，许多该书的评论者都看到它为新德国创造了一位模范领袖（*Führer*），在国家真正拥有这样一位领袖之前。三十年后，在他的第二部主要著作《国王的两个身体》（*The King's Two Bodies*）中，康托洛维茨重新检视了弗里德里希二世这个特别的案例以及政治神话学的整体问题，这有赖于他对恩斯特·卡西尔的著作《国家的神话》的批判性研读。[32] 与卡西尔很相像，但最终得出的却是不同的结论，鉴于现代德国历史中神话的实际作用，康托洛维茨被迫重新思考他早期对神话的研究。[33]

193

II

自 1927 年面世以来，《弗里德里希二世皇帝传》便被认为不仅仅是一部新的关于中世纪皇帝的历史传记。在其回忆录《欧洲往事》（*A European Past*）中，菲力克斯·吉尔伯特（Felix Gilbert）回忆起康托洛维茨给柏林著名的历史研讨班（*Historisches Seminar*）中年轻一代历史学家们所留下的深刻印象：他的著作"表明一种不同的中世纪史是可能的,它揭示了激励着中世纪统治者们的观念和价值观……人们赞美他的书,因为它克服了中世纪史中的僵化,这种僵化出自对历史技巧的过分强调"[34]。这当然就是老派的职业卫道者们如此猛烈地攻击康托洛维茨的原因所在。康托洛维茨的著作在大众层面获得的巨大成功使他们身心俱疲,因为很明显这是一部最上乘的历史学作品,[35] 甚至是像埃卡特·科尔(Eckart Kehr)这样偏激的批评者也承认这一点,他原本将这类作品拒斥为"历史文学"(*historische Belletristik*)。[36] 在对该书持肯定态度的评论者看来,譬如他在海德堡的老师卡尔·汉佩(Karl Hampe)和弗里德里希·巴斯根(Friedrich Baethgen),主要的问题不在于康托洛维茨将历史视为古老的神话,而毋宁说他将自己的历史视为另一种新的神话。

确实,从开篇的几行起,他的书便全是神话的:它始于对维吉尔第四牧歌的背诵,该篇牧歌是著名的对世界未来领袖的颂扬之辞。这一预言的中世纪重现,出现在《西比莱神谕集》、菲奥雷的约阿基姆(Joachim of Fiore)和埃波利的彼得的想象之中,为"神圣罗马帝国最后一位,也是最伟大皇帝"[37] 的生平和时代提供了背景。纵观全书,康托洛维茨的模式是:通过传说、颂词、赞歌和类似的诗歌幻想描写弗里德里希,由此他的同时代人,尤其是他自己将皇帝视为世界的奇迹(*Stupor Mundi*)。下面是康托洛维茨对弗里德里希出生的叙述:"不是在巴勒莫,而是在耶西,一个始于罗马时代靠近安科纳的小镇,康斯坦斯生下了他的儿子。在他成为皇帝后,弗里德里希……将耶西称为他的伯利恒,并将生下他的圣母与我们主的母亲相并列。"[38] 与神话相应,叙述并非结束于弗里德里希的逝世,而是他的永生(*Fortleben*)和最终的复活:"最伟大的弗里德里希尚未被救回,他的人民并不知道也不足以懂得。'活着或者死去',西比莱的话说的不是皇帝,而是德国人民。"[39] 康托洛维茨当然是错的。德国人民已做好有一位皇帝的准备,并且他们真有了一位。[40]

现代的读者们通常以此为理由攻击康托洛维茨。因此,彼得·盖伊写道,康托洛维茨"把那么多可信的历史放到他的人物传记中去",但这只是令"他的神话对有知识的人而言更有说服力,对共和

194

国而言更具危险性"。通过创造"一位藐视一切权威的超人",他使
"历史成为了政治诗"[41]。不仅如此,康托洛维茨自己似乎也逐渐有
了这样的想法。虽然康托洛维茨将那些影射斥为"愚蠢至极"
(Dummheit),它们认为该书是民族社会主义浪潮下的产物,但他
在后来的作品中确实很少提到此书,并常常将其视为"年少之作"
(Jugendwerk)而加以否定。[42] 在好多年里,他都拒绝该书在德国再
版。至 1962 年,他终于妥协,然而却很快后悔他的决定,当他收到
的第一封信是来自汉斯·斯派德尔(Hans Speidel)将军时,他是北
约的一名指挥官并曾是隆美尔军中的高级军官。斯派德尔恭喜他
说:"这是部有关伟大施陶芬的杰出著作,它再一次并总是令我们
深深感动。"[43] 康托洛维茨随后写信给他的出版商,信中说"一本曾
经放在希姆莱的床头柜,戈林(Göring)曾签名作为礼物送给墨索里
尼的书"——还可以补充一点,希特勒声称曾读了两遍——"确实应
该被抛弃,令其湮没无闻"。[44]

唉,书总有它们自己的命运,康托洛维茨著作的命运并不如其
作者所愿,对现代中世纪学者和弗里德里希的传记作家而言,该书
仍然是这一主题的典范之作。[45] 不仅如此,它还跻身那些稀有的历
史著作之列,它们不仅为专业学者所研究,而且确实为普通读者所
阅读。然而,随着时间的流逝,甚至是那些对康托洛维茨的弗里德
里希研究印象深刻的人,都对其有关皇帝的神话式呈现表示遗憾。
现在他在更广大的学术圈中的声望主要来自他最后的重要作品
《国王的两个身体》。无论如何,正如罗伯特·莱纳(Robert Lerner)
所论,"追随斯特凡·格奥尔格期间,如果康托洛维茨在试图创造
超人弗里德里希时没有开始利用预言和传说的话,他可能便不可
能成为《国王的两个身体》的作者,该书是他对'中世纪政治神学的
标杆之作'。"[46] 然而,问题仍然在于,《弗里德里希二世皇帝传》本
身或者更普遍来讲,康托洛维茨发展出的神话历史体裁是否可以
为现代历史学提供可行的选择。

195

对康托洛维茨神话学方法最常见的反对是,它用本质上个人
的、副像性的习语去描绘历史现实。康托洛维茨创造了一种具体
化的现实,在其中,形象比生活的真相更真实,对事件的经验印象
比事件本身更真实。康托洛维茨似乎确实更关注集体经验和历史

事件的深层印象而非事件本身，以至于他常常不能回答在这些事件中究竟发生了什么这一重要的历史问题。著名中世纪学家理查德·W.萨瑟恩（Richard W. Southern）对康托洛维茨《国王的两个身体》的批判性评论，就《弗里德里希二世皇帝传》而言，尤其一针见血。在萨瑟恩看来，"康托洛维茨将象征置于现实之前，并且似乎认为如若缺少象征，人类便无法抓住他们想要表达的现实。但是人类从未如此沉浸于象征的阴影世界之中，以至于少了它们便无法表达对自己的现实雄心而言所需要的一切。"[47]正如著名中世纪史家、康托洛维茨在海德堡的老师卡尔·汉佩（Karl Hampe）在其对《弗里德里希二世皇帝传》的书评中所指出的，"当后世出现的传说、预言、寓言、轶事被当作史料时，历史与神话间的混淆便很容易出现。"[48]汉佩注意到，这种错误在凯撒或查理曼大帝身上，要比在弗里德里希皇帝身上更容易处理，因为后者深深地陷入宗教争论之中，故其生平——主要由于本人——被纷繁的"神秘"信息所标记和破坏，这都易于扭曲任何的历史重建。[49]虽然汉佩同意康托洛维茨的下列观点，即历史学家必须使用这类信息，但也批评他过分沉溺其中，譬如，不加批判地引用有关皇帝的奇迹诞生以及作为"阿普利亚之子"（Puer Apuliae）而成长的原始神话。[50]这种明显错误的最佳例证是书中的"1228年弗里德里希向圣地的十字军东征"一节，它也受到了布拉克曼的许多批判。

在康托洛维茨看来，弗里德里希十字军东征要完成的帝国任务更多是神秘性而非政治性的：他的目标是确立自己为大卫王的继承人，并由此主张自己取代教皇而统治世界的神圣权力。1229年3月18日在圣墓教堂举行了著名的加冕弥撒，在仪式上弗里德里希举起皇冠并将皇冠戴在自己的头上，这使康托洛维茨确信"不是经由教会，而是在教会旁又不依靠教会，弗里德里希二世完成了他的胜利，好像胜利是一种神秘合一（unio mystica）……正如《西比莱神谕集》所预言——虽然迄今为止远非世界所能理解——东方和西方的统治者们在耶路撒冷由弗里德里希一个人联合起来，而圣城也获得了自由"[51]。布拉克曼批评了上述整个有关十字军东征的观念和描述。他指出耶路撒冷那时并非帝国的王座而只是与著名王国同名的一个小镇。另外他还认为弗里德里希不是去寻求战胜教

196

皇,而是在教皇将其逐出教会后去巴结教皇,并且他坚决否认自我加冕行为具有任何形而上学的意义。在布拉克曼看来,整个场景只是一个很小的政治事件,被弗里德里希的宣传者和现代传记作家鼓吹出了元史学的方面。[52]

康托洛维茨深深地意识到他所利用的形象和传说主要出自弗里德里希的佩特鲁斯·德·威尼亚(Petrus de Vinea)及帝国宫廷中教士、艺术家团队的创造。"在朝臣们这类通常十分过度的恭维背后,我们可以看到真相:皇帝想要造成的印象,特别是在他的追随者那。"[53] 无论怎样,与布拉克曼简单地将这些神话拒斥为掩盖真实政治目的修辞手段不同,康托洛维茨坚信它们表达了弗里德里希自己内心最深处的信念,因此对他作为一名政治领袖最终所获得的最大成就——构建一个有关皇帝的永恒形象或神话——而言便至关重要。通过设想下列人物,"大卫和凯撒,圣经的和罗马人的典范",弗里德里希及其朝臣们构建了一个理想统治者的形象,它注定并且确实比现实的统治者更强大。"弗里德里希二世摆好造型由帝国文秘署所绘的画像很快便远近闻名。"[54] 传记由此聚焦在弗里德里希对自身角色的意识上,它随着每一次战争的经历而增长,随着对西西里、意大利、德国,尤其是圣地的征服而增长,最后还随着他将这些观念编纂进法律和社会组织中去的尝试而增长。

康托洛维茨认为十字军东征对现代欧洲文明中皇帝的学识而言至关重要,因为弗里德里希与东方习俗和生活方式的碰撞,不仅打开了他的政治眼界,而且向整个欧洲的文化视野开放了新的艺术和科学源泉。康托洛维茨对欧洲文明罗马-东方遗产的醉心,以及将它与占主导地位的基督教—西方传统相调和的尝试,始于其土耳其服役期间,并成为他一生不变的知识关注,这几乎显现在《弗里德里希二世皇帝传》的每一页中。结果便是,不仅弗里德里希还包括他的传记作者似乎都完全沉浸在东方的民间传说之中。因此,康托洛维茨叙述了许多弗里德里希的传说故事,其中一些完全是虚构的,甚至是疯狂的,比如,有故事将弗里德里希与由来自黎巴嫩山脉的麻药吸食者和杀手所组成的阿萨辛派(Hashishin)联系在一起,然而这仅仅只是他们的幻想之一而已。康托洛维茨承

197

认:"这些传说当然缺乏任何的历史真实性,但是去关注这些充满恐惧和奇迹的传说是怎样聚集到一个伟大名字的周围却饶有趣味,这部分是为了从当权者那获得更大的信任,部分也是出于一种猎奇之欲,想要看一下两种不协调的要素被放到同一个人的故事中——真实的和异想天开的;默罕默德和基督;凯撒和哈里发"(193—194)。康托洛维茨由此总结道,这种"东方的氛围在专制思想的发展中是一个必需的要素"。有关皇帝不朽的神话不是由弗里德里希及其朝臣们所"发明",而是产生于十字军东征期间萦绕在他身边的神话形象与传说,它们渗透进他的自我认识中。"阿普利亚之子(*Puer Apuliae*)已经成长起来,并显现他自己:他不再是个体的命运和天意;作为皇帝,模仿着山中老人(Old Man of the Mountain),向他地窖中的小囚徒们扮演着上帝,他成为了共同体和人民的命运和天意"(194—195)。在耶路撒冷的加冕礼后,他确实表现出神话的各个方面,正如在"一种变形中,当一位神话英雄突然意识到自己的神圣出生,和体内的神性明显涌向生命时……从神子身份被宣布的那一刻起,君王的事业便有了新的方向:超出仅仅是个人活动和自我肯定的阶段,遵循着他永恒的法则,通过帝国和国家中的创造性活动,他的声望与日俱增"(215)。

布拉克曼认为弗里德里希仅仅是一位典型的中世纪皇帝,他们通常试图(但大多数都未能)观察基督教教义和机构的所有规则,而康托洛维茨则使用弗里德里希借以构建自我的神话创造习语来表明在弗里德里希身上出现了一种新的皇帝,他很可以被视为现代统治者的模板,而且正因为他懂得如何通过操控古典和基督教神话以获得自己的绝对权威,或者如康托洛维茨最后所说的,通过创造一种新的"政治神学"。虽然康托洛维茨正确地看到弗里德里希作为一名政治家的最重要成就——1231 年的麦尔菲宪法(Constitutions of Melfi)——出自在博洛尼亚大学编纂罗马法注释和术语表的法学家们之手,但是他坚持认为是弗里德里希本人要求他们用一种能够与教皇神学相对抗的新的帝国神学去论证他们的立法。以此为基础,弗里德里希得以表明皇帝不是惩罚有罪之人的代理人,而是他们的救赎者。这便是其《皇上书》(*Liber*

198

Augustalis)的主要观点,书中将皇帝描绘为古代弥赛亚预言的"化身(incarnation)",一位神圣的奥古斯都(*Divus Augustus*),他将世界性的罗马统治者(Imperator 皇帝)与世界性的基督教救世主(*Soter*)融合为一种新的、最强有力的政治-神学权威(241—244)。在康托洛维茨看来,这种新的对政治统治的神学论证,被证明有益于现代世俗政体新的"马基雅维利式"的道德观。因为弗里德里希的君主制必要性(*Necessitas Monarchiae*)观念,即对人类的维系而言国家是一种自然的必要,并且也是一种道德的必要,最终演变为近代的国家理由(Reason of State)观念,它允许文艺复兴时期的暴君们和启蒙运动时期的专制君主们将其极端利己的政策论证为道德的,仅仅因为它们是自然的(245—254)。

　　这类主张可能会使人认为康托洛维茨认同布克哈特对弗里德里希的判断,即"第一位现代类型的统治者",一位专制君主,"他在西西里的'暴力国家'(*Gewalttaat*)"成为后来所有文艺复兴时期君主们君主专制的模型。然而,在康托洛维茨看来,弗里德里希是最后一位也是最伟大的基督教皇帝,而非第一位现代类型的统治者。因为在他所有明显的现代性方面,弗里德里希二世不支持世俗主义:他仍然坚持康托洛维茨所谓的"中世纪的世界统一"(*Medieval World Unity*)[55],即坚持对现实的一种末世论观念,它赋予所有事物以形而上学的意义,并假定他所在的世界是一个更伟大的神圣帝国的一部分,在这个帝国里完美社会的愿景——国家的神话——"浮现出来并变得近乎真实"[56]。他的帝国政策和实际政治举措仍然主要由理想的神学考虑所决定。康托洛维茨承认弗里德里希在西西里王国创造了"一个可见的君王之镜,以为未来所资"[57]。但是他坚持认为,鉴于弗里德里希仍然以某些形而上学的和末世论的指导原则为行事依据,而这些则被其后继者所抛弃,所以他的专制统治并没有后继者们的那么糟糕。他的朋友莫里斯·鲍勒(Maurice Bowra)回忆说,甚至在纳粹迫害的最艰难时期,康托洛维茨仍坚持认为"以形而上学为基础的暴行要好过为暴行而暴行"[58]。这就是他如何对弗里德里希这个例子作出判断的:"对弗里德里希而言仍然真实的"——亚里士多德的和基督教的自然法理想——"对文艺复兴时期的君主而言不再是真实的",正如弗里德里希有关罗马美德的观念与实践，便不再与"马基雅维利所谓的美德相一致，它是力量与天赋的结合，并不与罪恶不兼容"，自此之后"文艺复兴时期的每一位专制君主都需要展现这种美德或天才，如果他想要对自己的国家维持非法的统治的话"[59]。最终，出现在康托洛维茨传记中的弗里德里希是一位悲剧英雄，是这样的一位统治者，他的善意引导他走向但丁的地狱。[60] 他是一位模范的统治者，留给后人的遗产也仅仅是一种模范，"国家的结构"，而非渗透其中的实际内容、理想或"神话"——因此结论便是他"匿名地、非法地主导了文艺复兴时期"[61]。在传记中，康托洛维茨着手找回弗里德里希的真实遗产，找回激发了弗里德里希所有行为与创造的最初的"国家的神话"。他正确地在弗里德里希的口号"重建罗马帝国"（*Renovatio Imperii Romanorum*）中找到了这一神话。[62]

康托洛维茨很容易在"重建罗马帝国"的愿景中找到自己生命和自己国家的历史神话。对格奥尔格及其追随者，以及反对魏玛共和国的许多德国保皇主义者、帝国主义者而言，这种神话代表了真正的德意志帝国，它是第二帝国非常可惜所未能建立的。在拥护这种神话的人中，既有反对派也有更加温和的"保守主义革命者"，譬如奥斯瓦尔德·斯宾格勒、麦克斯·舍勒（Max Scheler）和雨果·冯·霍夫曼斯塔尔（Hugo von Hofmannstahl），以及以自己方式的托马斯·曼。托马斯·曼所代表的不闻政治（*unpolitisch*）的知识分子，痛恨德国社会的政治和技术"现代化"，并试图通过重新主张中世纪德国的等级制度、乡村质朴和灵性等特征以拒绝"现代化"的进程。康托洛维茨重新主张中世纪德国罗马美德的尝试，使其与另一个出现在 1920 年中期的保守思想运动结为同盟，后者的成员追求一种他们所谓的"第三种人文主义（Third Humanism）"。在该运动的发起人和领袖、著名古典学者维尔纳·耶戈尔（Werner Jaeger）看来，德国迅疾的现代化进程导致其脆弱知识传统的粗俗化与激进化，并进而导致"人性"基本美德的退化。新的政治意识形态，无论是来自左翼还是右翼，承诺通过各类"革命"手段克服这种退化，可到头来只是令退化不断持续。在耶戈尔及其追随者们看来，唯一的补救之道是"古典"解决方案，即通过对古典语言和精神传统的学习,复兴古代希腊-罗马的人文主义教育。在经历了古希腊和中世纪意大利的两次人文主义教育的复兴后,现在轮到德国造就一次新的复兴,"第三种人文主义"[63]。

这些新人文主义的抱负回响在康托洛维茨的著作中,特别是他将弗里德里希的帝国使命称颂为一种伟大的道德和文化成就,是欧洲文艺复兴运动中决定性的时刻。此外,与其对弗里德里希十字军东征中精神使命的召唤相一致,康托洛维茨利用了"弗里德里希摆出的由帝国文秘署绘制"的象征性姿势和图像,并认为当"诗人、编年史家和作家们开始将弗里德里希与凯撒和奥古斯都相比较,并寻找在个人事件中的相似性"时,他们在其文学的、想象的构建中揭示了促成弗里德里希所有军事活动的真实原因或历史神话。[64] 下面便是弗里德里希在 1237 年 11 月取得科特努奥瓦之战胜利后,康托洛维茨是如何神圣化弗里德里希的愿景的:

> "条条大路通罗马"(*ROMA CAPUT MUNDI*)。这句古老的习语像弗里德里希二世的一次挑战、一枚印章般优雅。如果这句诗真真切切地、逐字逐句地被实现,就像皇帝们要成为大卫继承者们的古老宣言那样;如果弗里德里希二世是意大利的马克西姆斯皇帝,和大祭司在一起,便是罗马的又一位凯撒……那么凯撒们的帝国,曾不断在宣言中被唤起,再一次变得可以触碰,而帝国也会变得完美,与时代相契合。一位在罗马庆祝凯旋的皇帝,从某种神秘的角度而言,便拥有了西方的所有王国。[65]

康托洛维茨知道弗里德里希从未意识到这一梦想,但是他仍在传记中反复申说它,为的是再次证明这类历史神话的有效性。这也是他的同事中世纪历史学家珀西·恩斯特·施拉姆(Percy Ernst Schramm)的主要观点。1929 年,施拉姆和瓦尔堡图书馆一起出版了他具有学术权威性的专著《凯撒:罗马与重建》(*Kaiser, Rom und Renovatio*),在书中他分析了萨克森统治者奥托三世(983—1002)及其老师欧里西克的吉尔伯特(后来的教皇西尔维斯特二世)的千禧年时代。[66] 他的著作与康托洛维茨的弗里德里希传记在意识形态、方法论上的相似性显而易见,这可以追溯到 1920 年代早期,当时他们都是海德堡大学中世纪史方向的学生。后来在柏林从事《德意志历史文献》(*Monumenta Germaniae Historica*)中中世纪帝国资料的研究时,他们拓展了德国原始资料研究(*Quellenforschung*)的技艺,突破了它僵化的古物研究范围:康托洛维茨追随格奥尔格,集中于文学史料,譬如诗歌和《圣徒传记》,而受教、共事于阿比·瓦尔堡的施拉姆则更关注中世纪文明的图像学、人种学方面的史料。聚焦于礼拜仪式方面的史料,譬如奥托三世帝国宫廷中的插图本福音书,施拉姆试图在其中找到年轻皇帝及其导师的"梦想",并以此论证其帝国政策的主要目标是古代和基督教罗马的重建(*renovatio*),而非如民族主义的政治史家们在当时和现在所主张的德意志帝国的缔造。虽然皇帝奥托三世和教皇西尔维斯特二世未能在千年之交完成他们重建帝国(*Renovatio Imperii*)的梦想,但是施拉姆仍将他们的抱负视为中世纪时期在复兴上最初的,也是最有意义的尝试。康托洛维茨将这种帝国的遗产追溯至弗里德里希的生平与时代,展现了他的主人公是怎样继承了这一信息并以我们现代的文艺复兴观念为形式将它传诸后世。"因为他想复活的不仅是罗马的形式(像他的前辈们那样),而且还有罗马的生活,罗马人的古代国家生活,他的重建以预示文艺复兴的到来而结束。"[67]

康托洛维茨用了不少篇幅来证明这一点。[68] 通过将弗里德里希描写为一位"政治家和哲学家、政治学家和士兵、将军和法学家、诗人和外交家、建筑师、动物学家、数学家,掌握六门乃至九门语言的大师,他搜集古代的艺术作品,领导了一个雕塑流派,在自然科学领域做了独立的研究"等等,康托洛维茨使弗里德里希看起来不仅预示了"文艺复兴时期的天才",而且真的加以了展现。[69] 康托洛维茨对弗里德里希在艺术和科学,尤其是治国方面的全方位成就的积极描述,明显是想要修正布克哈特在《意大利文艺复兴时期的文化》的开篇中对皇帝的消极描写,在书中弗里德里希被描写为典型的文艺复兴时期的专制君主,"将人民变为一群毫无想法、缺乏反抗手段之人"的策划者。[70]

康托洛维茨将中世纪的皇帝呈现为一个文艺复兴人，这似乎使其与 1920 年代所谓的中世纪学者们的反抗结成同盟，后者的观点是在中世纪与近代之间没有真正的断裂或明显的文艺复兴时代，或者说如果真有某种复兴的话，它也必定是发生在中世纪。[71] 这便是查理·H. 哈斯金斯（Charles H. Haskins）《12 世纪的文艺复兴》（*The Renaissance of the Twelfth-Century*）一书中的主要观点，该书与康托洛维茨的著作于同年出版，并透露出同样的修正主义倾向。[72] 然而，与美国的修正主义者不同，康托洛维茨并未去反驳布克哈特就运动的意大利起源和表现方面所作的假设，相反，他希望通过新的世俗的、文化的界定去修正它：他将意大利文艺复兴重新放到一个比布克哈特的"强人"（*Gewaltmenschen*）时代更早、更神圣的时期。它的先驱者不仅是新类型的"皇帝"，也是新类型的"圣人"。在康托洛维茨的传记中，与弗里德里希同时代的亚西西的圣方济各（Francis of Assisi）作为新运动的第二位主要支持者而出现。在康托洛维茨看来，激发了弗里德里希针对教皇行动的情感与观念，与激励圣方济各重建教会努力的情感与观念相似。后者通过激进地宣称放弃所有教皇的财产，投身牧师的清贫之中以重建教会。[73] 他认为弗里德里希可以"接受一个身无分文的彼得为教皇，像皇帝一样与他并排而坐，一位拥有无尽财富的皇帝，他们都由上帝直接任命。对于这样一位凭借其神圣而使国王、王公们臣服的教皇，弗里德里希已做好准备，表达但丁所要求的那种'崇敬，这种崇敬是初生的婴儿必须向其父亲表达的'"（616）。但是 13 世纪时两大帝国间深层的分歧与对立，阻碍了一种新社会，或说"人间天堂"的理想愿景之实现，它建立在原始的、影响深远的正义观之上，无论是弗里德里希还是圣方济各——以及康托洛维茨——似乎都渴望这种正义观。"弗里德里希当然只是部分意识到他的愿景，但是它从未褪去——但丁将它拾了起来并赋予它一个灵魂（456）。""诗人"由此作为文艺复兴的真正信使而出现，恰恰是因为他能够在《神曲》（*Commedia*）中，将后古典时代最伟大的历史神话，将前人——"皇帝"和"圣人"——的理想愿景转变为一种真实的规定。

康托洛维茨对但丁的讨论集中在《神曲》对弗里德里希的呈现

202

上。他的主要观点是但丁将其整个有关人的哲学建立在弗里德里希对皇帝作为人类世俗救世主的政治-神学断言之上。但丁实际上将弗里德里希弃于地狱的"那些坟墓之中,墓主人都是藐视不朽的'伊壁鸠鲁主义者'",但是康托洛维茨坚持认为弗里德里希"对霍亨斯陶芬王朝怀有最深的敬意和崇拜",特别是因为弗里德里希是吉柏林党人但丁在《帝制论》(Monarchia)中所描绘的新的、理想皇帝的化身:一位至高无上的统治者,在其世俗的行事中,使人恢复他最初的能力,成为亚当在天堂中的样子——苍生之上一位公正的皇帝。这是康托洛维茨从弗里德里希为其法典所作的序言声明中所搜集到的信息,"将人从一块泥土中造出,上帝向他和圣灵吹入生命,并为他戴上荣誉和名望之冠"(258)。正如康托洛维茨所想,同样的信息在《神曲》中的戏剧性时刻被重复,并被愈发放大,当维吉尔向但丁告别时,"别再期待听到我的话语和消息。你的意愿自由、正直而纯粹,如果不按照它的喜好来行事,便是犯了错。因此我让你给自己加上冠冕"[74]。

康托洛维茨将这种人文主义的信息追溯到弗里德里希的自我认识上,"皇帝的世俗目标:通过完成尘世和国家的法律事务再次获得神圣的形象,这正是但丁信仰公式的前提,也就是说在每个人身上,沉思的因素需要经由教会的救赎,而运动的因素则需要一种同样神圣的尘世中的成就,在法律和国家事务中"[75]。通过坚持在但丁的生命和作品中诗学和政治学的根本性统一,康托洛维茨暗示了在所有后来的挣扎中指引他的原则:国家的真正领袖不是它的统治者而是它的神话创造者。实际上,是但丁,而非弗里德里希才是康托洛维茨作品中真正的英雄——正如他生命中真正的英雄是一位近代诗人,而非任何近代的统治者。[76] 最后,这也是康托洛维茨用诗性之词而非严格的历史语言来撰写著作的主要原因。

如上文已述,在 20 世纪 20 年代有许多关注历史神话的著作,甚至有一些关注的便是有关弗里德里希的神话。[77] 如果康托洛维茨将自己局限于那类研究之中,那么他的著作便不会如此骇人听闻,即便是对像布拉克曼这样的实证主义者而言。然而,康托洛维茨试图去做的远不止如此:他想创造一种新的历史学,它对生活更有裨益,如尼采所要求,并依照他的术语和目标。它需要的是一种艺术的而非科学的历史学,有着堂而皇之的主观性而非表面上的客观性,具有"纪念性"(monumental)而不仅仅是"批判的"(critical),并且最主要的是"超历史的"(suprahistorical)。"超历史的"这一术语出现在尼采的史学理论中,在其他场合也被他定义为神话的。[78] 事实上,正是尼采对神话与历史激进的重新评价开创了德国历史学中神话史观(*Mythenschau*)的观念与传统。在 20 世纪前数十年的德国,主要便是因为尼采的不朽遗产,围绕康托洛维茨著作的历史学争论,具有了更重要的文化和政治意义。

Ⅲ

在他第一部主要的著作《悲剧的诞生》中,尼采将希腊神话赞美为人类社会的"永恒寓言"(timeless allegories)。与希腊人一样,尼采认为粗鄙现实(*plumpe Wirklichkeit*)背后的真相,即就其本身而言这个世界是完全混乱和无意义的——可以令世界变得无法令人相信、无法居于其中,他开始仰慕"深刻的希腊人"所取得的伟大成就,他们"勇敢地直视所谓世界历史的可怕毁灭和自然的残酷",决意克服"存在的恐怖和惊恐",通过创造"奥林匹亚的艺术中间世界",在这个世界中现实并未被揭露,也没有被伪装,而仅仅是"披上面纱,退出了视线"[79]。正如尼采所说,"我们拥有艺术,为的是不因真相而死。"[80] 因此,他总结道:

> 如若没有神话,每个文明便丧失了它创造力的强健生命力:只有为神话所定义的眼界才能完成和统一整个的文化运动……神话中的形象需要成为不为人注意而又无所不在的有魔力的守护者,在它们的照看下,年轻的灵魂渐至成熟,而它们的指引则帮助人去解释他的生活与挣扎。即便是国家也不知道有比神话根基更强大的不成文法,它确保了自己与宗教的联系和从神话观念中的发展(135)。

尼采承认:"每一则神话,其命运都是在不同程度上慢慢滑入某些所谓的历史现实的狭隘范围之内,并被后代人视为某一与历史声明相伴随的独一无二的事实"(75)。但是尼采认为这种从神话学的信仰和真理中的逐渐解放——譬如,像自由主义神学家大卫·弗里德里希·施特劳斯所做的那样——并不是一种真的启蒙过程,而只是一种粗俗的琐碎化和亵渎世界的过程,其结果不是令近代人更加启蒙,而只是对它更加心灰意冷。"我们不曾满足的近代文明的巨大历史需求,无数其他文明的累积,竭泽而渔的求知欲——所有这些说明什么,难道不是神话的丧失,不是神话家园的丧失,不是神话的母性子宫的丧失吗"(136)?

这种对神话在古典文明中构建功能的早期认可,引导尼采在其后来的著作中,特别是在其论文《论历史学对生命的损益》(*On the Utility and Liability of History for Life*)中,对近代文明的历史做了批判性考察,并设立了历史被评判的标准:对生命的损益。他试图取代"迄今为止被称作'历史'的机遇和偶然性法则",用一种全新的历史观念,一种艺术而非科学的观念,它不会将整个粗鄙现实的混乱简化为人类表现的完美形式,而是在一种危险而又完全清醒的平衡中去维系双方——正如在古典神话学中,整体的现实情况以及人们的生活被认为是由人自由创造的,而非必须由神或自然法则给定。然而,与意识到并充分发掘人类社会中本质性艺术结构与潜力的希腊人不同,现代人由于在生活的所有领域都过分宣扬方法上的理性主义和现实主义而被剥夺了自身的艺术能力。现代历史学,及其对人类事务作一种现实主义呈现的科学主张,便是那种剥夺的最好例证。面对这种困境,尼采激进的解决之道是为历史以及在历史中找回神话。与此相应,历史学家的任务便是将即便是最习以为常的主题增强并拔高到"一种综合的象征",并在其中发掘出"一个完整而深刻的世界,力与美的结合"。在后来的历史建构中,这"首先便需要一种出色的艺术力量,一种在事物之上的创造性游移,一种对经验资料的喜悦沉浸,一种对特定类型的诗学阐述",譬如像希腊悲剧家们在其神话学解释及对历史现实的呈现中所做到的那样。[81]"真正的历史学家(*echter Historiker*)必定拥有将旧有之物重铸为未闻之事的能力,拥有简洁而深刻地表明某个普遍真理的能力,以至于我们因其深刻而忽略其简洁,因其简洁而忽视其深刻。"[82] 由此之故,尼采敦促所有的历史学家"在古希

205

腊人的原始世界及其所有伟大、自然与人性中寻找我们的模范。但是在那里，我们还将看到一种本质上非历史的文化现实，并且尽管或者说恰恰因为它是非历史的，这种文化形式的丰富性与生命力是难以名状的"[83]。

这些就现代历史学的神话起源及潜力所作的著名宣言对一整代的德国文化评论家们（Kulturkritiker）产生了巨大的影响，最明显的表现在——对康托洛维茨而言也是最关键的——康托洛维茨的导师、诗人和引路人斯特凡·格奥尔格身上。[84] 按照史蒂文·E.阿施海姆（Steven E. Aschheim）的说法，格奥尔格及其追随者们在移用尼采遗产的尝试中表现得相当矛盾；[85] 但是他们全身心地投身于实现尼采《人性的，太人性的》（Human, All Too Human）一文中的宣言：

> 诗意的力量可以为今日的人们所用，它们在塑造生活时未被用尽，理应用来为未来指路，而非临摹现在，抑或是复活和虚拟地重建过去——诗人也不应像一位杰出的经济学家那样，形象地预料国家与社会得以愈加繁荣的环境情况，他将要做的，毋宁说是模仿更早的艺术家们，他们想象性地发展了诸神的现存形象并想象性地发展了一种美丽的人类形象。[86]

尼采想要用新的美学化（Aesthetisierung）模式以取代历史学自命不凡的科学化（Verwissenschaftlichung）的尝试，尚需一战后出现的新的政治含义。正如恩斯特·特尔慈（Ernst Troeltsch）在其有关德国历史主义危机的经典研究中所表明的那样，随着德国的宗教取代者"科学历史学"与德意志帝国所有其他世俗基础、机构的崩塌，尼采的口号变得特别有吸引力、特别有效。[87] 尼采对以神话创作构建历史的呐喊，明显回响在弗里德里希·贡多尔夫（Friedrich Gundolf）对格奥尔格历史学理论的阐述之中：

> 诗人的真正任务，从一种全新的世界观来看，便是获得一种新的话语权，这在19世纪几乎由三位伟大的历史撰写者兰

206

克、蒙森和布克哈特所完成……兰克的新教改革画面、蒙森的罗马史和布克哈特的文艺复兴将会被看到最易保留其神话启发的力量（无论它们此后是否在科学上被取代），而戏剧、小说和诗歌，即便出自最具才华的作家之手，长期以来只是得到心理学家或文学史家的关注。[88]

在其许多以著名历史人物为主题的诗歌和布道中，格奥尔格便引用了这类尼采式的观念，他认为它们都值得被神话化。[89] 这便是他的诗歌《施派尔的陵墓》（*The Graves of Speyer*）的主旨所在，该诗创作于世纪之交，为的是抗议官方决定重开施派尔教堂中的皇帝陵墓以庆祝这一时刻。这一渎神的行为透露出现代性以及一个日耳曼国家的所有不敬与虚荣，这个国家变得如此迷恋于自身历史的物质财富，以至于它再不能感知自己的精神经验。格奥尔格在诗中描写到如何被：

> 他的施陶芬女祖先所召唤
> 从南部地区，一位光彩照人的客人
> 一位人们的神：弗里德里希家族中最为出色
> 走了过来……
> 他的凝视将奥托们和卡尔们联合起来
> 凭借他自己无垠的黎凡特之梦
> 卡巴拉的智慧和罗马的礼仪。[90]

对那些能够解读出诗中神话表达的人而言，他的诗带着一种救赎的消息。康托洛维茨试图在霍亨斯陶芬王朝的皇帝弗里德里希的历史传记中实现那种救赎，格奥尔格圈子的成员常常称呼后者为"伟大的弗里德里希（*Friedrich der Grössere*）"，以便将他与同名的普鲁士皇帝弗里德里希二世相区别。遵循格奥尔格的教导及格奥尔格圈中其他成员所设立的范例，康托洛维茨沿着尼采"不朽（monumental）"历史学的路径撰写了传记，所谓"不朽"历史学是指作为一种历史，它是或者说可以成为神话学（*Mythologie*）。恩斯特·贝尔特拉姆（Ernst Bertram）出版于1918年的研究尼采本人的

207

著作,有一个恰如其分的副标题"尝试一种神话学"(*Versucheiner Mythologie*),这正是将尼采的神话学格言应用到他自己的生平与著作中去的有意尝试。[91]弗里德里希·贡多尔夫有关凯撒和歌德的历史传记也基于同样的原则。在论述凯撒的历史声望时,贡多尔夫实际上超过了康托洛维茨,称弗里德里希二世为第一位现代的统治者,他真正懂得作为"个人身份榜样"的凯撒,并努力在所有行为上加以模仿。[92]在埃里希·冯·卡勒发表于 1921 年并引发争论的论文《以科学为业》中,所有这些对一种新历史学的尝试都以理论术语的方式被重申。卡勒这篇短文的主要目的是将其格奥尔格派同仁们新浪漫主义、反实证主义的理论塑造成一种令人尊敬的历史学,并宣称作为一件艺术作品,它是科学的,在尼采赋予该词的新的、更激进的意义上,这恰恰是因为它与超越了事实局限的真理相关。康托洛维茨是卡勒一生的好友,在有关弗里德里希二世的书(以及随后的论战)中,他运用了卡勒对研究(*Forschung*)和表现(*Darstellung*)的区分。[93]康托洛维茨可能还借用了"神话史观(Mythenschau)"这个概念,它出自卡勒针对韦伯科学概念的僵化所作的论辩,此外他还借用了卡勒的宣言,即科学的目的是通过观点(*Schau*)改变生活(*das Leben*)。[94]与尼采和格奥尔格一样,康托洛维茨主张历史学家的任务不仅是获取并验证有关过去的事实,而且还要将它们转化为关乎当下的真理。最重要的是他认为既然历史学在本质上是一门艺术而非科学,它属于并且需要被当作"民族文学(national literature)"来实践。

鉴于那时及此后在德国所发生的事,康托洛维茨有关历史学使命的观点可能似乎是骇人而危险的。他将历史学视为"民族文学"的教学观念,令人想起将历史学视为"为民族而教导"(*Belehrung für die nation*)的煽动性观念。[95]正如具有批判性的评论者已经指出的那样,康托洛维茨对历史学中客观"真理"的攻击服务于那些试图将所有旧有普遍"真理"归入新的德国"神话"之人。在奥托·格哈德·奥克斯勒(Otto Gerhard Oexle)看来,这种对科学历史学的"历史主义的"(historicistic)攻击被证明于德国历史学界而言是致命的。奥克斯勒挑出康托洛维茨的《弗里德里希二世皇帝传》作为制造一种"新中世纪"的主要例证,这种制造与德国的保守主义革命相契合。他注意到，尽管康托洛维茨本人并未支持纳粹有关民族、帝国优越性的学说，但是在书中他却宣传了类似的观点，而在公共场合则更是公开为"历史学的民族化"（nationalization of historiography）呐喊。[96] 然而，诚如其他德国学者所论，在"日耳曼（German）""民族（Nation）""日耳曼民族"（German Nation）等观念上，康托洛维茨与纳粹实大相径庭。[97] 康托洛维茨"民族主义的"（Nationlistic）诸观念与纳粹之间最关键性的不同是康托洛维茨并未将任何观念建立在种族理论之上，并且几乎忽略了民族（*Volk*）这个观念。大多数研究德国历史学的学者可能会说，这应该是在纳粹统治之前及统治期间，存在于德国各类民族主义历史学之间的差别。[98] 纳粹理论家利用康托洛维茨的著作这一事实并不意味着他或他的著作是民族社会主义的组成部分。赫尔穆特·朔伊尔（Helmut Scheuer），一位康托洛维茨著作严厉而公允的评论家，当他称赞康托洛维茨对纳粹的勇敢反对，但又指出"他所支持的英雄主义和弥赛亚主义流入民族社会主义的混合意识形态之中"[99] 时是正确的。更为根本性的是，在这个（可能是所有）例子中，历史方法论和政治意识形态间的关系并没有那么简单，这一点从以下事实可得判断，在有关历史学公正性的争论上，康托洛维茨的主要敌手是声名狼藉的艾伯特·布拉克曼：在 1930 年，布拉克曼拥护了历史专业所有正确的原则（例如客观性、非相对性、确定性），但是他自己却并未实践它们，在纳粹时期他成为政府最有权势的官方历史学家。[100]

这个反例至少表明在 1930 年的德国，历史学上的争论仍然更多是方法论上的，而非意识形态上的。总之，康托洛维茨在那些年及此后唯一信奉并奉行的意识形态是格奥尔格的，正如上文所述，这种意识形态关注的是德国文化史的精神和知识传统。在其著作及饱受争议的论文中，康托洛维茨试图让读者及历史学同行们不仅充分意识到这些传统，更进一步意识到作为本质上、无从逃避的"德国人"身处其中的窘境。正如约翰内斯·弗里德（Johannes Fried）所说，"弗里德里希二世的传记作家远未将幻想当作现实，但是他认识到方法论上的困境所造成的影响会令历史学家陷入麻烦，即没有一位历史学家，即便是最出色的实证主义者,在构想、分析一个事实和讲述一个故事时,做到没有主见、没有关乎研究对象的形而上学观念,没有他所关注的过去的图像。"[101]

这便是康托洛维茨在 1930 年 4 月举办于萨勒河畔哈雷的第 17 届德国历史学家大会上所作公开讲座的主要内容,这似乎是康托洛维茨就其历史学目标与方法所给出的最清楚明白的宣言。[102] 先是重申了他的"神话史观"主张,即"实证主义的历史研究"(Geschichtsforschun)不应企图将"它自己的研究法则"强加到"艺术的历史研究"之上,然后与布拉克曼及整个德国历史学界针锋相对,康托洛维茨陈述道,人类事务不是由"因果关系"(Kausalitäten)而是由"张力"(Spannungen)所决定的,后者常常产生于对现实的非理性感觉(Wahrnehmung),因而使其不适合实证主义的解释。历史学的主要任务是艺术的而非科学的:它必须树立有关过去的"图像",不仅要描述"某一事物如何成为这样",而且更主要的是要描述"它被怎样认识"(116—117)。因此,神话对历史学而言便是不可或缺的了:"鉴于神话与传说被如此认识,它们与历史叙述间的彼此交织不会对事实造成任何危险,相反已成为历史事实的一部分"(119)。他进一步指出,因为新的历史学寻求唤起人类生活的"整体(totality)",包括它所有情感的乃至非理性的经验,这便与古代的史诗或戏剧艺术而非任何现代的科学更接近。相应地,这种历史学要求其参与者的"全身心投入",意思是说与具有创造力的艺术家将整个自我投入作品中一样,历史学家也应该将他的"生活"带到他的作品中。但是,历史学家的"生活"并不仅仅是他自己的,还包括他民族的生活。因为康托洛维茨相信,民族认同在极大程度上决定了历史学家的血统和语言,所以任何客观对待事实的尝试都是一种错误的自负。"严格的实证主义面临变得浪漫的危险,当它声称……不怀偏见(Voraussetzungen)地找到了真理的蓝花时"(120)。在此基础上,他反对旧有德国历史学的世界主义(cosmopolitan)意识形态和方法论,这种历史学与兰克一样都将所有民族"与上帝同样接近"视为不切实际的、虚伪的。相反,康托洛维茨坚持"民族主义历史学"(nationalistic historiography)的不可或缺性。

由此投身于"民族主义历史学"之中,康托洛维茨乐于承担一位日耳曼历史学家的角色。他自豪地说,在《弗里德里希二世皇帝传》这部作品中,他试图通过对弗里德里希"日耳曼"品质的描写去激励他的读者们。在康托洛维茨的描述中,弗里德里希的特质展现了"由更早期的日耳曼皇帝如巴巴罗萨所体现,并为文艺复兴时期的皇帝所复活的上帝-天父(God-and-Father)类型",至于其"整体印象"则是"一种日耳曼的特质,这是凯撒和拿破仑都无权宣称拥有的"[103]。而所有这些围绕的却是一位诺曼底-西西里岛的统治者,尽管他有着日耳曼的血统,但是却从未学过德语更从未将自己视为日耳曼人。显然,与弗里德里希实际怎样相比,康托洛维茨更关心的是弗里德里希在观念上被诠释的方式以及他赖以存在的途径。或者,如现代理论学家们所说,任何历史人物的真实历史(Geschichte)只有在其效果历史(Wirkungsgeschichte)中才能得到真实而完整的呈现。再次回忆下在耶路撒冷的加冕礼场景。康托洛维茨以该事件对弗里德里希及其同时代人的历史学意义来结束他的相关讨论,"问题在于,他是否能在某个民族唤起一种回响,是否有人会理解他,如他体内的神圣力量似乎预示的那样"[104]。在传记的末几行,这些神秘的暗示变为了明确的要求,要求德国人民醒悟到——并唤醒——"光芒四射、永葆青春、坚定而有力的法官……他既不麻木也不昏睡,而是思考着如何能让'帝国'焕然新生。"意识到"德国的梦想已经被改变,而神话的改变反映的是人们生活与期望的改变",康托洛维茨试图将弗里德里希表现为一个不仅在他的时代而且在德国历史的所有时期都始终生机勃勃的形象,一个虽未丧失却为现代德国所遗忘的神话—梦想。[105] 更确切地说,对执着于某一理想国——"秘密的德国"——的那些人而言,弗里德里希是理想统治者的典范。

对秘密的德国(Das geheime Deutschland)这个概念,当代文化史家们已讨论良多,并追溯了它的演变,从荷尔德林(Hölderlin)、席勒、黑贝尔(Hebbel)、海涅(Heine)的爱国主义情感,经由德·拉加德(de Lagarde)、朗贝(Langbehn)的民族主义渴望,最终获得在格奥尔格圈子中的神秘的、精英的含义。在所有解释者看来相同的是以下信念,即精神的认同和德国的命运隐藏在——并且也源自——它的人民之中。他们之间的不同在于维系这一秘密使命的不同政治手段：是否通过"一位神秘的皇帝……他是一位艺术家，抑或是圣人或思想家"[106]，还是通过一种民族的（völkisch）运动，或者于格奥尔格而言，通过一群有道德的艺术家和知识分子，譬如像他自己的格奥尔格圈子，其目标是从真实的人民中塑造出理想的民族，并最终与前者相对。为了重获这种"秘密的德国"，便需要揭示内在于其世俗历史中的英雄神话。这正是康托洛维茨在其著作中所做之事。他在著作前言的注释中便表明了这一点，在文中他回忆起自己 1924 年对位于巴勒莫大教堂的弗里德里希墓葬的造访。他写道，在那里"一个花圈被安放在皇帝的石棺上，石棺上有这么一段铭文：他的凯撒和英雄／秘密的德国"。他补充道，这是一种象征性的行为，证明"不仅是在有知识的圈子中，热情因过去的德国伟人们而骚动：在凯撒们已不复存在的日子。"[107]

211

在历史作品中对这种政治考虑的修辞学强调，即便是对像布拉克曼这样的极端民族主义者而言，也是太过粗暴的。他以如下警告来结束自己对康托洛维茨著作的书评，一个人"既不能像一个格奥尔格的弟子，也不能像一个天主教徒、清教徒或马克思主义者，而只能作为一个探求真理的人"[108] 去撰写历史。康托洛维茨回应道，如果这样的话，作为一个德国人便没人能撰写历史了，事实上即便是作为一个人也不可能没有任何的观点或情感。[109] 说得更明白些，康托洛维茨注意到布拉克曼反对他的方法论，因为通过淡化"纯粹的政治事实"以突出皇帝的"整个生活方式"，通过公开依赖其同时代人主观的、辞藻华丽的编年体著作而非官方的外交材料，他似乎将历史与神话混为一谈，由此便如布拉克曼所论，将有关事实的知识置于巨大的危险之中。康托洛维茨同意这是关键性的问题，即他的方法是否将"有关事实的知识置于巨大的危险之中"[110]。换句话说，争论的并非真是或者说不全是"历史方法"，而是"历史事实"，更具体地说，是历史事实与神话间的关系：它们是如布拉克曼所想的那样彼此相对立，还是如康托洛维茨所认为的，神话是一种适当的形式，在其中某些事实可以被解读出来。康托洛维茨的结论是，布拉克曼对他的攻击并非真是一种方法论上的争论

(*Methodenstreit*)而是有关观念的争论(*Anschauungsstreit*)。[111]

确实如此。争论的不是是否将神话用作史料——如我们所见，这一点在德国历史学中相当普遍——而是如何评价神话：它们是历史事实的错误表现还是正确表现？例如，人们应当如何解释那些神圣性的习语，弗里德里希及其廷臣们据此设想皇帝与大卫王、基督的彼此融合。它们是否如布拉克曼所想，是宗教信仰的政治操纵，还是如康托洛维茨所认为的，是这些信仰的表达？[112] 无论怎样，康托洛维茨不认为这些问题可以在一场有关方法论的争论中得到回答，因为它们更多的是意识形态的而非方法论的问题，而且，即使他看起来与德国历史学家同行们一起参与到一场专业的方法论之争中，并表现出原始史料研究所应有的惯常姿态，他并不真的尊重它的学术规范和结果。为回应布拉克曼及有类似想法的批评者，他们指责他凭借一些武断而主观的固执观念而非客观的专业操作(*Regeln*)来撰写自己的著作。康托洛维茨在 1931 年出版了一部补编(*Ergänzungsband*)，内容包括对每一页文本的脚注和注释，以及十篇涉及特定问题的学术附记。布拉克曼这下满意了，在对康托洛维茨神话史观论文跋语的结尾，他表达了如下希望，即当时在柏林从事日耳曼历史文献汇编的康托洛维茨可以自此之后遵守"实证主义"(positivistic)的规则。[113] 然而，康托洛维茨自己并不认为补编的出版对书本身而言有什么重要的意义，"可以有尽可能多的史料引用。但是它们不会证明本质性的东西：基本的概念……及其结果：历史的图像(*das historische Bild*)。"[114] 显然，对康托洛维茨及历史本身而言重要的是出自事实性史料的"历史的图像"，它们是流传至今的理想虚构，并在后人的想象中复活真实的行为。为了充分地探讨这些图像，历史学家需要从这种新的历史观念(*Anschauung*)中形成一种新的历史学方法(*Methode*)。

从这些更宏大的角度来看，围绕《弗里德里希皇帝二世传》的观念争论并不局限于布拉克曼和康托洛维茨。观念对方法的优势表明，在这一事例中它们都代表了德国历史学中的传统，而德国历史学也早已因历史神话问题而互为阵营。两种传统分别与柏林和海德堡两所大学的两位中世纪历史学家相联系。布拉克曼代表的是柏林大学兰克历史研讨班的实证主义传统，在布拉克曼所处的时代，该传统最著名的代言人是杰出的古典学者西奥多·蒙森，他以实际的-政治的（real-political）历史学为名，推翻了许多古代的政治神话，比如有关罗慕路斯和科里奥兰纳斯（Coriolanus）的政治神话。康托洛维茨在海德堡学习和工作，在这里马克斯·韦伯的教导激发了一整代历史学者用新的人文主义的、解释学的见解去对抗实证主义的方法论。两位最早指导康托洛维茨历史研究的学者代表了这种反传统：古典史家阿尔弗雷德·冯·托马谢夫斯基（Alfred von Domaszevski），在他的亚历山大大帝研讨班上，年轻的学生康托洛维茨提交了一篇题为《亚历山大神性升华》（*The divine Exaltations of Alexander*）的论文，这也是康托洛维茨在后来所谓的政治神学领域的第一次尝试；经济史家、康托洛维茨的博士导师（*Doktorvater*）埃伯哈特·哥赛因（Eberhart Gothein），曾在巴塞尔大学与雅各布·布克哈特、威廉·狄尔泰（Wilhelm Dilthey）共事研究，并在海德堡大力宣传他们的文化史信息。[115] 作为马克斯·韦伯政治经济学教席的继任者（*Nachfolge*），哥赛因有能力将布克哈特文化的历史观念与韦伯社会的历史观念融为一体，并且这显然已经激发了他的学生康托洛维茨去创造他自己非常"现代"的历史学。事实上，哥赛因期待康托洛维茨与布拉克曼及历史学中普鲁士学派的论战（Streit），早在1889年，他在反对政治史家迪特里希·谢弗（Dietrich Schäfer）时，便强调"文化史"在理解人类事务及与之相关的道德教育上的优越性。[116] 因此，神话视角的起源必须追溯到巴塞尔，追溯到布克哈特及其支持文化史的同仁们的时代。正如莱昂内尔·戈斯曼所示，历史研究中的巴塞尔学派在其返祖性的历史观念上与柏林的学派最为大相径庭。因为像布克哈特、巴霍芬、尼采、奥韦尔贝克（Overbeck）、罗德这样的学者都认为人类生活和历史的心理学起源都是神话的，因此都试图为现代的历史学研究重新找回它们。[117] 康托洛维茨试图去做同样的事情，当他着手去揭示构成并维系我们所有政治机构，尤其是民族国家的政治机构的古代信仰与传统时。

这是康托洛维茨在其出版于1957年的最后一部重要著作《国王的两个身体》中所肩负的任务。我以若干对该书的评论来结束

213

我的讨论,这些评论包含了康托洛维茨对神话史观下的历史的最后反思。这也将有助于我阐述康托洛维茨方法论的意识形态。因为即便有人与我一样相信,康托洛维茨的弗里德里希传记在方法论的基础上是站得住脚的,但想起它对希特勒、戈林及其他纳粹分子的意义则仍令人惴惴不安。卡尔·洛维特对格奥尔格圈子成员的评价也适用于康托洛维茨的书,"它们为民族社会主义铺平了道路,虽然它们本身并无此立场"[118]。尽管康托洛维茨一贯拒绝讨论因这种联系所带来的玷污问题,并以学者豁免权来应对这类指控,但是他必定敏锐地意识到了自己的困境,在 1946 年的某一时刻他转弯抹角地提到了它。在《王权的赞美》(Laudesregiae)一书的末尾,他回忆起一些意大利法西斯主义者用来歌颂墨索里尼的赞歌,并评论说,这些事例可以为历史学家就"思考隐藏在其过去发掘者这一职业中的危险"[119] 提供完整的情况。在其生命的最后几年,康托洛维茨与《弗里德里希皇帝二世传》德国出版方之间的通信透露出他已完全认识到自己的著作与思想如何被这般滥用。[120] 然而,康托洛维茨从未收回他对弗里德里希的钦慕、他的"世界帝国"(universal monarchy)观念及对"秘密德国"的忠诚。在《国王的两个身体》中,他以其他的方法澄清并辩护了自己的立场——通过分析的而非神话的方法,更准确地说,通过对神话方法的分析考察。[121] 他写道,自己在该书中的任务是"所谓'国家的神话'(恩斯特·卡西尔)问题",但是他的相关观念及对神话的评价与卡西尔的大相径庭。[122] 卡西尔深信启蒙运动的自由主义哲学,因此他努力倡导一种更为理性的国家观念和国家组织,而康托洛维茨则立足于中世纪的形而上学神学,因之他努力揭示、构建并维系国家的神话创作信仰与传统。对康托洛维茨以及布克哈特而言,国家是或者至少应该是"一件艺术品",一个神话创造的产物。这种人文主义的信念激励了康托洛维茨的一生,并且可能最终解释了他明显的政治转向,即从 20 多岁时的德国民族主义转向 50 多岁时的美国自由主义:无论在何种情况下,他都忠诚于国家的神话而非国家本身。

214

Ⅳ

与弗里德里希的传记一样，康托洛维茨在最后一本书中提醒我们关注政治环境与个人经历的某一特定时刻，正是在那时他意识到自己的任务所在。"有一天，我在邮箱中看到一册选印本，它是一本由美国一家本笃会修道院出版的有关礼拜仪式的期刊，上面有出版者的印记：圣本笃的命令，有限公司。"他说，对一位欧洲中世纪学者来说，"没有什么比找到有限公司（Inc.）的缩写更令人沮丧的了，一个通常与商业和企业相关的词，竟与庄严的圣本笃团体联系在了一起"[123]。由此意识到在美国，即便是修道院的圣会也成了公司，这也包括其他原本被认为应属自治的机构，比如大学，康托洛维茨开始提问，这一切是如何产生的：现代国家是如何变得这般强大、这般极权的？康托洛维茨对这类信号特别警觉，因为作为一名学者，他曾两次反对国家对大学的控制——第一次是在 1933 年纳粹占领法兰克福大学时期，然后是在 1949 至 1951 年参议员麦卡锡的迫害时期，他反对加州大学董事们要求该校所有教授向国家宣效忠誓言。[124]

在《国王的两个身体》中，康托洛维茨着手去追溯作为一种公司的国家观念的历史，起自它在中世纪政治神学中的开端。他在中世纪晚期政治理论的法律制定中找到了它的起源，特别是在国王具有两个身体这一思想中：其中一个身体是物质的，会随国王的去世而逝，另一个是神秘的，永不逝去。他的主要论点是，国家作为国王的一种奥秘之体的政治观念起源于教会作为基督的"奥秘之体"（*corpus mysticum*）的神学观念。他断言，有关国王身体的政治观念被证明在通过社会分层和历史断裂以确保世俗组织的统一性和连续性上是同样有效的。在康托洛维茨看来，这种"神秘拟制"（mystic fiction）不仅为中世纪君主制的法学理论家们也为此后的国家理论家们所用，并且存活在许多神化国家的现代政治理论之中，其中最臭名昭著的便是纳粹的意识形态。康托洛维茨提到了"我们自己时代最恐怖的经历，所有国家，无论是最强大的抑或是最弱小的，无不沦为最诡异教条的猎物，政治神学主义成为真正

216

285

的困扰,并在许多场合挑战人类和政治理性的基本原理"[125]。康托洛维茨补充道,他的研究可以被视为有益于恩斯特·卡西尔所谓"国家的神话"问题。然而,在提了这么一句后,康托洛维茨跟着又说了一些尖锐之词,以针对卡西尔和其他人"过于彻底、过于雄心勃勃的思想史"——这表明他们之间的不同不仅仅是方法论上的,而主要是意识形态上的。[126] 问题仍然不在于是否研究"国家的神话",而是如何去评价它。对卡西尔来说,这个以及任何其他政治神话对西方文明的进程是有害而无益的,是理性与道德的"敌人",必须被揭发和摧毁。[127] 相反,康托洛维茨认为,像国王的两个身体中所揭示的现代国家的原始神话,对以宗教团体的规范和形式为基础的世俗组织的建立至关重要,这些规范和形式是真正具有普遍性的,因此是人性的,比现代民族国家狭隘的规范和形式人性得多。康托洛维茨与卡西尔在国家的神话观念上的不同是明显的:不仅在于康托洛维茨是神学的(任何真正的神话必定如此)而非哲学的,而且还在于它是实际的和历史的:国王的两个身体观念赋予政治现实以生气并影响着后者,而卡西尔所详加阐述的海德格尔的被抛境况(*Geworfenheit*)观念,如果为人所知的话,也只有少数知识分子,其中许多人可能还是纳粹分子,无论如何,甚至是他们在政治神话学上必定也有其他的来源。为了解释现代性中国家神话的魔力,便有必要探究下意识和文化中更深层的东西——主要是基督教的政治思想,这在卡西尔的论述中很少被提及。这正是康托洛维茨所要做的。

216

在其最著名的论文之一,论中世纪"为祖国献身"(*Pro Patria Mori*)观念的文章中,康托洛维茨开始了这项工作。该文发表于1951年,随后被他收入《国王的两个身体》中。这篇论文颇具争议的目标是将现代的爱国主义观念揭示为一种对更早观念的倒置和歪曲,在康托洛维茨看来,这便是更有效的基督教的国家神话。[128]这篇论文是对如下历史阶段的权威性历史重建,在此期间随着十字军的圣战,古代神学的"奥秘之体"观念获得了新的政治内涵,而祖国(*Patria*)的观念则承担了新的物质的、形而上学的内容,而此后这些内容又被转化为一种更为世俗的崭新的"国家"(state)观念。这一过程在文艺复兴时期达到顶峰,当时埃内亚·西尔维奥

·比科罗米尼（Enea Silvio Piccolomini，后来的教皇庇护二世）向哈布斯堡的皇帝弗里德里希三世献上一篇布道，在其中他用"由国王所领导的国家的奥秘之体"替换了"由基督所领导的教会的奥秘之体"。以那样一种方式，"在历史的某一特殊时刻，抽象的'国家'或作为合众体的国家以一种奥秘之体和死亡的面目示人，因为这种新的奥秘之体在价值上等同于一位十字军战士为上帝的事业而牺牲"[129]。康托洛维茨随后请他的读者们"去弄清楚神秘之体的中心思想在更遥远以及最晚近的时期，在其向国家的、党派的和种族的学说转化过程中所遭受的所有歪曲"。在最后的讨论中，他举例说明并澄清了他所谓那些"歪曲"的含义：

> 　　慕尼黑民族社会主义运动所谓的"殉道者之墓"，以及1937年的圣诞节为在弗朗哥的西班牙阵亡的法西斯意大利分支战士们所举办的纪念活动上，写着（*Chi muorepe Italia non muore*）标语的巨大横幅挂在米兰大教堂的正面，是近来一些民族主义狂热的注脚，它已经非常严重地扭曲了一种最初是庄严而崇高的思想。另一方面，世界的祛魅进展迅速，处处被不幸滥用与利用的古代伦理价值观行将灰飞烟灭。第二次世界大战期间及战后冷冰冰的效率论，以及个人害怕为所谓的"假象"所诓，而非坦诚"现实主义的观点"，令传统的"上层建筑"，无论是宗教的还是意识形态的都不复存在，也就是说人类的生命不再是被牺牲的，而是被清算的。我们要求一位战士的献身，却没有与逝去的生命相应的情感等价物。如果士兵在行动中的丧生——更不用说炸弹袭击下城市市民的丧生——被剥夺了任何与人性相关的思想，无论是上帝、国王还是祖国，那么它也将被剥夺任何有关自我牺牲的崇高思想。它将变为一场冷血的杀戮，或者更糟糕的是，它将侵占公共假期中政治交通事故的价值和重要性。[130]

217

尤其是上述在澄清或重建国家神话上的突出努力，无论好与坏，都将康托洛维茨与许多其他现代政治史家和理论家区分开来，他们更多地是仅仅反对这些"歪曲"，而非真正去揭示它们本来的样子。因为康托洛维茨知道作为一种奥秘之体的国家神话极易被歪曲,正如它实际上已经被法西斯主义者和其他反动分子所歪曲的那样。尽管如此,他仍然支持它,因为如若没有这种形而上学的神话,物质生命将毫无意义,为国家而牺牲也将毫无意义。

这种形而上学的国家观念可以说明在魏玛时期康托洛维茨有关现代德国的明显"民族主义的"政治观念。康托洛维茨的格奥尔格式"秘密德国"观念,类似于从席勒到马尔库塞的理论家们所谓"美学的国家"[131]。他所信仰的德国不是一个政治国家(Staatsnation),而是文化国家(Kulturnation),是一个可以超越领土与种族限制的国家,以至于可以将像弗里德里希那样的诺曼西西里皇帝和像但丁那样的诗人囊括其中。在他看来,诗人而非法律家或政治理论家才是国家真正的守护者,因为他们创造并撑起了国家的神话。因此,卡西尔将其整个进步的理论和国家神话的历史建立在柏拉图之上,柏拉图第一个意识到神话是什么并因此将诗人、神话作家驱逐出他的理想国,而格奥尔格永远的追随者康托洛维茨,则通过重申文化与政治史中"作为领袖的诗人"的角色而反转了整个过程。1954 年,当康托洛维茨在写作《国王的两个身体》时,他向同是格奥尔格追随者的罗伯特·伯林格(Robert Boehringer)坦陈,虽然他很少公开谈论格奥尔格,"但是每天我都意识到,我所能取得的一切,都来自同一个源头,并且即便是二十年后它仍流淌不息。与来自那里的不屈不挠的力量相比,所有直接的联系都是转瞬即逝的"[132]。

深信诗歌高于历史及所有其他理论,康托洛维茨以莎士比亚作为《国王的两个身体》的开篇,莎士比亚将国家的神话揭示为仅仅是一则神话而已,但仍拥有——至少对莎士比亚而言,即便对其同时代的世俗法学家们已不再如此——丰富的形而上学意义。康托洛维茨进一步补充道,"如果那个已从现代宪制思想中几乎完全消失的奇异图像,直至今日仍然具有一种真实的、人的意义的话,那么这主要得归功于莎士比亚。"[133]康托洛维茨随后将图像的历史作为一种"拟制"而加以重建,这种"拟制"在 13 世纪法学家们的神学-政治学论著中获得了更多现实的内涵(*fictio figura veritatis*)。[134]

然而,首先是但丁知道如何为国家连续性与统一性的拟制注入其经典的人的意义。在其《帝制论》(Monarchy)中,但丁从皇帝对教皇的最终征服中预见到了一种本质上以"人为中心"的新的国家愿景,即人类主权的一种创造物,同时也是为人类主权而造;他将由神性(deitas)所注定的古老神学的国家神话转变为由人性(humanitas)自主掌控的一种新的政治的国家神话。与后来从皮科到维科的文艺复兴学者一样,但丁将这一人性观视为"有朽的人,对人行使最高司法权"的政治能力,他由此将统治者,扩而充之的话所有人类,都视为"人性的人类工具"(homo instrumentum humanitatis):作为工具,他们都服务于有关人性的绝对思想和理想——或者如我所说的神话。因此,当法学家和政治理论家们大谈国王的自然身体与政治身体间的张力时,"仍然留待诗人在人本身中将'两个身体'间的张力形象化,去让人性成为……人的主权者(sovereign of homo)"[135]。因为有关人性的思想和理想必定是普遍的,那么它们所服务的国家就必须也是普遍。在但丁的设想中,"它不仅包括基督教徒和罗马教会的成员,而且还被认为是所有人类的世界共同体,无论是基督教徒还是非基督教徒"——与秘密的德国十分类似。[136]

　　但丁的世界帝国观念是国家神话的精髓所在——康托洛维茨认为它"'总是'并且'在任何时候都'具有现实性"[137],即便当这一神话变得不仅不可能而且理应获谴时,他仍然坚持它。因此,在1942年最黑暗的岁月里,康托洛维茨试图在一篇著名的论文《中世纪的世界统一性问题》(The Problem of Medieval World Unity)中去复兴它,该文是为《美国历史协会1942年年报》(Annual Report of the American Historical Association for 1942)所写。[138]这一带有浪漫乐彩的"标语"在德国历史学界中流传甚广,譬如在兰克的"罗马-日耳曼国家"观念中,但是康托洛维茨承认"在今天,历史学家们很难依葫芦画瓢,以同样乐观的态度去捍卫中世纪的世界统一性问题"(76)。事实上,他还补充道,"为人普遍赞许的语言、文字和知识的统一,以及习俗、教育和改革精神的统一,或者即便是宗教事务上的统一"都未能在历史现实中出现:它过去是并且仍然是"一种海市蜃楼"(76—77)。那么,历史学家们该如何处

219

289

理中世纪的世界统一性观念呢？此观念在目前的历史学——更不必说地缘政治学——基础上站不住脚这一事实，并不意味着它对历史学家而言便是不真实的：历史学家必须认识到它现在是什么，以及过去一直是什么，一则有关形而上现实的"神话"，将中世纪世界提升到它所有神学与政治分歧之上，并将其联合为一个整体：

> 因此，如果我们想要捍卫中世纪世界统一性的神话，那么我们应铭记于心的是这种统一性实际上乃是神话而已，而正是这"统一性的神话"（Myth of Unity），却为东西方所共同宣称。换句话说，"神话"似乎是朦胧的，但又是中世纪世界统一性相当坚实的本质所在……统一性的缺失被认为是一种可以被忽略的暂时性挫败，因为它迟早会被重建。一个统一的世界对达到那种完美状态而言是不可或缺的，过去通常认为，那种完美状态将恰好在时间终止，世界末日来临之际被建立。因此，中世纪的世界统一性神话具有一种明显的弥撒亚或末世论的性质。在这样的背景下，神话脱颖而出几乎成为一种现实。（77—78）

以此为前提，康托洛维茨展示了形而上神话是如何"在东西方教会的日常中显示自身的，尽管在它们各自的仪式上存在着深刻的差异"，最明显的尤其是它们对世界教会共同的欣喜若狂，此外他还展示了"对这些希望与期待的物质化是如何不仅成为教会也成为世俗权力的任务的"，他们成功地"对人们的思想施以永恒的咒语"（78—80）。因此，正因为"对统一性到来的想象要比对过去分歧的感觉来得强烈"，所以它便不仅仅是"一种海市蜃楼"，即便它事实上是这样。"显而易见的是，世界统一性的观念与今天所谓的现实毫不相关"，正如"基督教帝国""基督教军队"这样的观念，它们同样是非物质的实体，但这类愿景却足够现实，"无论是神话的还是末世论的，它们都是现实"（80）。

虽然康托洛维茨避免对实际事件的比较性暗示，但是他传达的信息是明确的。一旦我们认识到中世纪世界统一性神话过去是什么，以及它如何促使将彼此敌对的国家和宗教统一为一个由信仰者所构成的普遍性共同体，那么我们必须不放弃自己有关普遍人性的神话，即便或者说恰恰因为它是一种神话。在 1942 年，对统一性到来的想象同样被证明要比对过去分歧的感觉来得强烈。与中世纪文明相比，在我们的现代文明中，形而上的、末世论的统一性神话更加不可或缺。"这一思考应该可以使我们避免将中世纪的世界统一性思想与现代的国际统一思想相混淆。"(78)重申肯定性、赎罪性的神学神话与协商性的政治条约间的对立，透露出康托洛维茨深层的保守主张。但是，这并不会使他成为一名如许多轻率的评论者所说的政治上的反动者。相反，他将有关国家或世界帝国的神话从反动者的"歪曲"中拯救下来的毕生努力，与当时德国其他保守的人文主义者们的做法相一致，用托马斯·曼的话来说，他们的目标是"使神话脱离法西斯的魔爪，人性化地回归其语言最后的休息处"[139]。

這些话与纳粹德国时期格奥尔格的追随者们尤其相关，正如他们在克劳斯·施恩克·格拉夫·冯·斯陶芬伯格（Claus Schenk Graf von Stauffenberg）事件中所表现的那样，后者是格奥尔格圈子中康托洛维茨的一位追随者。他的决定历史命运的故事广为人知：他是德国反对希特勒运动的领袖，并成为了它的悲剧英雄，1944 年 7 月 20 日他携带定时炸弹来到希特勒位于东普鲁士拉斯登堡的司令部"狼穴"，但未能成功地炸死元首。[140] 有关他生平和牺牲的故事与康托洛维茨的生平与著作深深地联系在了一起，而彼此联系的途径则是他们对格奥尔格圈子和秘密的德国深沉而全心的忠诚。[141] 康托洛维茨在海德堡求学期间，克劳斯·冯·斯陶芬伯格加入了格奥尔格圈子，并深受其文化思想、典范及偶像的影响——尤其是霍亨斯陶芬王朝的弗里德里希二世的影响。早在 1923 年，他便暗示自己及其兄弟们是霍亨斯陶芬家族的后嗣。事实上，在圈子的所有成员中，他是被拿来与弗里德里希相比较的：马克斯·科默莱尔（Max Kommerell）在 1925 年称赞他为"神话的首脑"，并将他形容为一位"不可思议的家伙"和"斯陶芬山上"斯陶芬皇帝的后嗣。[142] 康托洛维茨在海德堡时，克劳斯的双胞胎哥哥贝特霍尔德和亚历山大与他交往甚密，此时前者正在撰写《弗里德里

220

希二世皇帝传》：1924 年，他们参加了向位于巴勒莫大教堂的弗里德里希墓冢敬献花圈的仪式。[143] 格奥尔格委托贝特霍尔德负责康托洛维茨皇帝传一书的出版事宜。该书被献给斯陶芬伯格的表哥沃尔德玛·格拉夫·冯·于克斯屈尔·于伦班德（Woldemar von Uxküll-Gyllenband）。在 20 世纪 30 年代和 20 世纪 40 年代早期，克劳斯·冯·斯陶芬伯格始终珍视对斯特凡·格奥尔格的记忆及后者的教导，特别是秘密的德国这一观念。

秘密的德国是格奥尔格在 1928 年最后一首公开朗诵的诗歌，同时也是克劳斯·冯·斯陶芬伯格和其他同谋者们为其组织所取的代号——他们中的许多人都是格奥尔格的追随者。[144] 在 1944 年 7 月那决定性的一天前的最后几周，当他们的许多同志仍在怀疑刺杀元首是否正当时，斯陶芬伯格兄弟试图通过朗诵格奥尔格的诗《反基督》（The Anti-Christ）以鼓励他们。在 1944 年 7 月 4 日和 5 日，他们详尽探讨了亚历山大·冯·斯陶芬伯格以格奥尔格为题所写的诗《大师的逝去》（Der Tod des Meisters），诗中表达了他们内心最深处对德国的精神、政治信仰。[145] 在其生命最后的恐怖时刻，据说克劳斯·冯·斯陶芬伯格靠墙站立，面对着盖世太保的行刑队，喊道："秘密的德国万岁。"[146]

斯陶芬伯格兄弟们的行动和恩斯特·康托洛维茨的作品由此可以由一个激励他们的神话得到解释——秘密的德国的神话。正如彼得·霍夫曼（Peter Hoffman）所观察到的，斯陶芬伯格兄弟们从未加入纳粹党，"他们的'党'是秘密的德国，他们的'元首'是斯特凡·格奥尔格，他们的未来便是召唤了他们这一小群人的'愿景'"。克劳斯·斯陶芬伯格"仍然投身于活着的秘密的德国之中，通过斯特凡·格奥尔格最后的心愿与遗嘱，斯陶芬伯格们成为它的继承人。这种德国思想史中新古典主义和新浪漫主义的支流，与其他同谋者所属的知识环境相比，以更大的力量推动了他们的行动"[147]。

同样的话也可以用在康托洛维茨身上：秘密的德国的神话激励了他最重要的知识和政治活动。当纳粹于 1933 年初的几个月攫取政权，法兰克福大学激进的学生和职员联合抵制并扰乱他的课堂时，康托洛维茨被迫离开了几个月。然而即便是在如此极端的情况下,他仍然坚持格奥尔格的秘密的德国观念,好像过去存在一个神话国家,它超乎现实的政治国家之上,并包括了所有——并且也只有——真正的爱国者。在那决定性的几个月里,上述信念激励了他的行动。1933 年 4 月 20 日,他给教育部长写了一封信,在信中他告知了自己通过辞职以反对法兰克福大学反犹主义的规章制度:

> 因为我在霍亨斯陶芬王朝弗里德里希二世方面的公开论著,所以无论是在昨天还是在今日,我都不需要任何凭证去证明我对一个民族主义的、重新定位的德国所饱含的情感;虽然我对一个装上民族主义齿轮的德国,在根本上持积极的态度,并且这种态度远远超过当下的趋势或事件,即便将最近的事件考虑在内,我的态度也没有动摇……但是作为一名犹太人,我被迫从已经发生的事情中得出一些结论,并被迫放弃即将到来的夏季学期中的教职。因为任何一位德国的犹太人——在目前动荡的局势中——都可能仅仅因为出身而被视为卖国贼,只要犹太人被认为在种族上是低劣的,只要一个人血管里的任何犹太血液意味着在国家信仰上的缺陷……那么每一位德国人和真正爱国的犹太人,如果想要躲避这类嫌疑的话,就必须羞耻地藏匿起他的爱国心而非自豪地宣扬它。[148]

随后在 1933 年 11 月,康托洛维茨决定反击并恢复了他的教职。为纪念这一时刻,他决定在法兰克福大学的礼堂做一场题为"秘密的德国"的讲座。[149] 他在一封写给格奥尔格的信中说,他们"秘密的德国"的愿景,显露并自我主张的时刻已经来临。[150] 以下认识促成了康托洛维茨的上述决定,即纳粹的攫取政权已经诱使格奥尔格圈子的一些成员,其中便有恩斯特·贝尔特拉姆和沃尔德玛·格拉夫·冯·于克斯屈尔·于伦班德(康托洛维茨的弗里德里希二世传便是献给他的),宣称这便是在格奥尔格所主张的新现实方向上的突破(*Umbruch*),"德意志第三帝国(*Drittes Reich*)"便是格奥尔格"新帝国(*Neues Reich*)"愿景的实现,也是所有有关秘密的德国的思想和理想的实现。在这样的情形下,康托洛维茨作出了最为勇敢、最为正直的抵抗之举，他着手捍卫秘密的德国，反击诋毁它的人，那些人以粗俗和种族主义为"武器""将秘密的德国的图像拉到大街上，使它迎合市场，将它作为自己的血与肉来加以庆祝"[151]。他坚持认为秘密的德国"是一个既在这世上又不在这世上的帝国……是一个既在这又不在这的帝国……是一个既存在又消亡的帝国，它不断变化着却是永恒而不朽的"[152]。回忆起《神曲》，康托洛维茨提醒他的听众们，一个像秘密的德国一样精神上的帝国只能向那些愿意活在谦逊之下的人敞开大门，而"对那些吹嘘它，或者更糟糕，为不纯洁的目的而利用它的人，则不应让他们瞧见这个秘密的帝国……仅靠权力（Gewalt）的话，他们绝不可能征服这个天堂"[153]。因此，康托洛维茨将格奥尔格"秘密的德国"观念重申为一个神话的而非政治的实体，一个其存在超越任何领土的或其他物质界限的国家：它展示了一种圣经的-古典的"选民（elected）"或精英国家观念，马克斯·科默莱尔（解释荷尔德林）将它定义为"一个众神居住其间并成为其英雄们父亲的国家，一个在生活上，哪怕是在最琐细的行为上都与众神相同的国家"[154]。

223

与斯陶芬伯格兄弟们一样，康托洛维茨将这次讲座视为他对一个"更好的德国"所作的"最后遗嘱"——旧的神话的德国对新的实际政治的德国。出现在其讲座中的日耳曼帝国不是由现代的"血与地"（Blut und Boden）观念而是由中世纪的美、高贵这类美德所界定。康托洛维茨将这种德国呈现为事实上的一种神话，但是它曾经是真实的——对古典希腊的英雄们而言；对基督教上帝之城（civitasdei）的圣人们而言；对奥托王朝、霍亨斯陶芬王朝的皇帝们而言；对霍尔拜因（Holbein）、腓特烈大帝、赫尔德、歌德、荷尔德林、尼采和格奥尔格这些近代德国人而言，以及对所有那些能促成"所有原始的人类形式和力量"的人而言。通过引用歌德（"要始终成为完全意义上的德国人，而不只是停留在德国人这个称呼上"）和尼采（"人们要成为德国人首先要去德国化"）的话来支持自己的主张，即德国是一个文化国家而不是民族国家（Nationalstaat）[155]，康托洛维茨将自己针对布拉克曼的历史学主张建立在历史现实之上：正如真正的德国是超国家的，其真正的历史学也应该是超历史的。

在最后一次公开讲座后数月，康托洛维茨找到了另一个重申此观点的机会，他在 1933 年撰写了一篇名为"德国的教皇制度"（German Papacy）的论文，随后成功地用笔名在 1935 年 2 月 22 日深夜通过柏林帝国电台广播。[156] 文章讨论了 11 世纪的德国皇帝们将德国与罗马王冠合二为一并由此发起一种"帝国重建"（*renovatio imperii*）的尝试。文章从年轻的皇帝奥托三世的罗马远征说起，此人放黜了教皇克雷森蒂（Crescentine）即约翰十六世后，令自己的堂弟和老师先后成为教皇，即格里高利五世和西尔维斯特二世。康托洛维茨接着又描写了奥托三世的继承者海因里希二世和三世（他成功地任命了三位德裔教皇）按照新的克吕尼协定以改革教皇制度的尝试。他注意到，这些改革的尝试均以失败而告终。允许康托洛维茨文章传播的纳粹官员们可能是发现它契合于希特勒与罗马的政治、教皇权力间新的一致性。然而康托洛维茨在这一事件中觉察到有关德国政治归宿的一个更深层并且十分不同的真相，即德国应复兴其罗马的而非雅利安的倾向，并由此超越日耳曼民族性的狭隘的政治界限，进而达到一种普世性。[157] 康托洛维茨注意到，即便该策略失败了，但其有关"德国教皇制度"的神话存在于诗人的想象和希尔德加德·冯·宾根（Hildegard von Bingen）的预言之中，并且仍可见于班堡大教堂中，这里有皇帝海因里希二世和教皇克雷门二世的墓冢。他还补充道，在那里"还有两座雕像，一座在基督教会堂内，它胜而不骄，另一座在犹太教会堂内，它哀而不伤，都同样高贵"，好像意味着一个罗马德国允诺一种基督徒和犹太人的和解。[158] 除却 1933 年 4 月的辞职信，康托洛维茨未就德国犹太人的命运撰写文章；但他对在宽容与和解方面的模范国家，即 11 世纪秘密的德国的召唤，清楚地表明他认为德国犹太人的最终救赎如何以及在哪里实现。

斯陶芬伯格认为一个崭新的、更好的德国，如神话中的凤凰一样，只能从毁灭的灰烬中重生，康托洛维茨也醉心于这只"古典与基督教神话中神奇的鸟"，并在《国王的两个身体》中用许多篇幅讲了它的历史与含义，在书中它象征了中世纪政治神学中最崇高的有关人类不屈不挠精神的观念：尊严不死（*Dignitas non moritur*）。[159]

V

斯陶芬伯格兄弟们的历史事件,与恩斯特·康托洛维茨的历史著作很像,似乎挑战了我们通常用以判断政治、历史问题的传统规则。康托洛维茨对此了然于胸。在其反思但丁给予现代性的遗产时,康托洛维茨评论道:"如果以一种肤浅的方式,他经常被贴上保守派的标签的话,这仅仅是因为但丁作品中普遍的帝国思想……这掩盖了他道德-政治观点上极度反传统的特征。显然,根本没法轻易给但丁贴上标签。"[160] 同样的话也可以用在——而且我认为在文中正这么做着——康托洛维茨自己身上:他保守主义的政治意识形态掩盖了他历史方法论上的激进特征。因为但丁在文学中、为文学恢复了神话并因之将其现代化,与此相同,康托洛维茨尝试在历史学中、为历史学恢复神话,而在这么做的过程中,他对历史学新的、极为现代的形态作出了贡献。

就"国王的两个身体"神话的持续性,康托洛维茨在其最后的反思中承认这种"人造的拟制——事实上,也就是人类思维的奇异建构,最终将成为自己所虚构之物的奴隶——我们通常更容易在宗教领域中找到,而不是在政治、法律、宪法等所谓清醒的、现实的领域"[161]。"所谓的"一词透露了康托洛维茨真正的观点。实际上,他的整个历史研究明显挑战了这一普遍的假设。正如在其早先研究弗里德里希二世的著作中,他将统治者的法律和政治事功表现为人的根本性尊严的缩影,即相信并活在人自身所造拟制中的能力;或者如在《王权的赞美》中,他追溯了王权赞歌的延续,从中世纪的神学到墨索里尼法西斯的意识形态。同样,在他最后一部作品《国王的两个身体》中,康托洛维茨证明我们现代的社会和政治现状是由历史神话所构建,并且必须以其术语来加以解释,甚至可能还得以此来书写。康托洛维茨从自己的生平与作品中所获得的经验是明确的:历史是一种神话史观(*Mythenschau*)。

康托洛维茨有关现代政治理论与制度的神学起源及功能的见解近年来赢得了社会理论学家和历史学家的关注。他在国王超凡

225

权力方面的研究被克利福德·格尔茨（Clifford Geertz）誉为"权威"（magisterial），并在现代政治人类学的演进上具有"开创性"（seminal）。[162] 英语世界的学者们已经重新发现了康托洛维茨的理论和"王权"（royalty）史在其对那一传统的创造——以及更重要的——延续性研究中的适用性。[163] 他对"身体"及其他权力象征物所具有的政治重要性的更整体性观察，被米歇尔·福柯（Michel Foucault）以及其他法国"人文科学"的谱系学家们认为有益于他们对现代性的反历史研究，在其中"权力"被剥离出可见的身体并因此变得更具普遍性和权威性。[164]

正如我在本章所示，康托洛维茨有关现代历史学的神话创造起源和潜力的观点值得关注，特别是值得神话历史学家的关注，因为他在自己的两部名著中都展示了对所有神话历史学家而言都需要的"对神话的体认"（recognition of myth）是如何既可以积极地为历史神话的实现而用，如在《弗里德里希二世皇帝传》中那样，又可以更客观地用于对历史神话的批判性思考，如在《国王的两个身体》中那样。康托洛维茨未能将两种策略结合起来，因为他和尼采一样，都认为历史是或者说必须成为一种新的神话学，一种对我们据以为生的神话的超历史肯定。因为他未能以乔伊斯、艾略特、托马斯·曼的方式将神话历史转变为"现代历史学"，他们从旧神话中创造出——当然也是相对立的——"现代小说"。他没有使用他们的"神话方法"（mythical method）。为达成这一目标，便有必要获得一种新的对神话的批判性认识，这便将反对、居间协调、克服卡西尔对神话的哲学嘲笑和康托洛维茨对神话的神学-政治学顺从。瓦尔特·本雅明在其对神话的"救赎式批判"（*rettende Kritik*）中实现了这种认识。

226

227

参考文献

1. Ernst Cassirer, *The Myth of the State*（New Haven, Conn.：Yale University Press, 1946），1.

2. Henry Tudor, *Political Myth*（London：Macmillan, 1972），31 - 35.

3. Ibid. ,35 - 36.

4. Cassirer, *The Myth of the State*, 286.

5. Ernst Cassirer, *The Philosophy of Symbolic Forms*, vol. 2, *Mythical Thought*, trans. R. Manheim (New Haven, Conn. : Yale University Press, 1955),147 - 148.

6. Ernst Cassirer, "*Judaism and the Modern Political Myths*," in *Contemporary Jewish Records* 7(1944): 115 - 126.

7. 虽然卡西尔在《国家的神话》中并未提到罗森博格,但是该书第三部分的标题"20 世纪的神话",透露出卡西尔对罗森博格著作的敏锐关注。

8. Martin Buber, *On Judaism*, ed. N. N. Glatzer, trans. R. Manheim (New York: Schocken Books, 1967),95 - 107. 肖勒姆详细阐述了他的理论,参见"Kabbalah and Myth," in his *On the Kabbalah and Its Symbolism*, trans. R. Manheim (New York: Schocken Books, 1965),87 - 117。

9. 参见近来的研究,如 Nachman Ben Yehuda, *The Masada Myth*: *Collective Memory and Mythmaking in Israel* (Madison: University of Wisconsin Press, 1995);以及 Yael Zerubavel, *Recovered Roots*: *Collective Memory and the Making of Israeli National Tradition* (Chicago: University of Chicago Press, 1995)。

10. 关于肖勒姆的神话理论以及该理论对其犹太宗教和历史观的影响,参见 David Biale, *Gershom Scholem*: *Kabbalah and Counter-History* (Cambridge, Mass. : Harvard University Press, 1979)。

11. 有关卡西尔神话理论的知识与历史根源,参见 Ivan Strenski, "Ernst Cassirer's *Mythical Thought* in Weimar Culture", *History of European Ideas* 5(1984): 363 - 385。

12. Cassirer, *The Myth of the State*, 296.

13. Ibid. 有关卡西尔在魏玛德国政治活动的完整叙述,参见 David P. Lipton, *Ernst Cassirer*: *The Dilemma of a Liberal Intellectual in Germany*, 1914 - 1933 (Toronto: University of

Toronto Press，1978）。

14. Tudor，*Political Myth*，31.

15. Hans Kohn，review of *The Myth of the State*，by Cassirer，*Commentary* 4(1947)：80 - 82.

16. Leo Strauss，review of *The Myth of the State*，by Cassirer，*Social Research* 14(1947)：125 - 128.

17. Cassirer，*The Myth of the State*，282；Cassirer，*The Philosophy of Symbolic Forms*，vol. 2，*Mythical Thought*，11 - 12.

18. Peter Gay，"The Social History of Ideas：Ernst Cassirer and After"，in *The Critical Spirit：Essays in Honor of Herbert Marcuse*，ed. K. H. Wolff and Barrington Moore Jr. （Boston：Beacon Press，1967），106 - 120.

19. Max Weber，"Science as a Vocation"，in *From Max Weber*，by Max Weber，trans. H. H. Gerth and C. Wright Mills （London：Routledge and Kegan Paul，1974），155. 有关韦伯的现代性理论，参见 Detlef Peukert，*Max Webers Diagnose der Moderne* （Göttingen：Vandenhoeck und Ruprecht，1989）。

20. 关于韦伯和格奥尔格，参见 Wolf Lepenies，*Between Science and Literature*，trans. R. Hollingdale （Cambridge：Cambridge University Press，1988），258 - 296。

21. Weber，"Science as a Vocation"，148 - 149.

22. 两次大战期间德国历史学中神话的再生尚未得到足够的重视，似乎主要是因为它的大部分是由民族主义的理论家和宣传家所带来，并且仍然可能为当代的修正主义者所滥用。最近有一些新的尝试，试图重新评价这种保守主义意识形态的创新方法论，参见 Willi Oberkrome，*Volksgeschichte：Methodische Innovation und völkischeIdeologisierung in der deutschenGeschichtswissenscheft 1918 - 1945* （Göttingen：Vandenhoeck undRuprecht，1993）；and Ursula Wolf，*Litteris und Patriae：Das Janusgesicht der Historie* （Stuttgart：F. Steiner，1996）。

23. Karl Löwith, *Mein Leben in Deutschland vor und nach* 1933: *Bin Bericht* (Stuttgart: J. B. Metzler, 1986), 16 – 17. 还可参见 Marianne Weber, *Max Wber: Bin Lebensbild* (Tübingen: J. C. B. Mohr, 1926), 683。

24. Weber, *"Politics as a Vocation"*, 77 – 128.

25. Ibid. , 125 – 126.

26. Ibid. , 126.

27. Erich von Kahler, *Der Beruf der Wissenscheft* (Berlin: G. Bondi, 1921).

28. 两卷内容丰富的论文集在康托洛维茨诞辰百年纪念日出版: *Ernst H. Kantorowicz: Erträge der Doppeltagung Institute for Advanced Study, Princeton, Johann Wolfgang Goethe-Universität, Frankfurt,* ed. J. Fried and R. Benson (Stuttgart: F. Steiner, 1997); and *Geschichtskörper: ZurAktualität von Ernst H. Kantorowicz,* ed. W. Ernst and C. Vismann (Munich: Wilhelm Fink, 1998)。

29. Adam S. Labuda, "Ein Posener Itinerarzu Kantorowicz", in Ernst and Vismann, *Geschichtskörper,* 73 – 91; Eckhart Grünewald, *Ernst Kantorowicz und Stefan George: Beiträgezur Biographie des Historikersbiszum Jahre* 1938 *und zuseinem Jugendwerk "Kaiser Friedrich der Zweite"* (Wiesbaden: F. Steiner, 1982), 27 – 30.

30. Ernst H. Kantorowicz, *Kaiser Friedrich der Zweite* (Hauptband, Berlin: G. Bondi, 1927; Ergänzungsband, Berlin: G. Bondi, 1931). 转引自英文译本: *Frederick the Second, 1194 – 1250,* trans. E. O. Lorimer (London: Constable, 1911)。

31. Albert Brackmann, "Kaiser Friedrich der Zweite in 'mythis-cher Schau'", *Historische Zeitschrift* 140(1929): 534 – 549; Ernst H. Kantorowicz, "'Mythenschau': Eine Erwidrung '", *Historische Zeitschrift* 141(1930): 457 – 471. 两篇文章都重印在 *Stupor Mundi: Zur Geschichte Friedrich II. von Hohen-*

staufen，ed. G. Wolf（Darmstadt：Wissenschaftliche Buchge-sellschaft，1966），5 - 40。关于争论，参见 Joseph Mali，"Ernst H. Kantorowicz：History as *Mythenschau*"，*History of Political Thought* 18(1997)：579 - 603。关于 *Mythenschau* 的具体含义，参见 Edgar Salin 的评论，"Ernst H. Kantorowicz，1895 - 1963"，*Historische Zeitschrift* 199（1964）：551 - 557；以及 Yakov Malkiel，"Ernst H. Kantorowicz"，*Romance Philology* 18(1964 - 1965)：6 - 8。

32. Ernst H. Kantorowicz，*The King's Two Bodies：A Study in Medieval Political Theology*（Princeton，N. J.：Princeton University Press，1957）。

33. 有关康托洛维茨在德国的生平与著述，参见 Grünewald，*Ernst Kantorowicz und Stefan George*。关于康托洛维茨移民美国后的生平与著述，参见 Ralph E. Giesey，"Ernst H. Kantorowicz：Scholarly Triumphs and Academic Travails in Weimar Germany and the United States"，*Leo Baeck Institute Year Book* 30（1985）：191 - 202；and Robert E. Lerner，"Ernst H. Kantorowicz（1895 - 1963）"，*in Medieval Scholarship：Biographical Studies in the Formation of a Discourse*，*vol. l*，*History*，ed. H. Damico and J. B. Zavadil（New York：Garland，1995），263 - 275。康托洛维茨的主要论文，重印在 *Selected Studies*，ed. M. Cherniavsky and R. Giesey（Locust Valley，N. Y.：J. J. Augustin，1965）。

34. Felix Gilbert，*A European Past：Memoires，1905 - 1945*（New York：Norton，1988），106 - 107.

35. 关于康托洛维茨著作的被接受，参见 Eckhart Grünewald，"'Not Only in Learned Circles'：The Reception of *Frederick the Second* in Germany before the Second World War"，in Fried and Benson，*Ernst H. Kantorowicz*，162 - 179。

36. Eckart Kehr，"Der neue Plutarch：Die 'Historische Belletristik'，die Universität und die Demokratie"，reprinted in *Der Primat der Innenpolitik：Gesammelte Aufsätze zur preussischdeutschen*

Sozialgeschichte im 19. und 20. Jahrhundert, ed. H. U.
Wehler（Berlin：de Gruyter, 1965）,269－278.科尔所指的是
弗里德里希·甘道夫和埃米尔·路德维格。然而,参见以下对
康托洛维茨的攻击 Christoph Gradmann, *Historische
Belletristik*：*Popuälrehistoris-che Biographien in der Weimarer
Republik*（Frankfurt am Main：Campus Verlag, 1993）,176－
180。

37. Kantorowicz, *Frederick the Second*, 3.

38. Ibid. ,5.

39. Ibid. ,689.

40. 关于魏玛共和国时期的历史学中遍布的反民主和专制倾向,参
见 Bernd Faulenbach, *Ideologie des deutschen Weges*：*Die
deutsche Historiographie zwischen Kaiserreich und Nazional-
sozialismus*（Munich：Beck, 1980）,248－316。

41. Peter Gay, *Weimar Culture*：*The Outsider as Insider*（New
York：Harper and Row, 1970）,50－51.诺曼·F.坎托
（Norman F. Cantor)的下列评论则更为严苛,"这部奇妙的书,
是希特勒土头土脑而又暴力的追随者们所能想象到的最出色、
最幸运的宣传材料,因为康托洛维茨在阐述'德国的世界统治
和世界之伟大时,将其基础建立在个人的能力而非人民的能力
之上。'"Norman F. Cantor, *Inventing the Middle Ages*：*The
Lives*，*Works*，*and Ideas of the Great Medievalists of the
Twentieth Century*（New York：W. Morrow, 1990）,96。以同
样不怀善意的方式,史蒂芬·罗恩(Steven Rowan)将该书称为
"法西斯的经典之作。"参见其"Comment：Otto Brunner", in
Pathsof Continuity：*Central European Historiography from the
1930s to the 1950s*, ed. H. Lehmann and J. Van Horn Melton
（Cambridge：Cambridge University Press, 1994）,296。

42. Kantorowicz to Ursula Küpper, 12 June 1960, in Grünewald,
Ernst Kantorowicz und Stefan George, 160.

43. Ibid. ,164－165.斯派德尔的话虽是如此,但对纳粹历史学而
言,弗里德里希二世的形象远没有弗里德里希·巴尔巴罗萨、

卡尔大帝来得重要,它们更适合"纯粹"的雅利安日耳曼皇帝这一角色。参见 Karen Schönwälde 有趣的评论,*Historiker und Politik*：*Geschichtswissenschaft im Nationalsozialismus*（Frankfurt am Main：Campus Verlag，1992），76。

44. Quoted by Grünewald, *Ernst Kantorowicz und Stefan George*，165.

45. 有关《弗里德里希二世皇帝传》的现代评价,参见 Karl Leyser，"The Emperor Frederick II"，in his *Medieval Germany and Its Neighbours*（London：Hambledon Press，1982），269 - 276；David Abulafia，"Kantorowicz and Frederick II"，*History* 62（1977）：193 - 210。

46. Robert E. Lerner："Ernst Kantorowicz and Theodor E. Mommsen"，in *An Interrupted Past*：*German-Speaking Historians in the United-States after 1933*，ed. H. Lehmann andJ. J. Sheehan（Cambridge：Cambridge University Press，1991），197. 类似的观点,参见 Josef Fleckenstein，"Ernst Kantorowicz zum Gedächtnis"，*Franlefurter Universitätsreden*，34(1964)：11 - 27。

47. Richard W. Southern，Review of *The King's Two Bodies*，by Ernst H. Kantorowicz，*Journal of Ecclesiastical History* 10（1959）：106.

48. Karl Hampe，"Das neueste Lebensbild Kaiser Friedrich II"，*Historische Zeitschrift* 146（1932）：441 - 475，quoted from Wolf，*Stupor Mundi*，70 - 71. 有关康托洛维茨书中的这一问题,参见 Walther Lamme 具有启发性的讨论,"Bild und Urteil in der Geschichtsschreibung"，in his *Vestigia Mediavelia*（Wiesbaden：F. Steiner，1977），109 - 123。

49. Hampe，"Das neueste Lebensbild Kaiser Friedrich II"，in Wolf，*Stupor Mundi*，67 - 68.

50. Ibid. ，72 - 73.

51. Kantorowicz，*Frederick the Second*，202 - 203.

52. Albert Brackmann，"Kaiser Friedrich II. in 'mythischer Schau'"，in

Wolf, *Stupor Mundi*, 7 – 12.

53. Kantorowicz, *Frederick the Second*, 522. 另可参见 Ernst Kantorowicz's essay "Petrus de Vineain England"（1937），reprinted in Cherniavsky and Giesey, *Selected Studies*, 213 – 246, 在文中康托洛维茨展现了这第一位丞相如何塑造了其所有现代追随者们的修辞-政治风格。

54. Kantorowicz, *Frederick the Second*, 447.

55. Ernst Kantorowicz, "The Problem of Medieval World Unity"（1942），in Cherniavsky and Giesey, *Selected Studies*, 76 – 81.

56. Ibid. ,78.

57. Kantorowicz, *Frederick the Second*, 668.

58. Cecil M. Bowra, *Memoires*, *1898 – 1939*（Cambridge, Mass. ：Harvard University Press, 1967）,294.

59. Kantorowicz, *Frederick the Second*, 245,669.

60. 对这一主张的明晰阐述, 参见 Marine Valensise, "Ernst Kantorowicz", *Rivista Storica Italiana* 101(1989)：194 – 221。

61. Kantorowicz, *Frederick the Second*, 669.

62. Ibid. , 443 – 445.

63. Horst Rüdiger, "Der dritte Humanismus", in *Humanismus*, ed. H. Oppermann（Darmstadt：Wissenschaftliche Buchgesellschaft, 1970）,206 – 223.

64. Kantorowicz, *Frederick the Second*, 447.

65. Ibid. , 444.

66. Percy Ernst Schramm, *Kaiser*, *Rom und Renovatio*：*Studienzur Geschichte des romanischen Erneuerungs gedankens vom Ende des karolingischen Reichesbiszum Investiturstreit*, 2 vols. （Leipzig：B. G. Teubner, 1929）. 有关施拉姆的生平与著作, 参见 Janos Bak, "Percy Ernst Schramm（1894 – 1970）", in Damico and Zavadil, *Medieval Scholarship*, 247 – 261。

67. Kantorowicz, *Frederick the Second*, 456.

68. Ibid. , 293 – 368.

69. Ibid. , 669.

70. Jacob Burckhardt, *The Civilization of the Renaissance in Italy*, trans. S. G. C. Middlemore (Vienna: Phaidon Press, n. d.), 2.

71. Wallace K. Ferguson, *The Renaissance in Historical Thought* (Cambridge, Mass. : H. Mifflin, 1948), 330 - 385.

72. Charles H. Haskins, *The Renaissance of the Twelfth Century* (Cambridge, Mass. : Harvard University Press, 1927), v-vi.

73. Kantorowicz, *Frederick the Second*, 160 - 163, 202 - 203, 239.

74. *Purgatorio*, 27. 139 - 142 (Singleton's translation). 参见下列讨论，Charles Davis, "Kantorowicz and Dante", in Fried and Benson, *Ernst H. Kantorowicz*, 240 - 264。

75. Kantorowicz, *Frederick the Second*, 260.

76. 关于但丁和格奥尔格在康托洛维茨生平与著作中的融合，参见Kay E. Schiller 出色的论文，"Dante and Kantorowicz: Medieval History as Art and Autobiography", *Annali Italianistica* 8 (1990): 396 - 411。

77. Karl Hampe, "Das neueste Lebensbild Kaiser Friedrichs II", in Wolf, *Stupor Mundi*, 68 - 71. 汉佩恰当地提到施拉姆及其在汉堡瓦尔堡图书馆同仁们的作品与那种新的学术相关。施拉姆的《凯撒、罗马与重建》出现在瓦尔堡图书馆的系列论著中。虽然作为格奥尔格圈子的成员，康托洛维茨与瓦尔堡圈子并不相容，但是他的《弗里德里希二世皇帝传》对瓦尔堡圈子的成员却造成了深远的影响，这可以从弗里茨·萨克斯尔写给汉斯·迈耶的书信中推出，转引自 Silvia Ferretti, *Cassirer, Panofsky, and Warburg: Symbol, Art, and History*, trans. R. Pierce (New Haven, Conn. : Yale University Press, 1989), xi. 自离开德国后，康托洛维茨与瓦尔堡学院的联系日益紧密。1939 至 1942 年间，他在《瓦尔堡和考特兰学院学报》上发表了两篇重要的论文。在 1940 年代，康托洛维茨与厄尔文·潘诺夫斯基间有着密切的个人和学术交往，后者最终为他安排了在普林斯顿高等研究院的研究员职位。

78. Friedrich Nietzsche，*On the Utility and Liability of History for Life*，trans. R. T. Gray（Palo Alto，Calif.：Stanford University Press，1995），163. 对尼采"超历史"观念的敏锐解读，参见 Peter Berkowitz，Nietzsche：*The Ethics of an Immoralist*（Cambridge，Mass.：Harvard University Press，1995），27 - 32。

79. Friedrich Nietzsche，*The Birth of Tragedy*，trans. W. Kaufinann（New York：Vintage Books，1967），42. 关于尼采的神话理论，参见 Benjamin Bennett 的出色论文，"Nietzsche's Idea of Myth：The Birth of Tragedy out of the Spirit of Eighteenth Century Aesthetics"，*PMLA* 94(1979)：420 - 433。另可参见 Allan Megill 在 *Prophets of Extremity*（Berkeley：University of California Press，1985），65 - 102 中的讨论。

80. Nietzsche，*The Birth of Tragedy*，59.

81. Nietzsche，*On the Utility and Liability of History*，128.

82. Ibid.，129.

83. Ibid.，142.

84. Heinz Raschel，*Das Nietzsche-Bild im George-Kreis：Ein Beitrag zur Geschichte der deutschen Mythologie*（Berlin：de Gruyter，1984）.

85. Steven E. Aschheim，*The Nietzsche Legacy in Germany，1890 - 1990*（Berkeley：University of California Press，1992），71 - 84.

86. Friedrich Nietzsche，*Human All Too Human*，trans. R. J. Hollingdale（Cambridge：Cambridge University Press，1986），235.

87. Ernst Troeltsch，*Der Historismus und seine Probleme*（Tübingen：J. C. B. Mohr，1922）.

88. Friedrich Gundolf，*George*（Berlin：G. Bondi，1921），10. 英文翻译转引自 Lepenies，*Between Science and Literature*，274。有关贡多尔夫的历史理论，参见 Ulrich Raulff，"Der Bildungshistoriker Friedrich Gundolf"，in Friedrich Gundolf，

Anfange deutscher Geschichtsschreibung von Tschudi bis Winckelmann, ed. E. Wind（Frankfurt am Main：Fischer，1992），115－154。对德国历史学中文化观念的整体评价，参见 Aleida Assmann，*Arbeit am nationalen Gedächtnis：Eine kurze Geschichte der deutschen Bildungsidee*（Frankfurt am Main：Campus Verlag，1993）。

89. 在海德堡学界，对格奥尔格神话观念的积极评价，参见汉斯-格奥尔格·伽达默尔（Hans-Georg Gadamer）的相关回忆，"Stefan George（1868－1933）"，in *Die Wirkung Stefan George auf die Wissenschqft*，ed. H. J. Zimmerman（Heidelberg：C. Winter，1985），43－47。对格奥尔格及其圈子的整体评价，参见 Stefen Breuer，*Asthetischer Fundamentalismus：Stefan George und der deutsche Antimodernismus*（Darmstadt：Wissenschaftliche Buchgesellschaft，1995）。

90. *The Works of Stefan George*，trans. O. Marx and E. Morwitz（Chapel Hill：University of North Carolina Press，1974），224. 对格奥尔格诗作的一种政治学-历史学诠释，参见 Klaus Landfried，*Stefan George-Politik des Unpolitischen*（Heidelberg：L. Stiehm，1975）。

91. Ernst Bertram，*Nietzsche：Versucheiner Mythologie*（Berlin：G. Bondi，1918）.

92. Friedrich Gundolf，*Caesar：Geschichte seines Ruhms*（Berlin：G. Bondi，1924），91.

93. Kantorowicz，"'Mythenschau'"，in Wolf，*Stupor Mundi*，40.

94. Kahler，*Der Beruf der Wissenschqft*，9. 另可参见卡勒的论文 "Das Fortleben des Mythos"，in his *Die Verantwortung des Geistes*（Frankfurt am Main：Fischer，1952），202－212。

95. 在卡尔·费迪南德·沃纳（Karl Ferdinand Werner）看来，那一时期的大多数德国历史学家都用这类教学的-煽动性的措辞来设想自己作为正确的"民族"情感与观点的教师所肩负的使命。"Machtstaat und nationale Dynamik in der Konzeptioner deutschen Historiographie 1933－1940"，in *Machtbewußtsein in*

Deutschland am Vorabenddes Zweiten Weltkrieges，ed. F. Knippig（Paderborn：Schnönigh，1984），332－333。

96. Otto Gerhard Oexle，"German Malaise of Modernity：Ernst H. Kantorowicz and his 'Kaiser Friedrich der Zweite'"，in Fried and Benson，*Ernst H. Kantorowicz*，33－56.

97. Eckhardt Grünewald，"'Übt an uns Mord und reicherblüht was blüht!'：Ernst Kantorowicz spricht am 14. November 1933 über das 'Geheime Deutschland'"，in Fried and Benson，*Ernst H. Kantorowicz*，51－76.

98. 相关的整体讨论，参见 Faulenbach，*Ideologie des deutschen-Weges*，248－289，309－316。

99. Helmut Scheuer，*Biographie：Studien zur Funktion und zum-Wandel einer literarischen Gattung vom*. 18 *Jahrhundert bis zur Gegenwart*（Stuttgart：J. B. Metzler，1979），131.

100. 有关布拉克曼担任臭名昭著的"德国北部和东部科学研究协会"主任一职的情况，参见 Michael Burleigh，*Germany Turns Eastward*，*A Study of "Ostforschung" in the Third Reich*（Cambridge：Cambridge University Press，1988）；and Schönwälder，*Historiker und Politik*. 在纳粹统治下的德国历史学方面，代表性的作品仍然是 Karl Ferdinand Werner，*Das NS Geschichtsbild und die deutsche Geschichtswissenschaft*（Stuttgart：Kohlhammer，1967）。

101. Johannes Fried，"Ernst H. Kantorowicz and Postwar Historiography：German andEuropean Perspectives"，in Fried and Benson，*Ernst H. Kantorowicz*，186.

102. Ernst Kantorowicz，"Grenzen，Möglichkeiten und Aufgaben der Darstellung mittelalterlicher Geschichte"，ed. E. Grünewald，*Deutsches Archiv für Erforschung des Mittelalters* 50(1994)：104－125.

103. Kantorowicz，*Frederick the Second*，367－368.

104. Ibid.，203.

105. Ibid.，688－689.

106. Friedrich Hebbel，quoted by Grünewald，*Ernst Kantorowicz und Stefan George*，79 – 80.

107. Kantorowicz，prefatory note to *Frederick the Second*. 整件事情参见 Grünewald，*Ernst Kantorowicz und Stefan George*，65 – 76。

108. Brackmann，"Kaiser Friedrich der Zweitein ' mythischer-Schau'"，in Wolf，*Stupor Mundi*，22.

109. Kantorowicz，"'Mythenschau'"，in Wolf，*Stupor Mundi*，24.

110. Ibid.，38 – 39，referring to Brackmann，"Kaiser Friedrich der Zweitein'mythischer Schau'"，in Wolf，*Stupor Mundi*，24.

111. Ibid.，23.

112. Ibid.，35 – 37.

113. Albert Brackmann，"Nachwort：Anmerkungzu Kantorowicz' Erwiderung"，*Historische Zeitschrift* 141(1930)：478.

114. Cited from Hans Belting，"Images in History and Images of History"，in Fried and Benson，*Ernst H. Kantorowicz*，96.

115. 有关康托洛维茨在海德堡的学习情况，参见 Grünewald，*Ernst Kantorowicz und Stefan George*，43 – 53。有关中世纪研究中的"海德堡学派"，参见 Herman Jakobs，"Die Mediavistik bis zum Ende der Weimarer Republik"，in *Geschichte in Heidelberg*，ed. J. Miethke（Heidelberg：Springer Verlag，1992），39 – 66。

116. Eberhard Gothein，*Die Aufgabender Kulturgeschichte*（Leipzig：Duncker und Humblot，1889）.

117. Lionel Gossman，*Orpheus Philologus：Bachofen versus Mommsen on the Study of Antiquity*（Philadelphia：American Philosophical Society，1983）.

118. Löwith，*Mein Leben in Deutschland vor und nach* 1933，24.

119. Ernst Kantorowicz，*Laudes Regiae：A Study in Liturgical Acclamations and Medieval Ruler Worship*（Berkeley：University of California Press，1946），186.

120. Reprinted in Grünewald，*Ernst Kantorowicz und Stefan George*，

158 - 167.

121. 对这种转变很好的阐述，参见 Ulrich Raulff，"Der letzte Abenddes Ernst Kantorowicz: Von der Würde, die nichtstirbt: Lebensfrageneines Historikers"，*Rechtshistorisches Journal* 18 (1999)：167 - 191。

122. Kantorowicz，*The King's Two Bodies*，ix. 卡西尔也提到了康托洛维茨，参见 *The Myth of the State*，137。

123. Kantorowicz，*The King's Two Bodies*，vii.

124. 有关康托洛维茨在争论中的角色，参见 David P. Gardner，*The California Oath Controversy*（Berkeley：University of California Press，1967），120 - 121。

125. Kantorowicz，*The King's Two Bodies*，viii.

126. Ibid.，ix.

127. Cassirer，*The Myth of the State*，3，296.

128. Ernst H. Kantorowicz，"*Pro patria mori* in Medieval Political Theology"，*American Historical Review* 56（1951）：472 - 492.

129. Ibid.，490 - 491.

130. Ibid.，491.

131. "美学的国家"这一观念的含义及历史，参见 Josef Chytry，*The Aesthetic State*：*A Quest in Modern German Thought*（Berkeley：University of California Press，1989）。

132. Quoted by Grünewald in his "Biographisches Nachwort" to a new edition of Kantorowicz's *Friedrich der Zweite*（Stuttgart：Klett-Cotta，1998），548.

133. Kantorowicz，*The King's Two Bodies*，26.

134. Ibid.，291 - 313.

135. Ibid.，495.

136. Ibid.，465. 有关但丁在生活和历史上明显的神话学观念，参见 Patrick Boyde，*Dante Philomythes and Philosopher*（Cambridge：Cambridge University Press，1981）。

137. Kantorowicz，*The King's Two Bodies*，474.

138. Ernst Kantorowicz, "The Problem of Medieval World Unity", *Annual Report of the American Historical Association for 1942* 3(1944)：31-37, reprinted in Cherniavsky and Giesey, *Selected Studies*, 76-81.

139. Thomas Mann, *The Theme of the Joseph Novels* (Washington, D. C.：U. S. G. P. O. ,1943),21.

140. 对此事件最好的叙述,参见 Peter Hoffmann, *Stauffenberg*：*A Family History*, *1905 - 1944* (Cambridge：Cambridge University Press, 1995)。

141. Peter Hoffmann, "Claus Graf Stauffenberg und Stefan George：Der Weg zur Tat", *Jahrbuch der Deutschen Schillergesellscheft* 12(1968)：52-54.

142. Hoffmann, *Stauffenberg*, 30.

143. Grünewald, *Ernst Kantorowicz und Stefan George*, 75.

144. Hoffmann, *Stauffenberg*, 240-246.

145. Ibid. ,246-247.

146. Ibid. , 277,353 n. 86.按照其他史料的说法,斯陶芬伯格最后喊出的不是"秘密的"(*geheim*)而是"神圣的"(*geheiligte*)德国。

147. Ibid. , 282,285.

148. 转引自 Giesey, "Ernst H. Kantorowicz", 198。对这封信的批判性研究,参见 Saul Friedländer, "Zwei jüdische Historiker in extremis：Ernst Kantorowicz und Marc Bloch angesichts des Nazismus und der Kollaboration ", in *Bruchlinien*：*Tendenzender Holocausiforschung*, ed. G. Koch (Cologne：Bohlau, 1999),107-124。

149. Ernst H. Kantorowicz, "Das Geheime Deutschland：Vorlesung, gehaltenbei Wiederaufuahme der Lehrtätigkeit am 14. November 1933, " ed. E. Grünewald, in Fried and Benson, *Ernst H. Kantorowicz*, 77-93.

150. Grünewald, *Ernst Kantorowicz und Stefan George*, 127.

151. Kantorowicz, "Das Geheime Deutschland", 80.

152. Ibid. , 81.

153. Ibid.

154. Max Kommerell，*Der Dichterals Führer in der deutschen Klassik* (Berlin：G. Bondi，1928)，474.

155. Kantorowicz，"Das Geheime Deutschland"，87.

156. Ernst H. Kantorowicz，"Deutsches Papsttum"，*Castrum Peregrini* 12（1963）：7 - 24. 参见下列讨论，Grünewald，*Ernst Kantorowicz und Stefan George*，130 - 135。

157. Kantorowicz，"Deutsches Papsttum"，19 - 20,23 - 24.

158. Ibid. ,8.

159. 对凤凰神话的详尽讨论，参见 Kantorowicz，*The King's Two Bodies*，388 - 401。

160. Ibid. , 451.

161. Ibid. ,5.

162. Clifford Geertz，"Centers，Kings，and Charisma"，in *Rites of Power：Symbolism，Ritual and Politics since the Middle Ages*，ed. S. Wilentz（Philadelphia：University of Pennsylvania Press，1985），14 - 15,34.

163. *Rituals of Royalty*，ed. D. Cannadine and S. Price（Oxford：Oxford University Press，1987），7.

164. Peter Schöttler，"Ernst Kantorowicz in Frankreich"，in Fried and Benson，*Ernst H. Kantorowicz*，144 - 161.

第六章　瓦尔特·本雅明：作为现代神话学的历史

在其《本雅明回忆录》中,恩斯特·布洛赫(Ernst Bloch)述说了与本雅明的一次特别见面,那是在 1927 年春的某一天,"我们看见他低着头,在库达姆大街上,若有所思地散着步——我的未婚妻卡罗拉,此前总是听我谈起他,这是第一次见到他本人,便问他在想些什么。"他回答道:"亲爱的女士,你是否注意到杏仁糖人偶的病态外观呢?"[1] 卡罗拉·布洛赫在其回忆录中谈及此事,并补充说在本雅明发表完上述评论后,"他从包里掏出一个由胡桃木制成的半片贝壳,里面是用杏仁糖精心雕刻的马利亚和摇篮里的婴儿耶稣",一件他们此后都怀着赞叹之情研究的艺术品(Kunstwerk)。[2]

这则轶事集中体现了贯穿本雅明一生行事与学术研究的方法。对哲学的、历史学的思考而言,杏仁糖人偶(Marzipanfiguren)是合理的,甚至是完美的对象,因为它展现了构成现代文明的整个精神的和物质的冲动。正如西奥多·阿多诺(Theodor Adorno)所见,本雅明的哲学有赖于"一种凝结(a kind of concretion)",凭借匮乏的并且似乎是无关紧要的物体——无论是物质的(玩具、邮票、明信片),还是文字的(谚语、传说、引语)——在他"美杜莎般的注视下",产生出神秘的意义。[3] 本雅明对宏大理论与制度中最细小、最具体方面的偏好可以由另一则轶事得到最完美的诠释。革顺·肖勒姆(Gershom Scholem)叙述道:"1927 年 8 月的一天,他把我拉到巴黎的克吕尼博物馆,这里在展出犹太教的仪式物品。他兴高采烈地指给我看两粒小麦,上面有同一个人雕刻的完整的《以色列忏悔》(Shema Israel)。"[4] 从这个故事,以及许多其他与本雅明的"显微学(micrology)"相关的故事中,我们可以推测他深思杏仁糖人偶的一个可能的理由:正如可以在两粒小麦上写下根本性的《律法书》,那么便也可以只通过深思整个现代世界的某一件典型器物而去理解它。本雅明将自己的历史学方法论定义为有赖于"从最不起眼的边角物——也可以说是历史的碎屑——中保存历史图像的努力"[5]。

那么,为何偏偏是杏仁糖人偶?关于现代社会与历史,本雅明从杏仁糖人偶中了解到什么?既然就我所知而言,无论是恩斯特、卡罗拉·布洛赫还是本雅明本人,都未曾就这一特别事件详加探讨,我想要——用一种本身便是向本雅明致敬的思路(Gedankengang)——以此事件来解释他整个的世界观,用本雅明的话来说,它是如此地具有原创性,恰恰因为它是那么地边缘。该探讨的起点,可以是本雅明为其自传《1900 年前后柏林的童年》(A Berlin Childhood around Nineteen Hundred)所附的题词:"啊! 胜利纪念柱,烧铸至极致,装饰着出自童年岁月的冬日之糖。"[6] 无论本雅明通过这些话想表达的意思是什么(正如肖勒姆所言,这些话可能写于本雅明的某次大麻实验中)[7],他将此甘美形象作为通向其社会记忆与经历之钥匙的决定意义重大,并且可能也解释了他对杏仁糖人偶的反应。因为包裹了"胜利纪念柱"背后严酷的社会-政治现实的糖和雪花——柏林市的纪念物掩盖了令人想起"但丁地狱"(Dante's Inferno)的可怕的死亡与毁灭现实[8]——与香甜但"病态"的杏仁糖人偶并无差别。现代社会还在生产和消费这些"心愿形象"(Wunschbilder)的事实表明,这些虚造之物,与其他许多仍大量存在于所有其他"文化表达"(cultural expressions)中的神话形象一样,与我们社会生活和历史中某些真实的诉求与愿望息息相关。我在本章中的主要观点是,本雅明将杏仁糖人偶视为现代文明中普遍的"神话力量复活"(reactivation of the mythic forces)的又一表现,并且这种他称之为"现代神话学"(modern mythology)的认识贯穿了他的整个哲学。

本雅明看到杏仁糖人偶时的"困惑"表现出一种不同寻常的神

话学思考,在亚里士多德看来,它符合"形而上学"(metaphysical)一词最原始的本义。

> 因为惊讶,人们现在并且也是首次开始了哲学探讨;他们先是惊讶于明显的困惑,随后一点一点向前推进,进而去澄清一些重要的问题,比如日月行星的现象和世界的起源。一个有所困惑和惊讶的人,便觉得自己乃是无知之人。因此,爱好神话之人(*philomythes*)从某种意义上说便是爱好智慧之人(*philosophus*),因为神话乃由惊讶所构成。[9]

229

这些话十分恰当地概括了本雅明哲学论证的风格。正如肖勒姆所见,虽然本雅明常常表现出唯物主义者的伪装,但是从根本上他是一个"形而上学者"(metaphysician),在该词古典的、亚里士多德式的含义上,"对世界及其现实的哲学体验——这便是我们对形而上学(*metaphysic*)一词的概括,并且可以肯定的是,本雅明也是在此意义上使用它的"[10]。在将本雅明定义为"一名简单而纯粹的形而上学者"后,肖勒姆做了如下值得我们全文引用的重要观察:

> 他牢记于心的是,在他所处的时代,一个纯粹形而上学者的天才在其他领域得到发挥更为容易,任何其他的领域,而非那些传统上的形而上学领域,而这恰恰是有助于塑造其与众不同的个性与原创性的经历之一。他愈益为似乎与形而上学关联不大或者说毫不相干的事物所吸引。他的独特天才之处在于,在他的注视下,所有这些事物都显露出一种尊严,一种自身的哲学气氛,这也是他着力去描绘的。[11]

在其为本雅明所作的纪念性传记《一段友谊的故事》(*The Story of a Friendship*)中,肖勒姆指出,本雅明清楚地认识到自身形而上学研究本质上"神话学"的渊源和可能性。肖勒姆尤其注意到,在其哲学教育的形成期,本雅明曾深深地沉浸于亚里士多德的《形而上学》之中。[12]虽然在那段时期,本雅明对神话的兴趣主要是哲学上的,但是他对新的神话科学的主要趋向仍相当熟稔。在

1915 至 1917 年,即本雅明的慕尼黑大学求学期间,他和另一些受鼓舞之人,其中便有诗人里尔克(Rilke),一起参加了由沃尔特·莱曼(Walter Lehmann)组织的一个私人研讨班,后者是前哥伦布时期人种学和神话比较学领域的杰出学者。在研讨班上,本雅明开始懂得古代神话学更广泛的哲学意义和历史影响。[13] 这种理解又因圈中其他成员而得到加强,譬如马克思·普尔弗(Max Pulver),他向本雅明引荐了浪漫主义神话哲学家弗朗茨·冯·巴德尔(Franz von Baader),后者在本雅明看来"比雪莱更令人印象深刻"[14]。圈中成员还有菲力克斯·诺伊格拉斯(Felix Noeggerath),本雅明与他探讨"比较神话学"这门新学科为他自己的"任务和目标"所打开的崭新途径。[15] 这些想法影响了本雅明在 1918—1919 年期间对神话文学的阅读,并且也影响了他的主要神话理论以及他在 1920 年代早期对该领域其他著作的批判性诠释。肖勒姆回忆起与年轻的本雅明之间一次难忘的谈话,那是在 1918 年 6 月慕尼黑附近的普特。"在讨论黑格尔是否曾想要演绎世界时,我们转向了数学、哲学和神话。本雅明只把神话视为'世界'。他说他仍不确信哲学的目标是什么,因为没必要去发掘'世界的意义':它已经存在于神话之中。神话便是一切。除此之外,包括数学和哲学,都只是一种晦涩(Verdunkelung),一种从神话中生出的微光。"[16]

上述观察对肖勒姆而言印象深刻。他在日记中写道:"本雅明的思想围绕并且将始终围绕神话现象,他从最多元的角度去接触神话;从历史的角度,将浪漫主义作为他思考的起点;从文学的角度,将荷尔德林(Hölderlin)作为他思考的起点;从宗教的角度,将犹太教作为他思考的起点;还从法律的角度。"[17] 反复咀嚼这些话后,肖勒姆意识到"本雅明决意转向对神话的哲学渗透,这已经盘桓在他心中多年,发轫于他对荷尔德林的研究,并且很可能贯穿了他的一生。在此它第一次显现,并在我们的许多次谈话中留下印记"[18]。这些谈话被证明对第一位也是最重要的犹太神话学学者肖勒姆本人的学识发展至关重要。肖勒姆自己说道:"我时常跟他谈起我关于犹太教及其与神话间对抗的想法,就此我已经思虑良多……我认为正是在那些日子里,我们特别地互相影响。"[19]

　　至于本雅明自己的学识发展，肖勒姆的观察是，本雅明生活和著作的深层来源或者说"起源"可以在"神话世界"中找到，这意味着为了更充分地了解本雅明，我们应当观察本雅明有关这个"世界"的事实上所有的图像、想法和理论，即便最终它与其"起源"相左，至于这个"世界"，则来自他对现实的某些具体的神话感知。不仅如此，本雅明在其自传《1900年前后柏林的童年》中对自己生活和著作的思考表明，他认为自己的学识发展，总是沉浸在神话的构造中，从他最早对迷宫和柏林蒂尔加滕公园中纪念性人物像的幼稚想法，到最后成熟地将这些印象理解为巴黎商业区现实力量的体现。在其不朽之作《拱廊街计划》（*The Arcades Project*）中，他试图在现代社会的集体无意识中为这种冲动找到深层的原因。他认为对19世纪巴黎社会和文化生活方式中"潜在神话学"（latent mythology）的呈现可以揭示仍在20世纪前数十年萦绕着的根本性迷恋。[20] 本雅明自己对此肯定道："只有轻率的观察者才会否认在现代技术世界和神话的古朴象征世界间发挥作用的那种联系。"[21]

　　唉，在对本雅明汗牛充栋的研究中，鲜有就其一生沉浸于神话之中进行探讨的尝试。约翰·迈克寇尔（John McCole）近来注意到"本雅明对神话的全身心投入，其重要性通常为人所知，阿多诺和肖勒姆也都曾加以强调。但更令人吃惊的是，对该问题却缺乏持续而严肃的研究"[22]。确实，虽然许多学者正确地注意到本雅明对神话形象的偏爱，但却很少有人像肖勒姆那样懂得，对本雅明而言，神话是一种具有绝对概念的、历史优越性的范畴，是所有进一步探讨人类事务的钥匙。因为相当多的学者仍倾向于将本雅明视为一名马克思主义者或是像法拉克福学派那样的"批判理论家"，他们都太过轻易地认为本雅明对神话的批判性评论是对神话的敌视，如马克思和其他现代的激进理论家们一样，譬如阿多诺、霍克海默（Horkheimer）、马尔库塞（Marcuse）或伊格尔顿（Eagleton），用同样贬低的方式将神话描述为一种对现实的"错误意识"，一种社会的"意识形态"，一种对精神的"语言学操控"等等。[23] 然而，正如尤尔根·哈贝马斯（Jürgen Habermas）所论，本雅明的批判（*Kritik*）概念及随之而来的对神话学的理解与研究与其他批判理论学家同行们相较实乃大相径庭：他实践了一种哈贝马斯所谓"救赎的"（*rettende*）而非"惩治的"（*Bewußtmachende*）批判研究。在哈贝马斯看来，本雅明相信"人类从中汲取并赋予世界以意义，同时又允许这种意义被体验的语义潜能……发轫并贮藏在神话之中，并且必将从神话中释放出来——但是它不能被扩大，只能被不断转化"[24]。因此，本雅明尝试通过对现代文化传统起源做语言学、玄学的考察以重获此意义：他担心如果保留在神话中的"语义学能量流"为人类所丧失的话，"依据人类需求以解释世界的诗性功能将逐渐式微"[25]。

在其对神话学的研究中，本雅明称赞那些懂得这种新的"批判"任务并以此来对待神话的艺术家和学者们。比如古典时代希腊的悲剧家们，17世纪德国悲悼剧（*Trauerspiel*）的创作者们，18世纪末、19世纪初歌德和其他早期的浪漫主义诗人们，以及像波德莱尔、巴尔扎克、卡夫卡和纪德这样的现代作家们：无论他们对古代神话持怎样的批判态度，他们都知道这些神话对各自的现代社会而言都保有重要的信息。"恰恰是现代（*la modernité*）总爱援引最初的历史（*Urgeschich*）"[26]，本雅明如是评论，并解释原因道：因为从神话信仰、神话事实中的逐渐解放，即等同于康德及其追随者们所谓的"启蒙"（enlightenment），剥夺了现代人的某些古朴的"体验形式"（forms of experience），譬如模仿的、巫术的官能，它们曾经并且仍然在世界上所有的人类取向与融合中至关紧要。本雅明通常将这些对现实的感知和"启发"（illumination）定义为"灵韵的"（auratic）。

这些"灵韵的"感知存在于对客体更深层的时间、空间维度的理解中，存在于"一种距离的独特表现中，无论它是多么靠近"，正如在一幅艺术作品中那样，通过其神秘的图像和宗教的运用以制造这些神秘的联系。[27] 灵韵的生活建立在对距离与崇敬的精神处置之上，它以前盛行于宗教团体内，但仍能通过人为的"沉醉"（*Rausch*）在现代社会中被唤起——无论它们是艺术的（像超现实主义者那样）还是军国主义的（像纳粹分子那样）。本雅明本可以强烈地反对这种朝向灵韵启发的尝试，但是他也看到它们标志着对解放的真实渴望以及对所有世俗现代性之无趣体验的变革。这便是本雅明在其格言集《单向街》（*One-Way Street*）最后一幕《致天文馆》（*To the Planetarium*）中所描写的内容。在这幕缩影中，本雅明用一种古朴的、与众不同的神话去反驳现代对自然世界理性的-技术的态度。"在古人与现代人的显著差别方面，没有什么比得上古人对一种极少为后世所知的宇宙体验的全身心投入了……只有在这种体验中，我们才能获得对离我们最近之物和最远之物的某些知识，并且两者始终是结合在一起的。"[28] 当我们观察一件艺术作品或诸如"地平线上的山脉"这类自然物体时，上述审美的、神话的感觉仍旧会在我们心中涌起，这一事实表明，通过对神话的复活，一种对世界的返魅依然可行。

本雅明敏锐地意识到这种"复活"中潜藏的危险。正如迈克寇尔已经正确强调的，"灵韵的知觉的确具有某些返祖的内容"：这暗示"灵韵的、神话的冲动仍在不为人所知的情况下支配着整个现代社会的知觉和经验形式。"[29] 世界大战恰恰证明了这些冲动已经变得多么强大、多么命运攸关。

> 现代人所犯的一个危险错误是将这种经验视为无足轻重、可以回避，并因之视其为星空下人们的诗情画意而已。事实并非如此；它的时钟不断敲响，无论是国家还是某一代人都无从逃避，这已由最近一次战争显露无疑，该次战争是糅合宇宙力量的一次新的、史无前例的尝试。大众、油气、电动力被投入空旷的乡间，高频电流横贯风景之中，新的卫星发射升空，大气空间和深海中螺旋桨在轰鸣，四处都有宛如献祭般的竖井在大地母亲身上开挖。[30]

魏玛德国时期神话运动的明显蛊惑恰恰表明摩登时代究竟在多大程度上再次受到这些灵韵经验的影响，特别是为大众传媒新的意识形态和技术手段所传播之时。在他后来 1930 年代的一些"唯物主义"著作中，特别是在他按照布莱希特（Brecht）严格的反形而上学原则所撰写的论文《机械复制时代的艺术作品》（*The Work of Art in the Age of Mechanical Reproduction*）中，本雅明拒绝那样的"灵韵"观，即仅仅有益于像超现实主义者们的那些催眠状态，或

233

者更糟糕的是,有益于法西斯主义者仪式性的"血与地"。然而即便是在他对那些灵韵返魅的新模式最具批判性的攻击中——譬如对恩斯特·荣格尔(Ernst Jünger)战争小说的评论,这些小说将战争的恐怖经历美化为英雄式的前线经验(*Fronterlebnis*)——本雅明仍指出,超现实主义的革命者和法西斯主义的反动者都是成功的,因为他们都诉求于某种根本性的"体验形式",而这正是他们的左翼反对者们所未能认识并加以利用的。[31]

最终,在最后的一些作品中,本雅明尝试将灵韵的认识与像波德莱尔这样现代主义者们的独特认识相调和,后者认为某种蕴含史前时期"仪式成分"的经验对"经验被剥夺"的"现代人"而言不可或缺。[32] 比如,"节庆假日"的经验:使它们变得"重要、意义非凡"的,本雅明写道,"是与更早生活的一种邂逅。"[33] 本雅明指出,波德莱尔的诗歌,其所有"有关山洞、草木的意象,有关云雾、水波的意象",并非一种对世界祛魅的浪漫主义尝试,而是一种明显现代的尝试:它产生于、表达了并试图超越对忧郁(*spleen*)的现代经验,也就是看到"大地重归一种仅仅是自然的状态。没有史前的气息环绕着它:在此没有灵韵"[34]。在像《通感》(*Correspondances*)或《前生》(*La Vie Antérieure*)这类诗歌中,通过将现代城市比作古代森林的隐喻描写,波德莱尔重建了灵韵的经验,这种令人印象深刻的重塑在本雅明看来展示了将人类现实看作一种永恒"史前史"的典型现代理解,这种"史前史"也是由同一种神话冲动所掌控的。本雅明记道:"重要的是,《通感》记录了一种包含仪式成分的经验概念。只有通过移用这些成分,波德莱尔才能看透自己作为一名现代人而见证的崩溃所具有的全部意义。"[35]

假设神话曾经是"世界的意义"所在,并且在许多方面仍是如此,既然"所有其他的东西"——有关世界的所有现代形象、思想和理论——"只是作为一种隐晦,一种产生于神话的闪光"而出现,本雅明将现代神话学家的批判任务重新定义为主要是解释学的而非科学的:它的目标是表明,任何新的世界意义如何在实际上都是新的神话意义。在其论纪德(Gide)现代主义版《俄狄浦斯》的论文中,他解释道:"重要的是,现代意义如何获得与古代意义间的距

234

离,以及与旧有解释间的距离如何反倒是对神话本身的一种新的接近,从中而来的现代意义不断将自己提供给新的发现。"[36] 当我们回忆肖勒姆与本雅明1918年的谈话时,似乎肖勒姆有绝对的理由推测"本雅明的思想围绕并且将始终围绕神话现象,他从最多元的角度去接触神话"。然而,本雅明的神话观究竟是什么呢? 肖勒姆说在本雅明所有的神话学著作中,他几乎都沉浸在一个重要的问题中,"对神话的哲学渗透,这已经盘桓在他心中多年,发轫于他对荷尔德林的研究,并且很可能贯穿了他的一生",这些话的意思又是什么?

Ⅱ

虽然本雅明对现代心理学、社会学和人类学的神话理论相当感兴趣,但他对神话究竟是什么的理解主要局限在神话的"古典"含义之中。查览他对具体神话的引用可见,本雅明特别关注希腊神话在后世作品中的艺术转变。在现代的神话学者中,他更关注那些研究古典神话学的学者——黑格尔、巴霍芬和尼采——而非像施莱格尔(Schlegel)、谢林和克罗伊策那样的浪漫主义学者,他们更关心印度和东方的神话学,而且虽然本雅明敬仰自己的老师沃尔特·莱曼,从老师那他学习了前哥伦布时期的人种学和比较神话学,但是在研究中却几乎没有提及老师。更令人惊讶的是,他对自己最亲密的朋友、学术知己肖勒姆的著作所持的模棱两可的态度:尽管在犹太神学方面,他几乎都是从肖勒姆那习得,但本雅明很少提到肖勒姆在犹太神话学方面激进的再发现和理论,并不必说对此加以利用了。在那些少见的情况下,当本雅明明确谈到犹太人的生活和历史观念时——譬如在1921年的论文《暴力的批判》(Critique of Violence)中——他有意用犹太神学与神话学的所有形式相抗衡。无论如何,与科恩、卡西尔这些德国犹太启蒙思想家(Aufklärer)不同,本雅明没有排除"犹太神话学"的概念和表现。在其对历史的最终反思中,他对天堂天使的救世主形象的召唤甚至可以表明他最终承认并利用了这种神话学,即便如他会坚持认为的那样,他这么做只是为了克服神话学对我们想象力的

235

掌控。

　　整体而言,本雅明始终坚持神话学的古典定义以及像黑格尔、尼采、韦伯这些思想家们对它的哲学解释,即将神话与"命运"观相等同。这便是在本雅明第一篇重要的论文《弗里德里希·荷尔德林的两首诗》(*Two Poems by Friedrich Hölderlin*,1914—1915)中,他谈到神话之意义时的主要观点,并且此观点贯穿于他 1920年代早期的论文《命运和性格》(*Fate and Character*)、《暴力的批判》和《歌德的选择性亲和力》(*Goethe's Elective Affinities*),以及他在论波德莱尔的论文和《拱廊街计划》里对该主题的最后反思之中。对本雅明而言,神话是任何一种事物状态,在其中人类认为现实被诸多力量所掌控,这些力量对人类的理解而言太过无垠而隐晦,无论它们是像希腊神话中诸神那样真正的强人(*Machthaber*),还是卡夫卡故事中的父亲和法官们,或者更宽泛而言,任何通过神秘化其人类起源以构成、维系传统之权威的法律或制度。

　　以一位身处对传统之意义及其关键词的意识形态之争中的"文学战略家"的身份出现,本雅明尝试在西方文明的古典神话素材中找到宿命论心态的起源。在其论文《俄狄浦斯还是理性神话》(*Oedipus, or Rational Myth*)中,本雅明重申了安德烈·纪德(André Gide)的主张:"凭借这个令人不快的词(命运),我们向运气做了很大的让步——远超应有的让步。命运的可怕杰作在所有我们无法解释的地方清晰可见。然而,我坚持认为,我们把命运越深地拉回神话中去,它们便越具启发性。"[37] 在其有关古典神话的论著中,本雅明试图表明古朴的"命运观"是如何——它认为人类的生活由超人的神祇和超自然的力量所掌控——在岁月中以其各种各样的形式不断再生同一种"神话的宿命"的。因此,希腊悲剧中的英雄们仍然是"神话的",即便他们敢于对抗神圣的法律和秩序,但最终他们总是"满怀宣泄"地认识到命运是全能的,需要加以肯定。"在悲剧中,异教徒意识到他比自己的神更优秀,但是这种难以言说的认识却令他哑然失声。"[38] 本雅明似乎与黑格尔的观察不谋而合,即这种将神话视为"神话"的认识使悲剧的英雄们成了"哑巴",同样这也与尼采的下列结论相契合,即在希腊的悲剧中,人类的动作和行为远比言语更重要。虽然本雅明主要关心的是

236

"神话的哲学渗透"，也就是说，措意于批判性对抗神话宿命的最初征兆，但他也指出，这种对人类权利自我主张以对抗神圣律法的最初尝试是如何成为从神话中解放出来的起点的。[39] 因为即便悲剧英雄注定顺从于神话的宿命，其行为所传递的信息，在合唱队就其特殊情况所吟唱的更沉思、更客观、更具共同性的咒语中重获显著。这种经由神话而解放的辩证过程也出现在希腊哲学中，"对苏格拉底式对话的研究离不开神话。柏拉图使用它的目的是什么？苏格拉底：通过这个人物，柏拉图在采用旧神话时又消灭了它。苏格拉底：这是哲学为要求人类献祭的神话诸神所提供的祭品。在可怕的斗争过程中，年轻的哲学试图在柏拉图身上自我主张。"[40]

同样，在本雅明论歌德小说《选择性亲和力》(*Elective Affinities*)的文章中（该文写于 1919 至 1922 年间，发表于 1924 年），他认为落到爱德华和奥蒂莉这对"不忠"爱人头上的致命后果是"神话的"，这不是因为他们都违背了神圣的婚姻纽带，而恰恰是因为他们仍坚持这种法律的制度，即便这已经与他们那么不甚相关。他们的负罪感表明他们所受的惩罚并非由某些外部的权力所施加，而是来自自身内心的痛苦，对此他们不甚明了，故而寻求赎罪，通过对各种预兆原始的－迷信的信仰以及其他毫无希望的"异教倾向"[41]。然而，与希腊悲剧家们的情况相类似，本雅明在歌德的小说中发现了从神话中解放出来的征兆——以及如我们所见，神话本身的解放——在歌德整部小说静谧的谋篇布局中。他展示了歌德是如何有意识地选择强化乃至僵化神话的宿命，这种宿命弥漫在歌德英雄们的精神状态中，在歌德笔下，这种精神状态的整个外部世界都由神秘的力量所掌控。然而，歌德使"神话的"成为其小说根本性问题的重要尝试被像弗里德里希·贡多尔夫这类现代读者们完全歪曲了。在本雅明看来，贡多尔夫正确地看到在歌德的生活和作品中普遍存在的神话冲动，但是他未能看到在《选择性亲和力》中，歌德开始了摆脱这些力量的斗争。贡多尔夫将这部作品中所有明显的神话创作表现视为新浪漫主义现实观的另一种表达（他自己的），即完全神话的，而非对它的一种颠覆。"没有一种思考模式，比令人困惑地重新折回神话之中，折回开始从神话中产生的那种东西更具灾难性了。"[42] 歌德生活与作品中的

237

"神话因素""不仅证实了,虽然不是在最深的层面,歌德生命中的神话世界。在他心中有一种斗争,要将自己从它的掌控中解放出来,而这种斗争与那个世界的本质一样,在歌德的小说中得到了证明。"[43] 贡多尔夫将"歌德的生活呈现为一种神话生活"的努力肯定了,无论是在多么地不经意间,歌德试图否定的东西——臣服于"神话的宿命"。

这种新的现实主义神话学观念,随着本雅明对此前相当尊崇的谢林、克罗伊策、冯·巴德尔和黑格尔唯心主义神话哲学的日益失望而逐渐增强。他对尼采"纯粹的美学神话观"也变得不再耐心,这导致他"抛弃了这种观念在历史-哲学方面的理解力"[44]。不仅如此,在 1920 年代中期,本雅明转而反对他们以及后来的新浪漫主义的理论家们,因为他意识到他们的旧观念在德国许多新的神话哲学中变得多么流行。所以,当 1925 年 12 月读了恩斯特·卡西尔的《神话思维的概念形式》(*Die Begriffsform im mythischem Denken*) 后,本雅明在写给雨果·冯·霍夫曼斯塔尔的信中说,他"对不仅在概念中表达神话思想——比如批判的——而且在概念的对照下充分地阐释它,并不确信是否可行"[45]。"为充分地阐释它",便需要比卡西尔更加现实地去处理神话。因此,当卡西尔仍然用严格的认识论的、伦理的、美学的范畴以解释神话是什么时,本雅明宁愿去追问神话做了什么,而在卡西尔主要关心(神话如何歪曲)"真实"问题之处,本雅明则可以很简单地将"真实"这个概念从神话学中排除出去。本雅明用中性的措辞将神话视为一种原始的认知形式,它既非真实又非谬误,超越善与恶,本质上在自然与人类事务方面是"模棱两可"(ambiguous)的。[46] 在其论歌德《选择性亲和力》的文章中,本雅明主张"神话与真实之间的关系"是一种"互斥"(mutual exclusion)[47]。有关神话的唯一哲学问题便是"神话的哲学渗透"。

在本雅明看来,歌德的小说标志着真正现代的现实观,人们借此充分意识到自己生活与作品中的神话冲动。本雅明在这部小说以及自己对该小说的研究中找到了可与现代神话学相对抗的批判的神话学。正如只有当歌德将自己沉浸于神话之中时,他才能开始从神话的缠绕(*Verschlingung*)中将自己解放出来,本雅明尝试通过许多作品和实践以培养那种将"自己迷失"在神话符号"森林"中的批判性方法，并且是在他意识到自己在做什么的状态下。最终，本雅明将这种新的批判的神话学定义为"辩证魅化"（dialectical enchantment）。其主要目标是通过对一种新的再融合的神话学做批判性尝试以反对现代科学的意识形态（比如未来主义或马克思主义）对神话的"祛魅"（disenchantment）和新浪漫主义意识形态（比如超现实主义或法西斯主义）对神话的"复魅"（re-enchantment）。[48]

本雅明的意思还可从他对新版德文《圣经》的批判态度中看出，这部出版于 1926 年的《圣经》由弗朗兹·罗森茨维络（Franz Rosenzweig）和马丁·布伯（Martin Buber）翻译而成。虽然本雅明接受他们的基本观点，即犹太教并非如许多德国犹太启蒙思想家们（*Aufklärer*）所认为的那么"非神话"（*mythosfrei*），虽然本雅明必定熟悉肖勒姆对犹太神话学的方法论重建，但是他反对将犹太教视为完全神话的做法，譬如在他看来，像布伯、罗森茨维络在对圣经的民族（*völkisch*）翻译中所做的那样。在该译本第一卷出版伊始，本雅明便写信给肖勒姆，认为它的出现是最不合时宜的。[49] 本雅明正确地看到，布伯和罗森茨维络想通过使用各种古代的、巫术的术语以激励现代的、过于理性的德国犹太读者们，但他认为恰恰因为《圣经》本身已具有相当的神话性，所以它需要的是一种信实而历史的翻译，以使现代的读者能从批判的角度去承认神话性这一事实。在此需要的，正如对古代和现代神话创作作品的类似翻译一样，不是一种神话的"魅化"，而是一种"辩证的魅化"，它可以揭示文本中反神话倾向的延伸。本雅明对卡夫卡的寓言《塞壬的沉默》（*The Silence of the Sirens*）——一则有关神话的"神话"——所作之思考清楚地表明，这种"辩证魅化"如何能为现代神话的创造和诠释所用。[50]

在卡夫卡的神话版本中，塞壬们"拥有比她们的歌声更恐怖的武器……她们的沉默"——对本雅明来说，这是一个信号，说明神话可以继续诱惑人类，即便它不再能发出声音。只有尤利西斯，"他诡计多端，是只老狐狸，甚至是命运女神都无法窥探到他内心的秘密"，才能克服塞壬的"神话"："理性和狡黠将各种诡计注入神

239

话；它们的力量不再是战无不胜的了。"诚如本雅明所认为，上述解释证明，卡夫卡并未屈服于神话"救赎的诱惑"（temptation of redemption）并表明他如何通过自我否定、驯顺和疏离成功脱离神话幻想的紧迫和微妙。"一位当代的尤利西斯，他用注目远方的眼神让塞壬们离去，那些塞壬们仿佛在他的意志面前消失了，就在他离她们最近的那一刻，他再也感觉不到她们的存在了。"[51] 但是，卡夫卡随后补充道："如果塞壬们有意识（Bewußltsein），她们在那一时刻便会被消灭了。但是她们依然如故，唯一发生的事是尤利西斯躲开了她们。"即便对本雅明而言并非如此（他并未引用这一关键性的段落），但无疑对霍克海默和阿多诺而言，这意味着现代的理性人从未真正战胜过神话，而这恰恰是因为神话缺乏或者说其发生作用不依赖于"意识"[52]。本雅明确实引用了这则寓言的最后几行，"尽管在此人类的理解力超出了自身的深度，但他（尤利西斯）可能真的注意到塞壬们是沉默的，并反对前面提到的对她们的伪装，而女妖们则仅仅是一种盾牌而已。"[53]

卡夫卡的尤利西斯表现了现代人通常处理神话的两种基本批判方法——理性主义的和艺术的，这类似于哈贝马斯"矫正的"（corrective）和"救赎的"（redemptive）之间的区别，或者说类似于本雅明神话的"祛魅"和"辩证魅化"间的区别。尤利西斯的第一种策略是用讽刺的嘲笑来面对神话（"理性和狡黠赋予神话以各种伎俩；它们的力量不再是战无不胜的了"），更清醒地认识到神话"依然如旧；唯一发生之事，是尤利西斯躲开了它们"，这提供了第二种"调和"的策略。因为卡夫卡寓言的最后几行暗示，尤利西斯必定知道"塞壬们的歌曲"仅仅是被设计出来以俘获其收听者的一种虚构而已，然而，尤利西斯却继续"假装"神话是十分真实的，只不过因为他的同伴们仍对此深信不疑，只要它仍回响在卡夫卡自己的生活之中。同样，现代的神话学家们必定意识到"神话的潜在有效性"，即使或者说恰恰因为他们自己对此已不再相信。

这便是本雅明 1926 年阅读阿拉贡的小说《巴黎农夫》（Paris Peasant）后所获得的主要信息，并且本雅明承认，自己对小说中有关"现代神话学"[54] 的界定和描述印象深刻。在小说中，阿拉贡并

240

未描写一个在巴黎的"农夫"。相反，阿拉贡的男主人公是一个城市居民，他深为煤气灯、拱廊、商场、加油站和穿梭的汽车等城市现代表现所迷惑，以至于将它们想象为魔鬼和神祇。在这么做时，他的反应便像是一个农夫，习惯性地将神话的形象填入所居住的环境之中。

> 新的神话涌现在我们所走的每步之下。传说从人们过去生活过以及现在生活着的地方开始。现在我打算去思考的便是这些被轻视的转变。每一天，现代的存在感都会有微妙的变化。一种神话纠缠又解开……因此我们的城市充满了难以认出的斯芬克斯，它们不会将过路的梦者拦下来并问以凡人的问题，除非他首先将其冥想与出神投向它们。但是如果这个睿智的人有能力猜出它们的秘密，并且轮到他来质询它们，那么这些无脸的怪物会承认的只是他应该再次探寻自己的深度。[55]

这正是在阿拉贡的男主人公身上发生的事。他将自己沉浸于新的感情之流时，他注意到自己的思想如何围绕着静态的物体形成特定的"固着"（fixation），以及它们如何凝聚并发展成有关众神、怪兽和其他古怪偶像的形象。

> 显而易见的是，人就像一块被抛入广阔天空的海绵一样为众神所包围。这些神们活着，获得其权力的顶峰，然后死去，把芬芳的祭坛留给其他的神。它们是一切事物所有转变的原则。它们是运动的必需。所以我蹒跚地行走于神圣的凝结之中。我开始在运动中形成神话学的观念。更准确的是称它为现代神话学。我正是在此名称下构思它的。[56]

241

在本雅明看来，这部小说以及所有超现实主义的艺术作品所共有的主要问题是它们并未为"现代神话学"提供任何批判的，更不必说理论性的评价了。在其有关超现实主义运动的论文中，本雅明对超现实主义者的基本冲动持同情态度："但是任何人，如若注意到这个圈子的作品并非文学而属其他——宣示、口号、档案，虚张声势,甚至愿意的话也可径自斥之为赝品,但无论如何绝不是文学——也将出于同样的理由知道这些作品与体验而非理论密切相关,更不必说幻觉了。"[57] 终其一生,本雅明将诸如梦境、催眠状态、狂热攻击和药物致幻等极端精神状态尊崇为打破常规现实感知的真正努力。自第一篇有分量的哲学论文《未来哲学纲领》(*On the Program of the Coming Philosophy*,1918)起,本雅明一直努力阐明一种新的体验理论,它可以打开这类直觉的、想象的现实感知,超越严格的康德范畴所允许的理性(*Vernunft*)。[58] 他认同"超现实主义的体验",因为它们类似于神秘的狂喜和显灵,以及其他也被压抑、遗忘或拒斥为毫无理性的"体验形式",但是它们却有利于启示,或者如本雅明所说有利于革命:"为赢得革命所需的沉醉(*Rausch*)之力——这是超现实主义的所有作品和活动的目标。这也可以称之为它最特殊的任务。"[59]

然而,虽然本雅明将超现实主义者称赞为革命的"远见者和预言人",但是他认为他们并未完成自己的任务,不仅如此,甚至未能有助于如他们所热衷声称的那样,"推翻资产阶级的思想支配地位,建立与无产阶级大众间的联系"。是什么令他们如此无能,在本雅明看来是因为他们"对沉醉的性质有着一种不完善的、非辩证的观点",意思是说他们毫无理论术语——人类学的、历史学的或哲学的——以解释他们很显然已经观察并实践了的各种"沉醉"形式。为了"赢得革命所需的沉醉之力",如超现实主义者所希望的那样,他们便不应沉溺于个人主义的,并且常常是自恋式的自身想象力的功绩之中。相反,他们必须意识到集体的起源以及它们的形象、梦境、幻觉,以及其他幻想所具有的潜力。因为形象和梦境的意义,与语言和事物的意义一样,对共同的史前经验而言是客观的、可沟通的、有反应的。在其论文中,本雅明将这种新的"灵韵的"感知,即对平淡的、经验的世俗现实所作的更深层的神话-历史联想重新定义为"一种世俗的启迪(*profane illumination*),一种唯物主义、人类学的灵感,对此大麻、鸦片或者别的什么只是引子而已"[60]。与宗教的启迪一样,世俗的启迪也利用精神的沉醉以制造一种"启示",即一种超出常规现实感知或经验的突如其来的幻觉,然而它又是以一种方法论的、批判性的方式做到这一点的。本雅

242

明用同样批判性的思路来操作他的大麻实验：他有条不紊地探究药物致幻，试图尽可能保持自我反思，即便是在中毒的情况下，因为他的目的是要分析那些稀有的"体验形式"——神秘启示的显灵或艺术的灵感——它们就现实的"绝对体验"（absolute experience）而言至关重要。[61]

在完成有关超现实主义者的论文后，很快本雅明又写了一篇关于马塞尔·普鲁斯特（Marcel Proust）的"补充"论文，对后者的名著《追忆似水年华》，本雅明已加以翻译和评论许久了。[62]本雅明在普鲁斯特和超现实主义者之间找到的亲密关系，很明显地表现在他对普鲁斯特记忆之场（*Lieux demémoire*）的重现中，或者毋宁说创造性模仿中。

> 上个世纪，在格勒诺布尔有家叫"Au Temps Perdu"（逝去的时间）的小旅馆；我不清楚它是否依旧在那。在普鲁斯特的世界里，我们像客人一样穿过一扇上面挂着指示牌的大门，指示牌在微风中摇摆着，而门后面等待我们的则是永恒与沉醉（*Rausch*）……它是一个处于相似性状态的世界，是通感（*correspondences*）的领域；浪漫主义者是最早懂得它们的人，波德莱尔曾热情地拥抱它们，而普鲁斯特则是唯一成功地在我们的生活中揭示它们的人。[63]

本雅明认为，用关乎事物"相似性"的神话术语而非事物严格"个体性"或"身份"的分析术语以感知世上之事的能力就对现实原始的并且仍然是最重要的启迪而言至关重要。肖勒姆写道："作为天空表面结构的星座，其起源正如他（本雅明）所谓，是读、写的肇端，并且这也与神话时代的发展相一致。星座之于神话世界，正如圣经的启示之于后人。"[64]本雅明在其1933年的未竟之作《论模仿能力》（*On the Mimetic Faculty*）中详细阐述了上述观点，在文中他解释了这种使古人得以缔造与自然现实间的感性联系，而如今却仅存于如占星学、笔迹学等无足轻重的职业中的想象能力在过去是如何展现"读出文外之意"的能力的。换言之，它可以教会我们如何拓展并从理性主义和机械论的观念中解放认知，这些观念也

243

被强加到人类的现实之上。[65] 本雅明称赞普鲁斯特,是因为与浪漫主义者不同,暗地里也与超现实主义者相反的是,普鲁斯特成功地以一种系统的、批判的方式在"我们自己的生活中"揭示出这些新的辩证关系,通过有意识地激活他所谓的"非自主记忆"(involuntary memory)。正如我们将要看到的,本雅明将这种小说的创造视为对现代历史学的一项重要贡献。后来,本雅明将它用在对现代神话学的自传式和历史学考察中。

本雅明为这种记忆创造了一个新名词——追忆(*Einge-denken*)——该词隐含沉思(*denken*)和纪念(*gedenken*)二义,而且通常用来描述在不可思议的场合中,譬如节日(*Feiertage*)庆典中,我们重获昔日及逝去经历的更具批判性的方式。无论它们现在变得多么世俗,而且正因为它们现在是世俗的,这类场合承担了"纪念日"(*Tage des Eingedenkens*)的功能,承担了对最初的"神圣之日"(holy days)[66] 加以认可的功能。这种对"追忆"系统的,甚至是仪式性的表现,令人想起本雅明所说的,并且想通过"世俗的启迪"所获得的东西——来自对经验现实的非自主幻想的一种自主产物(通过大麻或其他方式的中毒),它可以为其内在的而非超验的意义来源提供一种新的世俗的"启示"。或者利用本雅明在想出"追忆"一词时已牢记心中的具体事例,该词接近于普鲁斯特将玛德琳蛋糕(madelaine)浸在一杯茶中时想到的"非自主记忆"。本雅明详细阐述道:

> 在引入该词(非自主记忆)的思考中,普鲁斯特告诉我们,多年以来,小镇贡布雷这个自己曾度过部分人生的地方,在回忆(*Erinnerung*)中的出现是多么贫乏。一天下午,一种名为玛德琳蛋糕(后来他经常提到它)的滋味将他带回过去,而在此之前他被局限于记忆(*Gedächtnis*)向他所提供的内容之中,而这种记忆又总是倾向于谨慎的决定。[67]

使普鲁斯特的回忆如此艰难的,不仅是"破坏性"回忆中记忆印象的"解体",而且也是它们在"保守的"记忆中整体的整合与保存,在心理学家西奥多·赖克(Theodor Reik)(本雅明引用了他的话)看来,记忆的功能是"保护"——或者,更重要的是,防止——这些印象,通过将它们加入、整合到现有的认识形式和传统之中。(162)在这些压抑的条件之下,"《追忆似水年华》可以被视为一种综合地制造经验的尝试……因为它越来越不可能自发产生了"(159)。这就是"非自主记忆"(involuntary memory)不可或缺的原因所在：玛德琳蛋糕带来的猝然心动使普鲁斯特能够突入"自主记忆"(voluntary memory)之中,并且从它贮藏过去与被遗忘经验的仓库中释放具有不确定性的一系列神话的,或者用本雅明的话来说,"灵韵的"联想,"在'非自主记忆'中,它们常常紧密围绕着感知的对象。"(188)

244

本雅明称赞普鲁斯特的"非自主记忆",并认为它对小说家以及历史唯物主义者而言都是有用的,因为与调整过去以适应谨慎的、有目的性的主体的"自主记忆"不同,"非自主记忆"用"一些物质的客体"(或者用这类客体在我们心中激起的情感)搅动过去,并由此再赋予"感知的对象"以意义或者(用本雅明的话来说)使"感知的对象""恢复"(rejuvenating)意义——它可以是普鲁斯特的玛德琳蛋糕,或者我们还可以加上本雅明的杏仁糖人偶。[68]对普鲁斯特和小说家而言,客体的重要性以及它在记忆中激发的神话联想存在于对逝去的时间(*temps perdu*)的体验中,而对本雅明和历史唯物主义者来说,有关过去的"画面"只是在当下并对当下而言才变得有意义,也就是在对为什么以及怎么样的敏锐历史认知中,客体及杏仁糖人偶的神话联想已经变得相当"病态"(*sickly*)。普鲁斯特无法以那样一种方式在他的生活中实现其幸福画面,因为他坚持一种"幸福的挽歌观念"(elegiac idea of happiness),这迫使他去寻找"对原始、最初幸福的永恒重复与复原",这种幸福他曾在贡布雷拥有过(206)。普鲁斯特过去在"自我专注"(*Selbstversenkung*)方面做了"最为激进"的尝试,因此他注定要留在那里。在其小说及生活中,他进而对所有世俗之事,并最终对与之相关的记忆,予以"智力上的摒弃"(214—216)。

这便是本雅明在《普鲁斯特的形象》一文中塑造的永恒的普鲁斯特形象。尽管本雅明竭尽所能修正普鲁斯特身上"无足轻重的势利眼、花花公子和社会名流"这些常见的形象,通过相当令人难以置信地将他表现为一名内行人,并且这位内行的真正目标是颠覆自己沉溺其中的世态炎凉(207—212),但本雅明不得不承认,就普鲁斯特对巴黎上层社会八卦琐事的迷恋来看,普鲁斯特实际上活在,或者至少想要活在令人愉快的"逝去的时间"的怀旧形象之中。"为此他在生活中牺牲了自己的朋友和友情,在作品中割舍了情节、人物的统一性、叙事的流畅性以及想象的游戏"(206)。本雅明描写了普鲁斯特是如何捕获那一"满足其好奇心的意象的——事实上这也缓解了他的怀旧病。他躺在床上,被这种怀旧病折磨着,怀念在相似状态下被扭曲了的世界,在这个世界里,对存在的真正超现实主义的面对获得了成功。普鲁斯特的一切,包括那些精心策划、挑挑剔剔的表现方式都属于这个世界。它从来不是孤立的,无论是在修辞上还是在视觉上,被小心翼翼地引导、万无一失地呵护,它承受一种脆弱而珍贵的现实:意象"(207)。这种有关过去的意象便是普鲁斯特以"真正超现实主义"的方式为自己所创造的"珍贵现实",在这种现实中,对事件的虚拟记忆压倒了事件的真实历史:"因为一件经历过了的事是有限的——无论如何,它都被局限在某一经验领域之中;一件被回忆的事则是无限的,因为它只是开启发生于此前此后所有一切的一把钥匙"(204)。无论如何,正如本雅明(以及其他的神话历史学家)所认为,普鲁斯特未能充分利用那把钥匙,因为与超现实主义者很像的是,他将自己的小说局限在对事件的主观记忆之中,并且毫不在意去解释客观发生在他生活中的事,更不必说历史中的事了。本雅明在最后对普鲁斯特的批判性思考中评论道:"在经验一词严格的意义中,个体过去的某些内容与集体过去的素材糅合在了一起。庆典及其仪式、节日(很可能在普鲁斯特的作品中从未被记起),不断反复造成上述两种记忆因素的融合。它们在特定的时间触发回忆,并成为一辈子的回忆之门。以这样一种方式,自主和非自主回忆就不再互相排斥了。"[69]

正如上述,本雅明将普鲁斯特视为典型的"现代小说家"。他对《追忆似水年华》中明显错误的批判性评价表明,普鲁斯特与超现实主义者和其他现代主义者存在共同的问题:在"现代小说"这一概念中存在一个致命的个人主义错误。因为正如本雅明在卡夫卡、阿拉贡和普鲁斯特的小说中所确认的，现代小说的主要特质是在所有人类的行为和创造中领悟这种"非自主"的动机。与第一位现代作家波德莱尔很相似，这些小说家们之所以是现代的，恰恰是因为他们认识到"我们自己生活"中的神话"关联"(*correspondances*)和"旧日的生活"(*la vieantérieure*)，在法庭、巴黎拱廊或沙龙的"迷宫"(labyrinths)中觉察出主导了历史传统与制度的"史前力量"(prehistoric forces)。本雅明钦佩他们的艺术能力，即描写在他们自己的记忆、故事和历史中，神话是如何仍然发挥作用的，但是最终他还是对三位小说家提出批评，批评他们在用充分批判的、历史的术语解释已被很好揭示了的神话上存在明显的不足。与超现实主义者很相像的是，他们都未能看到自我客观的、集体的根源，都未能利用这类"记忆之柄"(handles of memory)作为宗教仪式以打开感觉之门，本雅明将它称为"经验(*Erfahrung*)，在该词最严格的意义上"。在其论文《经验与贫困》(1933)、《讲故事的人》(1936)，以及《论波德莱尔的几个主题》(1939)中，本雅明尝试找到现代社会中的一些根本性变革，这些变革阻碍了经验本身以及传递它的叙事能力。

246

从下列假设出发，即经验存在于人使生活的偶然性变得可以辨认也因此可以忍受的能力之中，他认为激励了现代文明并又在一战中将其摧毁了的革命，已经侵蚀了这种审慎的能力："伴随一战，某种进程开始变得显著起来，并且至今未见停顿之势。战后，从战场归来的人们变得更加沉默寡言，这不是显而易见的吗——可交流的经验变得更加贫乏而非丰富……因为经验从未像现在这样惨遭挫折：战略的经验为战术性的战役所取代，经济经验为通货膨胀所替代，身体经验被机械化战争所取代，道德经验被当权者操纵。"[70]在其最精彩的论文《讲故事的人》中，本雅明将"经验受阻"这种现代人的困境，与某些共同体环境的退化联系起来，这些条件长期以来维系了最基本的经验能力：讲故事。因为在共同体中讲述和聆听一个故事的能力有赖于"交流经验的能力"(the ability to exchange experiences)。[71]这门技艺在前现代社会十分兴盛，在村民与远行者之间，他们节奏缓慢的生活和一成不变的职业——纺纱和织布,骑马和航海——允许并且也要求他们沉浸于这种古朴的消遣时间、传递消息的方式(84)。对于讲故事的人及其听众们而言,"来自远方的信息——无论空间上来自国外还是时间上源于传统——都拥有一种赋予其可信度的权威,即便它未曾得到任何的验证"(89)。因此,本雅明论文的主角尼克莱·列斯科夫(Nikolai Leskov),是一位依然能够赋予其故事以"权威"的作家,因为他"熟悉遥远的地方和悠久的年代"(85—86)。本雅明确信这种权威对经验的构建至关重要,因为正如经验(*Erfahrung*)一词所示,经验有赖于源自在遥远时空旅行(*fahrung*)所获得的教训,进入到其他的生活现实之中,甚至将其超越。"所有优秀的故事讲述者都拥有在经验之梯的横档上上下自如的自由。一部向下延伸到地球深处,向上消失于云端的梯子,便是集体经验的意象,对此,即便是个人经验中最深层的震撼,譬如死亡,都不能构成任何障碍或阻挠"(102)。

在传统社会中,故事的终极功能是使所有自然的(*natürlich*)、事实上隐秘的(*heimlich*)经验中最令人痛苦的部分,对其听众而言变得可见、显而易见、可预言、可接受、可忍受,通过将它融入对事物循环-神话秩序的一种连贯叙事表达中。"永恒的观念以死亡为其最旺盛的源泉……死亡是讲故事的人能叙说世间万物的许可。他从死亡那借得权威。换言之,他的故事回顾的是自然的历史。"讲故事的人之所以能够传递这种经验,是因为他们生活在基督教的共同体中,在此共同体内,死亡是"个体生活中的公共过程,并且最富典型意义"。但是"自近代以来,死亡越来越远地从生者的视野中被推开。过去,没有一座屋子,也几乎没有一间房间不曾死过人……今天,人们生活在从未被永恒的无情居民——死亡——触碰过的房间里,当他们的生命走向尽头时,便由他们的后人隐藏到养老院或医院里去"。我们也还可以回忆下本雅明对普鲁斯特生病的描写,在文中他展示了普鲁斯特是如何用夸张的方式来掩饰自己的行将就木(93—94)。现代小说也是这样,凭借其对死亡的夸张描写,将这一最寻常的时刻变为不同寻常、具有典型意义的时刻,将"小说中的人物"表现为好像"其生命的'意义'只有在死亡时才能得到揭示"。在关乎自身生死的问题上,小说的读者得不到任

何有用的指导,只是从这类描绘中得到快感而已。本雅明评论道:
"因此,小说富有意义,不是因为它可能稍带教诲,向我们呈现了某
个人的命运,而是因为此人的命运借助烈焰而燃尽,给予我们从自
身命运中无法获得的温暖。将读者吸引到小说中的是这么一种愿
望,通过阅读某种死亡以温暖自己寒颤的生命"(101)。

　　本雅明对现代小说的负面概念来自卢卡奇(Lukács)的《小说理
论》(*The Theory of the Novel*),正如肖勒姆及其他评论者所见,该
书一直以来都是本雅明的主要灵感来源之一。[72] 卢卡奇认为,小说
家的主要任务是赋予现代生活以某种意义,他既然无法在其资产
阶级生活中找到客观的、真实的"生活意义",那么他便主观的、综
合性的去构建它。在《讲故事的人》中,本雅明转引了卢卡奇下列
重要观察:

248

　　　　只有在小说中,意义与生活,本质的与短暂的,才是彼此分
　　离的。几乎可以说,一部小说的整个内在动作并非其他,只是
　　一种与时间力量的对抗……从中……产生了真正史诗性的时
　　间体验:希望与记忆……只有在小说中……才出现了一种创
　　造性的记忆,它固定并改变着客体。[73]

　　在上述假设的基础上,本雅明评论道:"'生活的意义'确实是
小说围绕的中心。"但是这种"生活的意义"截然不同于——事实上
完全缺乏——"故事的寓意",因为它的观念与传统社会的生活格
格不入,在传统社会,意义在生活中仍然是内在的、透明的。这便
是故事和小说的本质区别所在:

　　　　使小说与诸如童话、传说,甚至是中篇故事等形式的散文
　　文学相区别的是,它既不来自口传传统也不参与其中……故事
　　讲述者取材于自己亲历或道听途说的经验,然后再把这种经验
　　转化为听众们的经验。小说家已经将自己隔离起来。小说诞
　　生于孤独的个人,他不再能用自己最关心的事来表达自我,他
　　缺乏指教,对人亦无所教诲。写小说意味着在人生的呈现中把
　　不可言说和交流之事推向极致。在生活的充盈中,以及在对这

种充盈的呈现里,小说证明了生命的深层困惑。(87)

与孤独的小说家不同,故事讲述者是"一位对其读者有建议要给的人",而这种建议,当"被编织进生活的结构时,便是智慧了":它使故事的读者或听众们了解到"真理的史诗方面",即事件的许多不同意义,这些意义是故事在历史与回忆中获得的,譬如在哈西德派的故事中,"记忆的链条,将一个故事代代相传",从"古朴"的过去,在荷马笔下甚至还可能是神圣的,传到现在,并变得意义深刻(86—87,98)。以这样的一种方式,本雅明补充道,故事便构成了历史学"最古老的形式",而最早的"故事讲述者"——并非是一位正儿八经的历史学家——则是希罗多德(97)。在本雅明看来,希罗多德《历史》第三卷中有关埃及国王普萨美提乌斯(Psammenitus)的故事表明了"真正的故事,其性质为何":"它没有消耗自己。它保留并积聚了自己的力量,并且即便时过境迁,它仍能释放这种力量"(89—90),因为对于他所描写的事件,"希罗多德未给予任何的解释":他只是告诉我们,在普萨美提乌斯被波斯国王刚比西斯(Cambyses)打败、被俘后是如何被迫去观看波斯的胜利游行的。他忍受住了女儿被沦为奴隶、儿子被执行死刑的场景,没有显露出任何明显的情感,却在看到囚徒队列中有一位自己早前的老仆人时留下了眼泪。在此,现代历史学家会通过探究普萨美提乌斯的心理动机以试图解释他的反应,但古代历史学家只是叙述他所听到的故事而已,很像史诗传统中他的前辈们,他们常常是 *mythologein*,"叙述他们所说的话",允许它进入历史之中。希罗多德仍然拥有希腊神话学中那些客观的、集体的确定性,这赋予其《历史》中"每一个真实的故事"以确定性的品质:"公开抑或隐秘,它包含了某些有用之物",无论是"一则教训""某些实用的建议"还是"一句谚语",用本雅明精彩的比喻来说,它是"一座建立在一则古老故事(*alte Geschichte*)遗址上的废墟,在其中一则教训缠绕着一个事件,犹如常青藤爬满了墙垣"(86,108)。

这些实用主义的假设决定了本雅明新的现实主义的,并最终是唯物主义的神话学观念和神话研究方法论,后者更是实用的、人类学的和历史的。用本雅明的话来说,对神话的创造和解释应该是

"寓言的"（allegorical）而非"象征的"（symbolical）。卡西尔和其他唯心主义的"象征主义者们"，譬如新浪漫主义的诗人斯特凡·格奥尔格，都对神话所拥有的某些原始的、永恒的意义的散发深信不疑，对此他们仅需要加以唤醒罢了。相反，本雅明支持"寓言作家们"，那些现实主义的现代主义者们，像是波德莱尔和纪德，他们正确地认识到分解与异化的历史过程使所有意义都具有暂时性与推测性，都是"文化的"而非"自然的"，因此它们能够赋予神话以新的相关意义——既是实在的又是精神的，既是政治的也是神学的，概言之，既是历史的又是神话的。只有那些从神话中解放出来的人才能在艺术创作和寓言诠释中实现神话的解放。

　　这是 17 世纪德国悲剧（*Trauespiel*）的创作者们所获得的伟大成就。在出版于 1928 年的教授资格论文中，本雅明展示了这些见证了三十年战争灾难的新教牧师们是如何将世界视为一个为上帝所抛弃、为人类所破坏的舞台的。他们的戏剧充满血腥的场景，里面的人都是野蛮、狡诈之徒，似乎是想表明人类生活和历史的物质现实本身毫无任何形而上学的意义。对耳熟能详的基督教殉道士、圣徒神话的激烈颠覆，暗示这些理想化的虚构在这个世界并不可能被实现。不幸的是，这种对基督教神话的批判呈现，其性质更多是寓言而非异端：它将救赎的神话与历史事实相并列，为的是将神话从那一现实中挽回来。悲剧剧作家们达成了这一目标，通过向其观众——信徒们表明唯一真的现实不是实在的而是精神的，神话的超越于历史的之上。为了挽救基督教的救赎神话，他们需要尽可能地揭露它。[74]

　　在本雅明心中，现代最杰出的神话寓言作家是查尔斯·波德莱尔。"正是凭借寓言的天赋，波德莱尔才未屈服于在他脚下的每一步都张开大口的神话深渊。"[75] 当同时期的其他神话学家们，尤其是晚期浪漫主义者们，伪造古代的幻象或过去时代的"神话"以对抗现代性的革命时，波德莱尔却能够抵制住这种诱惑（除了当他屈从于"对瓦格纳的愤怒时"）[76]，因为他成功地在时髦的巴黎辨别出这些创作神话的形象和幻象，可以说，成功地从混乱无序中揭示古朴，从不凡中揭示永恒，从现代生活本身的变迁中揭示前生。正如波德莱尔自己在其著名论文《现代生活的画家》（*The Painter of*

250

Modern Life）中所说，现代主义者的"英雄使命"必定是"从流行中提取任何它可能包含的历史诗歌因素，从转瞬即逝中提炼永恒"[77]。——这一陈述回响在本雅明的现代性观念中，即一种对历史中神话的"体认"。在本雅明看来，波德莱尔的诗歌相当于"现代性现象学"（phenomenology of modernity），因为它回应了神话的辩证历史转变，从一种对现实的美学理解变为寓言式理解。"在波德莱尔的诗歌中，尽管有寓言镌刻的原始标志，一种中世纪的基底使自身在巴洛克元素下得到显现。这便涉及到贝佐尔德（Bezold）所谓'古代诸神在中世纪人文主义中的幸存（*Fortleben*）.'寓言便是这种幸存的手段。"[78]本雅明在此用"幸存"一词将波德莱尔的诗歌定义为通过人为（寓言的）手段的一种神话的"生命延续"（continuation of the life），该词的意义十分重要，因为本雅明在其他地方用它将文艺评论，即自身职业的任务定义为一种艺术作品的"生命延续"，在作品因类似的辩证方法而失去其直接（有机的-灵韵的）意义后。因为正如艺术和诗歌作品的"真理内容"（*Wahrheitsgehalt*）只有在来自其"物质内容"（*Sachgehalt*）的知觉印象消退后才能完全实现一样，神话的真正含义只有在其强烈的感觉和致命的冲动衰落后才能显现出来。神话与其最初的联想或者说"辩证魅化"间的分离，也揭示了它的美。"美的真正时代从神话最初的衰落起便被确定下来了，直至其爆发为止"[79]，也就是说，当神话的形象不再凶神恶煞，可以为进一步的艺术加工所用后，譬如在希腊的雕塑、哥特式的建筑和巴洛克的剧院上。"一切美的前提是神话的潜在有效性。一首诗的美，即便它的神话元素仍然明显，也能得到主张"。这在波德莱尔的诗中最为彰著，弥漫在现代性中的神话元素依然明显，但却并非主导一切，可以被辨认出来，也因之被中和。[80]

251

　　当西奥多·阿多诺主张"神话的调和（*Versöhnung*）是本雅明哲学的主题"[81]时，他同样意识到了这一点。他这么说是想暗示本雅明并未将神话视为本质上与理性和法律相反之物，而是完全不受它们的影响，并且本雅明的目标并非要将理性的与神话的相对立，而毋宁说是调和两者，在现代中窥见古代，以揭示我们意识和文明神话时代的来源。通过调和神话，可以说，他试图表明阿多诺和霍克海默所定义的启蒙的必然辩证法是什么，凭借它，不仅神话变得理性起来，而且理性也具有了神话性。[82]

在本章的余下部分，我通过回顾本雅明的一些"微观"研究，以说明他在其著作和生活中对一种"神话的调和"所作之毕生努力，在这些研究中，他透露了上述意图，而对杏仁糖人偶的惊喜只是其中的（最后的）一项研究而已。我尤其关注本雅明对19世纪瑞士神话学者约翰·雅各布·巴霍芬所作的研究论文。[83] 我首先讨论促使本雅明撰写这篇论文的更普遍、更间接的理由，然后再讨论更个人、更深层的存在主义理由，后者将他限定在那一任务中。我以对本雅明最后一部也是最杰出的神话研究作品《拱廊街计划》的简短讨论作为结语。

Ⅲ

本雅明论巴霍芬的论文尚未引起学者们的足够关注，这一事实本身便值得注意。恰恰是意识到巴霍芬的发现和神话理论几乎完全为新的社会批判理论所湮没，才促使本雅明撰写了这篇论文。本雅明是在1934年的末几个月为《新法兰西评论》（*Nouvelle Revue Francaise*）撰写此文的，当时期刊要求他向法国大众介绍一位重要却又尚不知名的思想家。他在1935年1月提交了论文，但却被期刊拒稿，很明显是因为文章过于晦涩。这篇论文只是一篇小作，并且本雅明也是这么认为的，他在一封写给麦克斯·霍克海默的信中说，此文——第一篇用法语撰写的文章——只是想"介绍下巴霍芬这位在法国完全不为人所知的学者。因此，我尝试描写他而非介绍他的理论"[84]。然而，这篇论文现在看来远比它的作者所预想的要重要。归根到底，是本雅明自己将微观方法在文化研究（以及生活）中运用到极致，并且表明对大部头作品中边缘的、似乎不重要的细节的关注如何可以对作品加以新的阐释。正如肖勒姆所见，在本雅明论巴霍芬的论文中，他"对其一些旧有的动机进行了全面的审视，在未将它们视为动机的情况下"，不仅如此，也未对它们加以控制，以至于它们似乎在方向上令本雅明晕头转向，完全背离了他的初衷。在肖勒姆看来，这一事实可能使这篇论文特

252

别具有启发性,并且也可以解释为何《新法兰西评论》的编辑们退还了这篇稿件。[85]

虽然本雅明是在晚年写了这篇论文,并声称在此之前从未读过巴霍芬的作品,[86] 但是似乎早在 1914 年他便熟悉了巴霍芬的主要发现和理论。那时本雅明正与路德维希·克拉格斯(Ludwig Klages)保持联系,并随后见到了"宇宙圈"(Kosmische Runde)的其他成员,比如卡尔·沃尔夫思科(Karl Wolfskeh)、阿尔弗雷德·许勒(Alfred Schuler)、尤拉·拉德特(Jula Radt)和弗朗茨·塞尔(Franz Hessel),他们都在德国宣传巴霍芬的遗产。在 1915 至 1917 年的慕尼黑求学期间,本雅明加深了自己的神话研究与信仰,而且正如肖勒姆所示,本雅明"在此时期必定熟悉了约翰·雅各布·巴霍芬的作品"[87]。本雅明对克拉格斯有关古代神话持久性的理论尤其印象深刻。[88] 克拉格斯有关人类神话起源的笔迹学和人种史学——或者说当时所谓的"性格学"(characterological)——观点,特别是他的如下主张,即这些神话的原型(Urbilder)作为文化记忆仍然保留在现代性中,深刻地影响了年轻的本雅明。本雅明始终坚持上述观点,即使当它们后来被滥用,主要是克拉格斯自己,于民族的、反犹的政策宣传中。[89] 然而,至 1926 年,本雅明却得出结论,认为"与巴霍芬和克拉格斯间的一种对抗"是"不可避免的"[90]。

在那一年,纳粹首席理论家阿尔弗雷德·包姆勒(Alfred Baeumler)以《东西方神话》(Der Mythus von Orient und Occident)为题出版了他编订的巴霍芬作品集,在书中他将巴霍芬的作品视为"浪漫主义神话学"最后也是最高的成就。[91] 在包姆勒看来,在那种"神话学"中,巴霍芬展示了非理性在文明进程中的有效性——当然最终是与文明进程背道而驰的:神秘的力量、神话、宗教仪式、种族、血与地。与此同时,巴霍芬对现代文明的观念及其各种表现形式的敌意——无神论、理性主义、物质主义、帝国主义、父权主义,概言之,即巴霍芬的崇拜者路德维希·克拉格斯所谓控制了灵魂(der Seele)的幽灵(der Geist)——使其受到左翼反自由主义思想家们的喜爱。莱昂内尔·戈斯曼(Lionel Gossman)已经指出:

第六章　瓦尔特·本雅明：作为现代神话学的历史

巴霍芬的作品是 20 世纪上半叶，整个德国的文化批判传统，或者说自由主义批判、资产阶级文化的一个参照物，无论这种批判是来自左翼还是右翼。对巴霍芬遗产的完整阐述需要解释如下问题，它是如何为马克思主义者和纳粹分子所共同接受的，它是如何激励了埃里希·弗罗姆（Erich Fromm）和瓦尔特·本雅明以及阿尔弗雷德·包姆勒和曼弗雷德·施罗特（Manfred Schröter）的，以及下面的情况又是如何可能的，即托马斯·曼（Thomas Mann）对巴霍芬在 1920 年代的复活所带来的危险政治影响心存警惕的同时，又被这位瑞士学者的神话研究方法深深打动。[92]

"约翰·雅各布·巴霍芬的战斗"，正如一位包姆勒的追随者所说，因之成为一场更大战争中的一场战役，而这场战争的内容则是古代神话在现代文明中以及对现代文明而言意义是什么，尤其是上述意识促成了托马斯·曼对"神话救赎"（*Erlösung des Mythus*）的毕生研究。[93] 这是他在研究叔本华、瓦格纳、尼采和弗洛伊德这些自己心目中伟大的现代神话学家的论文中的主要观点，同时这也是其"神话小说"《约瑟夫与他的兄弟们》（*Joseph and His Brothers*）中的主要观点，该书的写作时间从 1926 年一直持续到 1942 年，而灵感则完全来自巴霍芬的观点。[94] 在完成这部作品后，曼说道："最近几十年间，神话作为一种蒙昧主义的反革命手段被如此滥用，以至于一部像（他自己的）《约瑟夫与他的兄弟们》那样的神话小说"变得几乎不可行了；但是他仍然解决了这个问题，因为和巴霍芬一样，他希望去揭示某些神话学的创造，比如宗教信仰和仪式、道德顾忌以及社会传统，为何以及怎样演变为于我们的文明而言不可或缺之物。曼相信，这种古代的神话学对西方文明的统一性和连续性至关重要，特别是在"错综复杂、充满惊险与磨难的历史"时刻。因此，曼决心将巴霍芬的神话学从法西斯分子"危险的政治滥用"中解救出来。[95]

受同样的人文主义信念激发，本雅明介入了巴霍芬之战。他将自己的任务定义为对巴霍芬遗产的"批判性救赎（*kritische Rettung*）"，因为与曼一样，他也对巴霍芬的神话理论与现实政策间

254

亲密而危险的联系保持警惕。但是这种亲密联系只是增强了本雅明将巴霍芬——经由他,神话学——从德国民族社会主义的掌控中解脱出来的决心。这种信念终其一生推动着本雅明。因此,直至1940年5月,他仍然写信给阿多诺,称赞他有关斯特凡·格奥尔格的论文是一种将斯特凡·格奥尔格从法西斯分子手中"解救"出来的努力。令本雅明印象深刻的是,阿多诺能够将"反抗"重申为格奥尔格诗歌的"诗学和政治学基础":"你的作品使以前难以想象的变得可以想象,并且可以成为格奥尔格身后之事的滥觞。"[96]同样的话也适用于本雅明对巴霍芬的研究。

本雅明在论文的开篇便表明了自己的意图,暗示了对巴霍芬遗产新的意识形态上的歪曲,并注意到巴霍芬对"古代象征符号、丰收仪式、占卜热潮和死亡巫术"的神话学发现是"科学的预言"。然而,他还说道,既然它们影响了现代的心理学和人类学,它们也激发了现代的政治意识形态:"这一现实的形象,在其中非理性的力量被赋予了如此多形而上学的、法律的‐政治的重要性,便不可避免地引起了法西斯主义理论家们急躁而广泛的关注。"本雅明还补充说,巴霍芬的古代共同体形象在"马克思主义思想家中"同样不乏影响,比如恩格斯(Engels)、拉法尔格(Lafargue)和摩尔根(Morgan),他们在其中找到了"一种共产主义社会的预感"[97]。在尝试去解释这种明显异常的过程中,本雅明认为巴霍芬的作品使所有传统的范畴落了空,因为它涉及的是某种人类的现实,这种现实事实上比语言学家们和考古学家们的"古典时代"更古老,同时也正因此,比巴霍芬自己所能看到的更现代。因为当他在探讨早期罗马或前哥伦比亚社会时,巴霍芬将其理想化为人性的黄金时代。用巴霍芬独特的术语来说,这是母亲的时代,在时间上和道德上,它都先于父亲的时代。巴霍芬试图证明这种伊甸园的官能性和灵性神话现实过去是并且可以再次成为一种历史现实。

在其对巴霍芬神话学的"批判性救赎"中,本雅明的第一项工作是将它脱离出这种浪漫的联想。他认为巴霍芬对流行于这些社会的古朴、混乱力量的"科学发现"挑战了他自己的理论。"在此谈论任何秩序和等级制度都是不可能的。"这是本雅明在撰写有关巴

255

霍芬的论文的同时对弗朗茨・卡夫卡加以研究所观察到的，在研究中他找到了巴霍芬已经发现却又未能予以阐释的对黑暗地下世界最强有力的召唤。因为卡夫卡在那个地下世界所感觉并揭示的超自然能量更多的是肉欲的而非灵性的，其中的生物是淫乱的而非诉诸美感的；它显见的平等实际上是完全的放纵。卡夫卡对古代神话学的呈现（正如在《塞壬的沉默》中）是寓言的而非象征的，因为与巴霍芬不同的是，他感觉到古代神话学已经是一种对原始现实的思考而非反映，是一种升华而非复活其能量的努力。"即便是我们在上下文中讨论的神话世界也远比卡夫卡的世界要年轻，后者被神话许以救赎。"[98] 本雅明也会同意的是，巴霍芬在古代发现的一种"科学的预言"正是卡夫卡想在现代性中找到的：它只是古代的一种延续或结构。

> 卡夫卡并不认为自己所生活的时代比原始时代更进步。他的小说被设定在一个沼泽世界中。在其作品中，被创造的事物出现在巴霍芬所谓的群婚阶段。它现在被遗忘这一事实并不意味着它不会延续到现在。相反：正是因为这种湮没无闻。一种比普通人的经验更深沉的经验可以与它保持联系。[99]

重新获得这种更深沉的经验——它触及并揭露了现代现实中的神话冲动——便是本雅明有关巴霍芬论文的主要任务，更概括的说，是他所有作品以及晚年生活实验的主要任务。正如我在本章最后一部分所释，在 1935 年左右，本雅明与巴霍芬一样，开始相信我们文明的"史前史"（*Urgeschichte*），相信一种因某些原始经验而生机勃勃的历史，这些经验"保留在集体的无意识之中"。在此，它们作为"原始的形象"，比如"天堂"的形象，不断重复出现，是所有有关救世主期望与行动的原始神话，正如本雅明在其《历史哲学论纲》（*Theses on the Philosophy of History*）中所描述的那样，已经在我们的文明史中产生了一种易于摧毁它的"风暴"。对本雅明的自传《1900 年前后柏林的童年》稍加讨论便可发现，本雅明开始用巴霍芬人类史中的神话学术语来理解自己的生活。

256

本雅明的回忆录以及对自己生活的思考都以普鲁斯特的《追忆似水年华》为模型。[100] 在论普鲁斯特的文章中,他注意到"在这部作品中,普鲁斯特对生活的描写并不是按照它实际的样子,而是按照它被记忆的模样。"[101] 在通过普鲁斯特认识到"一件经历过了的事是有限的——无论如何,它都被局限在某一经验领域之中;一件被回忆的事则是无限的,因为它只是开启发生于此前此后所有一切的一把钥匙"后,本雅明相应撰写了自己的回忆录:在对自身记忆印象的探索中,他试图在它们身上揭示出普鲁斯特在其回忆录中所唤起的同一种"灵韵"联系。在普鲁斯特身上,"记忆的材料不再像图像一样一个个单独出现,而是作为一个整体,不定型而又无形式,不确定而又沉甸甸地呈现出来,就如渔网的重量会告诉渔夫收获怎样一般";本雅明记忆的材料也与此相同。[102] 在关键性问题上——"普鲁斯特疯狂追求的是什么?蕴藏在这些无限努力之下的又是什么?"——本雅明提供了一个简单的答案:"快乐",他曾经在贡布雷的童年岁月中体验过的幸福的愉悦。本雅明将普鲁斯特对快乐的追求定义为"挽歌的"(elegiac),而他在形容普鲁斯特如何经历将"生活转化为记忆的宝藏(魔法森林,*Bannwald*)"的一种"永恒的轮回……无尽的回归太初,回归最初的幸福"时所用的措辞表明,对本雅明而言,普鲁斯特的整个工作来自于对神话的沉浸,或者至少将本雅明带入到神话的沉浸之中。[103] 在懂得普鲁斯特失败在哪后,本雅明以更具批判性的标准和方法沉浸到神话之中。在《1900年前后柏林的童年》中,本雅明用普鲁斯特的"非自主记忆"来追溯自己童年的一些具体形象,这些形象在三十年后闪现于他的记忆之中;但是他对它们的探索,不仅仅局限在自己的生活中,还在德国犹太共同体的生活中,甚至远超其外,在文明的"原始历史"中。

因此,在作品的第一章中,从某种程度上说,本雅明回到了柏林提尔公园的伊甸园。他回忆起,作为一个孩子,他是如何将公园里的道路、纪念碑和人群体验为一座充满各色神话人物的"迷宫"的。进入公园,就像第二个提修斯,追随着他的阿里阿德涅,顺着充满情爱气息的丝线,他在那里发现了古代诸神的神话王国以改变了的形状出现在第二帝国资产阶级的装饰中,其中最著者则是威廉一世和皇后路易丝气派的纪念碑。"在圆形底座上的它们,耸立于花圃之中,好似被前方河道在沙地上刻画的神秘曲线施了定咒。"[104] 当他在三十年后唤起这些最初的幻象时,本雅明意识到它们"预构"了历史的经验以及"未来的特征"。换句话说,他在其早年的印象中认出了将决定自己生活与作品的主题。[105] 自那时起,他便知道他已经在所有地方都找到了"古代诸神回归"的痕迹。"在诸神的痕迹下,柏林的旧城西被幻化为古代的西方,西风吹向水手们,他们驾驶着载满赫斯佩里登苹果(Hesperidan apples)的船只,缓慢地溯兰德韦尔运河而上,停靠在赫拉克勒斯桥边。再一次,就像我童年时代一样,长蛇星座(Hydra)和尼米亚狮子座(Nemean lion)在大星座(big star)周围的野生灌木丛中各居其位了。"[106] 正如上述描述所示,本雅明认为他生活的环境及所发生的事情总是为强烈的神话冲动所主导。在巴霍芬的作品中,他为自己返祖性的生活印象找到了心理学、人类学和历史学上的肯定。当本雅明写到自己在提尔公园的经历时,他同样揭示了这一点,在公园里的脚步,将他"不断往下带,如果不是要带回万物的母亲那的话,那无疑也要带到这座花园的母亲那",这便命中注定了他的生活便是要重新找回这一失去的母爱天堂。[107] 巴霍芬的母性历史观与本雅明的母性生活观两者间的相似性很可以说明问题。[108] 在那里,我们可以为本雅明对巴霍芬的"心有戚戚"(*Wahlverwandtschaft*)找到终极的理由。

　　早在其回忆录的开头几章中,本雅明便比较了构成自己世界的母性和父性影响。当"家长们"——他的父亲、老师们——通过命令、强制力以及工作中或战场上的英勇努力以管教他(以及整个世界)时,母性人物——他的母亲、阿姨、看护、女佣,甚至是市场上的女商贩——都充满爱、关怀与智慧。在本雅明看来,这种智慧便是"被织入现实生活结构中的忠告"[109]。男性家长们通过理性和法律来统治,而女性家长们则凭借同情与偏见,这是她们从最古老的传统渊源中汲取而来的——谚语、传说、童话,最终则是神话。她们同样是"传统的守卫者",但是与男性家长们使用教条的、专制的手段以履行该职责不同,女性家长们使用感同身受的、务实的方式,于传统而言它们更加真实而有效。在《斯德哥利兹街与根丁纳街的街角》一节中出现的姨妈们便似乎是这样的人物。她们的故事、房子和生活方式唤起了对一种典型德国资产阶级犹太家庭的整个追忆史。家中的女佣们也可以胜任这一角色，她们"大都……比她们的女主人们更强大、更有力量"，并且代表了一种不同的睿智传统，它更为简单但是也更为谨慎，就像"老帮手"一样，"当我进屋时，把我的外套脱下，好像它是一个极大的负担似的，当我走的时候，把帽子戴在我前额上，好像她要祝福我的样子"[110]。同样的，马格德堡广场购物中心的女商贩们以"肥胖主妇的形象出现，她们躺在自己的宝座上，是商业谷物神克瑞斯的女祭司，树上、地上所结的果子以及所有可食用的飞禽走兽的贩卖人"。——可以说揭示了内在于现代商业社会中的古老神话。[111] 在她们的传统故事与习惯中，这些以及其他的女人们暗示了一种不一样的现实，这种现实属于"可能是怎样"而非"就是这样"的世界。这种"其他的"现实就像一个梦，在梦中，各种未曾实现的充满渴望的选择都被保留下来，等待着被解决和实现。这便是《冬日的早晨》一节中的女佣形象所传递的信息。她是一位带着油灯的女佣，作为火焰的古老守护者而出现，在她身上本雅明懂得了"每个人都有一位可以守护愿望的仙女。但是只有很少人能记得他们曾经许过的愿，因此，当日后在他们的生活中愿望得到实现时，也只有很少的人能察觉到"[112]。

然而，正如巴霍芬、卡夫卡和普鲁斯特已经表明的那样，这些愿望从未完全被遗忘。"被遗忘的从来不是一些纯粹个人的东西。一切被遗忘的东西都与史前世界所遗失的交织在一起"；这便是本雅明对弗朗茨·卡夫卡所作的巴霍芬式诠释中所写下的话。[113] 与其他灵韵的"体验形式"一样，譬如被压抑、被遗忘、被我们现代或者说过于现代的文明拒斥为毫无根据的巫术出神、神秘启示抑或乌托邦幻象，这些个人的愿望进入并活在神话之中，这些神话是集体的"愿望图景"，等待着被后人记起。它们证实了"我们可以交谈的人和可以为我们献身的女人们"曾经追求的——人类困境的改善乃至最终的救赎。虽然他们的希望和梦想被历史上的可怕事件所歪曲，但是它们仍然被追求着："我们的幸福图景与救赎图景被不可分割地结合在了一起……与我们之前的每一代人一样，我们被赋予了一种柔弱的弥赛亚力量，而它的认领权则属于过去。"[114]　我们必须不仅从圣经的传统中，而且还必须从神话的传统中重获这一弥赛亚的信息，并且意识到它仅仅是一种"救赎的诱惑"（temptation of redemption）[115]。

自从柏拉图意识到母亲们和女佣们向他们的孩子们背诵荷马故事时潜在的伦理和政治危险后，便有一些人试图压制这门艺术及其从业者。相反，本雅明试图重申其优点，最明显的是通过《发高烧》一节中他母亲的形象，在文中她简直呈现出神话的各个维度。本雅明回忆起自己生病卧床时，母亲常常将他讨厌的药和食物带给他。

> 不思茶饭，却渴望听故事。故事中汹涌的激流席卷过他的整个身体，将疾病像浮木一样带走。病痛像一座堤坝，只是在一开始能阻挡故事；后来，当故事的力量变得更强大时，便减轻了病痛，将它冲到遗忘的深渊之中。抚摸为这股激流准备好了的床褥。我喜欢这么做，因为这时从妈妈手中潺潺流出早已准备好的故事，它们马上将从她的嘴边流出。从这些故事中，我获得对祖先们的所有了解。[116]

通过母亲不断地讲神话故事，孩子战胜了疾病：他在卧室的墙壁上召唤出现实与神话之物（芬利斯狼，*der Fenriswolf*）的影子，让它们自由地漫步并统治他的世界。[117] 从母亲保护的夜间时间醒来，回到乏味生活的日光中是令人受伤的："佣人们开始越来越经常地替代妈妈在我身边。一天清晨，在间断了很长时间后，我借着虚弱的身体，再次听到了通过窗户进到我屋子来的敲打毯子的声音。"[118] 凭借这种由古代乐趣向现代压力，由理想向现实的粗鲁过渡，理性战胜了神话。然而从那一时刻起，直至本雅明一生，他都在梦境、书籍以及关乎梦境的书里寻找被遗忘的有关幸福生活的神话－母性感受："在书中，一切都是动荡不安的。翻开其中的一本便会将我领到一个子宫中，在其中，一个富于色彩，不断变化而起伏的文本正乌云密布。"[119]

正如这些回忆所示，本雅明《柏林童年》主要关注的并非作者的私人生活,也并未局限于世纪之交的魏玛时代,后者决定了他成长的社会条件和制度。相反,它深入到从史前时代起便弥漫于世界的传统。本雅明将这种对自身的独特感知归功于卡夫卡。在本雅明看来,在所有现代的神话学家中,只有卡夫卡在所有地方都感觉到了神话的冲动,并因此能够或者毋宁说被迫"在其作品中搅动整个时代",甚至并且特别是在对最普遍经验的描述上。[120] 诸如他的姐姐敲了一座大房子的门这样一个简单的举动,都足以从原始时代的深处打开并召唤划时代的经验。本雅明将卡夫卡姐姐及其他"女性人物"的"这种经验"与巴霍芬发掘的神话的史前时代联系起来。[121] 本雅明随后进一步推进了这种对卡夫卡作品的"神话解释",以反对当时在诸如汉斯·朱利叶斯·舍普斯(Hans-Julius Schoeps)、伯恩哈德·格雷图伊森(Bernhard Groethuysen)及威利·哈斯(Willy Haas)等学者中流行的"神学解释"(127—128):"只有站在这个制高点(神话的)上,故事讲述者卡夫卡的技巧才能被理解。任何时候,当小说中的人物有什么要说给 K 听时,无论是多么重要还是令人惊讶的话,他们总是在不经意间说出,其潜台词是他必定自始至终知道这事。仿佛没有任何新的东西被透露出来,好像主人公只是被委婉地要求回忆起一些他已经忘却的事而已"(131)。卡夫卡的 K 必定回忆起他已经忘却的东西——他的古老神话,因为如上述引文所示,他仍然据此为生:"它现在被忘记这一事实并不意味着它不会延伸到当下。恰恰相反:它实际凭借的正是这种湮没无闻"(130)。这种湮没无闻正是"史前时代不成文的法律和确定性规范"一直影响那些未曾意识到这些法律,并因此易于违背它们的人的原因所在。因此《审判》中的约瑟夫·K 或《城堡》中的 K 必定生死于永恒的"模棱两可"中,因为他们未能懂得致命的力量——或者说神话——通过压迫他们的"法律部门"以发挥作用。以下便是本雅明对卡夫卡的最终看法:

> 卡夫卡的作品像一个圆心分得很开的椭圆,这两个圆心一方面由神秘的体验(特别是传统的体验)所支配,另一方面也决定于现代城市居民的体验……在卡夫卡身上,实际上最不可

思议之处是,这个最晚近的经验世界恰恰是通过那个神秘的传统传递给他的。当然,它的发生不可能缺少这一传统内部的毁灭性过程。概言之,显而易见,如果一个个体(名为弗朗茨·卡夫卡)将要与我们的现实相遭遇,便需要求助于这一传统的力量……但是,卡夫卡的经验完全建立在他所唯唯诺诺的传统之上;在此根本没有什么远见或"预见"。卡夫卡倾听着传统,而全神聆听的人是视而不见的。[122]

261

因此,卡夫卡未能对他已表述得相当清楚之事加以解释,因为他缺乏足够的批判术语以解释构成它的神话传统,同样的力量也迫使他"在其作品中搅动整个时代"。本雅明对卡夫卡生活、作品和自己生活、作品中这种困境的努力澄清,以及在其后来的作品中通过"充分的"社会学理论范畴和历史学以纠正它的能力,都表明了巴霍芬的神话学发现和理论对他究竟有多么关键。正如本雅明自传中的文字所示,他最终将自己生活中的神话冲动视为自身德国犹太人身份不可避免的,甚至是宝贵的来源,并因此得以与卡夫卡在人类现实中觉察到却又未能在自己的生活中加以调和的可怕力量与事实达成妥协。本雅明观察到:

> 与即便是探究一个出现在卡夫卡故事和小说中的主题相比,更简单的是从卡夫卡逝后的笔记集中得出推测性的结论。然而,只有这些主题才给予了一些主导卡夫卡创造力的史前力量的线索,毫无疑问的是,这些力量有理由被认为也属于我们的世界。谁能说在什么样的名义下它们出现在卡夫卡面前?只有一点是大体可确定的:他并不知道这些力量,也就未能在它们中找到自己的方向。[123]

上述观察中的每一句话都适用于本雅明自己。显而易见的是,与探讨出现在本雅明最后一些作品中的即便一个主题相比,从构成其《拱廊街计划》的逝后笔记集中得出推测性的结论要容易得多。然而,只有这些主题才给予了一些主导本雅明创造力的史前力量的线索,毫无疑问的是,这些力量有理由被认为也属于我们的世界。与卡夫卡不同的是,本雅明确实知道了这些史前力量,并且在其最后的一些作品中,能够在这些力量中找到自己的方向。

IV

在 1927 年年中时,本雅明开始为一篇暂题为《巴黎拱廊街:一种辩证魅化》的论文准备笔记、沉淀思考。[124] 在 1929 年,他将论文告知正在柯尼斯泰恩的阿多诺和法兰克福的霍克海默。这个作品的早期版本是重要的,因为它包括了本雅明后来构建《拱廊街计划》的最重要的概念,并且以其最纯粹的形式予以揭示,在它们被本雅明重新改造进现在构成该书的三十六个卷宗(Convolutes)之前。他以一则对拱廊街的简短事实性描述开篇,它转引自当时的素材(主要是 1852 年的《巴黎插图指南》),随后写道:

> 所有这些便是我们眼中的拱廊街。然而这些并非一切。它们(拱廊街)像洞穴一样通过帝国的巴黎发散出去。对于一位走入 1817 年的全景廊街(Passage des Panoramas)的人而言,一边是煤气灯上塞壬们的吟唱,另一边则是油灯上侍婢们的诱惑。随着电灯灯光的到来,这些走廊中原本完美的光亮便消失了,突然变得更加难以寻觅——这些走廊在入口处施以一种黑暗魔法,并通过假窗窥视它们自己的内部。这并非衰落而是转化。突然之间,它们成为浇筑"现代性"形象的空心模子。在此,这个世纪令人满意地反映了它最近的过去。[125]

"所有这些便是我们眼中的拱廊街。然而这些并非一切"。为了了解拱廊街过去是什么,以及一直以来在历史上又是怎样的,本雅明转而去探讨它们在历史中隐喻的、神话的含义。[126] 他主张,对建筑模式、商业生产以及在拱廊街中得以实现的装饰所做的一种恰当的历史研究和心理学解释可以揭示一直以来造就这类廊街的最初精神动机:

人们知道在古希腊有路可以通向地下世界。我们清醒的状态如同一片土地，在它的某些隐秘之处，可以通向地下世界——一块充满不显眼之处，梦境产生的地方。我们终日毫无怀疑地从它们旁边经过，但是，睡眠一到，我们便急切地摸索着回到黑暗的走廊里迷失自己。白天，城市住宅的迷宫像意识；街上的拱廊街（它们是通向城市过去的走廊）不为人所注意。然而，到了晚上，在黑压压的大片房屋下，它们浓密的黑色就像一种威胁，夜间的行人则匆匆而过——除非我们鼓励他转进狭窄的小巷。[127]

在其对这种"神话地貌"的具体观察与解读中，本雅明遵循的是巴霍芬的方向。他对城市的描述充满诙谐的隐喻，拱廊街被比喻为"矿泉""水族馆""细胞"和"迷宫"，进一步通往处在更深处的文明的史前起源——地下道路、污水管道，以及再往下的河盆和"石灰岩采石场、洞穴和地下墓葬，自中世纪早期以来，便被那些熟门熟路之人一次又一次地重新进入和穿过"。他们中有法律和秩序的敌人，比如走私犯，也有法律和秩序的受害者——从早期的基督教殉道士到现在的流浪汉、乞丐、孤儿以及其他迷失的灵魂。"我们还知道，在公共骚乱时期，神秘的谣言经由地下墓穴传播得极为迅疾，更不必说那些有资格对它们发表意见的先知和预言家了。"[128] 拱廊街成为了实际上的"神话通道"（passages of myth），它既可以连接到城市最早的、最低的层面，也可以连接到城市最新、最宏伟的林荫大道和上层阶级流行的精品店层面。进入这些拱廊街，仍然可以使现代历史学家们从这些现代性的上层肤浅层面走到古代更深层而真实的层面。当本雅明游历其他欧洲城市时，他运用了同样的地形学、考古学观察模式。[129] 19 世纪的巴黎是"神话地形学"的最佳位置。本雅明向巴尔扎克（Balzac）致敬，他以下列措辞来描写这座城市：

巴尔扎克通过精确的地形等高线确保了他世界的神话结构。巴黎是其神话学的滋生地——巴黎及其两三位杰出的银行家（纽沁根、杜·梯列特），最伟大的物理学家贺拉斯·比安琼……以及鱼龙混杂的支持者和士兵们。但是，最主要的是——并且我们一次又一次地看到——从同样的街道和巷角里，从同样的小屋和幽暗处，这个世界的身影步入光明。那种地形学是传统（Traditionsraum）神话空间的平面图，除此之外它还能意味着什么，就像每一个这样的空间，能够真正成为它的钥匙——正如对波桑尼阿斯而言它是希腊的钥匙，正如巴黎拱廊街的历史和位置将成为巴黎所沉入的本世纪地下世界的钥匙。[130]

正如该文所示，本雅明对巴黎"神话地形学"的研究深度模仿了波桑尼阿斯的《希腊志》（*Guide to Greece*）：本雅明论证道，与这位"在公元 2 世纪，当许多礼拜之所和诸多遗址开始坍塌湮没之际，撰写其希腊地形学"的古代旅行家一样，现代历史学家应当从现代性的"废墟"中破译并唤起它们的古代神话。[131] 本雅明对拱廊街的迷恋，"它是通向其昔日存在的走廊"，因下列感觉而愈发强烈，即拱廊街的作用与波桑尼阿斯进入的古代迷宫十分类似：它们将其游览者从街道的浮华世界转移到它更深层的"沼泽世界"的现实中。在巴霍芬的生平和著作中——尤其是在 1928 年所评论的《希腊之行》（*Griechische Reise*）中——本雅明找到了一位当代的波桑尼阿斯，一个同路人，他实际上重新游历了"那些古希腊的遗址，从那里人们可以进入地下世界"，并且它们仍然可以促使我们"像在梦中一样，再次体验我们父祖辈们的生活"[132]。

在这部作品的早期构思中，本雅明将自己的意图陈述为"刺入"现代神话学的结构之中，正如在 19 世纪巴黎的各类构造中所揭示的那样，目的是为了揭示并挽回它们"乌托邦"的可能性——过去未实现的梦想，几乎丧失了的一代代人的体面生活和正义社会。在本雅明看来，这些便是像圣西门（Saint-Simon）和傅里叶（Fourier）这类 19 世纪的思想家们或者说实际上是巴霍芬从古代社会中唤起的对一种新社会的"乌托邦"幻想。本雅明似乎在出现于 19 世纪巴黎的新科技尤其是拱廊街上看出了这些神话的意义和信息。"只有粗心大意的观察者才会否认现代的科技世界与神话的古老象征世界间的各种联系。"[133] 以下便是他在巴黎的服装、广告和展览中观察到的热门话题：出生与死亡，生育和不孕，性欲与纯洁，罪恶与救赎。[134] 这些神话比喻在现代现实中仍普遍存在这一事实——在语言学的词组、概念性的风格、宗教的教义、道德的规范、社会的法律、政治的意识形态、商业的广告、公司和街道的名称、建筑的设计，以及纪念碑中——意味着即便在现代，它们仍然向人类传递了一些潜在的信息。巴黎拱廊街的真实含义是什么？对现代性而言，它们的乌托邦信息是什么？这些便是本雅明试图在《拱廊街计划》中回答的问题。

　　作品的概念灵感可以在阿拉贡小说《巴黎农夫》里叙述者的第一印象中被找到，他经过似乎被遗弃、变得毫无意义的教堂，并认为："人类不再崇拜高高在上的神们……沉沦在尘土中的宗教精神已经抛弃了神圣的地方。但是在人类中有一些其他的地方正欣欣向荣，在那里人们安静地过着自己神秘的生活，在那里一种深刻的宗教正在逐渐形成。"[135] 这些新的圣地便是拱廊街，它们"值得……被认为是许多现代神话的秘密宝库"[136]。当本雅明开始创作自己有关拱廊街的作品时，阿拉贡对超现实主义现实感的强力召唤给他带来的最初的心潮澎湃已然式微。在其有关超现实主义的论文中，本雅明已经对阿拉贡明显未能就其敏锐观察到的东西给予任何实际的解释或"世俗的启迪"持相当批判的态度。在那篇论文中，他还只是斥责了阿拉贡和布雷顿（Breton）明显的"唯灵论"（spiritualism），而在《拱廊街计划》中，他对这类错乱的心志与事物的反对已颇具战斗精神。"当阿拉贡在梦境里坚持时，这里关心的是找到觉醒的结构。在阿拉贡身上，仍然有一种印象主义的元素，也就是'神话学'（对于其书中许多含糊的哲学学说而言，印象主义实负其责），而此处的问题是将'神话学'分解到历史的（Geschichtsraum）空间中去。"[137]

　　本雅明急切地试图通过批判的、实践的、历史的思考将阿拉贡从对"神话学"的印象主义沉浸中"唤醒"，这透露出他对"神话学"在现代政治意识形态中所获新意义的日益增长的担忧。这一敏锐的意识可以解释他对启蒙运动进步意识形态的偶然回归。"为了耕种迄今为止只有疯狂统治过的土地。带着理性的利斧奋勇向

265

前,不左右环顾,为的是不屈服于来自原始森林深处的恐惧。每一片土地必定在某一时刻因理性而变得可以耕种,将幻想和神话的灌木丛清除干净。这将在此完成,为着 19 世纪的大地。”(456)然而,这些不顾一切的话语只是增强了本雅明在写下如下话语时必定会有的印象,他写道,神话并未被理性与进步真正驱逐,更不必说被它们所消灭了,因为神话的“根基”或者说“土壤”(Grund)太丰沃了,神话的精神之根,“来自原始森林深处的恐惧”,对于“理性之斧”这样不胜任的武器而言扎得太深了。本雅明奋勇向前“不左右环顾”的决心暗示他不仅在“右翼”的法西斯主义和民族社会主义中,而且在“左翼”的无政府主义和共产主义中,都发觉了神话的冲动与幻想。只有这一深层的认识才能解释一个令人奇怪的事实,本雅明不愿直面新的政治神话学。在构成《拱廊街计划》的大量笔记与引文的编纂中,本雅明甚至一次都未曾提起过阿尔弗雷德·罗森博格的《20 世纪的神话》(Mythus des zwanzigsten Jahrhunderts)。相反,他将注意力转向“19 世纪的大地。”

266

本雅明这么做的原因是他得出了如下结论,即想要理解现代欧洲社会中“神话力量的复活”,便需要去探究在 19 世纪头数十年里产生这些力量的历史条件,这些条件依然流行,因为由它们所复活的力量留存至今(391)。阿拉贡的城市居民正确地觉察到他生活在“现代的神话”中,因为“最新、最现代的”以一种“事件的梦境形式”呈现,但是他却未能懂得这种典型的“现代性”困境本质上是“唯物的”而非“神秘的”。在本雅明看来,这种有关现实的神话感受在伴随 19 世纪初叶的工业革命出现后,便始终存在着,因为现代资本主义社会新的“唯物”环境之所以被如此设计便是为了在城市居民身上产生同样古老的对原始思维的“神秘”体验。跟随阿拉贡来到拱廊街,本雅明因而似乎是用这些相当传统的批判性理论术语来构思它们的。在“卷宗 A”(Convolute A,拱廊街、时尚精品店、销售员)中,他将这些“购物宫殿”及其人造光线和琳琅满目的货品表现为资本主义的制造,这种制造的目的是将大众催眠进一种永恒的迷恋状态之中。脱离交通和其他公共用途的话,“拱廊街只是一条充满商业味的街道而已;它完全适合勾起欲望”(42)。通过大量的档案材料，包括建筑规划、绘画与照片、广告、新闻报道和诗歌重现，本雅明恰如其分地展示了这种与拱廊街的一切相关的唯物概念，这些材料在探讨"时尚"的"卷宗 B"（Convolute B）中得到进一步地强调。然而，在"卷宗 C"（Convolute C，旧时的巴黎，地下墓穴、拆毁、巴黎的衰落）中，他重申了他的咒语，"所有这些便是我们眼中的拱廊街。然而这些并非一切。"然后他用阿拉贡已然作出却又未能成功理解的洞见对此加以修正道："只是在今天，当十字镐威胁到它们时，它们终于成为一种短暂狂热的真正庇护所，成为充满可恶欢愉和行业的幽灵之地。昨天仍难以理解的地方，到了明天便将永不为人所知了。"[138]

阿拉贡未能看到的是，20 世纪前数十年巴黎拱廊街中的这种"神话力量的复活"主要是一种对某些"历史"而非"神话"环境的表达，诸如克拉格斯、荣格等理论学家们声称在人类意识的深处已经发现了它们。"将神话分解到历史的空间中去"，本雅明的这一呼吁意在反转超现实主义者和法西斯分子共同用以认识神话与历史间彼此交织的新浪漫主义的、非辩证法的措施。针对他们共同的"神话的历史"（mythological history）观念，本雅明提出一种"历史的神话（historical mythology）"理论。他想表明的是，历史实际上并非由某些神话信仰、形象和传说所决定，相反，某些历史的物质条件和人类学上的需求造成了在所有时空中的神话的形式与冲动。正如本雅明在 1931 年论卡尔·克劳斯（Karl Kraus）的文章中所说，"没有所谓神话的唯心主义解脱，只有一种神话的唯物主义解脱。"[139]

这便是本雅明反对卡尔·古斯塔夫·荣格试图将"乞丐"这类真实的人物神话化的主旨所在：荣格认为乞丐在各类历史环境中的反复出现是内在于所有民族和文明的集体无意识中的一种永恒原型的体现，而本雅明则反转了这一因果假设，以表明神话并未招致乞丐，恰恰相反，是乞丐滋生了神话。"只要还有一位乞丐，那里便仍然有神话存在。"[140] 这便是神话的规则：只要社会困境依然如初——诸如物质贫困、不平等、不公平等这类难以解决的问题——便会有神话。神话的消解只会因革命或启示的到来而出现，而这两者在本雅明看来注定是同时性的。

267

在"卷宗 N"（Convolute N，论知识的原理、进步的原理）中，这也是《拱廊街计划》中理论探讨最丰富的部分，本雅明试图依照其新的唯物主义的历史神话概念将荣格的神话观重新评价为"集体的梦境"。从马克思写给鲁格信中的一则评论出发——"意识的革命只存在于……世界从它自身的迷梦中觉醒"（456）——本雅明认为，即便超现实主义者和荣格派们有理由将神话视为集体的梦境，他们也理应意识到为了使这些"集体梦境"为我们传统现实观的延伸或修正所用，他们必须用弗洛伊德学派利用梦的手段和目的来对待这些精神状态：不是要认识到它们的虚幻，而是要分析它们的意义。而且，与对梦的研究一样，要做到这一点不能通过与它们相关联，而只能通过相分离，或者说从中"觉醒"。然而，至关重要的是，本雅明警告说，一种激烈的梦中"觉醒"，即将它们从意识中遗忘和抹掉，是"一种错误的解放，其标志是暴力"（884，388—389）。在弗洛伊德"被压抑的重返"（the return of the repressed）理论中，没有在与现实生活中的实际问题相关的清醒状态下被恰当记起和解决的梦注定要在梦魇中重现；对诸如神话这类"集体梦境"而言，上述说法可能仍是正确的，如果它们只是被简单地拒斥为"虚幻"的话。

这种将拱廊街视为包含一些相关含义和信息的"集体梦境"的新观点需要一种比庸俗的马克思主义者从其"意识形态上层建筑学说"中得出的神话观更为丰富的神话观。本雅明从马克思本人那恰当地梳理出这一观念。他注意到，马克思并未完全遵守如下假定，即在物质条件（经济基础）与文化表现（上层建筑）间存在严格决定的"因果关系"（causal relation），因为"上层建筑的意识形态会错误而有害地反映物质条件这一观察便已经超出了上述认识"。然而，如果"这种决定不能简化为简单的反映的话，那么它又如何能被总结呢?"本雅明回答道：

> 就表现而言。上层建筑是经济基础的表现。社会得以存在的经济条件表现在上层建筑中——正如对一位睡着的人来说，饱腹感是在梦的内容中找到表达而非反映，从因果关系的角度看，梦的内容可以被说成是"环境"。集体从一开始便表

达了它生活的环境。它们在梦中找到其表达,在清醒中得到解释。(392)

以这些新的解释学的前提为基础,本雅明进而重新解释了马克思的"商品拜物教"(fetishism of commodity)观念。正如马克思在《资本论》(*Das Kapital*)中所见,一件商品"最初是作为一种微不足道、易于理解之物而出现",然而在资本主义社会,商品已经脱离了所有物质关系(与它们的生产者)和功能考虑(对它们的使用者),获得"神学的微妙和形而上学的细微"。马克思及其追随者们并未太注意这些神话的——或者,如本雅明喜欢称呼它们的,"幻影似的"——伪装。然而,本雅明却特别关注这一"表现线索",因为它的愿象(*Wunschbilder*)揭示了一直以来激发了所有物质生产的真正的人类愿望。"争论的焦点……是试图把一个经济过程理解为一种可感知的原始-现象(*Ur*-phenomenon),拱廊街上(相应的,19世纪)生活的所有表现都从此开始推进"(460)。

这便是真正的巴黎拱廊街:以"集体梦境"(collective dreams)的形式出现的 19 世纪"物质环境"(material conditions)的"文化表现"(cultural expressions)。由此,它们保存并隐藏了过去几代人的创伤经历以及后人的期望。这些"梦"是经验与知识的重要来源,它们理应通过仔细的研究与解释得到认识,正如一个逐渐清醒的过程允许我们既抓住梦的感官意象又抓住它的知识信息。

> 一种逐渐的觉醒过程,不仅发生在个人的生活中,也发生在每代人的生活里。睡眠是它最初的阶段。一代人的青年经历与梦的经历有很多共同之处。它的历史形态便是一种梦境形态。每一个时代都有朝向梦境的一面,即孩童的一面。对前一个世纪而言,它非常清楚地出现在拱廊街上。前几代人的教育用传统、宗教教义来解释这些梦境,而在今天,教育只不过与孩童们的注意力分散相当……下面是一个使用唤醒技术的实验。一种认识到记忆的辩证——哥白尼式——转向的尝试。(388)

本雅明重获集体梦境之乌托邦可能性的尝试,佐证了他的信

357

念,即历史神话并非只是幻觉或扭曲。相反,作为前几代人尚未实现的年轻梦想的贮藏之处,它们仍然是真实的,并且可能有助于社会传统的"再生"(re-generation)。这些集体梦境的信息目前为止要么依于"传统"(tradition),要么因"分散"(distraction)而弃于无用的现状呼唤一种历史意识领域的"哥白尼革命"(Copernican revolution),它可以将历史梦境中的神话形象真正地回忆起来,"重新置入"一个有意义的结构中。在本雅明看来,神话形象被如此揭示与认识的结构只在极少数情况下出现,出现在生活方式由"旧"往"新"迅速转变的特定历史瞬间,这些"新"的生活方式流行于 19世纪早期的巴黎,并且在下列典型的"现代"创造中可见,波德莱尔的诗歌、傅里叶的乌托邦理论、贝朗格的建筑构造以及其他的文化表现,比如世界博览会和广告,尤其是巴黎的拱廊街。以这些为前提,始于 19 世纪早期并自此不断增强的"神话力量的复活"便不是一种向"史前史"的退化,而毋宁说是一种本雅明所谓"原始历史"(Urgeschichte)的再生。(463)波德莱尔的《恶之花》(Fleurs du mal)展现了这种现代的敏锐:他对"原始森林"与"现代城市"间"通感"(correspondences)的认识以"适宜于那个世纪的形象"揭开了"19 世纪的原始历史"[141]。在《拱廊街计划》中,本雅明把对附带现象历史中原始性的一系列深层认识定义为"辩证的图像"(dialectical images):

> 只有辩证的图像才是真正历史的——那不是古代的——图像……在辩证的图像中,在某个特定时代里的也总是同时"来自无从追忆的时代"。然而正因此,在每一个场合下,它都只向一个相当特定的时代显现——也就是说在那个时代,人类揉揉它的眼睛,恰好认出了这个特别的梦中图像。正是在这一时刻,针对这一图像,历史学家肩负起解析梦的任务。[142]

阿拉贡未能做到这一点。他没有将自己在 20 世纪早期巴黎中如此敏锐唤起的梦中图像或拱廊街神话视为有关过去的历史呈现,这些呈现对他和当今的一代人而言已经变得"清晰"而"真实"。正如韦因弗莱德·迈因豪斯(Winfried Menninghaus)所论,本雅明

270

的辩证图像理论，尽管不失明显的激进主义，"见证了本雅明神话反思中的紧张地带。辩证的图像一方面通过知识的辩证法倾向于打破图像（Bildkraft）的神话力量，另一方面它暗示知识本身的真正形式至少部分建立在图像之上，因之也在神话之上"[143]。

现代性方面所有主要意识形态运动的爆发——浪漫主义、共产主义和民族主义——在19世纪早期同时也是一种历史意识的再生，它以"神话力量的复活"为实现途径。本雅明在完成于1934年的论文《巴黎，19世纪的首都》中详细阐述了这一"修正主义的"主张，该文也是《拱廊街计划》的首次披露，此时他正在撰写有关巴霍芬的文章。在引用米什莱的观点"每一个时代都梦想着下一个时代"后，本雅明断言："在每一个时代都憧憬着下一个时代的梦中，后者似乎与原始历史的因素结了缘——也就是说与无阶级社会的因素结了缘。有关这个社会的经验——保存在集体无意识中——通过与新事物的彼此贯通，造就了在生活的千姿百态中留下痕迹的乌托邦，从不朽的高楼大厦到转瞬即逝的时尚。"[144] 在1935年，上述观点与法西斯"原始起源"（primal origin）的意识形态有着令人猜疑的密切关联。[145] 至少西奥多·阿多诺是这么认为的，就本雅明与巴霍芬的信徒克拉格斯、包姆勒之类右翼思想家们间的危险联系他曾加以提醒。本雅明愿意冒这个险，因为他认为像尼采、索雷尔（Sorel）那样的政治反动者们，都以他们自己的方式成为哲学的"反动者"。正如肖勒姆所指出的，本雅明"能够觉察到革命的隐藏轰鸣，即便是在那些世界观怀有反动性质的作家身上。通常而言，他敏锐地意识到他所谓'反动理论与革命实践间奇特的相互作用'"[146]。

本雅明正确地看到，巴霍芬弄清楚现代性中神话冲动的"倒退性"尝试并不一定包含反动的政治意识形态，相反，它是或者说至少可以被用作一种批判性的尝试，以揭示像马克思主义这类"进步"意识形态中不可避免的、具有终极价值的神话遗产，特别是因为马克思及其现代的追随者们通常倾向于忽视神话在其意识形态以及对其意识形态的有效性。跟随恩格斯、拉法尔格和摩尔根，他们都在巴霍芬身上找到了"一种共产主义社会的预感"，以及巴霍芬的同事埃里希·弗罗姆，他在1934年的《社会研究杂志》

（*Zeitschrift für Sozialforschung*）上发表了一篇有关巴霍芬的论文[147]，本雅明也将巴霍芬对母权制的发现视为对现代社会科学的一大贡献。因此，从马克思到阿多诺的激进理论家们，反对求助于所谓的黄金时代，作为幼稚而"倒退"的幻想，它们曾激发了对现代性的浪漫主义或法西斯主义反动，而本雅明却注意到它们在社会公平与统一上的"进步"愿景，并且在他看来，这些愿景终将完全显现，并得以实现。本雅明将其内容总结为："这种事物的状态证明了一种特别的公平理想。某些母系社会在民主秩序和政治平等思想上达到一种很高的程度这一不容争辩的事实吸引了巴霍芬的注意。正是因为这一原因，他才认为共产主义与女性当政不可分割。"[148]

　　然而与巴霍芬的主张不同，本雅明认为这种原始、典型社会的神话必定永远超出考古的或历史的考证之外。不过，他还是认为它足够真实，因为它一直存在并且作为一种正直、公正社会的典型进入我们的政治传统之中，并由此获得重要的政治及历史意义。因为，正如本雅明所知，巴霍芬暗示了在社会的伦理与政治守护上女性要优于男性的母权观，它是一个更广泛的、更激进的政治-历史策略的一部分，其最终目的在本雅明看来是"权威概念的覆灭"[149]。这一点确实必定是巴霍芬心之所想，如果我们想到《母权论》便是针对德国历史学的"元老"著名的西奥多·蒙森而写的话。巴霍芬对罗马帝国的普鲁士历史学家的极端憎恶既是个人的又是专业上的。[150]他对蒙森以实证主义-帝国主义的手段对罗马历史的"篡改"尤为恼火，因为正是凭借同样的手段，蒙森的英雄俾斯麦掌控了德国历史。巴霍芬控诉道，蒙森像一位现实政治家（*Realpolitik*）一样从事史料考证（*Quellenkritik*），试图毁掉罗马社会的神话传统与联系，为的是清除与其现实政治的历史观相左的所有材料。在后来的历史著作，特别是在《塔娜奎尔的传奇故事》（*Die Sage von Tanaquil*）中，巴霍芬试图通过给出来自（以及有关）古代的生活图像以反击蒙森及其追随者们，利用古代神话的而非现实政治的历史，因为这些在他看来包含着已经失去的早期罗马社会的母系信息。在一篇针对蒙森"批判性"地摧毁了罗马著名的科里奥兰纳斯（Coriolanus）神话之历史真实性的论战文中，巴霍芬

272

认为这种"批判"透露出蒙森政治意识形态和古代历史方法论中所有的错误——帝国主义、军事主义、物质主义和现世主义，所有这些构成了，或者毋宁说滥觞于"父权主义"（patriarchalism）。[151]巴霍芬试图通过对"母权主义"（matriarchalism）的重申以对抗这种政治的-史学的统治，而"母权主义"的遗产则来自罗马神话。在《母权论》的导言中，他坚持利西亚王后拉俄达弥亚（Laodamia）和达那俄斯的女儿们（Danaids）的神话故事以及尤斯塔修（Eustathius）所记录的故事的历史性，它们似乎确认了他的古代母权制理论。他指控道：

> 那些坚持流行观点从而试图令尤斯塔修的故事不可信之人，其依据是故事的真实性缺乏任何更古老的史料支撑，更不用说与故事同时期的史料了；他们会争辩说故事的隐晦性表明它出自某个糟糕的神话编造者的发明。他们会说，不是神话像贝壳一样围绕着事实而产生，正相反，是事实从神话中抽绎出来。他们会将它贬低为毫无价值的垃圾并扔到废弃场里，而这种趋势的稳定发展则标志着所谓神话"批判"方法的毁灭性进步。[152]

正如本雅明所见，巴霍芬对新的科学历史学（historische-Wissenschaft）的实证主义神话学的攻击延续了歌德对牛顿的战斗：本雅明看到了"同样傲慢、专横的态度；对各门科学间既定界限的同样蔑视；专业同行们同样的敌意反应"。这场争论在维拉莫维茨·默伦多夫对尼采《悲剧的起源》的攻击中重新出现，如我们所知，尼采在书中揭露了他那个时代自由主义的-帝国的历史学，而他所用的措辞竟与巴霍芬及其巴塞尔大学同事们用以反对蒙森的措辞如出一辙——作为一种对"神话、神话家园以及神话母性子宫丧失"[153]的可悲替代。

在对历史的最后反思中，尤其是在《历史哲学论纲》对"历史角度"的深思中，本雅明用这种"倒退"的历史观来反对现代主流的进步意识形态和历史方法论。正如我将要指出的，在《历史哲学论纲》这一著名的文本中，本雅明的历史学家形象带有向巴霍芬的默

273

默致敬。巴霍芬斥责进步的历史学,因为它将古代伊甸园的知识视为"毫无价值的垃圾并扔到废弃场里,而这种趋势的稳定发展则标志着所谓神话'批判'方法的毁灭性进步",与此相似,本雅明以相同的惯用措辞将进步的历史观斥责为"来自天堂的一阵风暴",这阵风暴,凭着自己的力量明显远离了伊甸园的神话,即便是在不知不觉之中,与此同时还制造了一堆"向着天空生长"的"断壁残垣"[154]。

V

本雅明《历史哲学论纲》的主要观点清楚地表现在"驼背侏儒"的开场寓言比喻中,他坐在"被称为'历史唯物主义'的木偶中"并且确保"木偶总是会赢……如果它还有了神学襄助的话,只是今日如我们所知,神学已经枯萎,需要躲在一边了"。对一种救赎神学复兴的努力随着"论纲"的推进而放大,直到最后一句话达到高潮,此时本雅明召唤了犹太教的弥赛亚形象,它可能在"任何一秒"出现。[155] 在其对此文本的传记-历史重构中,罗尔夫·提德曼(Rolf Tiedemann)将本雅明晚年及晚年作品中的神学转向与整体的政治发展以及本雅明在巴黎左翼知识分子圈中个人的生活经历联系起来,它们使本雅明对时事政治的标准马克思主义解释与解决之道十分谨慎。[156] 至 1936 年,他已经完全丧失了对苏联共产主义实验的信仰,并且尤其恼火于它粗鲁的反宗教政策。提德曼表明,在1937 年的头几个月里,本雅明主要沉浸在安德烈·纪德的《访苏归来》(Retour de l'U. R. S. S.)一书中,在书中作者痛斥反宗教斗争的发起与"学说的相背,毕竟它曾给世界带来一种新的希望以及在那时可能想到的最特别的革命刺激"。纪德补充道,"不应在此对我的教养及早期信仰心生嫉妒。我会以同样的方式谈论希腊神话;在神话中,我也看到了一种深层的、持续性的塑造力量。于我而言,相信它们似乎是荒谬的。但是于我而言同样荒谬的是忽视它们中的真实,微笑着耸肩将它们拒之门外。"这一认识对本雅明而言印象深刻,他写信给霍克海默说:"文章对宗教的讨论十分精彩。可能是书中最棒的部分。"[157] 从对本雅明最后几部

274

作品的仔细阅读中可知，与纪德以及他在巴黎遇到的其他法国修正主义者一样，本雅明相应地修正了早期关于神学与神话学的区别，并最终认识到"神学"对历史革命的"服务"有赖于它的神话学。

这一点在本雅明最后的公开发表中十分明显，它是为卡尔·古斯塔夫·贾克曼（Carl Gustav Jochmann）《诗歌的回归》（*Regression of Poetry*）所撰写的序言，发表在 1939 年的《社会研究杂志》上。[158] 贾克曼是一位来自里加的资产阶级知识分子，是一位进入 19 世纪早期德国文学和革命圈，却又脱离了现代性的文化、政治传统的晚期启蒙思想家（*Spätaufklärer*），因为他坚持一种倒退的而非进步的历史观。[159] 本雅明将贾克曼描写为一位先知，他"背对着自己预言的未来，他的眼界因见到愈益消失在历史深处的早期英勇的人类及其诗歌的巅峰而点亮"，这样的描写激发了本雅明最终也是最令人难忘的"历史天使"观念。[160] 本雅明对贾克曼的以下观点尤其印象深刻，即诗歌与他认为就现实的一种"绝对体验"（absolute experience）而言，至关重要的其他官能与创造一样，都是随着启蒙的进程而倒退的。[161] 然而，本雅明继续追问，在贾克曼看来诗歌是否真的消失了，对此本雅明的回答是"在这个问题上，贾克曼表现出一种意味深长的犹豫"[162]。一方面，贾克曼是一位典型的启蒙者，他会同意柏拉图对神话诗歌的禁止，只要对此的追求忽视了道德的、社会的美德；另一方面，贾克曼与浪漫主义者一样，深信"诗歌精神"对人类的不可或缺性，并希望它在正直、公正的社会中重生。使贾克曼反对浪漫主义者的是他敏锐的社会、历史感受力。因为浪漫主义者沉浸于中世纪神话的情感迷惑之中，并且对这些"虚假财富（false riches）"在社会现实中的影响丝毫无动于衷，这一谬误导致他们的神话研究作品倾向于现代德国新浪漫主义的"美学帝国主义"（aesthetic imperialism）——"对法西斯分子而言，没什么比为了他们自己而抓住神话的心愿更具激励性的了。"[163] 贾克曼反对这些倾向，他坚持神话的历史真实性，无论在神话的时代还是我们的时代。在神话的时代，它们是人类与自然、社会现实相对抗的虽原始却真实的表达，在我们的时代，我们可以在它们中看到某些仍然困扰着人类的问题先兆。在本雅明看来，贾克曼必定是在

275

维科的《新科学》中找到了这种"诗歌"见解。[164] 虽然本雅明并未提供任何证据以表明贾克曼确实知道维科,但是这确是非常可能的:《新科学》的德文版出现在 1821 年,并且被与贾克曼有联系的激进知识分子广泛讨论。[165] 1820 年代后期,贾克曼在巴黎,此时正值米什莱的《新科学》译本面世,他肯定知道这本著作,因为按照爱德蒙·威尔森(Edmund Wilson)的说法,该书是从索雷尔到列宁的整个革命运动的滥觞。[166]

　　显然,本雅明从贾克曼解救神话于浪漫主义反动者之手的尝试中,为自己将神话从法西斯主义反动者以及马克思主义革命者手上解救下来的努力提供了一则先例。当本雅明在撰写有关贾克曼的论文时,他也处在同样的知识困境之中:一位德国学者,避难于巴黎左翼启蒙运动支持者之中,然而他在神话创作起源和文明潜力上的观点却使他与左翼的反对者相结盟。在生命的最后岁月里,本雅明与一群法国知识分子过往甚密,他们一样也对官方的共产主义不再报幻想,尤其是在它无力对抗法西斯主义的力量上。一个自称阿塞法勒(Acéphale),后以社会学学院(College of Sociology)之名为人所知的组织开始探讨这种政治困境背后的社会环境,最终它得出的结论是,共产主义未能理解更不用说创造现代社会生活中的"神圣"了。以此为前提,他们进而重新评价神话在现代生活中的有效性。这个团体的知识领袖们有乔治·巴代伊(Georges Bataille),本雅明最终将《拱廊街计划》的手稿委托给他,还有罗杰·卡约(Roger Caillois),他 1937 年的论文《巴黎,现代神话》(Paris, mythe moderne)大为本雅明所钦佩,并在本雅明同一主题的论文中被大量引用。[167] 在 1938 年 7 月的《新法兰西评论》(Nouvelle Revue Francaise)上,卡约、巴代伊就学院的意识形态和方法论目标做了最初的纲领性陈述,他们强调在其新的社会理论与实践中神话的核心性。在卡约看来:

　　　　半个世纪以来,人文科学的发展如此迅疾以至于我们尚未充分认识到它们所提供的新的可能性,更不用说拥有机会与勇气将它们运用到由本能与"神话"的相互作用所产生的许多问题上,这种相互作用将它们在当代社会中构建或移动。……这种将重新发现原始渴望和个人条件冲突的专注转移至社会的维度肇端于社会学学院伊始。[168]

卡约在学院的讲座上详细阐述并举例论证了上述观点，尤其是在他有关"节日"的社会意义与功能的讲座以及论文集《神话与人》（*Le mythe et l'homme*）中，该论文集出版于1938年，并大为本雅明所赞赏。巴代伊在将神话视为现代社会构成与研究的主要来源上同样坚定而自信。他的纲领性陈述更多地得归功于尼采而非马克思。

> 对于一个艺术、科学或政治都无法令其满足的人而言，仍然有神话可资使用……对一个因历次磨难而破碎的人来而言，只有神话反映了一种充实的形象，它延伸向人们聚居的共同体。只有神话进入到那些人的身体中，将他们结合起来并要求他们怀有共同的期望……因为神话不仅仅是命运的神圣形象以及该形象所介入的世界：它不能与创造了它的共同体相分离，这个共同体通过仪式获得了它的权威。如果一个在节日兴奋中的民族并没有主动表示这是最重要的人类现实的话，那么这便是一则谎言了。神话可能是寓言，但是这种寓言与虚构相反，如果你看一下因之起舞、据之行事、以之为生活真理的人们的话。一个在神话的仪式性占有上不成功的共同体只能拥有一种不断式微的真相：只有达到这样程度的生活，即它的意愿带来了所有神话的机遇，这些机遇构成了生活最深处的存在。[169]

虽然本雅明不是学院的正式成员，但是他参加了一些它的秘密聚会，并且被安排做一场有关时尚的讲座（后因战争的爆发而取消）。无论怎样，依照皮埃尔·克洛索夫斯基（Pierre Klossowski）的说法，"本雅明怀着惊愕与好奇参加了所有这些活动。虽然巴代伊和我在每一个方面都与他分歧，但我们仍着迷于他的讲说。"[170]　　277
团体成员们尤其感兴趣的是本雅明"对（傅里叶）'共产村庄（phalansterie）'的个人理解"。本雅明认为它会被"一种自由的工业生产所复兴",而工作也将因此再次成为一种自由表达甚至是情爱享受的源泉。[171]

在《历史哲学论纲》中,本雅明唤起了傅里叶人与人之间、人与自然资源之间融洽和谐的愿景。"在傅里叶看来,因有效的集体劳动,四个月亮将照亮地球的夜空,冰雪将从两极消融,海水不再是咸的,飞禽走兽都听从人的调遣。"正如本雅明所认为,当与"庸俗的马克思主义者的劳动性质观念"相较时,"傅里叶的幻想虽然经常遭到嘲笑,却被证明出奇的健全",这恰恰是因为它们仍然保留了禁止人们压榨自然资源的神话观念。本雅明猛烈地抨击庸俗的马克思主义者,是因为他们"实证主义的劳动观""只看到在掌握自然上的进步,却没有认识到社会的倒退",它已然"表现出后来在法西斯主义中看到的技术统治论的特征"[172]。在《历史哲学论纲》中,与傅里叶十分相似,本雅明试图为人类重新找到天堂。这便是如下本雅明对"历史天使"(angel of history)的著名深思中所隐含的信息:

> 克利(Klee)一幅名为《新天使》(Angelos Novus)的画,画中一位天使看上去正要从他出神凝视着的事物旁离去。他的眼睛凝视着,他的嘴巴张开,他的翅膀也展开了。人们就是这样描绘历史天使的。他的脸朝向过去。在我们看到一连串事件的地方,他看到的是一场单个的灾难,并将灾难堆积的尸骸抛在自己的脚下。天使愿意停下来唤醒死者,把破碎的世界修补完整。但是一阵风暴从天堂袭来;风暴猛烈吹击着天使的翅膀,以至他再也无法将它们收拢。这风暴不可抗拒地把天使刮向他背对着的未来,而他面前的断壁残垣却越堆越高直逼天际。这风暴便是我们所谓的进步。[173]

对该文的通常解释,是将它理解为对历史中神话的攻击,但我却认为这一关乎本雅明生平、著作的最后证明,其主题仍然是"神话的调和"(the reconciliation of myth)。它是关乎天堂神话最紧要的问题。当我阅读这段文本时,它对神话有害于历史的明显批判性否定,透露出神话对历史不可或缺这一更深层、更具辩证性的认

识。因为对"一阵风暴从天堂袭来"，即天堂的神话只是造成了历
史灾难的敏锐意识，并不一定意味着"脸朝向过去"的天使可以或
者说应该远离这一神话。相反，他"愿意留下来"（verweilen），并最
终退回去，为了"把破碎的世界修补完整"，很明显地表明他仍在寻
求重获天堂。然而，问题仍然在于，重获天堂的尝试是否标志着天
使向神话的投降，或者换一种说法，标志着一种神话信息的重演。

令人难以忍受的可怕历史景象使天使无力改变它的灾难模式，
或者即便是将目光从它身上远离："他的眼睛凝视着，他的嘴巴张
开，他的翅膀也展开了。"然而，与此同时，他确实"似乎准备离开"
这种困境，去克服他明显的被动与宿命。将他带入并且远离这一
历史困境的是天堂的记忆，是通过启示或革命赋予救赎之神学、政
治愿景的弥赛亚神话。"但是一阵风暴从天堂袭来"，那一神话"猛
烈吹击着他的翅膀，以至他再也无法将它们收拢"，并因此"不可抗
拒地把天使刮向他背对着的未来"，本雅明这样描写危急关头的天
使，暗示了天使知道将要发生在他身上的事，暗示了他已经懂得神
话怎样在历史中起作用。"在我们看到一连串事件的地方"——也
就是说，在旧的神学或新的机械论体系的目的论范畴中构思历史，
这使历史"在我们看来"（vor uns erscheint）好像按照规律和有目的
的、进步的过程在运动——"他看到（da sieht er）的是一场单个的灾
难，并将灾难堆积的尸骸抛在自己的脚下"。换句话说，天使认为
历史是对一场"单个灾难"（从天堂被驱逐）的一种重复的并且最终
是倒退的反应，这场灾难将继续折磨人性并且情况正越变越糟，因
为所有在人间建立天堂的尝试都倾覆成了"断壁残垣"，天使"愿意
停下来唤醒死者，把破碎的世界修补完整，"暗示他也为天堂的神
话在历史中造成的"这场风暴"所束缚。随着"这场风暴"，任何重
获天堂的尝试似乎不仅是幼稚的，而且也是自我毁灭的。但是在
文本的最后一句中，本雅明说"这风暴便是我们（而非天使）所谓的
进步"，好像是要指出与以逻辑而非神话范畴"认识"历史的我们不
同，天使知道"这风暴"的一切，因为他"看到"了真正的它：一种神
话的冲动。正如革顺·肖勒姆所论，"天堂既是人的起源和原始过
去，也是他未来救赎的乌托邦形象——一个实际上循环的而非辩证
的历史进程概念。"相应的，"风暴"指的是"一种由乌托邦而非生产

方式所决定的历史及其动力"[174]。对历史中神话的敏锐认识使天使得以超乎其外。他的最终出场是骑在带他离开天堂的风暴之上。

本雅明是在 1940 年年初撰写"论纲"的,此时他被囚于法国沦陷区的一个犹太人难民营中。他对"历史天使"的沉思表明,与三十年战争时期的悲剧寓言家们一样,他们认为世界是一个为上帝所抛弃、为人类所毁坏的舞台,但仍然试图将基督教的救赎神话从历史的毁灭中拯救下来,本雅明试图在他的寓言文本中将天堂神话从它在历史上的所有残忍展现与全然毁灭中拯救下来。他相信,任何可以为现代文明那样认识的神话形象已经是或者说依然可以成为"真正历史的"——在人类为改良以及为人类社会的最终救赎所作的社会和政治斗争中,它都可以予以激励。[175]

这便是本雅明"过去的真实形象"(das wahre Bild der Vergangenheit)的意思所在。"过去的真实图像就像是过眼烟云。只有作为在为人所识的一瞬间闪现并从此不复见的形象时,过去才能被掌握……因为每一个尚未被当下视为与自身休戚相关的过去的形象都有永远消失的危险。"[176] 认识"过去的真实形象",应在当下,由当下,为当下,意思是说在过去中认识当下。这正是法国革命者之所为,当他们在古罗马共和者身上认识自己,以古罗马共和者的身份认识自己时。他们对罗马神话史的痴迷绝非马克思所谓"自我欺骗",而是认识到历史是"一个充满当下(jetztzeit)的时代。因此,对罗伯斯庇尔而言,古罗马是一种他从历史连续性中炸出的充满当下时刻的过去。法国大革命将自己视为罗马的转世。它对古罗马的召唤,与时尚唤回旧日的风范如出一辙。时尚对时事有一种天赋,无论它搅动的是旧日灌木丛的哪边"[177]。本雅明相信,这种将历史形象作为时事的文字再现对任何政治革命而言都至关重要,因为它们仍可以搅动起复仇和牺牲的情感,这些情感对激进的行为而言是必要的刺激,并且"都因被奴役的祖先的形象而非被解放的后代的形象而得到滋养"[178]。在本雅明对历史的最后反思中,无论是在此处还是其他场合,他根本上是形象的、神话的革命观念与索雷尔而非马克思相一致,这也证实了他与阿塞法勒的修正主义者之间思想上的密切亲缘性,他们将两位思想家的革命理论熔铸为一种新的社会革命理论，这种理论是神话的，然而又是反法西斯的。

假设历史学家必定注意于对形象的认知与召唤，本雅明建议他们相应的修正自己的方法论，即运用新的形象构图的艺术模式，恰如多年以来他在《拱廊街计划》中所作的那样，为的是"将蒙太奇原理运用到历史中去"[179]。他只是并且如此全然依赖"历史的形象"的决心受到以下认识的推动，即当代"历史蜕变为形象而非故事"[180]。因为在文明的那些最黑暗的日子里，最有意义的故事，即古典的–圣经的神话，已经被《20世纪的神话》滥用到不复辨认，该书的作者声称此书的首要目的是"用纳粹的万字符（*Hakenkreutz*）代替十字架"。为了从这类歪曲中挽救历史的"真实形象"，历史唯物主义者必须如实地去认识它，意思是说以它一直以来的样子——一种神话——来加以认识。这个神话曾经构成并维系了我们西方文明的传统，但是现在却倾向于将传统毁灭，我们究竟该如何对待它呢？本雅明认为，即便是在"有害于"传统的时刻，当法西斯主义的意识形态"影响了传统的内容及其受众"时，历史学家的批判任务并不是去反对神话的传统而是为它而战：

> 在每一个时代，都必须有新的努力将传统从即将压倒它的因循守旧中抢夺过来。救世主不仅作为拯救者而出现，他还是反基督之人的征服者。只有历史学家有能力在过去之中重新燃起希望的火花，他坚定地相信，要是敌人获胜，即便死者也不能高枕无忧。而这位敌人从未停止过对胜利的追逐。[181]

在本雅明看来，当代历史学家们之所以未能反抗法西斯主义者，是因为他们未能看到历史中的神话冲动。他断言，无论是"历史主义者"还是"历史唯物主义者"都忽视或误读了当代历史中的倒退倾向。因为既然双方都以类似乐观的、决定论的范畴来认识历史——"经由一种同质、空洞时间的进步"，一种由朝向某一普遍目标（无论是完美的资本主义社会还是共产主义社会）的因果律所决定的机械的"事件链条"——他们都无法很好地解释向神话的法西斯主义倒退；他们只是轻描淡写地将它解释为一种暂时的"离经

281

叛道"(aberration)，或者更糟糕的是，解释为"标准"(normal)进步过程中一种必要的"加速"(acceleration)。"法西斯主义有机可乘的一个原因是，在进步的名义下，它的对手们将它视为一种历史的常态。我们对正在经历的事情居然在 20 世纪'还'会发生感到惊讶，但这种惊讶并不包含哲理。它并非知识的开端——除非认识到产生它的历史观本身是站不住脚的。"[182]

上述说辞可以追溯到亚里士多德《形而上学》中的古典素材，我正是以此作为本章的开篇的。我们记得在那段文章中，亚里士多德将"知识的开端"与对诸如月亮、太阳和星星之类物体的惊讶联系起来，并进而认为战胜这种惊讶的神话尝试已经具有哲理并且显然是形而上学的——因为它确实并且真正是一种超出物体外貌之外以发现其意义的尝试。基于上述假设，当代历史学家们对他们在 20 世纪所经历的事"还"可能所表现出的"惊讶"并"不具哲理"，因为他们并未能充分认识到这些事件的神话性，也缺乏出色的形而上学能力，这种能力使本雅明能够超越物理性的物体与事件去感知神话的或灵韵的联系。正如在其早先与"德国法西斯主义理论"的批判性接触中，本雅明认为这种新的意识形态之所以如此成功，是因为它兴盛于一种古代德国神话学之中并复兴了后者，这种神话本身与对民族以及民族与地貌间关系的真实感觉相关，但是现在已为压迫与扩张的破坏性技术所侵占。在如此糟糕的对神话扭曲与操纵的情况下，历史学家或者我们应当说神话历史学家的任务便是获得一种对神话的批判性认识——用本雅明的话来说，一种"辩证魅化"——并用人类学的、历史学的术语去解释为什么它依然强大，即便（而且特别）在我们这样一个祛魅的时代。在《拱廊街计划》中，本雅明引用的一个例子可能有助于澄清他的观点："轰炸机使我们想起莱昂纳多·达·芬奇对飞行者的期待：他将升至天空，'为的是到山巅寻雪并将它带回城中，在夏天撒向闷热的街道。'"[183]

282

通过上述 1938 年的观察，当时轰炸机正在肆虐埃塞俄比亚和西班牙的城镇，本雅明想起了一则古典神话（伊卡洛斯），它里面蕴藏了人类真正的需求与欲望。人类飞翔的神话形象在现代历史现实中被剥夺了这些意义，这一事实佐证了那个现实的真相而非神话的真相。同样的话也适用于马利亚在马槽边照顾婴儿耶稣的杏仁糖人偶：它们代表了对物质与精神救赎的真正救世主的强烈愿望。它们现在显得"病态"(sickly)这一事实证明了现代资本主义社会而非那个神话的真相，这一真相扭曲了基督教最重要的社会神话之一，它仍在显露其乌托邦的主张，一种幸福的承诺(*promesse de bonheur*)。人们愿意假设这便是本雅明的所思所想，当恩斯特·布洛赫看到他"低着头，在库达姆大街上，若有所思地散着步"，陷入对杏仁糖人偶的沉思之中。

283

参考文献

1. Ernst Bloch, "Recollections of Walter Benjamin", in *On Walter Benjamin*: *Critical Essays and Recollections*, ed. G. Smith (Cambridge, Mass. : MIT Press, 1988), 341.

2. Karola Bloch, *Ausmeinem Leben* (Pfullingen: Neske, 1981), 53.

3. Theodor W. Adorno, "A Portrait of Walter Benjamin", in his *Prisms*, trans. S. Weber (London: Spearman, 1967), 231.

4. Gershom Scholem, "Walter Benjamin", in his *On Jews and Judaism in Crisis*: *Selected Essays*, ed. W. J. Dannhauser (New York: Schocken Books, 1976), 176 - 177.

5. 本雅明 1935 年 8 月 9 日写给革顺·肖勒姆的信, *The Correspondence of Walter Benjamin*, ed. G. Scholem and T. Adorno, trans. M. R. Jacobson and E. M. Jacobson (Chicago: University of Chicago Press, 1994), 505。

6. Walter Benjamin, *Berliner Kindheit um Neunzehnhundert*, in *Gesammelte Schriften*, ed. R. Tiedemann and H. Schweppenhäuser, 8 vols. (Frankfurt am Main: Suhrkamp, 1972 - 1988), 4: 236.

7. Gershom Scholem, *Walter Benjamin*: *The Story of a Friendship*, trans. H. Zohn (Philadelphia: Jewish Publication Society of America, 1981), 190.

8. Ibid. , 242.

9. Aristotle，*Metaphysics*，in *The Works of Aristotle*，trans. W. D. Ross（Oxford：Oxford University Press，1928），982b，13 - 19.

10. Scholem，"Walter Benjamin"，178.

11. Ibid.

12. Scholem，*Walter Benjamin*，57 - 58.

13. 有关莱曼及其圈子对本雅明学识发展的重要性，参见 John McCole，*Walter Benjamin and the Antinomies of Tradition*（Ithaca，N. Y.：Cornell University Press，1993），73 - 79。

14. Scholem，*Walter Benjamin*，22.

15. Gershom Scholem，"Walter Benjamin und Felix Noeggerath"，*Merkur* 35(1981)：134 - 169.

16. Scholem，*Walter Benjamin*，31.

17. Ibid.，32. 完整的讨论发表于 Gershom Scholem，*Tagebücher 1913 - 1917*，ed. K. Gründer and F. Niewöhner（Frankfurt am Main：Jüdischer Verlag，1995），388 - 391。

18. Scholem，*Walter Benjamin*，31.

19. Ibid.，61.

20. Walter Benjamin，*The Arcades Project*，trans. H. Eiland and K. McLaughlin（Cambridge，Mass.：Harvard University Press，1999），831 - 834.

21. Ibid.，461.

22. John McCole，*Walter Benjamin and the Antinomies of Tradition*，74 n. 8. 参见 Winfried Menninghau 的初步研究，*Schwellenkunde：Walter Benjamins Passage des Mythos*（Frankfurt am Main：Suhrkamp，1986）。

23. 参见 Rolf-Peter Janz，"Mythos und Modernebei Walter Benjamin"，in *Mythosund Moderne*，ed. K. H. Bohrer（Frankfurt am Main：Suhrkamp，1983），363 - 381。

24. Jürgen Habermas "Consciousness-Raising or Redemptive Criticism The Contemporaneity of Walter Benjamin"，trans. P. Brewster and C. H. Buchner，*New German Critique* 17(1979)：

47.

25. Ibid. ,50.

26. Walter Benjamin, "Paris, the Capital of the Nineteenth Century", in Benjamin, *The Arcades Project*, 10.

27. Walter Benjamin, "The Work of Art in the Age of Mechanical Reproduction", in his *Illuminations*, ed. and with an introduction by H. Arendt, trans. H. Zohn (London: Fontana, 1973),224 - 225.

28. Walter Benjamin, "One-Way Street", trans. E. Jephcott, in *Selected Writings*, *vol. 1, 1913 - 1926*, ed. M. Bullock and M. W. Jennings (Cambridge, Mass.: Harvard University Press, 1996),486. 对本雅明"灵韵"概念的一种敏锐而积极的解读, 参见 Marlene Stoessel, *Aura: Das vergessene Menschliche: Zu Sprache und Erfahrung bei Walter Benjamin* (Munich: C. Hanser, 1983)。

29. McCole, *Walter Benjamin and the Antinomies of Tradition*, 5.

30. Benjamin, "One-Way Street", 486.

31. Walter Benjamin, "Theories of German Fascism", trans. R. Livingstone, in *Selected Writings*, vol. 2,1927 - 1934, ed. M. W. Jennings, H. Eilland, and G. Smith (Cambridge, Mass.: Harvard University Press, 1999),312 - 321.

32. Walter Benjamin, "On Some Motifs in Baudelaire", in *Illuminations*,182. 对本雅明后期经验理论的一种敏锐解读, 参见 Richard Wolin, *Walter Benjamin: An Aesthetic of Redemption* (New York: Columbia University Press, 1982), 226 - 249。

33. Walter Benjamin, "On Some Motifs in Baudelaire", 184 - 185.

34. Ibid. , 187.

35. Ibid. , 183.

36. Walter Benjamin, "Oedipus, or Rational Myth", trans. R. Livingstone, in *Selected Writings*, 2: 578.

37. Ibid. ，580，quoting André Gide，*Incidences*（Paris：Nouvelle Revue Francaise，1924），81.

38. Walter Beajamin，*The Origin of German Tragic Drama*，trans. J. Osborn（London：NLB，1977），109.

39. Rolf Tiedemann，*Studienzur Philosophie Walter Benjamins*（Frankfurtam Main：Suhrkamp，1973），98-99.

40. Walter Benjamin，"Socrates"（1916），trans. T. Levin，in *Selected Writings*，1：52.

41. Walter Benjamin，"Goethe's Elective Affinities"，trans. S. Corngold，in *Selected Writings*，1：310. 另可参见 Burckhardt Lindner 有洞见的论文"Goethes 'Wahlverwandschaften' und die Kritik der mythischen Verfassung der bürgerlichen Gesellschaft"，in *Goethes "Wahlverwandschqften"：Kritische Modelle und Diskursanalysen zum Mythos Literatur*，ed. N. Bolz（Hildesheim：Gerstenberg，1981），23-44。

42. Benjamin，"Goethe's Elective Affinities"，1：326.

43. Ibid. ，1：327.

44. Benjamin，*The Origin of German Tragic Drama*，102.

45. Benjamin to Hugo von Hofinannstahl，28 December 1925，*The Correspondence of Walter Benjamin*，287.

46. Benjamin，"Paris，the Capital of the Nineteenth Century"，10.

47. Benjamin，"Goethe's Elective Affimities"，1：325-326.

48. 该词我借用自 Irving Wohlfarth，"Re-fusing Theology：Some First Responses to Walter Benjamin's Arcades Project"，*New German Critique* 39(1986)：3-24。

49. 有关这一翻译的争议，参见 Martin Jay，"Politics of Translation：Sigfried Kracauer and Walter Benjamin on the Buber-Rosenzweig Bible"，*Leo Baeck Institute Yearbook* 21（1976）：3-24。有关本雅明整体的翻译理论，参见他的论文"The Task of the Translator"，in *Illuminations*，69-82 中相关的讨论，另可参见 Winfrid Menninghaus，*Walter Benjamins Theorie der Sprachmagie*（Frankfurtam Main：Suhrkamp，1980）。

50. Franz Kafka，"The Silence of the Sirens"，trans. W. Muir and E. Muir，in *The Complete Stories*，by Franz Kafka，ed. N. N. Glatzer（New York：Schocken Books，1971），430 - 432. 本雅明对这则寓言故事的评论见于其论文"Franz Kafka"，in *Illuminations*，117—118。

51. Benjamin，"Franz Kafka"，117.

52. 麦克斯·霍克海默和西奥多·阿多诺对该情节的讨论，参见 *The Dialectic of Enlightenment*，trans. J. Cummings（New York：Seabury Press，1972）.33 - 36。

53. Benjamin，"Franz Kafka"，118.

54. Benjamin to Theodor Adorno，31 May 1935，*The Correspondence of Walter Benjamin*，488.

55. Louis Aragon，*Paris Peasant*，trans. S. Watson Taylor （London：Cape，1980），24，28. 有关阿拉贡的小说在德国的接受情况，参见 Hans Freier，"Odyssee eines Pariser Bauern：Aragons 'mythologie moderne' und der deutsche Idealismus"，in Bohrer，*Mythosund Moderne*，157 - 193。

56. Aragon，*Paris Peasant*，130.

57. Walter Benjamin，"Surrealism"，trans. E. Jephcott，in *Selected Writings*，2：208.

58. Walter Benjamin，"On the Program of the Coming Philosophy"，trans. M. Ritter，in Selected Writings，1：100 - 110.

59. Benjamin，"Surrealism"，2：215.

60. Ibid. ，2：209.

61. 然而，最终本雅明却对自己的大麻实验失望透顶，参见"Main Features of My Second Impression of Hashish"，trans. R. Livingstone，*Selected Writings*，2：88。

62. Hannah Arendt，"Introduction：Walter Benjamin：1892 - 1940"，*Illuminations*，7.

63. Walter Benjamin，"The Image of Proust"，in *Illuminations*，212 - 213.

64. Scholem，*Walter Benjamin*，61.

65. Walter Benjamin, "On the Mimetic Faculty", trans. R. Livingstone, in *Selected Writings*, 2: 720 - 722.

66. Walter Benjamin, "Theses on the Philosophy of History", in *Illuminations*, 263.

67. Benjamin, "On Some Motifs in Baudelaire", 160 (translation revised).

68. Benjamin, "The Image of Proust", 213.

69. Benjamin, "On Some Motifs in Baudelaire", 161 - 62.

70. Walter Benjamin, "The Storyteller", in *Iluminations*, 84, repeating the text of "Experience and Poverty", trans. R. Livingstone, in *Selected Writings*, 2: 731 - 732.

71. Walter Benjamin, "The Storyteller", 83.

72. Scholem, *Walter Benjamin*, 80. 还可参见 Wolin, *Walter Benjamin*, 15 - 27。

73. Benjamin, "The Storyteller", 99.

74. Benjamin, *The Origin of German Tragic Drama*, 232 - 233.

75. Benjamin, *The Arcades Project*, 268.

76. Benjamin, "Paris, the Capital of the Nineteenth Century", 11.

77. Charles Baudelaire, "The Painter of Modern Life", in his *Painter of Modern Life and Other Essays*, ed. and trans. J. Mayne (London: Phaidon, 1964), 12.

78. Benjamin, *The Arcades Project*, 367, referring to Friedrich von Bezold, *Das Fortlebender antiken Götter in mittelalterlichen Humanismus* (Leipzig: K. Schroeder, 1922).

79. Walter Benjamin, "Zueiner Arbeitüber die Idee der Schönheit", *Gesammelte Schriften*, 6: 128.

80. Ibid. 有关本雅明的美学理论，参见 Rainer Rochlitz, *The Disenchantment of Art: The Philosophy of Walter Benjamin*, trans. J. M. Todd (New York: Guilford Press, 1996)。

81. Adorno, "A Portrait of Walter Benjamin", 234.

82. Jürgen Habermas, "The Entwinement of Myth and Enlightenment: Max Horkheimer and Theodor Adorno", in his

Philosophical Discourse of Modernity，trans. F. Lawrence (Cambridge，Mass.：MIT Press，1987)，106-130.

83. Walter Benjamin，"Johann Jakob Bachofen"，in *Gesammelte Schriften*，2：219-233.完整的传记及书目背景，参见编者的评语2：963-976。本雅明论文的思想背景，参见 Gerhard Plumpe，"Die Entdeckungder Vorwelt：Erläuterungenzu Benjamins Bacho-fenlektüre"，*Text und Kritik* 31-32(1971)：19-27。

84. Benjamin to Max Horkheimer，8 April 1935，*The Correspondence of Walter Benjamin*，481.

85. Scholem to Peter Szondi，28 November 1961.

86. Benjamin to Scholem，20 July 1934，*The Correspondence of Walter Benjamin*，450.然而，与本雅明此处的说法相反，在一封1922年10月11日写给肖勒姆的信中，他说自己此前至少已经阅读了巴霍芬《母权论》的部分章节。（"导论""论莱斯博斯岛"）

87. Scholem，*Walter Benjamin*，31.

88. Werner Fuld，"Walter Benjamins Beziehungzu Ludwig Klages"，*Akzente* 28(1991)：274-287.

89. 直至1930年，本雅明仍如此评价克拉格斯的《精神与灵魂的对峙》道："毫无疑问，它是一部伟大的哲学作品，尽管在上下文中作者可能并且依然值得怀疑。"Benjamin to Scholem，15 August 1930，*The Correspondence of Walter Benjamin*，366。

90. Benjamin to Scholem，14 January 1926，ibid.，288.

91. Alfred Baeumler，*Der Mythus von Orient und Occident：Eine-Metaphysik der alten Welt*，*aus den Werken von J. J. Bachofen* (Munich：Beck，1926).

92. Lionel Gossman，*Orpheus Philologus：Bachofen versus Mommsen on the Study of Antiquity* (Philadelphia：American Philosophical Society，1983)，7.

93. 曼在其论文中详细阐述了上述观点，参见"Freud and the Future"，in *Essays by Thomas Mann*，trans. H. T. Lowe-Porter (New York：Vintage Books，1957)，316-319.

94. Elisabeth Galvan, *Zur Bachofen-Rezeption in Thomas Manns Joseph-Roman* (Frankfurtam Main: Klostermann, 1996). 有关曼作品更广泛的思想背景,参见 *Mythology and Humanism: The Correspondence of Thomas Mann and Karl Kerenyi*, trans. A. Gelley (Ithaca, N. Y. : Cornell University Press, 1975)。

95. Thomas Mann, *The Theme of the Joseph Novels* (Washington, D. C. , 1943),21 - 22. 有关曼对纳粹神话学的反对,参见下列讨论,Willy R. Berger, *Die mythologischen Motive in Thomas Manns Roman "Joseph und seine Brüder"* (Vienna: Böhlau, 1971),22 - 26。

96. Benjamin to Theodor Adorno, 7 May 1940, *The Correspondence of Walter Benjamin*, 632.

97. Benjamin, "Johann Jakob Bachofen", 2: 219 - 220.

98. Benjamin, "Franz Kafka", 117.

99. Ibid. , 130.

100. 对本雅明、普鲁斯特以及新记忆艺术的精彩讨论,参见 McCole, *Walter Benjamin and the Antinomies of Tradition*, 253 - 279.

101. Benjamin, "The Image of Proust", 204.

102. Ibid. , 216.

103. Ibid. , 205 - 206.

104. Benjamin, *Berliner Kindheit*, 4: 237.

105. Benjamin, *Berliner Kindheit*, introduction to the revised version, in *Gesammelte Schriften*, 7: 1, 385. 对这一观点的敏锐阐述,参见 Peter Szondi, "Hope in the Past: On Walter Benjamin", trans. H. Mendelsohn, *Critical Inquiry* 4 (I978): 491 - 506。

106. Benjamin, *Berliner Kindheit*, 4: 239.

107. Benjamin, *Berliner Kindheit*, 4: 238. 另可参见 Marianne Muthesius, *Mythos*, *Sprache*, *Erinnerung: Untersuchungenzu Walter Benjamins "Berliner Kindheit um Neunzehnhundert"*

(Basel: Stromfeld, 1996)。

108. 对本雅明著作中这一维度的清晰阐释,参见 Bernd Witte,
   Walter Benjamin: An Intellectual Biography, trans. J.
   Rolleston (Detroit: Wayne State University Press, 1991),
   142 - 150. 另可参见 Burkhardt Lindner, "*The Passagen-
   Werk, the Berliner Kindheit*, and the Archaeology of the
   Recent Past", *New German Critique* 39 (1986): 25 - 46。

109. Benjamin, "The Storyteller", 86 - 87.

110. Benjamin, *Berliner Kindheit*, 4: 250.

111. Ibid., 4: 253.

112. Ibid., 4: 248.

113. Benjamin, "Franz Kafka", 131.

114. Benjamin, "Theses on the Philosophy of History", 256.

115. Benjamin, "Franz Kafka", 117. 有关当时这种"弥赛亚"理论
   在德国犹太知识分子中的扩散,参见 Anson Rabinbach,
   "Between Enlightenment and Apocalypse: Benjamin, Bloch,
   and Modern German Jewish Messianism", *New German
   Critique* 34(1985): 78 - 124。

116. Benjamin, *Berliner Kindheit*, 4: 270. 本雅明在尼克莱·列
   斯科夫的生平与著作中看到了同一种模式,"The
   Storyteller", 103。

117. Benjamin, *Berliner Kindheit*, 4: 271.

118. Benjamin, *Berliner Kindheit*, 4: 272.

119. Benjamin, *Berliner Kindheit*, 4: 275.

120. Benjamin, "Franz Kafka", 130. 有关本雅明世界观的"古朴"
   结构,参见下列突破性研究,Beatrice Hanssen, *Walter
   Benjamin's Other History: Of Stones, Animals, Human
   Beings, and Angels* (Berkeley: University of California Press,
   1998)。

121. Benjamin, "Franz Kafka", 130 - 131.

122. Walter Benjamin, "Max Brod's Book on Kafka: And Some of
   My Own Reflections", *Illuminations*, 144. 146.

123. Benjamin，"Franz Kafka"，128.

124. "辩证魅化"是迈克寇尔对本雅明"辩证仙境"（*dialektische Feerie*）的称呼。*Walter Benjamin and the Antinomies of Tradition*，229,240‐252。参见《拱廊街计划》中对该文的翻译，第873—884页。

125. Benjamin，*The Arcades Project*，874.

126. 标准的拱廊街建筑、文化研究，参见 Johann Friedrich Geist，*Arcades：The History of Building Type*（Cambridge，Mass.：MIT Press，1983）。对本雅明计划的研究，有用的论文集是 *Walter Benjamin et Paris*，ed. H. Wisman（Paris：Cerf，1983）。

127. Benjamin，*The Aracdes Project*，875,84.

128. Ibid.，85.

129. 比如参见对莫斯科的描写 *Selected Writings*，2：23‐24。对此饶有趣味的品读，参见 Peter Szondi，"Walter Benjamin's 'City Portraits'"，trans. H. Mendelsohn，in *On Textual Understanding and Other Essays*，by Peter Szondi（Minneapolis：University of Minnesota Press，1986），133‐144。

130. Benjamin，*The Arcades Project*，83.

131. David Frisby，*Fragments of Modernity：Theories of Modernity in the Work of Simmel*，*Kracauer*，*and Benjamin*（Cambridge，Mass.：MIT Press，1986），232‐233.

132. Benjamin，*The Arcades Project*，851.

133. Ibid.，461.

134. Susan Buck-Morss，*The Dialectics of Seeing：Walter Benjamin and the Arcades Project*（Cambridge，Mass.：MIT Press，1988），97‐107.

135. Aragon，*Paris Peasant*，27.

136. Ibid.，28‐29.

137. Walter Benjamin，*The Arcades Project*，458.

138. Aragon，*Paris Peasant*，28‐29，quoted in *The Arcades*

Project，87.

139. Walter Benjamin, "Karl Kraus" (1931), trans. E. Jephcott, in *Selected Writings*, 2：455.

140. Benjamin, *The Arcades Project*, 400.

141. Benjamin, "On Some Motifs in Baudelaire", 176.

142. Benjamin, *The Arcades Project*, 464.

143. Winfried Menninghaus, "Walter Benjamin's Theory of Myth", in Smith, *On Walter Benjamin*, 314 – 315.

144. Benjamin, "Paris, the Capital of the Nineteenth Century", in *The Arcades Project*，4 – 5. 有关本雅明对米什莱以及浪漫主义历史学辩证移用的富有洞见的讨论，参见 Irving Wohlfarth, "Et cetera? The Historian as Chiffonier", *New German Critique* 39(1986)：143 – 168。

145. August K. Wiedmann, *The German Quest for Primal Origins in Art, Culture, and Politics, 1900 – 1933* (Lewiston, N. Y.：Edwin Mellen Press, 1995),113 – 114.

146. Scholem, "Walter Beajamin", 195. 本雅明的现代崇拜者们普遍并且过于轻易地忽略本雅明与诸如克拉格斯、施米特这类保守的、反革命的思想家之间危险的联系。相关的纠正性评价，参见 Richard Wolin 在其修订本中的引言 *Walter Benjamin: An Aesthetic of Redemption* (New York：Columbia University Press, 1994), xxix-xl。

147. Erich Fromm, "Die sozialpsychologische Bedeutung der Mutterrechtstheorie", *Zeitschrift für Sozial forschung* 3 (1934)：196 – 227.

148. Benjamin, "Johann Jakob Bachofen", 2：230.

149. Ibid.

150. 关于这一争论，参见 Gossman, *Orpheus Philologus*，21 – 41。

151. Johann Jakob Bachofen, *Beilagezu der Schrift Die Sage von Tanaquil：Theodor Mommsens Kritik der Erzählung von Ch. Marcius Coriolanus* (Heidelberg：J. C. B. Mohr, 1870).

152. J. J. Bachofen, *Myth, Religion, and Mother Right*, trans.

R. Manheim（Princeton，NJ.：Princeton University Press，1967），72.

153. Benjamin，"Johann Jakob Bachofen"，2：224 - 225，recalling Friedrich Nietzsche，*The Birth of Tragedy*，trans. W. Kaufinann（New York：Vintage Books，1967），136.

154. Benjamin，"Theses on the Philosophy of History"，259.

155. Ibid.，255，266. 对上引文本的精彩阐释，参见 Irving-Wohlfarth，"'Männeraus der Fremde'：Walter Benjamin and the German-Jewish Parnassus"，*New German Critique* 70（1997）：3 - 86。

156. Rolf Tiedemann，"Historical Materialism or Political Messianism? An Interprtation of the Theses on the Philosophy of History"，trans. B. Byg，*Philosophical Forum* 15（1983—1984）：71 - 104.

157. Ibid.，98.

158. Walter Benjamin，"*Die Rückschritte der Poesiebei Carl Gustav Jochmann：Einleitung*"，in *Gesammelte Schriften*，2：572 - 85.

159. Werner Kraft，*Carl Gustav Jochmann und sein Kreis*（Munich：Beck，1972）.

160. Ibid.，577 - 578. 有关本雅明对贾克曼的接受，参见 O. K. Werckmeister，"Walter Benjamin's Angel of History，or the Transfiguration of the Revolutionary into the Historian"，*Critical Inquiry* 22（1996）：239 - 267。

161. Walter Benjamin，"*Die Rückschritte der Poesiebei Carl Gustav Jochmann*"，2：583.

162. Ibid.，2：579.

163. Ibid.，2：581 - 582.

164. Ibid.，2：583 - 584. 另可参见 "Retrospective Prophets：Vico，Benjamin, and Other German Mythologists"，*Clio* 26（1997）：427 - 448。

165. 维科在德国的被接受情况，参见 Max Harold Fisch，introduction to *The Autobiography of Giambattista Vico*，trans. T. G.

Bergin and M. H. Fisch (Ithaca, N. Y.: Cornell University Press, 1963), 67 – 72。

166. Edmund Wilson, *To the Finland Station* (New York: Farrar, Straus, Giroux, 1972), 3 – 6.

167. *The College of Sociology* (*1937 – 1939*), ed. D. Hollier, trans. B. Wing (Minneapolis: University of Minnesota Press, 1988). 有关本雅明与该组织的思想联系, 参见 Chryssoula Kambas, *Walter Benjamin im Exil: ZumVerhältnis von Literaturpolitik und Asthetik* (Tübingen: Niemeyer, 1983), 178 – 181。

168. Roger Caillois, introduction to *The College of Sociology*, 10.

169. Georges Bataille, "The Sorcerer's Apprentice", in *The College of Sociology*, 22.

170. *The College of Sodology*, 219.

171. Ibid. , 389. 另可参见下列书中的讨论 Buck-Morss, *The Dialectics of Seeing*, 17 – 18。

172. Benjamin, "Theses on the Philosophy of History", 261.

173. Ibid. , 259 – 260.

174. Gershom Scholem, "Walter Benjamin and His Angel", trans. W. J. Dannhauser, in Scholem, *On Jews and Judaism in Crisis*, 232.

175. Benjamin, *The Arcades Project*, 463.

176. Benjamin, "Theses on the Philosophy of History", 257.

177. Ibid. , 263.

178. Ibid. , 262.

179. Benjamin, *The Arcades Project*, 461.

180. Ibid. , 476.

181. Benjamin, "Theses on the Philosophy of History", 257.

182. Ibid. , 259.

183. Benjamin, *The Arcades Project*, 486, quoting Pierre-Maxime Schuhl, *Machinismeet philosophie* (Paris: F. Alcan, 1938), 7, 35.

第七章　观念真实的历史：一则来自乔伊斯的教训

在本书第一章中，我主张神话历史可以很好地成为一种如艾略特所认为的现代历史学，它能够"对当代历史徒劳而混乱的无尽景象加以控制、规范并赋予其一种形态与意义"。与大多数对艾略特上述著名论断的评论者不同，我认为他和乔伊斯以及许多其他现代主义者们在"利用神话"上的目标并非是将文学史中的某种神话秩序以一种机械的、颇为讽刺的方式强加到故事上，而是通过故事揭示历史中的那种秩序。很可能的是，艾略特也曾暗示，乔伊斯创造了荷马《奥德赛》与自己《尤利西斯》间的"平行"以作为一种小说创作的结构原则，而且他很有可能通过利用古典时代庄严的神话理想以对抗甚至嘲讽现代社会可悲的历史现实。但是，正如像塞缪尔·戈德堡（Samuel Goldberg）这类细心的读者所见，在一个更根本性的层面上，神话的暗示"为《尤利西斯》注入了一种对人类经验的连续性与永恒模式的感受，而这种感受书中的人物也部分具备"[1]。因为与维科一样，乔伊斯也相信历史具有循环性和典型性：促成奥德修斯和忒勒马科斯（Telemachus）英雄壮举的核心家庭的基本人类美德仍在激励着利奥波德·布鲁姆和斯蒂芬·迪德勒斯，即便他们自己并未完全意识到这些美德，也无论他们获得这些美德的努力看起来多么可怜甚至可笑。小说两位主人公的思想与行为举止，都在召唤这种基本美德，它们出自荷马、福音书、但丁和莎士比亚的神话故事以及爱尔兰人、犹太人的民间传说，这表明我们文明的伟大神话主导了他们对生活与历史的理解。

在其名著《追寻美德：道德理论研究》（*After Virtue：A Study in Moral Theory*）中，哲学家阿拉斯代尔·麦金泰尔（Alasdair

Macintyre)详细阐述了这种对古典美德、神话与历史三者间本质性联系的维科式、乔伊斯式的理解。[2] 在麦金泰尔看来，生活的基本法则是"人类在其行为、实践以及小说中本质上是一种讲故事的动物……追求真理的故事的讲述者"（216）。他这么说的意思是，我们依照某些叙事来实践并理解我们的（也包括他人的）生活，这些叙事为我们展示了社会情境中道德行为所需要的基本先例、规则与诀窍。一种成功的生活决定于生活者是否拥有并实践"美德"，所谓"美德"是他或她的社会所预先决定的那些"品质"，这些"品质"对一个人的生活方式或努力在生活中所承担的"角色"而言不可或缺。麦金泰尔认为，每个社会都通过其传统故事中的典型英雄来为其成员们界定那些"角色"。为了生存，现代社会必须通过"叙事史"（narrative history）来重申它的传统。用他的话来说，这"不是诗人、剧作家和小说家对原本没有叙事顺序的事件加以深思熟虑的作品，在它被歌者或作家利用之前"，而是一种生活方式，在其中"故事在被讲述前已经被实践了"，一种"上演的戏剧性叙事，其中的角色们同时也是作者"（215）。因此，麦金泰尔总结道：

> 正是通过聆听诸如邪恶的继母，走失的孩子，善良却被人误导的国王，喂养孪生兄弟的狼群这样的故事……孩子们学到了或者错误学到了孩子和父母分别是什么，他们降生其中的那部剧的角色分配可能是怎样的，以及这个世界的方向又是什么。如若没有这些故事，孩子们在行为和语言上都会成为没有剧本、焦虑的口吃者。因此，理解任何（包括我们自己的）社会的方式只有通过构成社会最初戏剧资源的故事库。神话，在其最初的意义上，乃是万物的核心。维科是正确的，乔伊斯也一样（216）。

维科确实是正确的——乔伊斯对维科的诠释也是如此。因为是维科首先开启了现代人文科学家和艺术家们的"神话转向"（mythic turn），这一点在乔伊斯本人身上最确定无疑。从 1904 年左右乔伊斯在里雅斯特发现维科《新科学》的那一刻起，以及在他写作《尤利西斯》的岁月里,维科书中的神话学发现与理论都在鼓舞着他。[3] 在维科对乔伊斯的吸引力上,大多数其他的评论家们都将此追溯到乔伊斯对维科历史循环理论的迷恋,这在《芬尼根的守灵夜》(*Finnegans Wake*)中确实是非常明显的,但我认为在《尤利西斯》中,乔伊斯似乎主要利用的是维科的历史神话创造理论。(在两部小说中)他将其称之为"维科之路"(Vico road)[4]。在本书第一、第二章对乔伊斯这一术语的讨论中,我认为"维科之路"代表了现代史学发展的辩证模式,对现实从神话的到历史的再到神话历史的认识。这种模式,我既在从古典到现代的专业历史论著中,也在随后几章四位主要现代神话历史学家的生平中予以追溯,造就了《尤利西斯》中主要的叙事动向之一,它将书中两位主人公——利奥波德·布鲁姆和斯蒂芬·迪德勒斯——在"伊萨卡"一章中引导到我所谓的神话历史的终极目标:对神话的一种批判性体认。我想,这便是戈德堡下面一段话之所指,"我们在《尤利西斯》中真正感受到的……是它肯定的力量,不是对任何超人学说或超自然的肯定,而是对神话创造想象力本身的肯定。我们好像通过布鲁姆和斯蒂芬——意思是说通过所有的行为——理解了尤利西斯神话以及基督教、流浪的犹太人、辛巴达等等神话中蕴含的最高真理。"[5]

这确实是我们在《尤利西斯》中看到的东西:不是神话的复活,如荣格和其他现代神话学家那样,想从我们文明的重要神话中揭示有关人类社会的终极奥秘(以及他们自己的理论),而是仅仅将神话视作故事的宝库,如维科所见,"人类自身"借以创造并继续重新创造他们的历史。事实上,在荣格的心理学思想与维科对神话的历史学解释两者间,乔伊斯表达了对后者的偏爱。[6] 我们即将看到,对乔伊斯而言,对神话的历史生动性与活泼性的认识,暗示并打开了在《尤利西斯》中对神话做批判性解释与再创造的可能性。然而即便是在他对古典神话最激进的解释与再创造中——最明显的是,将尤利西斯转变为布鲁姆——乔伊斯都保留了荷马《奥德赛》中主体的冒险框架,因为他认为这种漫游与归乡的神话(*mythos*)是西方文明最普遍的叙事之道(*logos*)。最重要的是,乔伊斯在小说中追求的神话在"伊萨卡"一章中达到华丽的高潮。

1920 年，作品甫一写就，乔伊斯便写信给朋友，告知自己在小说中的意图是"将神话置于我们时代的观点之下"（to transpose the myth *sub specie temporisnostri*）：这句话机械的、策略上的含义暗示他对荷马神话的使用是批判的、有系统的，旨在以现代的历史学标准和方法去审视而非破坏它的古典美德与真理。[7] 因此，当后现代主义者仍试图拒绝现代主义者的"神话方法"，并将它视为他们深深迷恋于某些原始的形而上学真理的另一种表达时，这些真理存在于我们文明的著名古典与圣经神话中，即弗雷德里克·杰姆逊（Fredric Jameson）所谓"一种有关神话的神话"，其作用仅仅是揭示"神话的意识形态的破产……现代主义意识形态的普遍破产"[8]，而我想要表达的是，乔伊斯事实上所实践的"神话方法"可能仍有益于现代历史学。因为，如果像艾略特所希望的那样，《尤利西斯》的"神话方法"，其作为"一种科学发现的重要性"，至少在历史学上可以与爱因斯坦和弗洛伊德的贡献相较的话，那么它必须获得那种对神话的批判性体认，在我看来，这便将神话历史与神话和历史区分开了。

286

　　我有意选择通过对一部现代小说的讨论来总结拙著对现代历史学的研究，因为正如第一章所论，在我们的时代，人文与社会科学最显著的发展之一便是将小说重新评价为研究现代社会人类能动性的一种严肃"方法"。前代学者们阅读小说是为了"灵感"或"事例"，为了更进一步、更程式化、更综合地探究有关人类的"真理"，与此不同的是，新一代学者们是为了小说人物在其情感、思考与行为中展现出的特定真理而阅读小说。如马萨·诺斯鲍姆（Martha Nussbaum）所论，既然"认识到某些关于人类生活的真理，只有在叙事艺术家独特的语言和形式中才能得到恰当而正确的表述"，诺斯鲍姆和诸如斯坦利·卡维尔（Stanley Cavel）、理查德·罗蒂（Richard Rorty）等道德哲学家们将简·奥斯汀（Jane Austen）、古斯塔夫·福楼拜（Gustav Flaubert）、亨利·詹姆斯（Henry James）、马塞尔·普鲁斯特、弗拉基米尔·纳博科夫（Vladimir Nabokov）和乔治·奥威尔（George Orwell）的小说视为针对现代社会特有的道德思考所做的戏剧性、主题性阐释——特别是那些使个人与其社会的历史传统与制度相抗争的道德思考。[9]

基于上述假设，我建议将《尤利西斯》作为一部探索神话历史学家道德思考的小说来阅读。以下便是人们对年轻主人公的概括，斯蒂芬·迪德勒斯，一位历史老师，在度过一节历史课以及随后一整天的闲逛和对都柏林的惊叹后，对掌控其生活与历史的神话有了一种批判性的体认。"去定义，甚至是概括地描述《尤利西斯》中的神话景象都意味着去定义整本书"[10]：戈德堡的提醒已铭记于心，我无意去描述这种体认在小说中的演变过程，更不敢对它在倒数第二章"伊萨卡"中的进至高潮提供一种解释。我将讨论的范围限定在《尤利西斯》的第二章"涅斯托尔"，文中的斯蒂芬确实获得了历史的教训，当他在位于都柏林郊外达尔基的一所男校上历史课时。[11] 在那堂课的一个关键时刻，斯蒂芬记起"维科之路"就在身边。

值得注意的是，这一联想闪现于斯蒂芬脑海时，他正在思忖威廉·布莱克（William Blake）对历史的描述，"是记忆的女儿们编造的寓言"。布莱克在《最后审判的景象》（*A Vision of the Last Judgment*）中写下这句话，在文中他认为正如最终审判是历史的一种"景象"，只能通过神秘的启示而非经验的、批判的观察来把握，所以我们必须去感受历史现实中所有重大的事件：正如神话需要的是精神的崇敬与理解而非事实性的解释。年轻的艺术家斯蒂芬对这个观点很有好感，因为他也在世俗的现实中发现了形而上学的维度。（在《英雄斯蒂芬》和《艺术家年轻时的写照》中）[12] 但是，斯蒂芬反对布莱克对历史中存在任何事实性现实的否定，"即便与记忆编造的寓言有出入，总有些相似之处吧。那么就是一句出自焦躁的话，是布莱克那过分的翅膀的一阵扑扇"。然而，正如随后的联想所示，斯蒂芬在布莱克有关历史的神话天启景象中觉察到了某种历史的现实，"我听到整个空间的毁灭，玻璃被震碎，砖石建筑倒塌下来，时光化为终极的一缕死灰色火焰。"[13] 斯蒂芬并没有很排斥布莱克神话的历史观，但又试图去抑制它"焦躁的""过度的"旁支，目的是将布莱克的直觉——历史上的真实事件实际上是由创造神话的"官能"或者说记忆的"女儿们"所"编造"——保留在一种新的体认之中，它认为这种历史仍能使我们不仅认识到某件事情以"某种方式"实际发生了，而且还认识到事情为何以及怎样被视为神话。正是对历史的神话创造结构的认识，提醒了斯蒂芬历史转化的可能性，通过对构成历史的神话加以批判性的解释与再创造。以那样一种方式，斯蒂芬最初对布莱克的反对，它曾促使斯蒂芬去发现超出神话之外的历史真实，会最终引导他通过并在这些神话中认出这种真实。这种修正开始于他确实在教的历史课——公元前 279 年阿斯库路姆战役中著名的"皮洛士胜利"（Pyrrhic victory）——在他随后与学校校长迪西先生的一次交锋中达到顶峰。

288

　　教室的场景以斯蒂芬相当茫然地走进教室开篇，先是一连串的提问与改正，涉及阿斯库路姆战役的相关史实和皮洛士的主要教训，对此他的学生正确地背诵道："再来这么一场胜仗，我们也就完啦。"斯蒂芬沉思道，这些琐碎之事是否是历史仅有的经验。"世人记住了这句话。头脑处在麻木而放松的状态。尸骸累累的平原，手扶长矛的将军站在小山岗上，正在向部下训话。任何将军对任何部下。他们洗耳恭听。"[14] 他的学生们可没有对这堂或任何一堂历史课洗耳恭听。"对他们来说，历史与听腻了的故事并没两样。"[15] 显然，至少那种枯燥的事实性历史和太过真实的历史已经失去了它的意义。[16] 斯蒂芬开始寻找另一种更具想象力的历史。将布莱克有关历史据以回忆的神话创造模式牢记心头，斯蒂芬构想出了一种新的历史，一种诗性的历史，它可以克服旧有的亚里士多德的诗学与历史间的对立。

　　亚里士多德宣称，诗人的任务"不是报道已然发生之事，而是可能要发生的事；也就是说，根据概率法则或必要性法则能够发生的事"，这些话回响在斯蒂芬对历史使命的批判性思考中。"倘若皮洛士未在阿尔戈斯命丧于老妪之手，或者说尤利乌斯·凯撒没有被刺身亡呢？这些事不是想抹掉就能抹得掉的。岁月已经给它们打上烙印，将它们束缚住，关在被它们排挤出去的无限可能性的屋子里。但是那些可能性既然从未实现，还称得上可能吗？抑或只有发生了的才是可能的呢？"[17] 斯蒂芬由此怀疑，针对人事的这种疑问，亚里士多德的自然目的论是否可以回答，所谓自然目的论是指所有在历史上发生的事"都是对可能存在之物的实现，只要它可能存在"。因为历史充满尚未实现的"无限可能性"（infinite possibilities），充满被政权的现实力量排除出历史的可能的改革与革命，这种力量也支配了历史学的官方记录。斯蒂芬反对这种限定、破坏所有人类可能性的官方历史，转向保留了梦境、希望与幻想的那种记忆形式——构成诗性历史的神话。他开始实践一种新的历史课。当学生央求他："给我们讲个故事吧，老师"，并再次央求道："讲吧，老师，讲个鬼故事"时，他相当乐意地"打开另一本书"来回应——弥尔顿（Milton）的神话诗《莱西达斯》（Lycidas）。当学生问他，"那历史呢？老师。"他回答道："过一会。"好似与维科一样，确认诗歌先于历史，无论在时间上还是道德上。[18] 斯蒂芬让学生们读《莱西达斯》中的一段文字：

> 别再哭泣，悲伤的牧羊人，别再哭泣
> 你们哀悼的莱西达斯并未死去
> 尽管他已沉入水底。

在现实的历史中，莱西达斯已经去世，但在诗人理想的世界里，莱西达斯"并未死去"，在莱西达斯的神话以及救世主基督的神话依然拥有生命力上，这个论断无疑是真实的。对神话中人类可能性的发现使斯蒂芬能够克服亚里士多德决定论的历史观。在朗诵弥尔顿的诗后，他得出了一个结论，历史"必定是一种运动，可能性因为有可能而成为现实"，然而他现在还意识到，历史一定不能再局限于实际发生之事："急促而咬字不清的朗诵声中，亚里士多德的名言形成了，飘进巴黎圣热内维艾芙图书馆内勤奋而安静的气氛中。"在那里他第一次读到它，而现在它可以和其他神学的、目的论的历史观一起安心歇下了。[19]

在将历史事实与皮洛士之战的经验拒斥为仅仅是一种"麻木而放松的状态"后，斯蒂芬在有关他的神话中找到了一种深层的历史真实，"他履波如平地。他的影子笼罩在这些怯懦的心灵上，笼罩在嘲笑者的心灵与嘴唇上，以及我的心灵与嘴唇上。"与斯蒂芬和学生们记住的皮洛士的平淡之词不同，耶稣的话以及他的行动唤起了一种永恒的神话联系而非转瞬即逝的历史联系："属于凯撒的交给凯撒，属于上帝的交给上帝。来自深色眼睛的久久凝视，一句谜一般的句子，在教会的纺织机上被编织着。"[20] 以那样一种方式，当皮洛士的话仍然是一种文本时，耶稣的话已经获得了实用的"织品"品质。然而，斯蒂芬也意识到耶稣的神话将一种"阴影"投向历史，影响了信徒与非信徒的生活——尤其是在属于后者的犹太人中间。他们在此神话历史中（以及因它而起）的命运对斯蒂芬随后对历史中神话的思考意义重大。

　　历史课与诗朗诵一结束，斯蒂芬便遇上了学校的校长迪西先生，这是个笨头笨脑的老头，他对自己有一个正确而又不充分的恰当概括："一个老顽固和保守派。"与荷马《奥德赛》中的老战士涅斯托尔（Nestor）一样，迪西先生总是告诉年轻人谎言而非历史。[21] 斯蒂芬在校长办公室等他时，吸了几口"陈浊的空气"以及"办公室椅子的黄褐色皮革被磨损后发出的气味"，他想起了《荣耀颂》（Gloria Patri）里的几句话，"开头怎样，现在还是老样子"，这个联想反映出他对历史的神话结构的崭新认识，也透露出他对那种历史的初步认识，它用各种政治的、教会的历史神话构建了他自己的生活。环顾四周，斯蒂芬敏锐地意识到，自己的天主教-爱尔兰历史神话被亲英格兰的新教徒迪西先生篡夺、操控。"靠墙的柜子上摆着一盘斯图亚特硬币，从泥塘里挖出来的劣等藏品：永将如此。在褪了色的紫红色丝绒调羹盒里，舒服地躺着向所有非犹太人传教的十二使徒：无尽的世界。"[22] 这种不满随着斯蒂芬与其雇主谈话的开始而愈益强烈。

　　迪西的历史课令人生厌[23]，这尤其是因为它们的落脚点与斯蒂芬刚开始欣赏的基督教神话乃是同一种。这些形象反复出现在迪西对爱尔兰历史新教归宿的沉思中（"光荣、虔诚、不朽的纪念。在光辉的阿尔马郡的钻石厅堂里，悬挂着天主教徒的尸体。嘶哑着嗓子，带着面具，手持兵器，殖民者的誓约。黑色的北方大地，真正地道的《圣经》，短发党倒了下去"），对犹太人的指控中（"英国落在犹太人的手里了。占了所有最高级的地方：金融界、新闻界。他们是一个国家衰亡的征兆……他们对光犯下了罪……你可以看到他们眼中的黑暗。这便是直至今日他们仍在大地上居无定所的原因。"），或是对妇女的歧视中（"一个女人把罪恶带到人世间。为了一个不过尔尔的女人海伦，就是墨涅拉俄斯（Menelaus）跟人跑了的

290

妻子,希腊人在特洛伊打了十年仗。一个不忠贞的妻子首先把陌生人带到我们的海岸这来……巴涅尔(Parnell)也是因为一个女人而栽的跟头")。[24] 斯蒂芬被震惊到了。在迪西"光荣、虔诚、不朽的"历史中,斯蒂芬看到的只是徒劳的"拼搏。时间被冲撞得弹了回来,冲撞又冲撞。战场上的拼搏、泥泞和酣战声。阵亡者弥留之际的呕吐物结成了冰,矛头挑出血淋淋内脏时的尖叫声"(32)。面对迪西喋喋不休的说教,斯蒂芬的反应——"这是古老的智慧吗?"——暗示他十分清楚这些说教在古代神话中的起源,然而却拒绝它们恶名昭彰的解释。斯蒂芬知道,决定历史意义的是一种主观的、创造性的解释,其对象则是构成历史的神话。因此,对迪西来说,犹太人"黑色的眼睛"坐实了他们最终湮没的神话景象,而斯蒂芬却从犹太人的眼睛里发现了作为永恒流浪者的犹太人所肩负的历史使命:继续犹太教世界救赎的预言,它不仅被像迪西这样狂热的基督教徒们疯狂滥用,而且更具灾难性的是,被十二使徒滥用,他们向所有非犹太人布道以反对犹太人,"没有尽头的世界"。这一神话给犹太人定了罪,判他们过一种与世隔绝的生活,成为历史上永恒的流放者。斯蒂芬自己便曾见证过神话的效力:

> 巴黎证券交易所的台阶上,金色皮肤的人们正伸出他们戴着宝石戒指的手指报价。嘎嘎乱叫的鹅群。他们成群结队地围着神殿打转,高声喧哗、行为粗鄙,不得体的大礼帽下,是装着阴谋诡计的脑袋。不是他们的:这些衣服,这种谈吐,殷切而不冒犯人的举止,然而他们知道自己身上积怨已深,明白他们的热情终是徒劳。耐心地积累、贮藏也是白搭。时间必然可以冲散一切。他们的眼睛懂得流浪的岁月,忍耐着,知道自己肉体所受的凌辱(34)。

思考着这种犹太人的困境,斯蒂芬意识到这是他自己以及所有人都一直生活其中的真实的人类现状,只是与犹太人不同,他们从未如此看待罢了,而另一些像迪西先生那样的人,则永远不会:"——谁不是呢?斯蒂芬说道。——你是什么意思?迪西先生问。"

对迪西先生的质问，斯蒂芬脱口而出的回答是，"历史……是一场我努力从中醒来的梦魇"，这句话并非意味着对历史的逃离，而是对这种历史真正是什么的一种认识：一种神话，确实如此，然而却并非迪西相信的那种——一种天意的启示，"它朝向一个伟大的目标，上帝的显现"；毋宁说，它是对那种神话启示的一种歪曲（33—34）。然而，对"历史"自身神话的这种批判性认识于斯蒂芬而言，既是从神话中解放出来的时刻，也是因神话而解放的时刻：从此以后，他便能够与之战斗了。

　　斯蒂芬的决定，他也向迪西先生表达了——不是要成为历史的"老师"而毋宁说"学生"——是他在历史课上最终得出的结论。从那一时刻起直到这一天的结束，他将寻求用自己的故事来修正历史。这一点在该书的下一章中变得明显起来，文中的斯蒂芬从涅斯托尔的"大话"（big words）转向普罗透斯（Proteus）的"声音"（sounds），并最终在其中揭示出新的然而也更古老的"多变"（protean）的历史形式——大众形象与传说，维科称其为"通俗传统"（vulgar traditions），并正确地指出它们"必定具有真理的公众基础，因为有这种基础，它们才得以产生，并在漫长的岁月中被整个民族保存"[25]。本章中对诗性历史的认识，使斯蒂芬不仅得以克服死板的自然主义、宿命论模式，从亚里士多德到迪西先生，一直以来历史都由它定义，而且还能利用维科"新科学的"、人文主义的、神话创造的术语重新定义历史。

　　在其最后一部作品《芬尼根的守灵夜》中，乔伊斯再次援引维科，并将他概括为形象与传说的"制造者"（the producer），而这些形象与传说则最终累积成一种"观念真实的历史"（Ideareal History）。在这种历史中，观念成为了真实，因为人们所相信的，便是他们真实的生活。[26] 在那部作品中，乔伊斯回到了"维科之路"，"它兜来兜去，回到术语开始的地方"：从历史回到神话是为了作为神话历史的再出发。[27] 这同时也是我最终的研究所得。

参考文献

1. Samuel L. Goldberg, *The Classical Temper* (London: Chatto

and Windus，1961），146. 另可参见 Eric Gould，*Mythical Intentions in Modern Literature*（Princeton，NJ.：Princeton University Press，1981），141 - 143。

2. Alasdair Macintyre，*After Virtue：A Study in Moral Theory*（London：Duckworth，1985）.

3. 关于乔伊斯与维科，参见 Walton A. Litz 资料丰富的论文"Vico and Joyce"，in *Giambattista Vico：An International Symposium*，ed. G. Tagliacozzo and H. White（Baltimore：Johns Hopkins University Press，1969），245 - 255，以及其他解释性的论文，收录于 *Vico & Joyce*，ed. D. P. Verene（New York：State University of New York Press，1987）。

4. 在这方面富有洞察力的阐释，参见 Michael Seidel's 对维科"诗性地理学"的讨论. *Epic Geography：James Joyce's "Ulysses"*（Princeton，NJ.：Princeton University Press，1976），41 - 50。

5. Goldberg，*The Classical Temper*，202 - 203.

6. Richard Ellmann，*James Joyce*（Oxford：Oxford University Press，1983），693.

7. Joyce to Carlo Linati，21 September 1920，in *The Letters of James Joyce*，ed. S. Gilbert（New York：Viking Press，1966），1：147.

8. Fredric Jameson，"'Ulysses' in History"，in *James Joyce and Modern Literature*，ed. W. J. McCormack and A. Stead（London：Routledge and Kegan Paul，1982），128.

9. Martha C. Nussbaum，*Love's Knowledge：Essays on Philosophy and Literature*（Oxford：Oxford University Press，1990），5；Stanley Cavell，*In Quest of the Ordinary：Lines of Scepticism and Romanticism*（Chicago：University of Chicago Press，1988）；Richard Rorty，*Contingency，Irony，and Solidarity*（Cambridge：Cambridge University Press，1989）. 另可参见文学学者 Wayne C. Boothz 的出色研究，*The Company We Keep：An Ethics of Fiction*（Berkeley：University of California Press，1988）.

10. Goldberg，*The Classical Temper*，203.

11. 围绕乔伊斯的历史观已有许多研究。两项有价值的新近研究分别是 James Fairhall，*James Joyce and the Question of History*（Cambridge：Cambridge University Press，1993）；Robert Spoo，*James Joyce and the Language of History：Dedalus' Nightmare*（New York：Oxford University Press，1994）。另可参见 Edmund L. Epstein 对"涅斯托尔"一章的讨论，收录于 *James Joyce's "Ulysses"*，ed. C. Hart and D. Hayman（Berkeley：University of California Press，1974），17 - 28。

12. 有关乔伊斯对"圣灵显现"的认识与描述，参见 James Joyce，*Epiphanies*，ed. O. A. Silverman（Norwood，Pa. ：Norwood Editions，1978）。

13. James Joyce，*Ulysses*（New York：Modern Library，1961），24.

14. Ibid.

15. Ibid. ，25.

16. 有关这段描写的实际情况与意义，参见 Robert E. Spoo，"'Nestor' and the Nightmare：The Presence of the Great War in *Ulysses*"，*Twentieth-Century Literature* 32(1986)：137 - 154.

17. Joyce，*Ulysses*，25. 斯蒂芬的思考援引了亚里士多德对运动的定义，参见 *Physics*，3. I. 有关乔伊斯与亚里士多德，参见 Richard Ellmann，*Ulysses on the Liffey*（London：Faber and Faber，1972），1 - 23。

18. Joyce，*Ulysses*，24 - 25.

19. Ibid. ，25 - 26.

20. Ibid. ，26.

21. Homer，*Odyssey*，3. 36 - 35.

22. Joyce，*Ulysses*，29.

23. 关于迪西的历史错误，参考 Robert M. Adams，*Surface and Symbol：The Consistency of James Joyce's "Ulysses"*，（New York：Oxford University Press，1962），20 - 24。

24. Joyce, Ulysses, 31，33，34 - 35.

25. Giambattista Vico, *The New Science*, trans. T. Bergin and M. H. Fisch (Ithaca, N. Y.：Cornell University Press, 1968), par. 149. 对"普罗透斯"章中乔伊斯神话创造的历史观富有洞见的阐释，参见 Spoo, *James Joyce and the Language of History*, 107 - 112。

26. James Joyce, *Finnegans Wake* (London：Viking Press, 1939), 255,262. Norman O. Brown 将维科与乔伊斯的神话创造概念在其别出心裁的诗性历史理论中加以利用，见 *Closing Time* (New York：Random House, 1973)。另可参见对该书的出色评论文章，Stuart Hampshire, "Joyce and Vico：The Middle Way", in *Giambattista Vico's Science of Humanity*, ed. G. Tagliacozzo and D. P. Verne (Baltimore：Johns Hopkins University Press, 1976), 321 - 332。

27. Joyce, *Finnegans Wake*, 452.

索　引

Achilles，阿基里斯 55，76，89，
　127，142

Adorno，Theodor，西奥多·阿多
　诺 177，179，228，232，252，
　255，271

Aeschylus，埃斯库罗斯 19

Alberti，Leon Battista，莱昂·巴
　蒂斯塔·阿尔伯蒂 109－
　110，164

Alexander the Great，亚历山大大
　帝 55，213

Ammianus Marcelinus，阿米亚努
　斯·马西里那斯 101

Anderson，Benedict，本尼迪克
　特·安德森 7－8

Annales，年鉴学派 3，20－21

anti-Semitism，反犹太主义 33－
　34，144，146，171，179，189，
　253

Apoll，阿波罗 79，80，120，131

Aragon，Louis，路易·阿拉贡
　246，271；*Paris Peasant*，

Benjamin on，本雅明论《巴黎
　农夫》，241－242，265－268

Arcadia，阿卡迪亚 128

Aretino，Leonardo，莱昂纳多·
　阿雷蒂诺 114

Aristotle，亚里士多德 42，60，
　149，167；on "lover of myths"，
　论爱好神话之人 229－230；
　Joyce on theory of history and
　poetry，乔伊斯论亚里士多德
　的历史和诗歌理论 289

Arminius the Cheruscan，切鲁西
　人阿米纽斯 7

Arnauld，Antoine，安托万·安诺
　德 82

art history and theory：Benjamin
　on，艺术史及理论：本雅明论
　251－252；Burckhardt's contri-
　butions to，布克哈特的贡献
　105－108；modernistic aspects
　of，现代主义方面 12－13；
　neoromantic aestheticism in，新

343

浪漫主义的唯美主义 159 - 160,163,178;Schorske on,肖斯克论 17 - 18;F. T. Vischer on,西奥多·弗里德里希·费希尔论 141 - 142;Warburg's contributions to,瓦尔堡的贡献 135 - 137,145 - 150,152 - 158,168 - 169,172 - 175

Aschheim, Steven,斯特凡·阿施海姆 34,206

Asclepius,阿斯克勒庇俄斯 135

Astrology,占星术 12,118,149;Warburg on,瓦尔堡论 171 - 175

Atalanta,阿塔兰特 80

Auerbach, Erich,埃里希·奥尔巴赫 74

Aura:Benjamin's conception of,灵韵:本雅明的灵韵观 233 - 235;in Baudelare's poetry,在波德莱尔的诗歌中 234 - 235,242

Authority:Benjamin on mythic norms and forms of,权威:本雅明论权威的神话规范和形式 236 - 241,247,261,272 - 273;Kantorowicz on Emperor's,康托洛维茨论国王的权威 197 - 199;Livy on Roman,李维论罗马人的权威 41;Machiavelli on meanings and means of,马基雅维利论权威的意义和手段 45 - 48,56 - 57;Vico on mythopoeic origins of,维科论权威的神话创作起源 72 - 73,80

Baader, Franz von,弗朗茨·冯·巴德尔 230,238

Bachofen, Johann Jakob,约翰·雅各布·巴霍芬 3,9,161,214,236;animosity to Mommsen,对蒙森的敌意 273 - 274;on archaic society,论古代社会 255 - 256;Benjamin on,本雅明论巴霍芬 252 - 262,265,271 - 274;exploitation by Fascists,法西斯分子对巴霍芬的利用 255;on prehistoric legacies in Western Civilization,论西方文明的史前遗产 261 - 264;theory of matriarchy,母权制理论 258 - 260,272 - 273

Bacon, Francis,弗朗西斯·培根,*Wisdom o the Ancients*,《古人的智慧》,Vico on,维科论培根 67,70 - 72

Baeck, Leo,利奥·拜克 146

Baethgen, Friedrich,弗里德里希·巴斯根 194

Baeumler, Alfred,阿尔弗雷德·

包姆勒 253－254,272

Baglione, Astorre and Simonetto, 阿斯多利·巴利奥和西蒙那多·巴利奥 112－113

Balzac, Honoré de, 奥诺雷·德·巴尔扎克 233;Benjamin on,本雅明论巴尔扎克 264

Baron, Hans, 汉斯·巴隆 49

Baroque: Benjamin on German tragic drama of,巴洛克:本雅明论巴洛克风格的德国悲剧 251－252;Burckhardt disproves art of,布克哈特对巴洛克的反对 107,165;Warburg on,瓦尔堡论巴洛克 179－180

Basel,巴塞尔 100,128,143,214;Burckardt's theological studies in,布克哈特在巴塞尔的神学研究 92－94;Meinecke on historiographical tradition of,梅尼克论巴塞尔的史学传统 130－131

Bataille, Georges, 乔治·巴代伊 276－277

Baudelaire, Charles, 查尔斯·波德莱尔 10,11,89;Benjamn on,本雅明论波德莱尔 233－235,243,250－252,270

Bayle, Pierre,皮埃尔·伯尔 82

Beer, Gillian,吉莉安·比尔 18

Bell, Michael,迈克尔·贝尔 18

Benjamin, Walter, 瓦尔特·本雅明 10,32－34,140,149,228－283;on allegory,论寓言 250－251;on Aragon,论阿拉贡 266－268;on "auratic" experience,论"灵韵的"体验 233－235,242,245,257,259;Berlin recollections of,本雅明的柏林回忆 232,257－261;and College of Sociology in Paris,巴黎的社会学学院 276－278;critical theory of,本雅明的批判理论 232,237－241;on death,论死亡 248;on "dialectical enchant-ment" of myth,论神话的"辩证的魔力" 239－243,251－252;on "dialectical images",论"辩证的图像" 271;discovery and early theory of myth,发现和早期神话理论 229－231,235－241;on dreaming and awakening,论做梦和梦醒 268－271;on experien-ce,论体验 242－243,246－250;on "fetishism of commo-dity",论"商品拜物教" 269;hashish experiment of,本雅明的大麻实验 229,243,245;on histo-riography,论史学 249－250,

268 - 269,278 - 283;on C. G. Jochmann,论贾克曼 275 - 276;on Kafka,论卡夫卡 240 - 241,256 - 262;on memory, 论记忆 244 - 246;micrology in,本雅明的显微学 228 - 229,252 - 253;on the "mimetic faculty",论"模仿能力" 243;on "modern" mythology, 论"现代神话学" 233 - 235, 239,241 - 242,259 - 274;on the novel,论小说 246 - 249; on "primal history",论"原始历史" 233,256,261 - 262;on "profane illumination",论"世俗的启迪" 265 - 268;against progressive theories and histories,反对进步的理论和历史 274 - 283; Theseus figure and revelation, 提修斯图形和启示 257 - 258; on translation of the Bible,论《圣经》的翻译 239 - 240;on utopian vision of society,论社会的乌托邦幻想 265 - 266, 270,278 - 284;Works:*The Arcades Project*,著作:《拱廊街计划》232,236,262 - 274;*A Berlin Childhood Around Nineteen Hundred*,《1900 年前后柏林的童年》229,231,257 - 261;"Franz Kafka",《弗朗茨·卡夫卡》261 - 262;"Goethe's Elective Affinities",《歌德的选择性亲和力》237 - 239;"The Image of Proust",《普鲁斯特的形象》244 - 245;"Johann Jakob Bachofen",《约翰·雅各布·巴霍芬》252 - 262,265, 271 - 274;*Origins of German Tragic Drama*,《德国悲剧的起源》250 - 251;"The Story-Teller",《讲故事的人》247 - 250;"Surrealism",《超现实主义》242 - 243;"Theses on the Philosophy of History",《历史哲学论纲》274 - 283;"To the Planetarium",《致天文馆》 233 - 234

Berenson, Bernard,伯纳德·贝伦森 158

Bergson, Henri,亨利·柏格森 104,158

Berlin,柏林 14,170,194,213; Benjamin on childhood in,本雅明论柏林童年 257 - 261; Meinecke on historio-graphical tradition of,梅尼克论柏林的史学传统 129 - 131;Ranke and *Historisches Seminar* in the university of,兰克和柏林

大学的历史研讨班 96－99

Berlin, Isaiah, 以赛亚·伯林 55,
60,66

Bertram, Ernst, 恩斯特·贝尔特
拉姆 208,223

Bezold, Friedrich von, 弗里德里
希·冯·贝佐尔德

Bildung：Burckhardt's ethical-
hstorical conception of, 文化：
布克哈特伦理的-历史的文化
观 14,100,102－105,116,
120－124,169－170; defined,
定义 14; idea of the "conser-
vative revolution" in Weimar,
Germany, 魏玛德国"保守主义
革命"的理想 102; Gadamer on
Christian origins of, 伽达默尔
论文化的基督教起源 102;
Kantorowicz on, 康托洛维茨
论文化 200－201; Mosse on
Jewish contribution to 莫斯论
犹太人对文化的贡献 34;
Nietzsche attacks, 尼采对文化
的攻击 116－121

Bing, Gertrud, 格特鲁德·宾
151,161－162

Binswanger, Ludwig, 路德维希·宾
斯万格 133

Biondo, Flavio, 弗拉维亚·比翁
多 3

Blake, William, 威廉·布莱克
228

Bloch, Ernst, 恩斯特·布洛赫
33,140,228,283

Bloch, Marc, 马克·布洛赫 12；
《御触》20－21

Blumenberg, Hans, 汉斯·布鲁
门贝格 26,134

Boadicea, 博阿迪西亚 7

Böckh, August, 奥古斯特·布克
96

Böcklin, Arnold, 阿诺德·勃克
林 147－148

Boethius, 波伊提乌 167

Bossuet, Cardinal, 波舒哀, 主
教, 3

Botticelli, Sandro, 桑德罗·波提
切利 166,170,173,178,182,
185; Warburg' dissertation on,
瓦尔堡有关波提切利的论文
131－132,160－164

Bouwsma, William, 威廉·鲍斯
玛 114

Bowra, Maurice, 莫里斯·鲍勒
199

Brackmann, Albert, 阿尔伯特·
布拉克曼 3,193,196－198,
204,209,212－213,224

Bradbury, Malcolm, 马尔科姆·
布拉德伯里

Brecht, Berthold, 贝托尔德·布莱希特 234

Breton, André, 安德烈·布雷顿 266

Broch, Hermann, 赫尔曼·布洛赫 33

Bruno, Giordano, 乔尔丹诺·布鲁诺 145

Brutus, Lucinius Junius, 李锡尼·尤尼乌斯·布鲁图 56-57

Brutus, Marcus Junius, 马尔库斯·尤尼乌斯·布鲁图 28,54,57

Buber, Martin, 马丁·布伯 33, 146, 188; Benjamin on Bible translation of, 本雅明论布伯的圣经翻译 239-240

Burckhardt, Jacob, 雅各布·布克哈特 3,14,27,32,90,91-132; on Alberti, 论阿尔伯蒂 109-110; on Bildung, 论教育 14,102,169-170; on Christian anchorites, 论基督教的隐士 102-103; "conservative convictions" of, 布克哈特的"保守主义信仰" 103-104; on Constantine the Great, 论君士坦丁大帝 101-102; on "cultural history", 论"文化史" 98-99, 108-115; on the "culture of Old Europe", 论"旧欧洲的文化" 103-104; on Faust, 论浮士德 100; on the "forces" of history 论历史的"力量", 102; historical vocation of, 布克哈特的历史使命感 95-101, 110, 108-115; as "honest heretic", 作为"诚实的异端者" 94,101-102; on Machiavelli, 论马基雅维利 123-124; Meinecke on, 梅尼克论布克哈特 129-131; "mythical eyes" of, 布克哈特的"神话之睛" 91,129; as mythistorian, 作为神话历史学家的布克哈特 99-101; on the mythological tradition in Western civilization, 论西方文明的神话学传统 92,94-95, 118-121,125-129,160-161; on "narrative painting", 论"叙事画" 107-108; and Nietzsche, 与尼采 115-124; pessimism of, 布克哈特的悲观主义 91-92,162,168-169, 174; poetry of, 布克哈特的诗学 98, 100, 104; and Ranke, 与兰克 96-99; on Raphael, 论拉斐尔 106-107,112-113; on Renaissance art, 论文艺复兴的艺术 106-107; on Renaissance historiography, 论文艺

复兴的史学 114 - 115,123 - 124, Renaissance man defined by,布克哈特定义的文艺复兴人 154 - 155,158;on Rubens,论鲁本斯 122 - 123;and Schopenhauer,与叔本华 110;theological studies and crisis of,布克哈特的神学研究与危机 92 - 94,101,121;contra Wagner,与瓦格纳相对 121;Warburg on,瓦尔堡论布克哈特 131 - 132,158 - 166,180 - 184。Works:*The Age of Constantine the Great*,著作:《君士坦丁大帝的时代》101 - 102,105,118 - 119,123;"Asyl",《避难》104;*The Cicerone*,《向导:意大利艺术品鉴赏导论》105 - 106,122;*The Civilization of the Renais-sance in Italy*,《意大利文艺复兴时期的文化》14,32,105,108 - 115,119,123,129,131 - 132,158 - 162,169;*Griechische Kulturgeschichte*,《希腊文化史》100,105,115,120,124 - 129;*Recollections of Rubens*,《鲁本斯回忆录》122 - 123;*Reflections on History*,《对历史的反思》100,104,110,115,130

Cadmus,卡德摩斯 68

Caesar,Julius,尤利乌斯·凯撒 38,54,55,196,197,201,208,211,289 - 290

Caillois,Roger,罗杰·卡约 276 - 277

Camillus,卡米路斯 51

Cantelli,Gianfranco,詹弗兰科·坎泰利 76

Caravaggio,卡拉瓦乔 107

Carr,David,大卫·卡尔 23

Cassirer,Ernst,恩斯特·卡西尔 32,33 - 34,67,140,146 - 147,149 - 150,171 - 172,184,186,193 - 194,215 - 216,227,236,250;*The Myth of the State*,《国家的神话》185 - 190

Cato,加图 28,47 - 48

Cattaneo,Simonetta,"La Bella",西蒙内塔·卡坦尼奥,《美女西蒙内塔》163

Cavell,Stanley,斯坦利·卡维尔 287

Chigi,Agostino,阿戈斯蒂诺·基吉 173

Chistianty:Burckhardt on historical configurations of,基督教:布克哈特论基督教的历史结构 92 - 93,101 - 103,125,

127 - 128；Kantorowicz on medieval political mythology and theology in,康托洛维茨论基督教中的中世纪政治神话学与神学 215 - 221；Machiavelli on,马基雅维利论基督教 50,59；Michelet on,米什莱论基督教 27 - 28,86,90；D. F. Strauss on myth in *Das Leben Jesu*,大卫·弗里德里希·施特劳斯论《耶稣传》中的神话 92 - 93；Vico's loyalty to creeds of,维科对基督教教义的忠诚 69；in Warburg's life and in relation to his interpretations of art history,瓦尔堡生活中的基督教以及基督教与其艺术史阐述之间的关系 144,152 - 158,166 - 167,185；Wittgenstein on belief in,维特根斯坦论对基督教的信仰 22 - 23

Chronus,克洛诺斯 128,171

Cicero,西塞罗 28,39,47 - 49,56

class consciousness and struggle,阶级意识与阶级斗争:在本雅明对历史的最后反思中 265 - 266,270 - 271,274,276,278；Machiavelli observes in Roman history,马基雅维利对罗马历史上阶级意识与阶级斗争的观察 48 - 49；Vico perceives in Roman mythology,维科在罗马神话中注意到了阶级意识与阶级斗争 77 - 81

Cohen,Hermann,赫尔曼·科恩 33,146,236

Cohen,Percy,珀西·科恩 5

Cohn,Norman,诺曼·科恩 25

College of Sociology,社会学学院 276 - 279,281

Collingwood,R. G.,R. G. 科林伍德 40

Conrad,Joseph,*Heart of Darkness*,约瑟夫·康拉德,《黑暗之心》16 - 17,158

Constantine,Emperor：Arch of,君士坦丁大帝：君士坦丁大帝凯旋门 168 - 169；Burckhardt on,布克哈特论君士坦丁大帝 101 - 102

Coriolanus,科里奥兰纳斯 273

Cornford,Francis *Thucydides Mythistoricus*,弗朗西斯·康福德,《修昔底德——历史与神话之间》19

Cossa,Francesco,弗朗西斯科·科萨 19

Coulanges,Fustel de,福斯特尔·德·古郎士 88

Creuzer,Friedrich,弗里德里希·克罗伊策 9,236,238

Croce,Benedetto,贝奈戴托·克罗齐 62

cultural history,文化史 3,5,7,9,14－15,17－18,25－26,32－34,37,214,268－269；defined and practiced by Burckhardt,布克哈特的定义和实践 95,97－98,103－104,106－112,123－124；F. Gilbert on,菲力克斯·吉尔伯特论文化史 112；in Machiavelli,马基雅维利的文化史 53,59－60；Meinecke on,梅尼克论文化史 129－131；in Ranke's historiography,兰克史学中的文化史 81－83；Vico's theory of,维科的文化史理论 65－70；Warburg's contribution to,瓦尔堡对文化史的贡献 134－141,145－158,167－168

Curtius,Ernst Robert,恩斯特·罗伯特·库尔修斯 149

Cyrus,Machiavelli on,居鲁士,马基雅维利论居鲁士 54－55

Dante,但丁 102,163,200；Kantorowicz on,康托洛维茨论但丁 203－204,218－19,224－225,229,289

Daphne,达芙妮 79

Davis,Natalie Zemon,娜塔莉·泽蒙·戴维斯 25

Descartes,René,勒内·笛卡尔 62－63,85

Demosthenes,德摩斯提尼 102

Detienne,Marcel,马塞尔·德蒂安 88－89

Dewette,Wilhelm,威廉·迪卫德 213

Diodorus,迪奥多鲁斯 2

Diogenes,第欧根尼 131

Dionysus,狄奥尼索斯 120,135,168

Divination:in Bachofen,占卜:巴霍芬身上 255；Livy on Roman art of,李维论罗马的占卜技艺 38,51；Machiavelli on political uses of,马基雅维利论占卜的政治运用 50－52；Vico's analysis of,维科对占卜的分析 68－69；Warburg on proliferation in German Reformation,瓦尔堡论德国宗教改革中占卜的增长 174－178

Domaszevski,Alfred von,阿尔弗雷德·冯·托马谢夫斯基 213

Dominic,St.,圣多明我 59

345

Donatello,多纳泰罗 154

Droysen, Johann Gustav,约翰·古斯塔夫·德罗伊森 96

Dürer, Albrecht,阿尔布雷希特·丢勒 139;Warburg on,瓦尔堡论丢勒,175-179,182

Durkheim, Emil,埃米尔·涂尔干 16,21

Einstein, Albert,阿尔伯特·爱因斯坦 11,13,18,172,287

Eliad, Mircea,米尔恰·伊利亚德 4

Eliot, George,乔治·艾略特 9

Eliot, T. S.,T. S. 艾略特 9-13,30-31,226,284

Engels, Friedrich,弗里德里希·恩格斯 255,272

Enlightenment,启蒙运动 20,66,73;Adoron and Horkheimer on dialectic of,阿多诺和霍克海默论启蒙运动的辩证法 177-178,232,252-253;Benjamin on,本雅明论启蒙运动 233,266,275;Vico on mythopoeic tradition in,维科论启蒙运动中创作神话的传统 73;Warburg's agonistic conception of,瓦尔堡论辩的启蒙运动观念 171,174,180

Epicurus,伊壁鸠鲁 68

Eusebius of Caesaria,凯撒利亚的尤西比乌斯 101,123

Eustathius,尤斯塔修 273

Fascism: Bachofen abused by,法西斯主义:法西斯主义对巴霍芬的滥用 255;Benjamin on mythology of,本雅明论法西斯主义的神话学 266,268,271-272,276,278-282;in Kantorowicz's life and work,康托洛维茨生活与著作中的法西斯主义 185,214,217-218,221,226,233-234,239

Faust,浮士德 100,106,177;Warburg on Goethe's *Faust*,瓦尔堡论歌德的《浮士德》181-182

Febvre, Lucien,吕西安·费弗尔 21

Feldherr, Andrew,安德鲁·菲尔德 40,41,42

Feuerbach, Ludwig,路德维希·费尔巴哈 81

Ficino, Marcilio,马尔西利奥·费奇诺 62,l56,167,176-177

Fisch, Max Harold,马克斯·哈罗德·费什 62

Flaherty, Wendy Doniger, 温迪·
多尼格·奥弗莱厄蒂 4

Florence: Burckhardt on artists
and humanists in, 佛罗伦萨:
布克哈特论佛罗伦萨艺术家
和人文主义者们 114, 119;
Machiavelli as citizen and
historian, 作为佛罗伦萨市民
和历史学家的马基雅维利 43 -
46, 56, 123 - 124; Warburg on
Renaissance in, 瓦尔堡论佛罗
伦萨的文艺复兴 134, 144,
151 - 158, 165 - 168

Forster, E. M. , E. M. 福斯特
158

Forster, Kurt, 库尔特·福斯特
142

Fortuna: in Livy and Machiavelli,
命运: 李维和马基雅维利论命
运 60 - 61; Warburg on employ-
ment by Florentine artists and
humanist, 瓦尔堡论论佛罗伦
萨艺术家和人文主义者们对
命运的利用 156 - 158, 167 -
168, 170

Foucault, Michel, 米歇尔·福柯
89, 226

Fourier, Charles, 查尔斯·傅里
叶 265, 270, 278

Francis, St. , 圣弗朗西斯 59;

Ghirlandaio's depiction of, 基尔
兰达约对圣弗朗西斯的描写
152 - 153, 155, 159; Kantorowicz
on, 康托洛维茨论圣弗朗西斯
202 - 203

Frazer, James, 詹姆斯·弗雷泽
12, 16, 19, 20, 21

Frederick II, Emperor: Brackmann
on, 弗里德里希二世皇帝:布
拉克曼论弗里德里希二世皇
帝 196 - 198; Burckhardt on,
布克哈特论弗里德里希二世
皇帝 111; Dante on, 但丁论弗
里德里希二世皇帝 200;
Stefan George on, 斯特凡·格
奥尔格论弗里德里希二世皇
帝 207; Kantorowicz on charac-
ter and life of, 康托洛维茨论
弗里德里希二世皇帝的性格
和生平 193 - 202, 210 - 211,
218

French Revolution: Benjamin on
the revolutionaries' myths, 法
国大革命:本雅明论革命的神
话 280; histories of the taking
of the Bastille, 攻占巴士底狱
的历史 27 - 29; Marx on the
revolutionaries' myths, 马克思
论革命的神话 88; Michelet on
the myth of, 米什莱论法国大

革命的神话 86

Freud, Sigmund, 西格蒙德·弗洛伊德 13, 16, 17 - 18, 31, 133, 147, 158, 172, 254, 287

Fried, Johannes, 约翰内斯·弗里德 209

Friedländer, Saul, 索尔·弗里德兰德 29 - 30

Fromm, Erich, 埃里希·弗罗姆 33, 254, 272

Frye, Northrop, 诺思洛普·弗莱 31

Gadamer, Hans-Georg, 汉斯-格奥尔格·伽达默尔 102

Garin, Eugenio, 欧金尼奥·加林 110, 113

Gay, Peter, 彼得·盖伊 33, 147, 190, 195

Geertz, Clifford, 克利福德·格尔茨 5, 226

Geoffrey of Monmouth, 蒙默思的杰弗里 3

George, St. , 圣乔治 28, 112

George, Stefan, 斯特凡·格奥尔格 33; Kantorowicz's association with, 康托洛维茨与他的关系 191, 192, 195, 206 - 212, 218, 223 - 224, 250, 255; and the Stauffenberg brothers, 施陶芬伯格兄弟与他的关系 221 - 222

Germany：Burckhardt's studies in, 德国：布克哈特在德国的学习 96 - 99; Cassirer on modern political myth in, 卡西尔论在德国的现代政治神话 180 - 194; "conservative revolution"in, 德国的"保守主义革命" 200; Friedländer on modern political myths of, 弗里德兰德论德国的现代政治神话 29 - 30; historical myths of, 德国的历史神话 7 - 8, 32 - 34; "Jewish Renaissance" in, 德国的"犹太文艺复兴" 146; Kantorowicz on national historiography of, 康托洛维茨论德国的民族史学 208 - 212; Meinecke on historiographical traditions in, 梅尼克论德国的历史编纂学传统 129 - 131; myth of "Secret Germany", "秘密德国"的神话 211 - 212; Warburg on the age of Reformation in, 瓦尔堡论德国的革命年代 174 - 178; Weber on modern political myth in, 韦伯论德国的现代政治神话 190 - 191

Ghirlandaio, Domenico, 多梅尼

哥·基尔兰达约 150 - 151，169 - 170；Warburg on *Adoration o the Shepherds*，瓦尔堡论《牧羊人的礼拜》169；Warburg on *Birth of St. John the Baptist*，瓦尔堡论《施洗者圣约翰的诞生》，166 - 167；Warburg on *Confirmation of the Order of St. Francis*，瓦尔堡论《圣弗朗西斯命令的确认》151 - 156；*Warburg on Massacre of the Holy Innocent*，瓦尔堡论《对圣婴的屠杀》169；Warburg on *Miracle o the Revivification of St. Francis*，瓦尔堡论《圣弗朗西斯复活的奇迹》155 - 158；Warburg on *Sacrifice of Zacharias*，瓦尔堡论《撒迦利亚的牺牲》166 - 167

Gibbon, Edward, 爱德华·吉本 3, 89

Gide, André, 安德烈·纪德 233, 235, 237, 250, 274 - 275

Giehlow, Karl, 卡尔·吉洛 176

Gilbert, Felix, 菲力克斯·吉尔伯特 45, 112, 145, 177, 194

Ginzburg, Carlo, 卡洛·金兹伯格 25 - 26

Giotto, 乔托 152, 159 - 160, 185

Giovio, Paolo, 保罗·乔维奥 114

Gobineau, Arthur, Count de, 亚瑟·康德·戈比诺 159

Goethe, Johann Wolfgang, 约翰·沃尔夫冈·歌德 100, 180, 208, 224, 273；Benjamin on *Elective Affinities*，本雅明论《选择性亲和力》237 - 239；*Faust*，《浮士德》100, 178, 181

Goldberg, Samuel, 塞缪尔·戈德堡 284, 286, 288

Goldschmidt, Adolph, 阿道夫·戈尔德施密特 149

Gombrich, Ernst, 恩斯特·贡布里希 145, 147, 163, 164 - 166, 171 - 172, 177 - 178

Göring, Hermann, 赫尔曼·戈林 195, 214

Gossman, Lionel, 莱昂内尔·戈斯曼 108, 214, 254

Gothein, Eberhart, 埃伯哈特·哥赛因 213 - 214

Gould, John, 约翰·古尔德 3

Gozzoli, Benozzo, 贝诺佐·戈佐利 154

Grafton, Anthony, 安东尼·格拉夫敦 48, 98

Grimm, Jacob, 雅各布·格林姆 9, 14, 99

Grotius, Hugo, 雨果·格劳秀斯 68

Guicciardini, Francesco, 弗朗西斯科·圭恰迪尼 3,97

Gundolf, Friedrich, 弗里德里希·贡多尔夫 207－208,238

Günthe, Horst, 霍斯特·贡特尔 151

Habermas, Jürgen, 尤尔根·哈贝马斯 232

Halbwachs, Maurice, 莫里斯·哈布瓦赫 178

Hamburg, 汉堡 133,143; Warburg as a burgher of, 作为汉堡市民的瓦尔堡,147－150,171

Hampe, Karl, 卡尔·汉佩 194, 196

Harrison, Jane Ellen, 简·艾伦·哈里森 19

Haskins, Charles, 查理·哈斯金斯 202

Hay, Denys, 丹尼斯·哈伊 108

Heckscher, William, 威廉·赫克歇尔 171－172,174

Hegel, G. W. F., 格奥尔格·威廉·弗里德里希·黑格尔 98,102, 231,236,237

Heidegger, Martin, 马丁·海德格尔 190

Heidelberg, 海德堡 193; 196, 201,221; historiographical tradition of, 海德堡的史学传统 213－214

Heine, Heinrich, 海因里希·海涅 211

Heise, Karl Georg, 卡尔·格奥尔格·海泽 144

Heller, Erich, 埃里希·海勒 110,116

Heraclitus, 赫拉克利特 126

Hercules, 赫拉克勒斯 72,79, 80,85

Herder, Johann Gottfried, 约翰·哥特弗雷德·赫尔德 9,224

Hermes, 赫尔墨斯 89

Herodotus, 希罗多德 1－4,8, 19; Burckhardt on, 布克哈特论希罗多德 126－127; Benjamin on, 本雅明论布克哈特 249－250

Hessel, Franz, 弗朗茨·塞尔 253

Hieronymus, St., 圣希罗宁姆斯 101,123

Himmler, Heinrich, 海因里希·希姆莱 195

Hitler, Adolf, 阿道夫·希特勒 30,195,214

Hobbes, Thomas, 托马斯·霍布

斯 68,81,114

Hobsbawm, Erich, 埃里克·霍布斯鲍姆 7

Hoffinan, Peter, 彼得·霍夫曼 222

Hofinannstahl, Hugo von, 雨果·冯·霍夫曼斯塔尔 17,200

Hölderlin, Friedrich, 弗里德里希·荷尔德林 211,224,231,236

Homer, 荷马 2,4,70 - 72,120, 126 - 127,249,284,290; Vico's "discovery" of, 维科对荷马的"发现" 76

Horatius, 贺雷修斯 56

Horkheimer Max, 麦克斯·霍克海默 33, 81, 178, 232, 252,253

Huizinga, Johan, 约翰·赫伊津哈 32,109,159

Hulliung, Mark, 马克·胡利昂 55,60

Icarus, 伊卡洛斯 139

Iconology, 图像学 34,172 - 175

Jaeger, Werner, 维尔纳·耶戈尔 200

James, Henry, 亨利·詹姆斯 287

Jameson, Fredric, 弗雷德里克·杰姆逊 287

Jardine, Lisa, 丽莎·雅丹 48

Jesus Christ, 耶稣基督 27,136, 157, 175, 185, 198, 212, 216, 217, 222, 228, 283; Joyce on myth of, 乔伊斯论耶稣基督的神话 289 - 292; D. F. Strauss on life and myth of, 大卫·弗里德里希·施特劳斯论耶稣基督的生平与神话 92 - 93

Jews and Judaism: in Benjamin's life and works, 犹太人与犹太教：在本雅明的生平与著作中 231,257 - 259; Cassirer on myth in, 卡西尔论犹太人和犹太教中的神话 188 - 189; of German mythistorians, 德国神话历史学家中的犹太人和犹太教 33 - 34; in Joyce's Ulysses, 乔伊斯《尤利西斯》中的犹太人与犹太教 290 - 292; Kantorowicz on fate of in Nazi Germany, 康托洛维茨论纳粹德国中犹太人与犹太教的命运 222 - 224; Renan on, 勒南论犹太人与犹太教 146; Scholem on myth in, 肖勒姆论犹太人与犹太教中的神话 33,146,188 - 189,231; Warburg on,瓦尔堡论犹太人与犹太教 144-147,169-170

Joachim of Fiore,菲奥雷的约阿基姆 194

Joan of Arc,圣女贞德 6;Michelet on,米什莱论贞德 27,87

Jochmann, Carl Gustav,卡尔·古斯塔夫·贾克曼 275-276

Jolles, André,安德烈·若莱 149,166-167

Jove,朱庇特 69,70,72,79

Joyce,James,詹姆斯·乔伊斯 11, 13, 31, 25, 226; counter Aristotle's theory of poetry and history,反驳亚里士多德的诗歌和历史理论 289-290; counter Blake's metaphysical history,反驳布莱克的形而上学历史 288;Eliot on "mythical method" of,艾略特论詹姆斯·乔伊斯的"神话方法" 11-12, 284; influenced by Vico,受维科的影响 285-286;lesson of history asserted by,詹姆斯·乔伊斯主张的历史教训 289-290;reflections on Jewish predicament,对犹太人困境的思考 291-292;Ulysses,《尤利西斯》284-293

Julius, Proculus,普罗库卢斯·尤利乌斯 38

Jung, Carl Gustav,卡尔·古斯塔夫·荣格 133,267,286

Jünger, Ernst,恩斯特·荣格尔 234

Juno,朱诺 72,79

Jupiter,朱庇特 89,175,176

Kabbalah,卡巴拉 146,188

Kaegi, Werner,维尔纳·凯吉 121

Kafka, Franz,弗朗茨·卡夫卡 10,13,33; Benjamin on 本雅明论卡夫卡 233,236,240-241,246,256,259-262

Kahler, Erich von,埃里希·冯·卡勒 192,208

Kant, Immanuel,伊曼努尔·康德 180-181,233

Kantorowicz, Ernst,恩斯特·康托洛维茨 3, 32-33,191-227; on Dante,论但丁 203-204, 218-219, 224-225, 229;family and early life of,家庭和早年生活 191-193; on Frederick's birth and death,论弗里德里希的出生与死亡 194-195; on Frederick's crusade,论弗里德里希的十字军

347

东征 196 - 198；on Frede-rick a Renaissance Man，论作为文艺复兴人的弗里德里希 202；and Stefan George，与斯特凡·格奥尔格 192 - 193，201 - 212，218；and German historiography，与德国史学 208 - 212；on medieval conception of Renaissance，论中世纪的文艺复兴观念 200 - 203；on medieval origins of patriotism，论爱国主义的中世纪起源 217 - 218；on medieval origins of tyranny，论暴政的中世纪起源 198 - 199；*Mythenschau* controversy，神话史观的争论，198，203，210 - 213；on the myth of the Emperor，论国王的神话 199 - 204；on the myth of "World Unity"，论"世界统一"的神话 199，218 - 220；mythological methodology of，康托洛维茨的神话学方法论 196 - 200；and Nazi ideology，纳粹意识形态 195，208 - 209，214，217；oriental leanings of，康托洛维茨的东方倾向 197 - 198；on the "poet as leader"，论"作为领袖的诗人" 203 - 204；Reputations of，康托洛维茨的声望 195，226；and P. E. Schramm，与珀西·恩斯特·施拉姆 201 - 202；and "Secret Germany"，与"秘密德国" 211 - 212，214，223 - 224；and the Stauffenberg brothers，与施陶芬伯格兄弟 221 - 222；Works：*Frederick the Second*，著作：《弗里德里希二世皇帝传》，193 - 204，213，221，226；*The King's Two Bodies*，《国王的两个身体》193，195，196，214，215 - 227；*Laudes Regiae*，《王权的赞美》214，226

Kehr，Eckart，埃卡特·科尔 194

Kelley，Donald，唐纳德·凯利 9，14，98，

King：Bloch on myths of，国王们：布洛赫论国王们的神话 20 - 21；Herodotus on Psammenitus's fate，希罗多德论普萨美提乌斯的命运 249 - 250；Kantorowicz on myths of，康托洛维茨论国王们的神话 215 - 227

Kirkegaard，齐克果 121

Klages，Ludwig，路德维希·克拉格斯 140，253，254，267，272

Klee,Paul,保罗·克利 278

Klimt,Gustav,古斯塔夫·克里姆特 17

Klossowski,Pierre,皮埃尔·克洛索夫斯基 277

Kohn,Hans,汉斯·科恩 189

Kokoschka,Oskar,奥斯卡·柯克施卡 17

Kraus,Karl,卡尔·克劳斯 17,268

Kristeller,Paul,保罗·克里斯特勒 108

labyrinth:in Benjamin's lie and works,迷宫:在本雅明的生平与著作中 231,257 - 258,263;Pausanias on,波桑尼阿斯论迷宫 128

Lactantius,拉克坦修斯 3

Lang,Andrew,安德鲁·朗格 88

Langbehn,Julius,尤利乌斯·朗贝 122,211

Laocoon,拉奥孔 135

Lasker-Schüller,Else,埃尔莎·拉斯克—许勒 33

Legends:Burckhardt on uses for historiography,传说:布克哈特论传说对史学的效果 101,123,123;in Kantorowicz's historiography,康托洛维茨史学中的传说,194 - 204;Livy on Roman,李维论罗马传说 36 - 37;Michelet on medieval,米什莱论中世纪传说 87;Ranke disapproves of,兰克对传说的否定 96 - 97;Vico's theory of,维科在传说方面的理论 75

Lehmann,Walter,沃尔特·莱曼 230,236

Leonardo da Vinci,列奥纳多·达·芬奇 90,166,282

Lerner,Robert,罗伯特·莱纳 195

Leskov,Nikolai,尼克莱·列斯科夫 247 - 248

Lessing,Theodor,西奥多·莱辛 191

Lévi-Strauss,Claude,克洛德·列维-斯特劳斯 5,18,31

Lévi-Bruhl,Lucien,吕西安·列维-布罗尔 21

Lewis,Wyndham,温德汉姆·刘易斯 10

Liebeschütz,Hans,汉斯·利贝许茨 145,149

Lippi,Filippo,菲利普·利比 166

Livy,李维 3,8,31,36 - 42,44,46 - 47,123,153;fate in,李维的命运观 37,39;foundational myths of,李维的基础性神话 36 - 37, 41 - 42; History of Rome, exemplarity of,《罗马史》,李维的模范性 37 - 40; Machiavelli on,马基雅维利论李维 44, 46 - 47, 51 - 52, 58, 60 - 61; modern scholars on,现代学者论李维 40 - 42; morality of,李维的道德观 40 - 41; rationalism in,李维的理性主义 40; religiosity in,李维的宗教性 39 - 40, 51; on Romulus's apotheosis,李维论罗慕路斯的神化 39; theatrical scenes,李维的戏剧化场景 42

Longinus,朗吉努斯 3, 73

Löwith, Karl,卡尔 · 洛维特 116, 192, 214

Luce, T. J.,T. J. 卢斯 40

Lucretia,卢克瑞提亚 42, 54

Lucretius,卢克莱修 60

Lugowski, Clemens,克莱门斯 · 卢格沃斯基 149

Lukács, Georgy,乔治 · 卢卡奇 179; Theory of the Novel, Benjamin on,《小说理论》,本雅明论卢卡奇 248 - 249

Luther, Martin,马丁 · 路德 90; Warburg on,瓦尔堡论马丁 · 路德, 174 - 178

Lycidas,莱西达斯 290

Lycurgus,来库古 85

Lyotard, Jean-Francois,让 - 弗朗索瓦 · 利奥塔 23

Machiavelli, Niccolò,尼可罗 · 马基雅维利 3, 8, 31, 42, 43 - 61, 77, 81, 123 - 124, 153, 160, 192, 199; on antiquity,论古代 43; on authority vacuum,论权力真空 48; on Livy as historian,论作为历史学家的李维 46 - 47, 51 - 52, 54, 58, 60 - 61; on patriotism,论爱国主义 53 - 54; on political mythology,论政府神话学 45 - 46, 50 - 53; on republican government,论共和政府 44 - 45, 48 - 54, 59 - 60; "return to beginning" recommended by,马基雅维利所推荐的"回到起点" 58 - 60; Roman masses rehabilitated by,马基雅维利所重建的罗马大众 51 - 52; on Roman religion,论罗马人的宗教 50 - 51; on Roman vs. contemporary historiography,论罗马人与同时代史学的对立 44 - 45, 49; on terror as primal cause of society,论作为社会首因的恐

348

惧 58。Works：*Discourses on the First Ten Books of Livy*，著作：《论李维的前十卷》43 - 61；"*First Decennale*"，《头十年》43；*Florentine Histories*，《佛罗伦萨史》46，56，123 - 124；*The Prince*，《君主论》43，45，46，53，55，56

Maenads，迈那得斯 135，164，178

Mahler，Gustav，古斯塔夫·马勒 16，17

Malebranche，Nicolas de，尼古拉斯·德·马勒伯朗士 70

Malinowski，Bronislaw，布罗尼斯罗·马林诺斯基 6

Malkin，Irad，爱兰德·马尔金 4 - 5

Man，Paul de，保罗·德·曼 11，133

Manlius Capitolinus，曼利乌斯·卡皮托利努斯 52 - 53

Mann，Thomas，托马斯·曼 12，151，200，221，226，254

Marcuse，Herbert，赫伯特·马尔库塞 33，218

Mars，马尔斯 36，39 - 40，41，42，43，72，112 - 113

Marx，Karl，卡尔·马克思 XXI，28 - 29，88，89；Benjamin on，本雅明论马克思，268 - 272，277，280 - 281

Matarazzo，马塔拉佐 112 - 114，123

Mathiez，Albert，阿尔伯特·马迪厄 3

Maximilian I，Emperor，皇帝马克西米利安一世，176

McCole，John，约翰·迈克寇尔 232，234

McFarland，James，詹姆斯·麦克法兰 15

McNeill，William，威廉·麦克尼尔 24 - 25

Medea，美狄亚 179

Medici，Lorenzo de'（the Magnificent），洛伦佐·德·美第奇（伟大的）43，150；Warburg on character a achievement of，瓦尔堡论美第奇的性格与成就 152 - 155，170；Warburg on circle of，瓦尔堡论美第奇的圈子 151 - 158，160，164

Medusa，美杜莎 80

Megalopolis，Pausanias on，迈加洛波利斯，波桑尼阿斯论迈加洛波利斯 128 - 129

Meinecke，Friedrich，弗里德里希·梅尼克 129 - 131

Melanchton，Philipp，菲利普·墨

兰顿 175 - 178

memory：B. Anderon on，记忆：本尼迪克特·安德森论记忆 7 - 8；Benjamin on，本雅明论记忆 244 - 246；T. S. Eliot on，T. S. 艾略特论记忆 10 - 11,23；historical，历史的记忆 1 - 2,4,6；in *Joyce's Ulysses*，乔伊斯《尤利西斯》中的记忆，288；D. P. Kelley on，唐纳德·凯利论记忆 9；Livy on，李维论记忆 38 - 39；Machiavelli on，马基雅维利论记忆 46,52 - 54；Michelet on，米什莱论记忆 86 - 88；Nora on，诺拉论记忆 7；Terdiman on，特迪曼论记忆 10；Warburg on，瓦尔堡论记忆 134 - 135,143,178 - 179

Menninghaus, Winfried, 韦因弗莱德·迈因豪斯 271

Mercury, 墨丘利 80

Meyer, Anne Marie, 安妮·玛丽·迈耶 144,145

Michelangelo, 米开朗基罗 106,107,122,159,166

Michelet, Jules, 儒勒·米什莱 3,9,32,84 - 90,271,276；conception of collective imaginative creation of history，历史的集体想象创造概念 85；on Joan of Arc，论圣女贞德 27,87；and July Revolution of 1830，论 1830 年的七月革命 86；notion of Renaissance，文艺复兴观 89；on Roman history，论罗马史 85；on romantic historiography，论浪漫主义史学 9,88；on taking of the Bastille，论攻陷巴士底狱 27 - 28；translator and propagator of Vico，维科的翻译者和宣扬者 84 - 88

Miles, Gary, 加里·迈尔斯 40

Milton, John, 约翰·弥尔顿 289 - 290

Minerva, 密涅瓦 72,79

Mirabeau, 米拉博 29

modern：defined as "recognition of myth"，现代主义：定义为"对神话的认同" XII, 9 - 18,27,61；in hstoriography，在史学中 XII, 3 - 4,9 - 10,14,20 - 21,25,27,88,114,129 - 131,206 - 207,210 - 211,287 - 292；theories of in 1912，1912 年的现代主义理论 172 - 173；in Warburg，瓦尔堡的现代主义 158

Momigliano, Arnaldo, 阿纳尔多·

莫米利亚诺 1

Mommsen, Theodor, 西奥多·蒙森 3,124,207,213; Bachofen on, 巴霍芬论蒙森 273

Montesquieu, 孟德斯鸠 3

Moses, 摩西 54,60

Mosse, George, 乔治·莫斯 33-34,146-147

Müller, Max, 马克斯·缪勒 88

Murray, Gilbert, 吉尔伯特·默里 19

Musil, Robert, 罗伯特·穆西尔 17

Mussolini, Benito, 贝尼托·墨索里尼 185,214,226

myth: Aragon on modern forms of, 阿拉贡论神话的现代形式 241-242; Aristotle on origins of, 亚里士多德论神话的起源 229-230; Bacon on, 培根论神话 71; of the Bastille, 巴士底狱的神话 27-29; Bataille on, 巴代伊论神话 276-277; in Baudelaire, 波德莱尔的神话 233-235,250-252; Benjamin on, 本雅明论神话 231,235-239,259-274; Burckhardt on, 布克哈特论神话, 92-95,118-121,125-129,160-161; Caillois on, 卡约论神话 276-277; Cassirer's theory of, 卡西尔的神话理论 185-190; P. Cohen on theories of, 珀西·科恩论神话理论 5; Descartes dismisses, 笛卡尔拒绝神话 63; Detienne on science of, 德蒂安论神话的科学 88; Eliade's conception of, 伊利亚德的神话观念 4; T. S. Eliot on the modem employment of, T. S. 艾略特论神话的现代运用 9-13; J. Frazer on, 詹姆斯·弗雷泽论神话 12,16; of Frederick II, 弗里德里希二世的神话 194-204; Freud on "scientific" form of, 弗洛伊德论神话的 "科学" 形式 18; Gibbon on, 吉本论神话 89; in Herodotus, 希罗多德的神话 1-3; of Joan of Arc, 圣女贞德的神话 6,27,87; in Joyce's *Ulysses*, 乔伊斯《尤利西斯》的神话 9-11,285-292; Jung's theory of, 荣格的神话理论 267,286; Kantorowicz's uses of, 康托洛维茨对神话的利用 196-204,208,210-213; in Livy's *History of Rome*, 李维《罗马史》中的神话 36-42; of Lucretia 卢克

瑞提亚的神话 42；in Machia-velli，马基雅维利的神话 52；T. Mann on，托马斯·曼论神话 12，254 - 255；Marx on，马克思论神话 89；Mosse on German-Jewish rediscovery of，莫斯论德国犹太人对神话的再发现 33 - 34；in Nazi ideology，纳粹意识形态中的神话 29 - 30，184 - 188；Nietz-sche on，尼采论神话 15，117 - 118，142，204 - 205；of Pa-radise，天堂神话 278 - 283；Plato on，柏拉图论神话 70；Ranke on，兰克论神话 96 - 98；in Romulus，罗慕路斯的神话 37 - 39，111；Sorel on，索雷尔论神话 15，28 - 29；D. F. Strauss on，大卫·弗里德里希·施特劳斯论神话 92 - 93；Usener on origins of，乌西诺论神话的起源 165；Vico disco-vers and redefines as *vera nar-ratio*，维科发现并将神话重新定义为真实的叙述 63，77，83 - 84；Warburg on，瓦尔堡论神话 136 - 141，156 - 158，162 - 164；Weber on reacti-vation in modernity，韦伯论现代性中对神话的再生 190 -

192；Wittgenstein on，维特根斯坦论神话 21 - 22

mythistory：Cornford's conception of，神话历史：康福德的神话历史观 19；definition of，神话历史的定义 xii，8 - 12，23 - 24；Kelley on，凯利论神话历史 9，14，98；McNeill's theory，麦克尼尔论神话历史的理论 24 - 25

Nationalism，民族主义 xi，6 - 7；Burckhardt on Greek form of，布克哈特论民族主义的希腊形式 125 - 129；Burckhardt on modern forms of，布克哈特论民族主义的现代形式 107；Cassirer on myth in，卡西尔论民族主义中的神话 32，185 - 190；in Kantorowicz's historio-graphy，康托洛维茨史学中的民族主义 208 - 212，217 - 218；Livy represent Roman type of，李维对民族主义罗马形式的表述 40；Michelet on mythopoeic sources of，米什莱论民族主义的神话创作起源 84 - 88；in Ranke's histories，兰克史学中的民族主义 97 - 98；Warburg on sacrificial rites of,瓦尔堡论民族主义的祭祀仪式 171;Weber on rise of,韦伯论民族主义的兴起 191

Nazism,纳粹主义 29－30,184－186,188,195,214,216－218,255,266

Nestor,涅斯托尔 290

Newton,Sir Isaac,艾萨克·牛顿爵士 64－65,273－274

Niebuhr,Barthold Georg,巴托尔德·格奥尔格·尼布尔 3,76－77

Nietzsche,Friedrich,弗里德里希·尼采 11,15,22,24,31,34,45,89,110,114－121,127,129,164－168,204－208,214,224,226,236－238,254,272,274,277;aganst *Bildung*,对文化的反对 116－120;and Burckhardt,与布克哈特 115－120;in the George Circle,在格奥尔格圈 208;Huizinga on,赫伊津哈论尼采 159;on myth and mythology,尼采论神话和神话学 15,142,204－205;on the Renaissance,论文艺复兴 119,164;on "suprahistory",论"超历史" 204－207;and Wagner,与瓦尔堡 165－166;Warburg on,瓦尔堡论尼采 167－168,177,180－184,191。Works:*The Birth of Tragedy*,著作:《悲剧的诞生》15,120－121,129,165,204－207;*On the Utility and Liability o History for Life*,《论历史对生活的有用性和可能性》117－120,205－206

Noeggerath,Felix,菲力克斯·诺伊格拉斯 231

Nora,Pierre,皮埃尔·诺拉 7

Numa,努马 50,60,76,86

Nussbaum,Martha 马萨·诺斯鲍姆 287

Nymph,Warburg on pictorial representation of,宁芙,瓦尔堡论宁芙的图像呈现 163－164,166－167

Odysseus,奥德修斯 2,12,128,284

Oedipus,俄狄浦斯 100,235

Oexle,Otto Gerhard,奥托·格哈德·奥克斯勒 208－209

Orpheus,奥菲斯 72－73,80

Ossian,奥西恩 7

Otto III,Emperor,奥托三世皇帝 201－202,224

Overbeck,Franz,弗朗茨·奥韦

尔贝克 94,183,214

Pan,潘 215

Panofsky, Erwin, 厄尔文·潘诺夫斯基 149,172

Paris, 巴黎 28,86,228,232,245,246,251;Aragon on, 阿拉贡论巴黎, 241－242;Benjamin in, 本雅明在巴黎 276－277,290;Benjamin on, 本雅明论巴黎 262－274

Pater, Walter, 沃尔特·佩特 159

patriotism: Kantorwicz on medieval theological origins of, 爱国主义:康托洛维茨论爱国主义的中世纪神学起源 217－218,222－223;Machiavelli on, 马基雅维利论爱国主义,52－53,57－58

Paul, St., 圣保罗 135

Pauli, Gustav, 古斯塔夫·保利 149

Pausanias, 波桑尼阿斯 2,60,91,128－129,264－265

Pegasus, 帕加索斯 80

Petrarch, 彼得拉克 43,163

Petrus de Vinea, 佩特鲁斯·德·威尼亚 197

Phaedra, 淮德拉 126

Phaedrus, 菲德拉斯 79

Picasso, Pablo, 巴勃罗·毕加索 16,158

Piccolomini, Aneas Silvio, 埃内亚·西尔维奥·比科罗米尼 217

Pico della Mirandola, 皮科·德拉·米兰多拉 62,151,173,219

Pitkin, Hannah, 汉纳·皮特金 46

Plato, 柏拉图 2,23,60,62,70,83,118,120,138,237,260,275;Vico on, 维科论柏拉图 70－71

Platonic Academy in Florence, 佛罗伦萨的柏拉图学院 119,169

Plebs: Machiavelli on, 平民:马基雅维利论平民 48－49,51－52;Vico on mythology of, 维科论平民的神话学 77－81

Plutarch, 普鲁塔克 3

Pocock, John, 约翰·波科克 60

poetry: Aristotle counters with history, 诗歌:亚里士多德对诗歌和历史的比较 289;Auerbach on Vico's theory of, 奥尔巴赫论维科的诗歌理论 74;Benjamin on Baudelaire's

350

modernity,本雅明论波德莱尔的现代性 251；Blake on,布莱克论诗歌 288；Burckhardt on historical utility of,布克哈特论诗歌的历史效用 94,98 - 100；T. S. Eliot on traditional sources of,T. S. 艾略特论诗歌的传统素材 10 - 13；Horatius on sublime qualities of,贺雷修斯论诗歌的崇高品质 56；and Joyce's break with Aristotle's conception of history,乔伊斯与亚里士多德历史观的分离 289 - 291；Kantorowicz's use of,康托洛维茨对诗歌的运用 203 - 204,218 - 219；Michelet on,米什莱论诗歌 85；Vico on origins and function of,维科论诗歌的起源与功能 66 - 69,72 - 73

political mythology：Benjamin's studies in,政治神话学：本雅明对政治神话学的研究 266 - 267,271 - 273,278 - 284；Burckhardt on,布克哈特论政治神话学 111 - 115,125；Cassirer's theory of,卡西尔的政治神话学理论 185 - 190；Kantorowicz on medieval forms of 康托洛维茨论政治神话学的中世纪形式,193 - 194,214,216 - 221；Livy's employment of,李维对政治神话学的的运用 38 - 41；Machiavelli's conception of 马基雅维利的政治神话学观念 45 - 46,50 - 53,56 - 57；Vico on origins and functions of,维科论政治神话学的起源和功能 70,72,77 - 81；Warburg's studies in,瓦尔堡对政治神话学的研究 146 - 147,171；Weber on modem reactivation of,韦伯论政治神话学的现代再生 190 - 192

Poliziano, Angelo,安杰洛·波利齐亚诺 152,162 - 164

Polybius,波利比乌斯 2,46

primtiveness：Cassirer on,原始性：卡西尔论原始性 188；Machiavelli's attachment to,马基雅维利对原始性的依赖 59；in modernism,现代主义中的原始性 15 - 17；nineteenth-century theories of,19 世纪的原始性理论,88 - 89；Vico on mentality of,维科论原始性的心态 70 - 71；Warburg on notion and manifestations of,瓦尔堡论原始性的概念和表

现 134－141,146,166－167

Prometheus,普罗米修斯 69,72,139

Proust,Marcel,马塞尔·普鲁斯特,Benjamin on,本雅明论普鲁斯特 243－247,257,259,287

Psammenitus,King,国王普萨美提乌斯 249－250

Pyrrhus,皮洛士,Joyce on victory of,乔伊斯论皮洛士的胜利 289－290

Pythagoras,毕达哥拉斯 102,120

Quintilian,昆体良 123

Rampley,Matthew,马修·兰普蕾 179

Ranke,Leopold von Ranke,利奥波德·冯·兰克12,3,9,12,14,27,96－98,103－104,123,126,207,213,219；Meinecke on,梅尼克论兰克 129－131

Raphael,拉斐尔 106－107,112－113,169,173,179,182,185

reformation,Warburg on,宗教改革,瓦尔堡论宗教改革 139－140,150,174－178

Reinhardt,Karl,卡尔·莱因哈特 149

religion:Benjamin on,宗教:本雅明论宗教,231,243,254,265,274－275；Burckhardt on,布克哈特论宗教 92－94；Frazer on,弗雷泽论宗教 16；Katorowicz on,康托洛维茨论宗教 218－220；Livy on Roman,李维论罗马 39,51；Machiavelli on Roman and Christian,马基雅维利论罗马和基督教 50,59；Usener on origins of,乌西诺论宗教的起源 165；Vico on meaning of,维科论宗教的意义 69,82－83；Warburg's studies in,瓦尔堡对宗教的研究 135,144－147,150,155－158

Rembrandt,伦勃朗 122,179－180

Renaissance:Burckhardt on ideas and ideals,文艺复兴:布克哈特论文艺复兴的思想和理想 94,104－115；Huizinga on Burckhart's conception of,赫伊津哈论布克哈特的文艺复兴观 158－159；Kantorowicz on medieval origins of,康托洛维茨论文艺复兴的中世纪起源

198 - 204; medievalists' revolt against, 中世纪研究家对文艺复兴的反对 202 - 203; Meinecke on, 梅尼克论文艺复兴 130; Nietzsche's perception of, 尼采对文艺复兴的理解 119 - 120, 164; Ranke on politics in, 兰克论文艺复兴时期的政治 97 - 98; theories of in nineteenth century, 19 世纪的文艺复兴理论 89, 158 - 171; Vico and neoplatonic philosophy of, 维科与文艺复兴时期的新柏拉图哲学 62; Warburg on atavistic and agonistic characteristics of, 瓦尔堡论文艺复兴返祖的、论争的性质 140, 145, 151 - 158, 165 - 174, 180

Renan, Ernest, 厄内斯特·勒南 6, 146

Rhode, Erwin, 欧文·罗德 120, 165, 214

Robertson-Smith, William, 威廉·罗伯特森-史密斯 19

Robespierre, 罗伯斯庇尔 29, 280

Roeck, Bernd, 贝恩德·洛克 180 - 181

romanticism: Benjamin on, 浪漫主义: 本雅明论浪漫主义 231, 235, 251, 254, 271, 275;
Burckhardt against cults of, 布克哈特反对浪漫主义的风潮 121; in the George Circle, 格奥尔格圈中的浪漫主义 206 - 212, 221 - 224; Jochmann's attachment to, 贾克曼对浪漫主义的依赖 275 - 276; and modernism, 浪漫主义与现代主义 9 - 11; in Ranke's historiography, 兰克史学中的浪漫主义 96 - 97; Warburg on Böcklin's affinities with, 瓦尔堡论勃克林与浪漫主义之间的密切关系 147 - 148; Weber on new vogues of, 韦伯论浪漫主义的风行 191 - 192

Romulus, 罗慕路斯 18, 44, 54, 85 - 86, 113, 213; Livy on apotheosis of, 李维论罗慕路斯的神化 37 - 39; Machiavelli on fratricide of, 马基雅维利论罗慕路斯的兄弟相残 56 - 58

Rorty, Richard, 理查德·罗蒂 287

Rosenberg, Alfred, 阿尔弗雷德·罗森博格, Der Mythus des zwanzigsten Jahrunderts, 《二十世纪的神话》 30, 185 - 186, 188, 266, 281

Rosenzweig, Franz, 弗朗兹·罗

森茨维格 33,146,239 - 240

Rubens,鲁本斯 122 - 123,183

Ruccelai, Cosimo and Giovanni, 科西莫·鲁切拉伊和乔瓦尼 44,151,156 - 157,167 - 169

Ruskin,John,约翰·拉斯金 159 - 160

Saint-Simon,Henri,昂利·圣西门 265

Salin,Edgar,埃德加·萨林 116

Salomon,Richard,理查德·所罗门 149

Sassetti, Francesco, Warburg on, 弗朗西斯科·萨塞蒂,瓦尔堡论萨塞蒂 150 - 151,155 - 158,167 - 170

Saturn,土星 72,175,176 - 177

Savigny,Friedrich Karl van,弗里德里希·卡尔·冯·萨维尼 9,14,99

Savonarola,萨沃纳罗拉 50,169

Saxl,Fritz,弗里茨·萨克斯尔 133,141,148 - 149,161

Schama,Simon,西蒙·沙玛 28 - 29

Schelling,Friedrich,弗里德里希·谢林 14,32,99,230,236,238

Scheuer,Hehmut,赫尔穆特·朔伊尔 209

Schiller,Friedrich,弗里德里希·席勒 105,211,218

Schleiermacher,Friedrich,弗里德里希·施莱尔马赫 9

Schnitzler,Arthur,亚瑟·施内兹勒 17

Schoenberg,Arnold,阿诺尔德·勋伯格 17,33

Scholem,Gershom,革顺·肖勒姆 33,146,188 - 189;association with Benjamin,与本雅明的关联 228 - 236,239,253,272

Schopenhauer,Arthur,亚瑟·叔本华 110,254

Schorske,Carl,卡尔·肖斯克 17

Schramm,Percy Ernst,珀西·恩斯特·施拉姆 149,201 - 202

Scipio,西庇阿 54,55

Scott,Walter,沃尔特·司各特 3,96

Seneca,塞内加 167

Settis,Salvatore,萨尔瓦多·塞提斯 178

Severin,St.,圣赛维林 102

Seznec,Jean,琼·塞内克 118

Shakespeare,William,威廉·莎士比亚 218 - 219,284

Sirens,塞壬 240 - 241,263

Sitt,Martina,玛蒂娜·席特 108

Smith, Anthony, 安东尼·史密斯 6-7

Smith, Bruce James, 布鲁斯·詹姆斯·史密斯 57

Snell, Bruno, 布鲁诺·斯奈尔 149

Soboul, Albert, 阿尔伯特·索布尔 28-29

Socrates, 苏格拉底 102, 131, 237

Sorel, Georges, 乔治·索雷尔 15, 28-29, 158, 272, 281

Southern, Richard, 理查德·萨瑟恩 196

Spengler, Oswald, 奥斯瓦尔德·斯宾格勒 140, 190-191, 200

Spinoza, 斯宾诺莎 82

Stauffenberg brothers, 施陶芬伯格兄弟 221-222, 224, 225

Steinberg, Michael, 迈克尔·斯坦伯格 146, 177

Steiner, George, 乔治·斯坦纳 16, 30

Stern, Fritz, 弗里茨·斯特恩 17

Stone, Lawrence, 劳伦斯·斯通 25

Strauss, David Friedrich, 大卫·弗里德里希·施特劳斯 31, 92-93, 166, 205

Strauss, Leo, 利奥·施特劳斯 47, 58, 189

Stravinsky, Igor, 伊戈尔·斯特拉温斯基 158

Stuart Hughes, H., H. 斯图尔特·休斯 17

surrealism, Benjamin on, 超现实主义, 本雅明论超现实主义, 233-234, 239, 242-243, 246, 266, 268

Tacitus, 塔西佗 3, 7-8, 46, 69-70, 77, 99

Taylor, Charles, 查尔斯·泰勒 144

Terdiman, Richard, 理查德·特迪曼 10

theology: in Benjamin's last reflections on history, 神学: 在本雅明对历史的最后反思中 274-283; Burckhardt on confrontation with mythology, 布克哈特论神学与神话学的冲突 118; Dewette's teaching in Basel, 迪卫德在巴塞尔的神学教学 94-95; "higher critical" school in, 神学中"更高级的批判"流派 98; Kantorowicz on medieval political forms of, 康托洛维茨论神学的中世纪政治形式 198-204, 216-221,

224 - 225；D. F. Strauss's contribution to,大卫·弗里德里希·施特劳斯对神学的贡献 31, 92 - 93；Warburg on "dynamic inversion" of pagan mythology in,瓦尔堡论神学中异教神话学的"动态颠倒" 168 - 169

Thode, Henry,亨利·都铎 159

Thomas Aquinas, St. ,圣托马斯·阿奎纳 111,123

Thucydides,修昔底德 xii,2 - 3, 18 - 19,126

Tiedemann, Rolf,罗尔夫·提德曼 274

Tillemont, Sebastien,塞巴斯蒂安·蒂耶蒙 3

Till Eulenspiegl,提尔·奥伊伦斯皮格尔 100

Tillich, Paul,保罗·田立克 150

Titius,提提俄斯 69,72

Tönnies, Ferdinand,斐迪南·滕尼斯 15,141

Tomabuoni,特尔纳波尼,Florentine family,佛罗伦萨家族 150 - 151,166 - 167,169

tradition,传统 1, 5, 10, 31；Benjamin on,本雅明论传统 10,236 - 237,245,258,261, 270,281 - 282；Burckhardt on

Bildung in,布克哈特论传说中的文化 102 - 105,116, 120 - 124,169 - 170；Descartes dismisses lessons of,笛卡尔否认传说的经验 63；Fustel de Coulanges on,福斯特尔·德·古郎士论传统 88；Hobsbawm on "invention" of,霍布斯鲍姆论传统的"发明" 17；Kantorowicz on,康托洛维茨论传统 209；Livy on Roman,李维论罗马的传统 36 - 42；Machiavelli on authority of,马基雅维利论传统的权威 48, 52 - 53,55；Nietzsche against,尼采对传统的反对 116 - 120；Pausanias on,波桑尼阿斯论传统 128；Tönnies on,滕尼斯论传统 15, 141；Vico on "vulgar" truths in,维科论传统中"粗俗"的真理 66,77,83；Warburg on "dialectical engagement" with,瓦尔堡论与传统的"辩证抗争" 143,168 - 169；Wittgenstein on,维特根斯坦论传统 22

Trajan, column of,图拉真,图拉真柱,168 - 169

Trevor-Roper, Hugh,休·特雷弗-罗珀 25,55

352

Trilling, Lionel, 莱昂内尔·特里林 16

Troeltsch, Ernst, 恩斯特·特尔慈 207

Tudor, Henry, 亨利·都铎 187 - 189

Turner, Victor, 维克多·特纳 5

Ulysses: Joyce's depiction of, 尤利西斯: 乔伊斯的描写 11 - 12, 286 - 292; Kafka's depiction of, 卡夫卡的描写 240 - 241

Usener, Hermann, 赫尔曼·乌西诺 165

Valeriano, Fra Urbino, 弗拉·乌尔巴诺·瓦雷里亚诺 102

Valla, Lorenzo, 洛伦佐·瓦拉 3

Venus, 维纳斯 72, 163, 173

Vercingetorix, 韦辛格托里克斯 7

Vergil, 维吉尔 68, 69, 80, 176, 194, 203 - 204

Vettori, Francesco, 弗朗西斯科·维特里 43, 61

Viallaneix, Paul, 保罗·维阿拉内克斯 87

Vico, Giambattista, 詹巴蒂斯塔·维科 8, 30 - 31, 46, 61 - 83, 84 - 88, 172, 174, 276, 284 - 293; on Bacon, 论培根 71 - 72; "common sense" redefined by, 维科对"常识"的重新定义 75; and Descartes, 维科与笛卡尔 62 - 63; discovery of true Homer by, 维科对真实荷马的发现 76; intellectual development of, 维科的思想发展 61 - 64; Joyce on, 乔伊斯论维科 284 - 286, 288 - 292; on "mental dictionary", 论"精神词典" 75 - 76; Michelet on, 米什莱论维科 84 - 88; on myth and mythology, 维科论神话和神话学 63, 66 - 68, 72 - 73; against natural law theorists, 对自然法学家们的反对 64, 68, 81; on philology as new science, 论作为一种新科学的哲学 74 - 75; on Plato, 论柏拉图 70 - 71; on the "poetic" construction of reality, 论现实的"诗学"构建 64 - 67, 72 - 74; and "principles of humanity", "人类原则" 64 - 66, 81 - 83; on religion, 论宗教 69; use of rhetorical tropes, 修辞比喻的运用 75; on Roman law, society, and history, 论罗马的法律、社会与历史 76 - 81; theory of knowledge of,维科的知识理论 65 - 67。Works：*Autobiography*,著作：《自传》62 - 63；*The New Science*,《新科学》62 - 85；*On the Most Ancient Wisdom of the Italians*,《意大利人最古老的智慧》63,71；*On the Study Methods of Our Time*,《论我们时代的研究方法》63

Villani, Filippo, 菲利波·维拉尼 123

Vischer, Theodor Friedrich, 西奥多·弗里德里希·费希尔 141,165

Vives, Juan Luis, 胡安·路易斯·维维斯 3

Vossler, Karl, 卡尔·浮士勒 145

Vulcan, 伏尔甘 79,89

Wagner, Richard, 理查德·瓦格纳 30, 120, 121, 165, 184, 251

Walsh, P. G., P. G. 沃尔什 39,40

Warburg, Aby, 阿比·瓦尔堡 32 - 34,131 - 132,133 - 186；on artists and humanist in Florentine Renaissance,论佛罗伦萨文艺复兴时期的艺术家和人文主义者 151 - 158；on the baroque,论巴洛克 179 - 180；on Böckn,论勃克林 147 - 148；and Burckhardt,与布克哈特 131 - 132,143,158 - 166,180 - 183；as burger of Hamburg,作为汉堡的市民 147 - 150；conception of history of,瓦尔堡的历史观 135 - 140,143 - 144,167 - 169,175 - 176,181 - 185；"concordia oppositorum" in his life and in history,在其生活与著作中的"对立的和谐" 145,150,177 - 178；conservatism of,瓦尔堡的保守主义 140；elaborates demonic energies in his life and in history,详细描述在其生活与历史中的恶魔的能量 160 - 162,168 - 169,171 - 178,183 - 184；on the German Reformation,论德国的宗教改革 176 - 177；on Ghirlandao's paintings,论基尔兰达约的画作 152 - 158；iconology defined and practiced by,瓦尔堡对图像学的定义与实践 172 - 175；infatuation with the "fair Nymph",对"美丽宁芙"的迷恋 163 - 167；Jewish identity and conflicts of,瓦尔堡的犹太

身份与冲突 144－147,169－170；Kulturwisenschaft of,瓦尔堡的"文化学" 134；lecture on the Pueblo Indians,关于普韦布洛印第安人的讲座 134－141；Library of,瓦尔堡图书馆 134,146－150；mental illness and treatment of,瓦尔堡的精神疾病与治疗 133－135,171－172；on *mnemosyne and sophrosyne*,论"记忆与节制" 143,181－184；on myth and ancient mythology in modernity,论现代性中的神话与古代神话学 134－142,146－147,162,170－171,174－177；and Nietzche,与尼采 143,166－171,180－183；political mythology in,瓦尔堡的政治神话学 146－147,184－185；on primitive mentality,论原始心智 134－141,171－178；Renaissance redefined by,瓦尔堡对文艺复兴的重新定义 155,169－171；Sassetti,Francesco,identification of and with,对弗朗西斯科·萨塞蒂的认同 155－158；on "schizophrenic" condition of mankind and self,论人类与自我"精神分裂"的情况 135,171－178；"social memory" conception of,"社会记忆",瓦尔堡对此的观念 134－135,143,178－179；"space for reflection",notion of,"思考的空间",瓦尔堡对此的观点 138－139；"symbolic connection",notion of,"符号联系",瓦尔堡对此的观点 141－141。Works："The Art of Por-traiture and the Florentine Bo-urgeoisie",著作:《肖像画艺术和佛罗伦萨的资产阶级》151－155；"Francesco Sassetti's Last Injunctions to His Sons",《弗朗西斯科·萨塞蒂对其子嗣的最终忠告》155－158；*Images from the Region o the Pueblo Indians of North America*,《北美普韦布洛印第安人地区的图像》,134－141,178；"Italian Art and International Astrology in the Palazzo Schifanoia,Ferrara",《斯齐法诺亚宫中的意大利艺术与国际占星学》171,173－175；*Mnemosyne-Atlas*,《记忆女神图集》140,142,165,179,184－185；"Pagan-Antique Prophecy in Words and Images in the

Age of Luther",《路德时期语言和图像中的异教古代预言》139,174 - 178; "Sandro Botticelli's Birth of *Venus and Spring*: An Examination of Concept of Antiquity in the Italian Early Renaissance",《桑德罗·波提切利的〈维纳斯的诞生〉与〈春〉:对意大利文艺复兴早期古代诸概念的考察》131 - 132, 139,150,162 - 164

Warburg,Max,马克思·瓦尔堡 144,148,161

Weber,Max,马克思·韦伯 13, 16,25,31,114,190 - 192, 208,213 - 214,236

White, Hayden, 海登·怀特 13,110

Wilamowitz-Moellendorf, Ulrich von,乌尔里希·冯·维拉莫威兹-默伦多夫 3,129,274

Wilhelm Tell,威廉·泰尔 85

William of Newburgh,纽伯格的威廉 3

Wilson, Edmund,爱德蒙·威尔森 276

Winckehnann, Johann,约翰·温克尔曼 105,162,174,180

Wind, Edgar,爱德加·文德 141 - 142,149,172

Wittgenstein, Ludwig,路德维希·维特根斯坦 21 - 22,31, 76,82,168

Xenophon,色诺芬 55

Zanker,Paul,保罗·赞克 42

353

上海三联人文经典书库

已出书目

1. 《世界文化史》(上、下) ［美］林恩·桑戴克 著 陈廷璠 译

2. 《希腊帝国主义》 ［美］威廉·弗格森 著 晏绍祥 译

3. 《古代埃及宗教》 ［美］亨利·富兰克弗特 著 郭子林 李凤伟 译

4. 《进步的观念》 ［英］约翰·伯瑞 著 范祥涛 译

5. 《文明的冲突：战争与欧洲国家体制的形成》 ［美］维克多·李·伯克 著 王晋新 译

6. 《君士坦丁大帝时代》 ［瑞士］雅各布·布克哈特 著 宋立宏 熊莹 卢彦名 译

7. 《语言与心智》 ［俄］科列索夫 著 杨明天 译

8. 《修昔底德：神话与历史之间》 ［英］弗朗西斯·康福德 著 孙艳萍 译

9. 《舍勒的心灵》 ［美］曼弗雷德·弗林斯 著 张志平 张任之 译

10. 《诺斯替宗教：异乡神的信息与基督教的开端》 ［美］汉斯·约纳斯 著 张新樟 译

11. 《来临中的上帝：基督教的终末论》 ［德］于尔根·莫尔特曼 著 曾念粤 译

12. 《基督教神学原理》 ［英］约翰·麦奎利 著 何光沪 译

13. 《亚洲问题及其对国际政治的影响》 ［美］阿尔弗雷德·马汉 著 范祥涛 译

14. 《王权与神祇：作为自然与社会结合体的古代近东宗教研究》

（上、下）　［美］亨利·富兰克弗特　著　郭子林　李　岩

李凤伟　译

15.《大学的兴起》［美］查尔斯·哈斯金斯　著　梅义征　译

16.《阅读纸草，书写历史》［美］罗杰·巴格诺尔　著　宋立宏

郑　阳　译

17.《秘史》［东罗马］普罗柯比　著　吴舒屏　吕丽蓉　译

18.《论神性》［古罗马］西塞罗　著　石敏敏　译

19.《护教篇》［古罗马］德尔图良　著　涂世华　译

20.《宇宙与创造主：创造神学引论》［英］大卫·弗格森　著

刘光耀　译

21.《世界主义与民族国家》［德］弗里德里希·梅尼克　著　孟

钟捷　译

22.《古代世界的终结》［法］菲迪南·罗特　著　王春侠　曹明

玉　译

23.《近代欧洲的生活与劳作（从 15—18 世纪）》［法］G.勒纳尔

G.乌勒西　著　杨　军　译

24.《十二世纪文艺复兴》［美］查尔斯·哈斯金斯　著　张　澜

刘　疆　译

25.《五十年伤痕：美国的冷战历史观与世界》（上、下）　［美］德瑞

克·李波厄特　著　郭学堂　潘忠岐　孙小林　译

26.《欧洲文明的曙光》［英］戈登·柴尔德　著　陈　淳　陈洪

波　译

27.《考古学导论》［英］戈登·柴尔德　著　安志敏　安家

瑗　译

28.《历史发生了什么》［英］戈登·柴尔德　著　李宁利　译

29.《人类创造了自身》［英］戈登·柴尔德　著　安家瑗　余敬

东　译

30.《历史的重建：考古材料的阐释》［英］戈登·柴尔德　著

方　辉　方堃杨　译

31.《中国与大战：寻求新的国家认同与国际化》［美］徐国琦

著　马建标　译

32.《罗马帝国主义》［美］腾尼·弗兰克　著　宫秀华　译

33. 《追寻人类的过去》 [美]路易斯·宾福德 著 陈胜前 译

34. 《古代哲学史》 [德]文德尔班 著 詹文杰 译

35. 《自由精神哲学》 [俄]尼古拉·别尔嘉耶夫 著 石衡潭 译

36. 《波斯帝国史》 [美]A. T.奥姆斯特德 著 李铁匠等 译

37. 《战争的技艺》 [意]尼科洛·马基雅维里 著 崔树义 译 冯克利 校

38. 《民族主义:走向现代的五条道路》 [美]里亚·格林菲尔德 著 王春华等 译 刘北成 校

39. 《性格与文化:论东方与西方》 [美]欧文·白璧德 著 孙宜学 译

40. 《骑士制度》 [英]埃德加·普雷斯蒂奇 编 林中泽 等译

41. 《光荣属于希腊》 [英]J. C.斯托巴特 著 史国荣 译

42. 《伟大属于罗马》 [英]J. C.斯托巴特 著 王三义 译

43. 《图像学研究》 [美]欧文·潘诺夫斯基 著 戚印平 范景中 译

44. 《霍布斯与共和主义自由》 [英]昆廷·斯金纳 著 管可秾 译

45. 《爱之道与爱之力:道德转变的类型、因素与技术》 [美]皮蒂里姆·A.索罗金 著 陈雪飞 译

46. 《法国革命的思想起源》 [法]达尼埃尔·莫尔内 著 黄艳红 译

47. 《穆罕默德和查理曼》 [比]亨利·皮朗 著 王晋新 译

48. 《16世纪的不信教问题:拉伯雷的宗教》 [法]吕西安·费弗尔 著 赖国栋 译

49. 《大地与人类演进:地理学视野下的史学引论》 [法]吕西安·费弗尔 著 高福进 等译 [即出]

50. 《法国文艺复兴时期的生活》 [法]吕西安·费弗尔 著 施诚 译

51. 《希腊化文明与犹太人》 [以]维克多·切利科夫 著 石敏敏 译

52. 《古代东方的艺术与建筑》 [美]亨利·富兰克弗特 著 郝

海迪　袁指挥　译

53.《欧洲的宗教与虔诚:1215—1515》　[英]罗伯特·诺布尔·
斯旺森　著　龙秀清　张日元　译

54.《中世纪的思维:思想情感发展史》　[美]亨利·奥斯本·泰
勒　著　赵立行　周光发　译

55.《论成为人:神学人类学专论》　[美]雷·S.安德森　著　叶
汀　译

56.《自律的发明:近代道德哲学史》　[美]J. B.施尼温德　著
张志平　译

57.《城市人:环境及其影响》　[美]爱德华·克鲁帕特　著　陆
伟芳　译

58.《历史与信仰:个人的探询》　[英]科林·布朗　著　查常平　译

59.《以色列的先知及其历史地位》　[英]威廉·史密斯　著　孙
增霖　译

60.《欧洲民族思想变迁:一部文化史》　[荷]叶普·列尔森普
著　周明圣　骆海辉　译

61.《有限性的悲剧:狄尔泰的生命释义学》　[荷]约斯·德·穆
尔　著　吕和应　译

62.《希腊史》　[古希腊]色诺芬　著　徐松岩　译注

63.《罗马经济史》　[美]腾尼·弗兰克　著　王桂玲　杨金龙
译

64.《修辞学与文学讲义》　[英]亚当·斯密　著　朱卫红　译

65.《从宗教到哲学:西方思想起源研究》　[英]康福德　著　曾
琼　王　涛　译

66.《中世纪的人们》　[英]艾琳·帕瓦　著　苏圣捷　译

67.《世界戏剧史》　[美]G.布罗凯特　J.希尔蒂　著　周靖波　译

68.《20世纪文化百科词典》　[俄]瓦季姆·鲁德涅夫　著　杨明
天　陈瑞静　译

69.《英语文学与圣经传统大词典》　[美]戴维·莱尔·杰弗里
(谢大卫)主编　刘光耀　章智源等　译

70.《刘松龄——旧耶稣会在京最后一位伟大的天文学家》　[美]
斯坦尼斯拉夫·叶茨尼克　著　周萍萍　译

71.《地理学》［古希腊］斯特拉博 著 李铁匠 译

72.《马丁·路德的时运》［法］吕西安·费弗尔 著 王永环
肖华峰 译

73.《希腊化文明》［英］威廉·塔恩 著 陈 恒 倪华强 李
月 译

74.《优西比乌:生平、作品及声誉》［美］麦克吉佛特 著 林中
泽 龚伟英 译

75.《马可·波罗与世界的发现》［英］约翰·拉纳 著 姬庆
红译

76.《犹太人与现代资本主义》［德］维尔纳·桑巴特 著 艾仁
贵 译

77.《早期基督教与希腊教化》［德］瓦纳尔·耶格尔 著 吴晓
群 译

78.《希腊艺术史》［美］F·B·塔贝尔 著 殷亚平 译

79.《比较文明研究的理论方法与个案》［日］伊东俊太郎 梅棹
忠夫 江上波夫 著 周颂伦 李小白 吴 玲 译

80.《古典学术史:从公元前 6 世纪到中古末期》［英］约翰·埃
德温·桑兹 著 赫海迪 译

81.《本笃会规评注》［奥］米歇尔·普契卡 评注 杜海龙 译

82.《伯里克利:伟人考验下的雅典民主》［法］ 樊尚·阿祖莱
著 方颂华 译

83.《旧世界的相遇:近代之前的跨文化联系与交流》［美］ 杰
里·H.本特利 著 李大伟 陈冠堃 译 施诚 校

84.《词与物:人文科学的考古学》修订译本 ［法］米歇尔·福柯
著 莫伟民 译

85.《古希腊历史学家》［英］约翰·伯里 著 张继华 译

86.《自我与历史的戏剧》［美］莱因霍尔德·尼布尔 著 方
永 译

87.《马基雅维里与文艺复兴》［意］费代里科·沙博 著 陈玉
聃 译

88.《追寻事实:历史解释的艺术》［美］詹姆士 W.戴维森 著
［美］马克 H. 利特尔著 刘子奎 译

89.《法西斯主义大众心理学》 ［奥］威尔海姆·赖希 著 张峰 译

90.《视觉艺术的历史语法》 ［奥］阿洛瓦·里格尔 著 刘景联 译

91.《基督教伦理学导论》 ［德］弗里德里希·施莱尔马赫 著 刘平 译

92.《九章集》 ［古罗马］普罗提诺 著 应明 崔峰 译

93.《文艺复兴时期的历史意识》 ［英］彼得·伯克 著 杨贤宗 高细媛 译

94.《启蒙与绝望：一部社会理论史》 ［英］杰弗里·霍松 著 潘建雷 王旭辉 向辉 译

95.《曼多马著作集：芬兰学派马丁·路德新诠释》 ［芬兰］曼多马 著 黄保罗 译

96.《拜占庭的成就：公元330～1453年之历史回顾》 ［英］罗伯特·拜伦 著 周书垚 译

97.《自然史》 ［古罗马］普林尼 著 李铁匠 译

98.《欧洲文艺复兴的人文主义和文化》 ［美］查尔斯·G.纳尔特 著 黄毅翔 译

99.《阿莱科休斯传》 ［古罗马］安娜·科穆宁娜 著 李秀玲 译

100.《论人、风俗、舆论和时代的特征》 ［英］夏夫兹博里 著 董志刚 译

101.《中世纪和文艺复兴研究》 ［美］T. E.蒙森 著 陈志坚 等译

102.《历史认识的时空》 ［日］佐藤正幸 著 郭海良 译

103.《英格兰的意大利文艺复兴》 ［美］刘易斯·爱因斯坦 著 朱晶进 译

104.《俄罗斯诗人布罗茨基》 ［俄罗斯］弗拉基米尔·格里高利耶维奇·邦达连科 著 杨明天 李卓君 译

105.《巫术的历史》 ［英］蒙塔古·萨默斯 著 陆启宏 等译 陆启宏 校

106.《希腊-罗马典制》 ［匈牙利］埃米尔·赖希 著 曹明 苏婉儿 译

107. 《十九世纪德国史(第一卷):帝国的覆灭》 [英]海因里希·
冯·特赖奇克 著 李 娟 译

108. 《通史》 [古希腊]波利比乌斯 著 杨之涵 译

109. 《苏美尔人》[英]伦纳德·伍雷 著 王献华 魏桢力 译

110. 《旧约:一部文学史》[瑞士]康拉德·施密特 著 李天伟
姜振帅 译

111. 《中世纪的模型:英格兰经济发展的历史与理论》[英]约翰·
哈彻 马可·贝利 著 许明杰 黄嘉欣 译

112. 《文人恺撒》[英]弗兰克·阿德科克 著 金春岚 译

113. 《罗马共和国的战争艺术》[英]弗兰克·阿德科克 著 金
春岚 译

114. 《古罗马政治理念和实践》[英]弗兰克·阿德科克 著 金
春岚 译

欢迎广大读者垂询,垂询电话:021-22895540

图书在版编目（CIP）数据

神话历史：现代史学的生成/（以）约瑟夫·马里（Joseph
Mali）著；赵琪译. —上海：上海三联书店，2021.10
（上海三联人文经典书库）
ISBN 978－7－5426－7427－2

Ⅰ.①神…　Ⅱ.①约…　②赵…　Ⅲ.①神话-研究
Ⅳ.①B932

中国版本图书馆 CIP 数据核字（2021）第 091069 号

著作权合同登记图字：09－2021－256 号

神话历史——现代史学的生成

著　　者 / ［以色列］约瑟夫·马里
译　　者 / 赵　琪
责任编辑 / 郑秀艳
装帧设计 / 徐　徐
监　　制 / 姚　军
责任校对 / 张大伟　王凌霄

出版发行 / 上海三联书店
　　　　　（200030）中国上海市漕溪北路 331 号 A 座 6 楼
邮购电话 / 021－22895540
印　　刷 / 上海展强印刷有限公司

版　　次 / 2021 年 10 月第 1 版
印　　次 / 2021 年 10 月第 1 次印刷
开　　本 / 640 mm×960 mm　1/16
字　　数 / 400 千字
印　　张 / 28.25
书　　号 / ISBN 978－7－5426－7427－2/B·736
定　　价 / 108.00 元

敬启读者，如发现本书有印装质量问题，请与印刷厂联系 021－66366565